方军／著

思想的散叶

历史唯物主义
专题探究

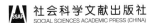

社会科学文献出版社
SOCIAL SCIENCES ACADEMIC PRESS (CHINA)

自　序

　　本书收录了作者从 20 世纪 80 年代中期至今（除离开学术界到行政机关和地方工作的十多年之外）的部分作品，分为两辑：一为文化、价值与历史观，主要是一些公开发表的论文；二为问题、方法与评论，主要是一些评论性文章。编辑时除对一些错讹之处予以校正和对部分引文（主要涉及马克思、恩格斯、列宁、毛泽东等经典作家的引文）注释按新版本予以核改外，对部分篇目在文末加写了小注，以帮助读者了解文章写作的背景和作者现在对文章的看法。这些东西尽管写于不同时期，题目、内容和体裁各异，但却有一个共同的主题，即对历史唯物主义的挚爱与探究，记录了作者从马克思的学徒到信徒的心路历程。

　　我的专业是马克思主义哲学。回顾这些年来走过的路，尽管工作岗位几经变动，思考领域不断调整，但对历史唯物主义的挚爱与探究始终未变。不特如此，从理论学术的意义上说，我愈益坚信：历史唯物主义（唯物史观）作为马克思一生中的两个伟大发现之一，就是马克思的哲学或马克思主义哲学，是马克思在哲学史上真正具有世界意义的伟大创造，是马克思（包括他的亲密战友恩格斯）毕生呕心沥血奉献给人类的科学的思想、理论和方法，是后人取之不尽的思想宝藏，也是后人可以继续丰富、完善和发展的理论武库。

马克思逝世已经139年了，这是几代人的时光。诚然，作为一种自然存在，马克思早已离我们而去；但作为一种文化存在，作为在人类文明史上不可逾越的高峰般的思想存在，他却仍然活在当下，活在我们中间，用他那极其睿智、深邃而明亮的目光注视着这个世界，注视着作为他的学徒和信徒的我们。编辑本书的过程中，我内心始终涌动着一种浓烈的梦想或渴望：假如马克思还活着，他会怎样？他会如何看待今天的这个世界，如何看待我们这些他的学徒和信徒的所作所为？我们是否避免了他所批评的"我播下的是龙种，而收获的却是跳蚤"①的可悲而尴尬的境地？他是否愿意和我们对话？会有怎样的对话？

马克思是伟大的智者。作为智者的马克思，他对我们这些学徒和信徒抱有什么样的希望呢？"智者无神"，马克思主义是科学，不是神学和宗教教义；马克思主义是实践的科学，人民的理论，不是封闭在书斋里、供少数人品读膜拜的"经院哲学"、学院派理论；马克思主义是开放的思想、不断发展的理论，不是一成不变的僵死的教条，它宣告了一切终极真理"神话"的破灭，而为后人丰富它、发展它开辟了无比广阔的空间和道路。我斗胆揣测，如果马克思还活着，他应该是对当下马克思主义理论研究上的发展不那么满意的。世界每时每刻都在变化，实践每时每刻都在发展，问题每时每刻都在涌现，马克思主义者应该热切而敏锐地关注这些变化和问题并给予透彻有力的说明和解答，如此，马克思主义的理论之光才是鲜活而有穿透力的，马克思主义的思想魅力才是无尽的。

马克思是伟大的仁者。马克思主义自诞生以来，从来不缺乏对手

---

① 《马克思恩格斯全集》第3卷，人民出版社，1960，第604页。

和敌人，但正如恩格斯所说："马克思是当代最遭嫉恨和最受诬蔑的人。各国政府——无论专制政府或共和政府，都驱逐他；资产者——无论保守派或极端民主派，都竞相诽谤他，诅咒他。他对这一切毫不在意，把它们当做蛛丝一样轻轻拂去，只是在万不得已时才给以回敬"。"而我可以大胆地说：他可能有过许多敌人，但未必有一个私敌"。"仁者无敌"，马克思的"无敌"，首先在于他是真正为劳苦大众奋斗的革命家。历史上打着"人民"旗号、"为民请命"的思想家不乏其人，但只有马克思才"第一次使现代无产阶级意识到自身的地位和需要，意识到自身解放的条件。斗争是他的生命要素"。① 从理论的维度上看，为了斗争的需要，他和他的亲密战友恩格斯同当时欧洲几乎所有顶尖的思想家论战过，经过他们的犀利批判，那些曾经显赫一时的思想流派都在他们面前败下阵来，销声匿迹。之所以如此斗争坚决而有力，恰恰是为了避免使新生的无产阶级和共产党人遭受种种错误思潮的侵扰而走入歧途。今天，马克思主义在世界范围内仍然有不少对手和敌人。作为马克思的学徒和信徒的我们，有责任将对手和敌人编织的层层迷雾拨开，将错误思潮错误地处理的问题，转化为正面研究的课题，给予透彻科学的说明，以回敬对马克思主义的污蔑、歪曲和攻击，捍卫马克思。在这方面，只说空话是无济于事的。

马克思是伟大的长者。童年时期，马克思的画像挂在教室黑板上方，老师告诉我们："这个大胡子爷爷是来自德国的马克思，他是全世界劳动人民的伟大导师。"童年的记忆中，"留着大胡子的马克思"始终是个"长者"，似乎从未年轻过。"长者无私"，这些年来，通过对马克思主义的学习、思考和探究，我悟出一个道理：怀揣着某种私欲、

---

① 《马克思恩格斯文集》第 3 卷，人民出版社，2009，第 602~603 页。

私心、私名、私利是无法走入马克思的心灵深处的，是不配做马克思的学生的，更不配做他的忠实信徒。马克思主义不是谋生的手段，不是追名逐利的敲门砖，不是升官发财的工具。对马克思主义的简单化、片面化、实用化、庸俗化理解和解读，只会戕害马克思主义的生命，败坏马克思主义的声誉。对我们这些马克思的忠实信徒而言，马克思主义归根到底是一种生命存在方式。这种生命存在方式内在地要求我们始终抱有追求真理、探索真理、实践真理、发展真理的激情与理性，如飞蛾扑火般地献身于斯，并有所发现、有所前进、有所创造，使之在新的时代发扬光大。

1843 年，年轻的马克思富有激情地写道："哲学把无产阶级当做自己的物质武器，同样，无产阶级也把哲学当做自己的精神武器；思想的闪电一旦彻底击中这块素朴的人民园地，德国人就会解放成为人。""德国人的解放就是人的解放。这个解放的头脑是哲学，它的心脏是无产阶级。"[①]21 世纪的今天，世界的发展，中国的发展，社会主义的发展，同样在呼唤哲学这一"思想的闪电"再次照耀人类，解放我们的头脑。

本书编辑出版过程中，同事李睿娟、薛刚、耿显家等同志费心搜集编排，社会科学文献出版社领导大力支持，特别是责任编辑刘同辉先生贡献诸多智慧，谨表诚挚的谢意。

是为序。

方 军

2022 年 2 月 12 日

[①] 《马克思恩格斯文集》第 1 卷，人民出版社，2009，第 17~18 页。

目　录

一　文化、价值与历史观

二　问题、方法与评论

目　录

一

文化、价值与历史观

人的对象化活动与价值观念的哲学特质

一

马克思恩格斯在《德意志意识形态》中，关于观念的本质，曾有一段极精彩的论述："不言而喻，人们的观念和思想是关于自己和关于人们的各种关系的观念和思想，是人们关于自身的意识，关于一般人们的意识（因为这不是仅仅单个人的意识，而是同整个社会联系着的单个人的意识），关于人们生活于其中的整个社会的意识。人们在其中生产自己生活的并且不以他们为转移的条件，与这些条件相联系的必然的交往形式以及由这一切所决定的个人的关系和社会的关系，当它们以思想表现出来的时候，就不能不采取观念条件和必然关系的形式，即在意识中表现为从一般人的概念中、从人的本质中、从人的本性中、从人自身中产生的规定。"[①] 这一思想同样适用于对价值观念的理解。因此，概括地说，所谓价值观念，是一定的人生经验、人生理想目标知识的反映和凝结，是人基于生存和发展的需要，对自然、对自身、对他人、对社会关系的意义的一种看法。从微观的角度看，价值观念是人的世界观的重要组成部分；从宏观的角度说，特定的价值观念则是特定社会的文化体系的核心。文化，简言之，"是历史上具体的、人的

① 《马克思恩格斯全集》第 3 卷，人民出版社，1960，第 199~200 页。

3

本质能力发展的方式结果的体系，其作用目的在于满足社会、个别社会集团和个人的需要"①。一般说来，一个社会的文化结构通常可分为实体性要素和功能性要素，价值和规范属于前者，而价值和规范的生产，其保存、分配、交换、使用属于后者。价值观念则兼有两种要素的特性，它既可以是一种规范和价值，也可以是规范和价值的"生产"（广义上的生产）、保存的动态系统。一定社会的文化，一方面总是体现着该时代人们特定的价值观念，另一方面，不难理解，人们的价值观念的保存、继承，又多半通过文化相继的形式来进行。

如果我们客观地把价值观念看作一个系统，就会发现，其中的结构和层次，是颇复杂的。笔者以为，价值观念的构成，从内容上看，主要涉及这样几个方面：（一）价值目标；（二）价值评价标准；（三）价值的实现（手段、途径和方法）；（四）人的个体化价值和群体化价值的关系；（五）对具体的价值问题的看法。人们基于对上述五个方面（也可以某个方面为主）的问题的回答，可以形成自己的价值观念。

当然，全面地揭示价值观念的结构和层次，还必须考虑到傍依在上述这些内层周围的价值观念的附属要素，因为正是这些附属要素时常影响着人们的价值观念的形成和发展。历史表明，当人们对某一个价值观念予以"口诛笔伐"、彻底"清算"的时候，到头来却发现"横扫"的不过是某种价值观念的附属要素，而深藏于人们灵魂中的价值观念却依然保存下来。这些附属要素包括：语言文字、思想家、书籍、文学艺术形象、美术、建筑及其他象征物。正是这些附属要素所具有的"混淆视听"的特性和人类思维本身的惰性，才使得社会的价值观念的变革、发展总是步履维艰。

---

① 科鲁格洛娃：《文化理论的紧迫课题》，《国外社会科学情报》1987 年第 9 期。

二

从发生学的意义上分析，价值观念产生的两个基础条件是：需要和自我意识。需要是形成价值观念的客观前提，自我意识则是主观条件，这两个条件乃至价值观念的产生，只有在主体的对象化活动过程中才能得到科学的解释。

需要是什么？就是现实的不具备，就是人之作为社会主体对现实的不满足。动物也有需要，作为社会主体的人的需要与动物的本能性需要是有本质区别的。第一，动物的需要是一种盲目的、直接的实现，因而无指向性；而人的需要则是间接的、有意识的实现，它们总是指向特定的对象——当然，这种对象往往是经过选择的。第二，动物的需要是单一的、片面的、纯粹生理上的本能欲求；而人的需要则是具体的，有着复杂多样的结构、层次和类型。不同的社会主体有着不同的需要，即令同一种需要，在不同的人那里，表现方式和追求程度亦各有别。从性质上看，人不仅有自然需要，还有社会需要；从类型上划分，人有政治追求、审美需要、道德愿望等，而这些又都是动物所不具备的。第三，动物的需要的实现就是它的全部生命活动，这种需要是静止不变的；而人的需要的实现则仅是其生命活动的基础，而非其全部，更为重要的是，人的需要是一个不断运动着的系统。人的需要的最重要特征在于它是经常被人意识着的，正因为能被人们所意识，因而才呈现出对现实的不满足，才迫切要求实现、要求外化。需要一旦外化，就变成人对某种价值的追求，而对价值的追求及其实现，又会内化为人的新的需要，带来新的不满足。人的需要的不断外化，又不断内化，由此构成了人的活动的主要层面。

人的活动是人的对象化活动，是主客体相互作用的结果。一方面，事物本身有成为人的对象的特性，人只有把握这种特性，并使之成为自己的认识和改造的对象，人才能体现其能动性、创造性，体现其人的本质力量；另一方面，人的对象化活动的最大意义在于它创造了人本身，使人作为一个社会主体而存在、发展。这种创造贯穿于人的对象化过程的全部，不仅仅表现在创造了人的各种器官，更重要的是创造了人的各种感觉、观念和思维能力，形成了活动经验、认识、思想、意志等诸多表征人的本质力量的方式。其中，主体的活动经验与需要的外化与内化使得主体能够更多地从人生意义上来看待人与自然、人与他人、人与社会的关系，看待自我，从而，主体的活动经验与需要的外化和内化方式的凝结就导致了主体的价值观念的产生。因此，作为人的对象化活动过程的重大收获之一，价值观念综合概括了人在活动过程中所经历的人生经验，它植根于人的需要。人的需要的多层次结构决定了价值观念的多层次结构；人的需要的复杂多样性，决定了人的价值观念也呈现出某种差异性。同时，价值观念又从人的需要本性出发，统率和"过滤"着人的需要，使人的诸多需要分清主次、轻重缓急，使它们在主体的活动过程中都能得到充分的实现。但是，并非所有人的需要都可以算作属人的需要，都会促进人的主体性增长的。

人的活动是人的对象化活动，而人的对象化活动又是人追求自身的生命的完整表现的过程。与动物不同，人不仅通过对象化的过程，满足了自身的需要，达到了自身的生命的表现，而且通过对对象的改造，体现了人的创造性、能动性本质。不特如此，对于人来说，任何一种需要的满足，都意味着一种新的需要的诞生，人能超越单一的需要而追求生命实现的丰富化、全面化与深刻性。因此，对象化的过程，对对象的改造，就是人对自身本质的肯定，而肯定人的本质也就同时占有了自身的本质，正如马克思所说："人对世界的任何一种人的关系——视觉、听觉、嗅觉、味觉、触觉、思维、直观、情感、愿望、活动、爱，——总之，他的个体的一切器官，正像在形式上直接是社会的器官的那些器官一样，[Ⅶ] 是通过自己的对象性关系，即通过自己同对象的关系而对对象的占有，……是人的一种自我享受。"① 并且，只要人是合乎人的本性的，因而他的感觉等也是合乎人的本性的，那么，人对对象的占有，同时也就是对他自己本身的享受。当然，这种对对象的享受，对人的本质的占有，不应当理解为对物的直接的、片面的享受，而应当理解为对自然、社会关系的意义的一种全面把握，进而理解为对人的本质的全面把握。当然，把握、占有人的本质，就必然存在多种多样的把握方式，从而，在谋求对人的本质的把握、占有的全面化程度上也就存在着差别，而作为人的对象化活动过程的重要成果的价值观念则较之其他的任何一种"属人的关系"、其他把握方式有着更多的全面性。它包含了情感、意志的因素，但又不单纯归结为情感、意志，它受到一定的理性、信念的支配，却又不等同于理性或信念。可以说，价值观念是融合了情感、意志、理性、信念、直觉等众多因素在内的复合系统。因而，相比之下，价值观念是更具人化色彩的对人的本质的占有方式。价值观念的这种哲学特质当然是由人的对象化活动过程所赋予的，——人的活动对需要的双重意向决定了价值观念既有反映现实的一面，又具有超越现实的一面，同时，这种哲学特质也是与人的自我意识密切相关的。

自我意识，简言之，就是"人在纯粹思维中同他自身的平等"②。人有自我意识，这是人与动物的又一重大区别，也是人的对象化过程

---

① 《马克思恩格斯文集》第 1 卷，人民出版社，2009，第 189 页。
② 《马克思恩格斯文集》第 1 卷，人民出版社，2009，第 264 页。

的产物，——正是通过需要的外化，人才能够有对象的概念，才能够把自我与外界从观念上区分开来。动物没有自我意识，因而它无法把自身与整个自然界区别开来，当然，对自身的需求和活动也就无法进行价值评价。价值观念是人作为主体对自然、自身、他人及社会关系的意义的一种看法，自然，人们要评价自身及诸种关系的意义，必须先把自我与对象区分开来。在原始人的思维中，价值观念与集体表象、神话等简单的认识形式纠合在一起，其产生的重要前提也是原始人有了自我意识。从个体的角度看，人在形成自我意识以前，呈现出某种"自我中心化"倾向，无法意识到自身与他人、与社会的关系，因而，确切地说，这时候，人还不可能形成他自己的价值观念，他只能接受别人的（父母、老师及周围人群的）价值标准，他在人格上尚未走向成熟。人格意味着"每个人所特有的心理－生理状况（或特征）的有机结合"，它"使一个人区别于他人，并可通过他与环境和社会群体的关系表现出来"①。价值观念的形成，是一个人从人格上走向独立的重要标志，而价值观念的形成又是有赖于人的自我意识水平提高的。著名的儿童心理学家皮亚杰及其后继者科尔伯格曾经对儿童的道德思维的发展作过专门的研究。如科尔伯格指出，儿童的道德思维发展大致要经历六个阶段三级水平。在一级水平上，儿童的道德思维呈现着"前习俗道德"的倾向，他们往往设想有某种强有力的权威传给一套固定的无疑必须服从的规则；在二级水平上，儿童信奉的是"习俗道德"，他们呈现出"好孩子定向"，追求"社会秩序"与权威的支持；在三级水平上，才呈现出"后习俗道德"的色彩，他们（已成长为青年）开始怀疑自身从大人们那里接受的价值准则了。科尔伯格所揭示的儿童

---

① 《简明不列颠百科全书》第 6 卷，中国大百科全书出版社，1986，第 743 页。

道德思维发展的阶段，在某种意义上与人们的价值观念的形成和发展过程是相吻合的。

三

人的活动是人的对象化活动，然而，对象化的结果并不总是积极的。从人与自然的关系上看，人直接地是自然存在物，人的发展在某种意义上是与自然界的发展相一致的；从人与社会的关系上说，人当然是社会的因子，社会则是人的有机组合，人与社会保持一种动态的和谐，这是二者发展的必要条件；从人与自我的关系上看，不断地谋求对自我的科学认识和价值评估，使主我与客我、大我与小我、内我与外我达到完美的一致，这也是人追求自身完善的重要目标。但是，人的对象化却造成了人与自然、人与社会、人与自我的二元分离，于是，就有了印度博帕尔农药厂毒气外泄事件等自然或人为的灾害对人类的惩罚；就有了萨特等人对西方社会人与人关系的悲凉呼叫："他人，就是地狱"；就有了在自我问题上的种种迷惘表现。

应当说，马克思是深刻地体察到了对象化的这一方面后果的，但他乐观地认定，对象化与对象化的克服走的是同一条道路。

所谓对象化的克服，在马克思那里，就是人的自我确证的过程，就是人通过改造外部对象界和自身，不断地扬弃人与自然、人与社会、人与自我的二元分离，寻求人对自然、人对于社会的复归，寻求人对自身本质的重新肯定的过程。在我们看来，价值观念因其所独具的特征和功能，在人类克服对象化的过程中发挥着重大作用，从而，可以看作人的自我确证的重要方式。

首先，评价性质、评价标准问题是价值观念的核心问题，也是价值观念区别于科学认识、科学观念的最重要特征。马克思曾经说过，动物只是按照它所属的那个种的尺度和需要来进行构造，而人则懂得按照任何一个种的尺度来进行生产，并且随时随地都能用内在尺度来衡量对象，注意把内在固有的尺度运用到对对象的改造过程中。[①]我以为，所谓内在尺度，主要是由价值观念所提供的。价值观念为人们的对象化活动，同时，也为人们克服对象化的活动提供一种评价和选择系统。客观事物，只有当它得到主体的价值观念的肯定评价，才能进入主体的活动范围。

其次，人本创造性。如前已述，价值观念是基于人们一定的需要层次系统，在人的对象化活动过程中形成的，而它之所以产生，又是前两个基础条件的本性要求。人的需要要求价值观念给予指导、统率和"过滤"。从人的对象化活动来说，人们在活动之初和活动过程中，总是要求对客体和活动过程特别是结果进行评价，这种评价是诱发和指导人从事活动的重要动力性因素，而价值观念恰恰为人的活动提供一种"理想蓝图"。因此，人的活动之不同于动物的活动在于，在活动开始以前，活动的过程和结果已经作为一种理想形态存在于人们的观念之中了，活动目标的实现，就意味着人的本质的实现或者说意味着人作为主体的性质的完成，正是从这个意义上，我们认为，价值观念是创造人本身、确证人的本质的重要因素。价值观念不仅调节着人的需要层次，指导着人的活动，而且对社会关系的形成有重大影响，——特定的价值观念体系，固然是特定的社会关系的反映，但它一经确立，便会对社会关系的变化施加作用，况且"社会本身，即处于社会关系中的人本身"[②]。人，既是社会关系的产物，更是社会关系的

---

① 参见《马克思恩格斯选集》第 1 卷，人民出版社，2012，第 57 页。
② 《马克思恩格斯全集》第 31 卷，人民出版社，1998，第 108 页。

创造者，这同样是马克思主义关于人的创造的思想，而且，在我看来，后一种思想更有价值，更有魅力。这是一个动态的相互作用的过程，人在这个过程中，既是受动的——从其生成的意义上说；又是主动的、创造的——从其发展的意义上说。在这动态的过程中，价值观念的指导作用是十分明显的。

人，是不可能没有价值观念的。蒙昧时代的人们，思维水平极其低下，真正的逻辑思维几乎未曾出现过，但他们仍自觉不自觉地履行着当时社会所认可的价值观念，以此维护着群体的生存和发展。鲁迅曾经说过，中国的老百姓未必有多少人读过《论语》，读过"四书五经"，但孔孟所倡导的价值观念却在他们的生活中有极具体的表现。从个体的角度上说，价值观念的形成，意味着人自身的"社会主体"性质的确立；对社会群体而言，统一的价值观念的形成，则是在"类"的含义上将全体成员凝聚起来，并成为区别于其他社会群体的标志。正因如此，人们在价值观念的形成过程中，才能够体味到"人"的诞生。

然而，价值观念并非一成不变。社会条件的诸多迁移，社会矛盾的滋长和加剧，都会给既成的价值观念造成冲击，而且，价值观念本身内部各要素之间的排列组合也远非"亲密无间"，各要素之间的相互碰撞在外部客观条件的推动下，迅速使旧有的价值观念体系发生裂变，而新的价值观念的萌芽则促使旧有的体系走向灭亡。从理论上描写这一变革过程并不困难，但对于那些亲身经历着这种转变的社会主体，尤其是那些将要在这种变革过程中丧失自身的某些价值追求的人来说，这一变革则无疑是痛苦的不堪回首的悲剧。唯其如此，当身处新旧价值观念的激烈交替过程中而又不能很快成为变革的主体的时候，人们会深深地体验到"人"的失落。

　　价值观念的变化就是这样无情，它将人推向痛苦的边缘甚至使人在痛苦中不能自拔。不过，所有这些，对于对象化的克服、对于社会进步、对于观念的进步来说，又是绝对不可缺少的。不仅如此，这种代价也会给人类以相应的补偿的。价值观念的更迭不仅促进了新的价值观念体系的崛起，而且也把一大批具有新的价值观念和能力的人推向社会发展的前沿，从而实现了社会变革过程中主体的转换。有鉴于此，人们才通过新的价值观念的兴起，体察到"人"的复归与重建。

（原载《社会科学辑刊》1992 年第 2 期）

小注：

　　作者在研究生求学期间，就对哲学价值论、价值观念问题产生了浓厚兴趣，此后这一方面成为作者学术生涯前半期的研究重点。此文带有初入学界和那个时期社会生活的双重烙印，其意义在于或可一窥当时价值论、价值观念研究热潮对一个青年学子的影响，也可从中看出作者功底尚浅但力求创新的某种努力。

论人格的社会历史规定性

——兼谈人格理论的问题与方法

本文旨在揭示马克思的人格理论在科学历史观中的地位和作用，从而说明，人格问题，本是马克思考察人类社会发展问题的重要内容，科学的人格理论与唯物史观有着内在的一致性；在这方面，有所忽视的不是马克思本人，而是对马克思的丰富思想存在着简单化理解的研究者。笔者以为，马克思考察人格问题的方法论对于我们恰当地分析人格的本质、人的发展问题从而进一步考察现代人格理论的得失、偏颇具有特别重要的指导意义。

一

早在 1843 年，马克思对人格的本质就形成了一个著名的论断："'特殊的人格'的本质不是它的胡子、它的血液、它的抽象的肉体，而是它的社会特质"。①

马克思的这一思想是在批判黑格尔的国家观、王权观过程中形成的。在这里，马克思首先揭露、批判了黑格尔的国家观的虚假性。黑

---

① 《马克思恩格斯全集》第 3 卷，人民出版社，2002，第 29 页。

格尔把国家看作自在自为的、现实的最高理性本质，在国家职能与个人的关系上，他把这种关系看作一种外在的、偶然的联系。而在马克思看来，国家的职能不过是人的活动和职能，是人的社会特质的存在和活动方式。其次，揭露黑格尔的王权观的庸俗性。在黑格尔那里，"国家人格只有作为一个人，作为君主才是现实的"①，而王权这种特殊的人格之所以有别于众人，其根据在于肉体的标志。对此，马克思辛辣地讽刺道："出生只是赋予人以个人的存在，……把他设定为自然的个体；而国家的规定，如立法权等等，却是社会产物，……正因为这样，个体的出生和作为特定的社会地位、特定的社会职能等等的个体化的个体之间存在着直接的同一，直接的符合一致，就是一件怪事，一个奇迹了。在这种体系中，自然界就像制造眼睛和鼻子一样"。②最后，揭露黑格尔在国家、司法权、人格问题上方法论的错误。黑格尔不是从现实的人引申出国家，反倒是从国家引申出现实的人。这样用客观的东西偷换主观的东西，用主观的东西偷换客观的东西的结果，是把某种经验的存在非批判地当作"理念的现实真理"。黑格尔哲学在国家、司法权、人格等问题上的方法论实质充分表明："抽象唯灵论是抽象唯物主义；抽象唯物主义是物质的抽象唯灵论。"③

不可否认，由于对市民社会，对私有制的形成、发展史，对资本主义经济，对社会形态发展史，对人类实践活动在不同的社会历史条件下的不断展开及其变化尚缺乏科学、明晰的理解，因而，人格的"社会特质"所具有的丰富内涵尚未揭示出来，对黑格尔的批判也就不可能是彻底的：一方面，这种批判仍带有较深的思辨方法的痕迹；另

---

① 《马克思恩格斯全集》第 3 卷，人民出版社，2002，第 36 页。
② 《马克思恩格斯全集》第 3 卷，人民出版社，2002，第 131 页。
③ 《马克思恩格斯全集》第 3 卷，人民出版社，2002，第 111 页。

一方面，这种批判又打上了费尔巴哈人本主义的烙印。但是，马克思从一开始就坚持把市民社会、国家与个人的活动联系起来，即坚持把社会关系的更演、社会活动的不断展开与现实的个人的活动、人的发展联系起来考察，这是他高于黑格尔和费尔巴哈的地方。通过以下的考察，我们就会发现，这样一条重要的线索，一直贯穿于他以后的研究活动中，而其内容则不断地拓展、丰富。

对人格的"社会特质"的科学说明，是在《关于费尔巴哈的提纲》《德意志意识形态》《路易波拿巴的雾月十八日》等文献中初步形成，到《资本论》及作为其准备材料的几大手稿中获得成熟形态，在晚年人类学笔记中得到进一步发展的。这样一个过程，也就是科学的人格理论形成和发展的过程。

我们越往前追溯历史，个人就越表现为不独立。在人猿相揖别的时代，人与自然之间尚没有形成根本性的分离，表现为某种抽象同一性。这种抽象同一性所获得的社会历史性质表现在，"人们对自然界的狭隘的关系制约着他们之间的狭隘的关系，而他们之间的狭隘的关系又制约着他们对自然界的狭隘的关系"。① 在马克思看来，由人与自然之间的狭隘关系所决定并反过来进一步影响到人与自然关系的人们之间的社会关系的狭隘性质，是资本主义以前的社会形态、所有制形式所共同具有的。在这些所有制形式中，个人对劳动的客观条件的关系，要以个人加入某种自然形成的共同体（公社、部落等）并以共同体成员的身份为媒介，而共同体的现实存在，又由个人对劳动的客观条件的所有制的一定形式来决定，这种形式部分地取决于共同体的天然性质，部分地取决于共同体在怎样的经济条件下用劳动来获取果实，而

---

① 《马克思恩格斯全集》第3卷，人民出版社，1960，第35页。

这又取决于自然条件；在这里，发展的基础都是单个人对共同体的原有关系（或多或少是自然形成的或历史地产生但已变成传统的关系）的再生产，以及他对劳动条件和劳动同伴、对共同体内部其他成员等等的关系上的一定的、对他来说是客观的存在，因而，基础从一开始就是有局限性的。

发展基础的局限性、狭隘性造成了这一阶段上劳动的直接性质，而直接劳动又进一步保证了狭隘的人与自然的关系、人与社会的关系在一定范围内的有效性存在。直接劳动，作为资本主义以前的劳动形式，当然不是一般劳动过程，而是人类在其特定发展阶段上所采取的劳动形式。在这里，劳动过程"无论是奴隶形式的，还是农奴形式的，都被作为生产的无机条件与其他自然物列为一类，……被他当作属于他所有的无机体来看待的这些自然生存条件，本身具有双重的性质：（1）是主体的自然，（2）是客体的自然"。① 另外，劳动的直接性质，也使人天然地把自身看作自然界的一部分，也就是说，"劳动的主体是自然的个人，是自然存在"，"他本身不但是有机体，而且还是这种作为主体的无机自然"②。

当然，在直接劳动时期，也出现了分工。然而，一方面，分工并未普遍化；另一方面，分工仍带有浓重的自然性质。同时，交往也产生了，但也只是狭隘的地域性的交往，普遍的交往根本无从谈起，个人还只是一种狭隘的地域性存在，世界历史的那一页尚未掀开。

上述所有条件决定了这一特定时期**人格的自然化性质和自然的人格化性质**。这是人格在人类历史发展中所获得的第一个基本型式，它突出地体现了当时人们实践活动的直接性质、人与自然之间的抽象同

① 《马克思恩格斯全集》第 30 卷，人民出版社，1995，第 481~482 页。
② 《马克思恩格斯全集》第 30 卷，人民出版社，1995，第 480 页。

一性以及人与人之间交往的狭隘性，并使这些性质得到强化。这一人格型式的社会历史性质在于以下两点。

第一，在这个阶段上，个人的发展，体现为通过不发达的实践活动，借助狭隘的社会关系不断占有那属于自身的无机存在的自然前提的过程。由于单个人之间几乎没有联系，或者只是发生以血缘和统治服从关系为基础的地方性联系，个人要得到发展，就要显得比较全面些，然而，"那正是因为他还没有造成自己丰富的关系，并且还没有使这种关系作为独立于他自身之外的社会权力和社会关系同他自己相对立"。① 这只是一种"原始的丰富"。

第二，劳动的自然形式、劳动的特殊性是劳动的直接社会形式，人们直接地面对自然，从而人与人之间的关系的直接的自然形式也就获得了直接的社会性质——统治关系、人身依附关系。

人类实践活动以及在实践中不断展开的人们的诸种关系的进一步发展总是要突破这种狭隘性的。当劳动的客观条件与劳动本身发生分离，体现为某种相对独立的力量即资本的时候，伴随着社会巨大变革的是：财富的增加与积聚，物的关系取代原来意义上的人身依附关系。从而人格也突破了原来的狭隘性、自然化，而获得一种新的社会历史型式——**人格的物化与物的人格化**。

这种人格型式既要以生产中人的（历史的）一切固定的依赖关系的解体为前提，又要以生产者互相间的全面的依赖为前提，而这种全面的依赖在这里又采取了物的形式的外观。

这样一来，物的人格化与人格的物化随着资本主义生产的发展、资本主义社会关系的普遍化，愈益把个人的特性、品质等降到次要的

---

① 《马克思恩格斯全集》第 30 卷，人民出版社，1995，第 112 页。

地位。资本家本身只有作为人格化的资本，才有历史的价值，才是社会的统治者，也只有这样，他本身的暂时必然性才蕴含在资本主义生产方式的暂时必然性之中。对于劳动者——广大工人来说，他们既不是作为自然的个人，也不是作为社会的个人，而只是作为人格化的劳动能力参与生产过程；并且，对于资本家而言，他在这个过程中除了具有发挥作用的劳动能力的存在以外，不具有任何其他存在。

这样一个全面的物化过程，实质上是一个全面的异化过程。资产阶级古典政治经济学家习惯于把这一过程作自然化的解释，即看作某种永恒的自然过程。马克思却看到了它的历史暂时性：其一，在这里，表现为发展前提的东西，不是一些自然前提，而是一系列历史条件变化的结果；其二，所谓人格的物化和物的人格化，不过反映了人们在特定社会历史条件下的人与人之间的社会关系。

但是，这种关系之所以变得更加复杂、显得更加神秘，是因为随着特殊的资本主义生产方式的发展，不仅那些直接物质的东西（产品）起来反对工人，就连社会地发展了的劳动形式——协作、分工等——都表现为资本的发展形式。因而，从这些社会劳动形式发展起来的劳动生产力，以及科学在生产中的应用等，也表现为资本的生产力。

在马克思看来，只有实现了从直接劳动向科学劳动的转化，即"整个生产过程不是从属于工人的直接技巧，而是表现为科学在工艺上的应用的时候，……资本才造成了与自己相适合的生产方式"。[1]如果说，生产过程从简单的劳动过程向科学过程的转化，也就是向驱使自然力为自身服务并使它为人类的需要服务的过程的转化，表现为同活劳动相对立的固定资本的属性；那么，同样，社会地发展起来的分工、

---

[1] 《马克思恩格斯全集》第31卷，人民出版社，1998，第94页。

协作、交往、自由竞争、管理等也不再表现为受劳动者、单个人支配的力量，而是表现为资本的力量，表现为与劳动者相对立进而支配工人的力量，虽然，从源头上看，它们又是劳动的产品、结果。总之，一切实际的发展都被并入了资本的范围，人格的物化与物的人格化也就变得愈益典型化和神秘化了。

从人格的自然化与自然的人格化到人格的物化与物的人格化，人格的社会历史性质所发生的重大变化在于以下五个方面。

第一，如果说在第一阶段上，人格的发展仅仅体现为单一的抽象性人格的不断再生的；那么，在第二阶段上，由于日益丰富的需要体系不断被创造出来，人格的发展就有了多样化的可能（仅仅是可能而已）。不仅如此，资本使得使用价值不再是生产的目的，而是使"为生产而生产"，即超出一切事先决定或被决定的需要界限来发展人类劳动生产力成为目的本身。自然，这种发展在资本的范围内是有着不可逾越的界限的，并且，要以牺牲多数的个人作为代价。

第二，如果说古代造成的是一种原始的丰富性人格，那么，资本主义世界则造成了人格的片面化发展，造成了大量的物化的个人。"因此，一方面，稚气的古代世界显得较为崇高。另一方面，古代世界在人们力图寻求闭锁的形态、形式以及寻求既定的限制的一切方面，确实较为崇高。"[1] 然而，片面的发展毕竟也是一种发展。

第三，如果说古代世界造成了人身依附关系；那么，资本主义时代则造成了"以物的依赖性为基础的人的独立性"[2]，个人有了孤立化的发展。人们的共同体或共同本质本身对一切人来说都是外在的，因而是偶然的东西。人的发展采取了自由的形式的外观，之所以说是外观，

---

① 《马克思恩格斯全集》第30卷，人民出版社，1995，第480页。
② 《马克思恩格斯全集》第30卷，人民出版社，1995，第107页。

是因为，自由的并不是个人，而是资本，这种自由不过是在有限性的基础上的自由发展，因而又是最彻底地取消了任何个人自由。在这里，"物的关系对个人的统治、偶然性对个性的压抑，已具有最尖锐最普遍的形式"①。

第四，如果说古代世界的个人是自然的狭隘的地域性存在，那么在资本主义时代，由于大工业、科学不断地被应用于生产，国际贸易和世界市场的扩大，随着交往的普遍化、"历史向世界历史的转变"②，狭隘的地域性的个人逐步为"世界历史性的个人"所代替。所谓"世界历史性的个人"已经内在地包含着发展出全面的社会化个人的可能性，但是，资本本身却又为这种发展和可能性的实现设置了障碍，它再一次遇到自身发展的界限。

第五，资本家之所以是人格化的资本，不仅因为他掌握了物的权力来行使自己的社会权力，驱使工人为他创造剩余价值，更在于他占有了工人的劳动时间并确立这种时间。由于大量的剩余劳动的存在，社会的另一部分人才有可能将自由时间用于从事非直接的生产活动，"用于发展不追求任何直接实践目的的人的能力和社会的潜力（艺术等等，科学）"③。既然所有自由时间都是供自由发展的时间，而"时间实际上是人的积极存在，它不仅是人的生命的尺度，而且是人的发展的空间"④。所以，资本家对工人剥削的实质是剥夺了工人为社会创造的自由时间，从而剥夺了工人的发展空间，资本窃取了文明！在这里，一部分人的能力的发展是以另一部分人的发展受到限制为基础的。

---

① 《马克思恩格斯全集》第 3 卷，人民出版社，1960，第 515 页。
② 《马克恩恩格斯选集》第 1 卷，人民出版社，2012，第 169 页。
③ 《马克思恩格斯全集》第 32 卷，人民出版社，1998，第 214 页。
④ 《马克思恩格斯全集》第 37 卷，人民出版社，2019，第 161 页。

这一切，都表明了人格的物化与物的人格化的历史必然性与历史暂时性，而利润率的下降，生产的发展、人的发展受到资本的限制必然导致下列事件的发生："财富的一切条件，财富的再生产即社会个人的富裕发展的最重大的条件，……在达到一定点以后，就会不是造成而是消除资本的自行增殖"。"于是，人类活动所采取的最后一种奴隶形式……就要被脱掉"①。伴随着这一巨大的社会变革，人格的发展也便突破了资本主义时代的物化形式，而达到**人格的社会化与社会的人格化**。这是一种全新的共产主义时代人格的历史型式，是人格历史发展过程中的质的飞跃。

只有在这个阶段上，人与自然之间历史地形成的对立才能真正消除，它们之间才能形成和谐的关系，当然，这种和谐既不是复归原始的抽象同一性，又扬弃了对抗的形式，而是一种具体的统一性。个人与社会共同体之间也开始摆脱对立的形式，社会进步与人自身的发展真正达成一致，形成了"社会化的人类与人类的社会化"，这部分地是由于活动的不断扩大不再是外在于单个人的发展的东西，个人充分地参与活动之中并全面地占有了活动的丰富成果；部分地是由于个人不再屈从于种种"虚幻的共同体"，而开始占有全面的社会关系。自然，共同体是存在的，但在这种共同体中，个人既不再是自然的个人，也不再是物化的个人，而是真正社会化的个人，"各个人都是作为个人参加的。它是各个人的这样一种联合（自然是以当时发达的生产力为前提的），这种联合把个人的自由发展和运动的条件置于他们的控制之下"②。在这个阶段上，不以旧有的尺度来衡量的人类全部力量的发展成为目的本身；人不是在某一种规定性上再生产自己，而是生产出他的全

---

① 《马克思恩格斯全集》第 31 卷，人民出版社，1998，第 148、149 页。
② 《马克思恩格斯文集》第 1 卷，人民出版社，2009，第 573 页。

面性，不是力求停留在某种已经变成的东西上，而是处在变易的绝对运动上。不仅如此，随着自由时间的扩大，剩余产品表现为必要产品，全面发展的个人真正使"时间是人类发展的空间"这一命题获得其应有的含义。概言之，只有在共产主义阶段，个人才不再是偶然的、片面的、孤立地存在并发展着的个人，才真正"成为自己的社会结合的主人，从而也就成为自然界的主人，成为自身的主人——自由的人"。①

这一切，当然不是凭空产生的，要达到这一点，就必须使社会基础本身取得的形式能和生产力的最高发展，因而也和个人（在这一基础的条件下）的最丰富的发展相一致。一旦达到这一点，"进一步的发展就表现为衰落，而新的发展则在新的基础上开始"②，自然，这种发展，"除了先前的历史发展之外没有任何其他前提"③。在马克思看来，只有在现实的世界中并使用现实的手段才能实现真正的个人的解放。"解放"是一种历史活动，而不是思想活动，"解放"是由工业状况、商业状况、农业状况、交往状况促成的；同时，每一个个体的解放程度是与历史转变为世界历史的程度一致的。

体现这一转变的过程，不可能在资本自身的范围内得以完全展开，只有靠联合起来的社会化的个人通过革命的手段，剥夺资本，建立起真正属于每一个社会化的个人同时又以每个人的自由发展为其前提的共同体才能实现，伴随这一社会基础的变革并给以强大支持的，则是对科学劳动的资本主义形式的扬弃，即一般社会劳动的产生和发展。

包括社会主义在内的共产主义社会的劳动，在马克思那里，在不同的场合下，有着多种内容丰富的界定，而这些不同的规定之间又有

---

① 《马克思恩格斯全集》第 25 卷，人民出版社，2001，第 414 页。
② 《马克思恩格斯全集》第 46 卷（下册），人民出版社，1980，第 35 页。
③ 《马克思恩格斯选集》第 2 卷，人民出版社，2012，第 739 页。

着内在的一致性。

首先，自主活动和物质生活之间克服了分离，获得一致，劳动真正开始了向自主活动的转化。

其次，自主活动也就是人的自由自觉活动。劳动变为现实性的过程，不再是一种单纯的他在，不再是丧失现实性的过程，而是变成自为的存在，"成为吸引人的劳动，成为个人的自我实现，但这决不是说，劳动不过是一种娱乐，一种消遣，就像傅立叶完全以一个浪漫女郎的方式极其天真地理解的那样。真正自由的劳动，例如作曲，同时也是非常严肃，极其紧张的事情"。①

再次，物质生产的劳动只有在下列情况下才能获得上述性质："（1）劳动具有社会性；（2）这种劳动具有科学性，同时又是一般的劳动，这种劳动不是作为用一定方式刻板训练出来的自然力的人的紧张活动，而是作为一个主体的人的紧张活动"。②这就是说，只有劳动的社会性、科学性扬弃物化的、对抗的形式，获得全面的形式，即形成一般社会劳动之后，自由自觉活动才是可能的。

最后，共产主义社会的劳动是联合劳动，而不是合作劳动。所谓合作劳动是19世纪少数空想社会主义思想家所倡导的一种劳动方式，用以代替令人厌倦的雇佣劳动。在马克思看来，不管合作劳动在原则上多么优越，在实际上多么有利，只要它没有越出个别工人的偶然努力的狭隘范围，就不可能消除资本势力的发展和雇佣劳动本身。

如此看来，所谓人格的社会化与社会的人格化直接地要以一般社会劳动作为其赖以存在和发展的基础，而一般社会劳动又内在包含着人格的社会化与社会的人格化这一人格发展的最高型式。

---

① 《马克思恩格斯全集》第30卷，人民出版社，1995，第616页。
② 《马克思恩格斯全集》第30卷，人民出版社，1995，第616页。

二

从以上简略的叙述可以看出，科学的人格理论本是科学历史观的有机组成部分，对人格问题的基于实践观点的批判性考察，本是马克思探索、揭示人类社会历史发展规律的题中应有之义。在马克思主义的反对者和敌人那里，人格，以及与之有关的人性、人的本质、人的发展问题，恰恰是他们攻击唯物史观最集中的领域之一，其典型手法是采用大简化的方式先把人格、人性、人的发展等问题抽象化（在不少人那里则是将这些问题作人本主义的处理），归结为抽象的伦理问题、道德问题，进而攻击唯物史观"只讲物、不讲人"，"只讲经济、不讲人性"，"只讲社会、不讲个人的发展"，攻击"唯物史观不讲伦理、道德"，等等，不一而足。我们一些研究者，出于维护马克思主义的尊严的善良愿望，在反击这些挑战和谬论时，同样把人格等问题排除在科学历史观之外，似乎这些问题只是为不成熟时期的马克思所关注，似乎对人格问题的考察只能是抽象的、人本主义的，或者专属于抽象的伦理观的范围。在笔者看来，这种反击和批判非但不能击中要害，反而不自觉地认同了马克思主义的反对者的思路，把人格、个性等问题作抽象化理解，借口反对人本主义、反对抽象地考察人，而把这些问题本身置于唯物史观之外，从而有意无意地削弱了科学历史观在指导这方面研究中的方法论意义。如果我们全面、准确地理解马克思的思想，就会看到，这是对唯物史观多么严重的误解！

科学的人格理论之所以区别于抽象的唯物主义、人本主义、唯灵论的人格观，首先在于它坚持实践的观点。人们总是在一定的实践活动中，通过一定的社会关系不断获得自身的人格发展的。实践活动中展开的对象化和非对象化的矛盾运动，不仅是合规律的客观过程，而且是不断解决"既有世界"和"应有世界"的矛盾，即解决"两个尺度"的矛盾而不断实现人本身的价值的创造性活动，是创造人的理想世界进而不断实现自由的过程。①对客观对象的改造，也就是人的自我改造，作为这种改造的成果，活动过程中所产生的对人自身价值的追求、肯定、确证和实现以某种理想化、现实化的形式凝结于社会化的个人身上，就形成了人格。在实践与人格之间的关系中，有一个必不可少的中介环节：文化。作为人的本质力量的对象化，文化不仅中介着人与自然、人与社会的关系，而且中介着人与自身的关系、实践与人格的关系。由实践活动所规定的并为文化所中介的人们对理想世界，对真、善、美的价值，对自身的自由发展的追求，便是人格所蕴涵的最本质的内容。因此，人格是体现实践所规定的文化发展中人自身发展的功能性概念。

在西方，"人格"一词源自拉丁文 Persona，原意指面具。词源学的考察所包含的富有旨趣的内容恰恰说明了人们之间的交往在人格形成和发展中的意义。分工造成了个人之间的差异，交往则使这种差异成为有益的东西，使得人们必然摆脱纯粹的个体差异，以一种可感知的社会化的个人存在方式参与交往。因此，个人不可能天生就具备某种人格，人格是标示个人的社会化程度的一个概念。自然，个人的社会化过程不是抹杀个人之间的差异，恰恰是以个人的社会差异（这种差异又是由一定的实践活动、一定的社会关系所规定的）为前提的。个人通过交往，掌握文化，使作为客体存在方式的文化结果（包括一整套社会的价值体系、规范、习俗等）转化为个人的主体存在方式，

---

① 参见刘奔执笔《实践与文化——"哲学与文化"研究提纲》，《哲学研究》1989 年第 1 期。

彼此之间形成、创造着人格。个人的社会化过程、人格的建构过程，也是个人的个性化过程。

这里有必要区分人格与个性这两个概念。个性和人格作为同属体现文化发展过程中人自身发展这一本质内容并标志个人的社会化程度的概念，有着较多的一致性，以至于人们经常混同使用。在马克思那里，两者却有着重大区别。其一，个性是人格的质的规定性，是较之人格有着更深层本质内容的概念。所谓有个性的个人，必定是有一定人格的个人，但有某种人格的个人未必是有个性的，例如那些具有"自然化"人格和"物化"人格的个人，即偶然、孤立、片面地发展着的个人。其中质的区别在于：实践活动的不断扩大、社会关系是否成为个人所能把握的力量。换言之，个性标志着个人在某种程度上成为自己所处的社会关系的主体，而人格甚至在那些不具备个性的个人那里也是存在的。个人的社会化与个性化的统一不是刻板的、僵死的统一。其二，所谓"个性"，只是人的通过自身的历史活动造成丰富的全面的社会关系、全面地占有这种社会关系，进而充分享有实践成果和自身发展的可能性空间的能力，并使这种能力现实化。而人格却是随着实践活动的每一重大变化都要改变自身的社会特质和历史型式的。我们看到，在那些个人不能成为社会关系的支配者而是被社会关系所支配的历史发展阶段，实践活动的每一次扩大、文化的每一个进步并不表现为大多数个人所享有的成果。因而，那个时期，只能形成自然的个人和物化的个人，人格的发展也就只能呈现出"自然化"与"物化"的性质和型式。只有到了共产主义社会，人类实践的发展才摆脱了外在于个人的性质，社会关系才真正成为每个人的自由发展的条件，全面发展的人格才能实现，而所谓全面发展的人格的实质便是自由自觉个性。

论人格的社会历史规定性

作为体现文化发展中人自身发展的功能性概念，人格内蕴着人们对某种理想世界的追求，受制约于一定的价值、规范。伦理学的人格概念所要揭示的是社会的价值、规范怎样内化为个人的自觉追求，因而伦理学更多地关注人格概念的评价性质、规范性质。而哲学的人格概念则不止于此，更要揭示这种评价性质和规范性质所赖以存在的现实基础，揭示人格发展出的"实有"和"应有"性质的具体的历史统一性及其分离、对立的社会历史条件。因此，问题不在于是否把人格问题局限于道德领域、伦理观的范围，而在于是否对伦理观、道德观作抽象化的理解。在抽象的伦理观范围内，人格的本质是揭示不清楚的，伦理学的人格概念要以哲学的人格概念为前提，科学的伦理观是以科学的历史观为基础的。

与唯心史观、形而上学抽象、静止地看待人格不同，科学的人格理论把人格看作社会历史地发展着的人格。每一社会历史阶段的人格都受制于当时的历史条件，都是以前一种型式为基础的，但其发展又不断地扬弃前一种型式的狭隘性质，同时也内在地包含着自身发展过程中的矛盾。因此，马克思反对抽象地考察人格，因为这不仅无助于对人格问题的合理解决，也不可能真正揭示出人格问题的实质；而且，抽象地考察人格，往往舍弃人格所赖以存在和发展的复杂而深刻的社会历史内容，把复杂的问题简单化，而对于简单化地处理了的问题最终又做出某种神秘的解释，因而，既是反历史的，又是反科学的。在马克思看来，人格的历史发展当然不是单线的，个体的人格受制约于特定历史条件下的实践活动、社会关系，并不意味着人格的发展就是刻板的、千篇一律的，比如，在古代世界，在人格的自然化和自然的人格化阶段，个体人格在一定范围内可能有很大的发展，个人可能表现为伟大人物。但是，在这里，无论个人还是社会，都不能想象会有自由而充分的发展，因为这样的发展是同人和自然、个人与社会之间的原始关系相矛盾的。

科学的人格理论将人格的发展纳入社会历史发展的总体过程，通过特定历史条件下人类实践活动的扩大、社会关系的更演来揭示人格发展的社会历史规定性，而透过人格在不同历史阶段上的变化又从一个特有的视角揭示了以往全部历史（共产主义社会以前）发展的必然性、暂时性和不合理性质，因而又是批判的，这种批判突出地体现了唯物史观中真理观与价值观相统一的原则。如所周知，马克思的全部历史观旨在揭示人类社会的发展规律，揭示资本主义社会形成、发展直至走向灭亡的历史必然性，揭示共产主义代替资本主义的客观必然性。而对历史发展规律的揭示，同时又内在地包含着对具体的现实的人格的发展规律的揭示；对资本主义社会形态的批判，也内在地包含着对资本主义社会中人格的物化型式的批判（自然，这种批判是建立在严格的科学研究基础上的）；对共产主义必然性的揭示，也内在地包含着对全面发展的人格代替物化的、偶然的人格的必然性的揭示。并且，在马克思那里，后一方面的工作，绝非游离于前一方面主题之外的东西，两者本质上是一致的。把历史发展与人的发展、人格发展割裂开来，从而容忍唯心史观在后一方面扎根，就会割裂科学历史观中真理观与价值观的内在统一性，导致对马克思主义的种种不正确理解，如把马克思主义实证化，或者把唯物史观简单地看作某种宗教信仰，从而削弱马克思主义的哲学基础。在马克思看来，科学历史观总是要"从现实的前提出发，它一刻也不离开这种前提。它的前提是人，但不是处在某种虚幻的离群索居和固定不变状态中的人，而是处在现实的、可以通过经验观察到的、在一定条件下进行的发展过程中的人。只要描绘出这个能动的生活过程，历史就不再像那些本身还是抽象的经验主义者所认为的那样，是一些僵死的事实的汇集，也不再像唯心主义者所认为的那样，是想象的主体的想象活动"。①

总之，坚持在实践的基础上把历史进步（包括社会关系的更演）与个人的活动、人的发展联系起来，考察人格在每一特定社会条件下的历史性变化，这是马克思给予我们的最重要的方法论启示。如果我们联系到现代人格理论的发展及其所反映出的问题，就会看到，这也是唯一科学地考察人格问题的方法。

在现代西方人格理论发展过程中，一直存在着自然主义与超自然主义（反自然主义）两大思潮的争论与对立。自然主义者（主要是一些心理学家如高尔顿·奥尔波特等人）将人格归结为某种心理特性或生理特性，力图用实证化方法、自然主义方法揭示人格概念的"实有"性质，揭示个体差异（心理的或生理的）、个人特质、个人社会化的途径（学习、训练）等在人格形成和发展过程中的作用及其机制，这为哲学的人格概念提供了丰富的客观化的质料。然而，人格毕竟是一个社会的历史的范畴，用自然主义的方法，将人格看作"个体内部的那些心理物理系统中决定其独特地顺应环境的动力系统"（奥尔波特语），毕竟不能揭示人格概念所反映的复杂而深刻的社会历史内容。因此，较之哲学的人格概念，心理学的人格概念所反映的只是人格多维层面的一个侧面。超自然主义者（如现象学家马克斯·舍勒，人格主义哲学家穆尼埃、福留耶林等）则坚持认为人格不可能是什么心理的东西，因为它不能加以客观化；它"只可唤醒，不可制造"，是一种作为稳定和独立的存在的精神实质。我们看到，超自然主义反对把人格归结为某种心理特性或生理特性，却是以将人格问题引向神秘化、唯灵论的

---

① 《马克思恩格斯文集》第 1 卷，人民出版社，2009，第 525~526 页。着重号为引者所加。

解释为代价的。科学的人格理论强调以实践为基础，考察人格产生和发展的现实基础，揭示人格的本质和人格问题的实质，只有这样，才能真正克服自然主义与超自然主义的对立。

这里有必要提到法兰克福学派的代表人物马尔库塞的"单向度的人"的思想。所谓"单向度的人"，在他那里是指：在发达的西方工业社会中，个人已丧失了合理地批判和否定现实的能力，统治和奴役已成为全面的联系，病态的人格被大量制造出来。

应当说，马尔库塞对现代西方工业文明状况的批判是尖锐的，他所揭示出的当代资本主义的某些新特点和西方工人阶级革命性的减弱是值得我们仔细研究的。但是，不可否认，由于存在着方法论上的致命缺陷，这种批判虽充满了激情，但缺乏力度。

首先，马尔库塞把对西方发达工业文明的批判归结为对所谓"单向度的人"的批判，而对人的批判又归结为对"单向度的思想"的批判，并且这种批判的标准恰恰来源于他所谓的"双向度的社会"——发达资本主义以前的社会。所谓双向度社会与单向度社会对立的根源是辩证思维与形式思维的冲突。在这里，我们不仅看到了关系的颠倒，即问题与它所赖以产生和存在的基础之间的颠倒，问题的实质与其外在表现形式（包括观念反映形式）之间的颠倒；而且还可以看出，马尔库塞对"单向度的社会"的批判，恰恰是建立在对发达资本主义以前的社会状况的留恋基础上的。

其次，包括马尔库塞在内的法兰克福学派大多数思想家出于人本主义的立场，都对当代科学技术的发展持一种批判的态度，他们强烈地指责"技术统治人"的不合理状况。其实，如同科学技术不可能自动地推动现代社会生产力的巨大发展一样，它也不可能自动地造成人的境况的片面化、物化等病态性质。马尔库塞等人对现代科学技术的批判，不能不使人想到马克思当年对在技术进步与人的发展关系问题上的三种态度的分析。在马克思的时代，自然科学及其在生产中的运用已经改变了人们对自然界、社会和人自身的发展的幼稚态度。然而，这种改变又恰恰包含着它的反面，技术的胜利似乎是以道德的败坏为代价的，而所谓"一般人的发展"也往往是以最大地损害个人的发展为前提才能获得。对于这种对抗性的社会现实，一些人（如德国历史学家道梅尔之流）用感伤主义的态度为"道德的败坏"与"个体的牺牲"而痛哭流涕，企图以恢复古典的田园诗般的社会的方式来消除这种对抗；另一些人（如古典政治经济学家）则把这一发展的对立形式和发展内容本身混淆起来，要么为了这种对立的成果而希望这种对立永世长存，要么为了摆脱对立而决心牺牲在对立形式范围内产生的成果。

在马克思看来，个性的比较高度的发展，健全、充分的人格的建立，虽然在其"低级社会形式"（包括资本主义阶段）上要靠牺牲多数的个人来实现，但最终会消除这种对抗，而这就需要人类实践活动的不断扩大、社会生产力的巨大发展，来消除那对立的形式，实现社会关系的根本调整，从而使得每个社会化的现实的个人都能充分地享有这种发展成果。因此，科学历史观并不以激情化的批判来代替对历史发展的冷静思索，相反，是以严肃的历史考察来揭示被激情化批判所掩盖的对抗化发展形式的历史必然性与历史暂时性；它将理论的批判诉诸实践的批判，在这种批判中，就已经内在地包含着对不合理的发展状况的彻底否定。

与人格问题紧密相连的，就是所谓国民性问题。在我国理论界，曾经有一种颇为流行的观点，把历史发展、某一民族的发展过程中的顺利与倒退、突进与停滞归结为某种国民性或"民族文化心理"；

而某些极端者，甚至把近代中国以来历史发展的波折归结为"人种不行""人格萎缩""中国人的民族劣根性"。我们大抵并不反对有关国民性、民族文化心理问题的研究，然而，用所谓对"国民性"的思考来代替对那些实际地支配历史发展的丰富内容的考察，用所谓"人种学"方法来取代唯物史观，用"改造国民性"作为治国兴邦之路来代替我国人民当前日益丰富着的改革实践，无论如何不是一种科学态度。

把历史发展的波折归结为"民族劣根性"，归结为某种"国民性格"或"民族性人格"，必然产生的一个巨大的理论困境在于：所谓普遍的人格、一般的人格总是存在于各个具体的人格之中，所谓"国民性格"总是无数个体的人格的某种抽象，所谓"民族劣根性"也总是组成该民族的每个个体"劣性"或"病态性"人格的集合。既然民族的历史发展可以归结为某种"国民性格""民族性人格"乃至"民族文化心理"，而在某些论者那里，后者又并不依赖于每个现实的个人及其活动，相反，它们倒是在单个人及其活动之外获得了一种神秘的存在，并支配着每一个体的思想、活动及其关系；那么，人类历史的发展、人们实践活动的每一次扩大，又是怎样从这种神秘的存在中获得某种启示的呢？

事实上，人格问题、国民性问题，归根到底是实践难题、历史难题的具体表现，当它们以思维难题的形式出现的时候，就不能不采取观念条件和必然关系的形式，如果我们忘却它们与实践难题、历史难题的必然联系，就会很容易地把它们看作从一般人的概念中，从人的本质中，从人的本性中，从人自身中产生的规定。因此，把历史发展归结为抽象的人的"性格""人格"（哪怕是采取"国民性""民族性格"等形式）的发展史，然后再用这种历史来偷换现实的历史，这是最省力气、不解决任何实际问题的做法，实践的发展总是不断地证明这种抽象议论的幼稚与反历史性质。

（原载《哲学研究》1992 年第 8 期）

小注：

此文写于 1992 年 6 月，是作者多次系统苦读马克思恩格斯著作后，学术思想发生质变的过渡期的作品。彼时人道主义讨论热潮已退，而人学、人格、个性的研究正方兴未艾。作者不赞成当时国内部分学者单纯从心理因素谈论人格的自然主义倾向和马尔库塞等西方学者在人的问题上的观念论史观，认为马克思的唯物史观才是考察人格的本质、人的发展问题的唯一正确的方法。

实践·历史必然性·价值 *

——马克思的价值概念辨析

目前，我国学术界关于价值论的探讨正在突破单纯认识论的框架，向着哲学历史观的高度提升。实际上，这种努力并非自今日始。例如，早在 1988 年就有论者明确地将探讨马克思历史观的"逻辑系统和价值系统的总体关联"作为研究宗旨，正确地指出，如果忽视马克思历史观的价值取向，对这一历史观的科学性的理解就往往会"有背科学精神"。①

为了把这种探讨继续深入下去，本文认为，需要进一步从分析实践的辩证本性入手，阐明唯物史观所揭示的历史必然性同价值的内在关联，从而为透彻地理解唯物史观同它的价值观的内在联系，提供充分的理论根据。

实践的基本矛盾和价值

有人认为，在马克思的著作中找不到哲学意义上的价值概念。如果仅以马克思没有在哲学意义上使用过"价值"一词，就得出如上的

---

* 本文系与刘奔合作。

① 参见黄克剑《"个人自主活动"与马克思历史观》，《中国社会科学》1988 年第 5 期。

论断，那恐怕是没有说服力的。

其实，马克思到底有没有自己的哲学价值概念和价值理论，并不是什么难解的问题。大家知道，马克思有自己的异化概念和异化理论。现在请问："异化"是不是哲学的价值概念？建立在唯物史观基础上的异化理论是不是一种价值理论？前不久①在北京召开的中日"唯物史观和价值观的统一"学术研讨会上，日本学者提出价值有正、负之分。所谓"正价值"，就是肯定性价值；所谓"负价值"，就是否定性价值。从这个观点来看，异化应属于负价值，是一种否定性价值。异化论其实就是以否定的形式表达的价值论。

所谓异化，简单说来，就是主客体关系的实际颠倒。这种颠倒是以主客体关系的实际存在——从而也包括主客体间的价值关系的实际存在——为前提的。既然马克思把这种颠倒视为异化，那么，说马克思没有自己哲学意义上的价值概念，就是不可思议的了。因为，所谓异化，只能是价值关系上的异化；如果根本不存在价值关系，就无所谓异化。异化之被看作异化，恰恰是以客观上存在的价值的肯定形式为基准、为参照的。

马克思的异化理论，作为否定性的哲学价值论，其理论前提之一，是经他改造过的黑格尔的"作为推动原则和创造原则的"②否定的辩证法。掌握了这个否定性的辩证法，才能理解马克思的哲学价值论。而按照这个辩证法，价值作为实践中主客体关系的特定方面，其发生和发展的深刻根源在于实践的基本矛盾，即对象化和非对象化的矛盾。

实践在本质上是生产的，而且是一种不断扩大的再生产，它不仅表现为对客体的加工，即对环境的改造，而且，也是更为重要的，体

---

① 1993年9月2~4日，中日"唯物史观和价值观的统一"学术研讨会在北京举行。
② 《马克思恩格斯文集》第1卷，人民出版社，2009，第205页。

现为通过消费、享用实践的成果，再生产出具有新的素质、需要与能力的主体，即人对自身的改造。对象化，即主体客体化，是将人的本质力量（即在人的自然素质基础上形成的人的社会力量和潜能）从主体存在方式，即活动的形式转化为客观对象的存在。而非对象化，即客体主体化，是客体（包括前人的活动成果）从客观对象的存在方式转化为主体活动的内容和形式，使主体活动受客体的属性和客观规律的制约而成为客观的活动，并通过占有和享用活动成果而构筑、发展人的本质力量。

实践的主客体关系分为三个侧面：1. 物质变换关系（包括物质生产和物质交往），这是其他一切关系的基础；2. 意识关系（包括认识和评价）；3. 价值关系，这是前两种关系的中介。

物质生产的直接成果，是以对象化的方式将主体发挥出来的本质力量凝结、储存于各种物质产品之中。在对象化了的各种本质力量中，生产手段（被改造了的客体，即工具、设备、机器、科学技术的物化形态等）系统中所凝结的生产力是最为根本的力量。物质交往活动的对象化则形成以生产关系为基础的人们之间的各种社会交往形式。随着过程的继续，以往形成的物化的生产力和交往形式，又以非对象化的方式成为重新引起的物质生产和交往活动的要素，作为活动的前提制约着活动，使人的本质力量得到新的发展。由此看来，所谓对象化和非对象化，不过是人的本质力量的两种不同存在方式而已：一是从活动的形式向客观存在形式的转化；一是从客观存在的形式向活动形式的转化。价值关系，即活动的产物及活动本身对于人的本质力量发展的关系，作为实践的产物和内在规定，就是随着对象化和非对象化之间矛盾的展开才得以形成和发展的。

除开极原始的状态外，只要生产和交往有了一定的发展，人类就会形成自发的社会分工。分工使生产和交往、物质劳动和精神劳动、生产和消费、劳动和享受由不同的人来分担的情况成为现实。活动的这种分化造成了利益相互矛盾的不同社会集团，使活动的对象化结果以否定的形式表现出来，即形成了私有制。私有制意味着人的本质力量、生产力同活动本身的分离，意味着活动的产物对人本身的奴役，即否定。于是，对象化和非对象化的矛盾，在这里就表现为生产力和交往形式的矛盾，也就是人的本质力量和这种力量的实现形式的矛盾。换言之，在私有制条件下，人们只能以否定的形式来肯定自己。没有否定就没有肯定，这正是历史的辩证法，即作为推动原则和创造原则的辩证法。所谓价值关系，不过是人本身发展的这种矛盾关系的抽象表达。

价值关系在不同的历史时期当然会有不同的规定性。由于这种矛盾在以资本为基础的生产过程中得到了最集中、最突出的表现，因此对这种生产过程的剖析，有助于我们更深刻地理解价值关系是怎样根源于实践的基本矛盾的。

我们知道，对象化和非对象化的矛盾在劳动过程中表现为物化劳动和活劳动的矛盾。而资本主义生产方式却造成了劳动的这两种存在方式的分离和对立。物化劳动作为价值（经济学意义上的），表现为资本的力量；而活劳动作为创造价值的单纯可能性，表现为与资本相对立的力量。物化劳动和活劳动的这种分离和对立，是以劳动条件和劳动本身的分离为前提的。在这种前提下，劳动的物化所造成的巨大的物的权力，在其非对象化过程中不是为劳动者自己所占有，而是归人格化的生产条件即资本所有。这是活动中的主客关系的根本颠倒：活动的客体存在形式（物化劳动）不再是活动主体的确证，而是对其主体性的否定；活动的主体存在方式不是把自己的现实性变成自为的存在，而是变成单纯为他的存在、单纯的他在、非主体的存在。"属人的现实"丧失了自己的现实性。这是以否定形式表现出来的价值关系。

但是，资本主义生产方式对人本身的否定，是辩证的否定，是作为总的发展进程的必要的和必然的环节的否定，因而不能不包含着对人的发展的肯定因素。以资本为基础的生产，一方面创造出一个普遍的劳动体系，另一方面，也创造出一个普遍利用自然属性和人的属性的体系，"由此产生了资本的伟大的文明作用"①。第一，资本不可遏制地追求普遍性，突破一切地域性和自然化联系的限制，从而使"狭隘的地域性的个人"逐渐为"世界历史性的个人"所代替。第二，资本不断刺激工人的消费，强使工人有新的需求，使得人们的需要体系越来越超出直接的自然必要性的范围。不仅如此，生产的扩大、交往的普遍化，还使得人们不断地"炼出新的品质，通过生产而发展和改造着自身"②，从而"再生产出不仅具有直接生命力的个人，而且是处于一定的社会关系的个人"③。第三，资本驱使工人不断地创造剩余劳动，从而为发展丰富的个性创造出物质要素，"这种个性无论在生产上和消费上都是全面的"④，因而个人的劳动表现为扬弃了直接形式的自然必然性的活动本身的发展。第四，资本主义生产方式对人的否定不单是消极的否定，还有其积极的方面，即对古代人的狭隘性的否定，这当然是以异化的方式实现的。资本主义使生产力获得高度发展，只有在生产力的这个发展水平上，所有社会成员的同样的、合乎人所应有的发展

---

① 《马克思恩格斯选集》第 2 卷，人民出版社，2012，第 715 页。
② 《马克思恩格斯选集》第 2 卷，人民出版社，2012，第 747 页。
③ 《马克思恩格斯全集》第 31 卷，人民出版社，1998，第 112 页。
④ 《马克思恩格斯全集》第 30 卷，人民出版社，1995，第 286 页。

才有可能。为实现这一点，要靠牺牲多数的个人，即付出一定的代价。这种代价的历史合理性正在于它是为所有人的全面发展所付出的，因而包含着肯定性的价值。直接的否定性，包含了间接的肯定性。

因此，资本主义生产所造成的活动本身的异化，对人本身的否定，并非像感伤主义认为的那样是人类发展的"误区"，而是具有其历史的必然性和合理性，但这种必然性和合理性也绝不是如唯心史观理解的那样是绝对的、永恒的必然性，"倒是一种暂时的必然性，而这一过程的结果和目的（内在的）是扬弃这个基础本身以及扬弃过程的这种形式"。① 这也就意味着，价值关系作为现实对人的肯定关系，作为根源于实践基本矛盾的客观的必然关系，不是某种一旦形成就永远如此的既定状态，而是作为指向、趋向马克思所说的这种"内在目的"（即以人本身的发展为目的）的不断实现着的过程而出现的。这种关系虽然在一定历史条件下会以否定的形式表现出来，但从总的历史趋势看，更表现为对这种否定性的扬弃和超越。

由上述分析，可以得出关于哲学意义的价值概念的如下几点认识。

第一，价值不是想象中的纯粹观念的关系，它作为主客体的实践关系的特定方面，是根源于实践的基本矛盾而形成的社会客观的必然关系。按照多年来流行的见解，主客体关系分为实践关系、认识关系和价值关系。这就把价值关系自觉不自觉地排除于实践活动之外了。实际上，价值关系是由实践所创造出来的，并构成实践关系的有机组成部分，是规定或制约实践方向的要素。

第二，价值关系是"属人的现实""属人的关系"，即现实世界对当作目的本身的人的发展的关系。不应从急功近利乃至实用主义观点

---

① 《马克思恩格斯文集》第8卷，人民出版社，2009，第208页。

把价值简单地理解为客体的仅仅满足粗陋的直接需要和狭隘片面的拥有感、占有欲的直接有用性。从最根本的意义上说，所谓价值关系无非是人作为社会主体的特有的存在方式，这种特有的存在方式，如果用一句话来概括，就是以发展求生存。这是由人的需要形成和发展的规律决定的。对于正常状态的人来说，如果不求得发展，就不能维持自己的生存。世界上，人是唯一以发展求生存的生物。人的生存如逆水行舟，不进则退；不进步，就意味着退化。

第三，价值作为现实世界对于人的发展的客观关系，具有时间的矢量性、方向性。就是说，这种关系不是某种既成的静态关系，而总是趋向于未来的一种动态关系。实践中的客体对于主体的价值关系，本质上包含着未来决定现在的客观趋向。在人类的活动及其成果中，最有价值的，是那些不仅属于过去和现在，而且也属于未来的、具有无限发展潜能的东西。价值的这种矢量性、方向性，是人们意识中的"超前反映"的客观基础。

第四，价值是以否定性为媒介的辩证关系。其所以如此，正在于人类世世代代的创造活动之间、活动的直接后果和间接后果之间，贯穿着肯定因素和否定因素的相互联结、相互转化。而从总的发展趋势来看，价值作为以否定性为媒介的辩证关系是不断扬弃其否定因素，达到否定之否定，即在更高水平上实现对人的本质力量的肯定和确证。这是实践之为批判的、革命的活动的深刻根源。由此不难理解，价值也是绝对性和相对性的辩证统一。价值是历史地发展变化的，其肯定因素和否定因素（正面效应和负面效应）是处在无休止的转化变动之中，这是价值的相对性。但相对之中有绝对：是否有利于作为社会主体的人本身的发展，是价值评价的绝对尺度，在这里没有相对主义的价值多元论存在的余地。

第五，价值是以自我意识为媒介的客观关系。实践本身同时也就是价值实现或创造价值的活动，这种活动离不开人的自觉努力。促使人行动起来的精神动因，是源于人们对现状的"不满"而建立在一定觉悟之上的"理想意图"。而对现状的不满和改变现状的理想，乃是对现状进行价值评价的结果。要做到这一点，就必须具有相应水平的自我意识机能和抽象能力。评价作为一种观念过程，乃是现实的矛盾在人们自我意识中的能动反映。

历史必然性和价值

有人认为，历史唯物论只讲决定论而忽视人的能动作用，因此必须以所谓选择论加以补充。如果接受这种看法，又不想否认历史决定论，即不否认历史领域存在着客观因果必然联系，那就一定会发生一个理论难题：在历史活动中人们进行价值选择的根据是什么？如果认为可以从历史必然性之外寻找价值选择的根据，那么何以还能坚持历史决定论？而如果认为这种根据不在历史必然性之外，那么把选择论和决定论统一起来的基础是什么？

其实，这种理论困境，单从认识根源上说是来自一个重大的误解，即按照西方唯科学主义的传统，把历史必然性看作同自然必然性毫无区别的东西。遵从这种传统，在历史观上只能有两种选择：要么像波普尔那样否认历史过程受客观规律支配；要么像国内有些论者那样，以所谓选择论来补充决定论，或者坚持"超越决定论和非决定论的对立"的历史观。

我们认为，要真正解决这个理论难题，就要突破从唯科学主义或自然主义理解社会规律的狭隘视域，明确历史必然性区别于自然必然性的本质特征，揭示历史必然性同价值关系的内在关联。

诚然，历史必然性和自然必然性都具有不以人的意志和意识为转移的客观性质。仅就这个意义来说，二者并没有什么不同。然而，由于二者起作用的范围和方式不同，为它们所支配的过程的承担者不同，因而不能不具有不同的性质和特点。

自然必然性，作为无意识的自然事物之间的本质联系，是先于人类而存在的自然界所固有的，是一种自在的必然性。自然界按其本性和固有规律走着自己的路。没有人的社会活动，它不会在自在的形态上满足作为社会存在物的人的需要。相反，它在这种自在的形态上往往表现为对人来说的异己性质：它展示和发动各种自然力——严寒、洪水、猛兽、大火、地壳震动等——来反对人。从这种意义来说，自然界对人的关系自在地是一种否定关系。人作为自然存在物，单就他是自然生物而言，在自然界中是很渺小的、处于劣势之中的。如果说自然规律也能服务于人，那仅仅是因为人作为社会生物能自觉地认识和利用自然必然性，并非源于自然必然性本身。当然，自然必然性和作为自然生物的人也会发生某种利害关系；但这种利害关系在狭义动物那里也经常发生，是纯粹自然界范围之内的事情，并不具有价值的意义。

与此不同，所谓历史必然性，并不是自然必然性简单、直接的延伸，它是在人类社会实践活动中形成的，并在以社会的人为承担者和主体的活动过程中起支配作用的必然性。这种必然性虽然也不能由人事先预谋或随意取消，但它却不能离开人的活动而孤立地存在。历史必然性的客观性，不是像自然必然性那样的自在意义上的客观性，而是社会的客观性，所谓社会的客观性，其本质含义在于人的社会本质力量的客观化。这种客观性不以人的意识为转移，但不能说不以人的活动为转移。因此，正如马克思所指出的，历史必然性绝不是像蒲鲁东所说的那样是"先于人们的生动活跃的生活而存在"的，"与组成社会的人毫无关系"的神秘之物。①把社会规律看作可以在人的活动范围之外独立存在的东西，实际上等于说人的活动可以摆脱历史必然性的制约而为所欲为。

黑格尔在《法哲学原理》序言中说过，规律分为两类：自然规律和"法的规律"。前者简单明了，是在人本身以外的东西，是无方向的"定在"；而后者是被设定的东西，源于人类的，是有方向的。这是一个很有启发性的思想。

历史必然性是世世代代人们的活动之间的历史联系，是现实条件同人的活动及其结果之间的本质联系，是活动的目的、手段和结果、直接后果和间接后果之间的内在联系。外部世界由其客观本性和复杂的普遍联系所决定，存在着多种多样的可能性。这些可能性的实现取决于各种偶然因素，或者说"机遇"。然而，在人的历史活动范围内，只有那种与社会和人本身发展的客观需要发生实际联系的可能性，通过人的本质力量的实际发挥，才能得以实现，才能积偶然为必然。每一种必然性，起初都是作为若干偶然因素中的一种而出现，只是由于人们不断重复的、循环往复的活动，才发展为必然的东西。而在这种从偶然向必然、从可能向现实转化的过程中，人的选择和决断起着不可或缺的作用。因此，人们的价值评价和价值选择，实际上也构成历史发展的因果链条中的必然环节。所谓历史必然性，也内在地包含了人们作某种选择的必然性。从这个意义来说，价值的因素是内在于历史必然性的东西。

---

① 参见《马克思恩格斯全集》第4卷，人民出版社，1958，第149、128页。

思 想 的 散 叶

黑格尔说:"凡是现实的都是合乎理性的,凡是合乎理性的都是现实的。"① 但是,正如恩格斯所正确阐发的,现实并不等于现存,现实的属性仅仅属于那同时是必然的东西。"现实性在其展开过程中表明为必然性"②,而必然的东西归根到底会表明自己也是合理的。这里的"合理",按照马克思主义的理解,包含了双重的含义:一是合客观世界之固有本性之理;二是合人的社会需要即社会本性之理,合人道原则之理。或者说,一是合客观世界的普遍尺度之理;二是合人的内在尺度之理,合价值尺度之理。历史必然性作为现实性的展开过程,乃是这两个尺度的矛盾的不断解决的过程,是两者的辩证统一过程。从这个根本意义来说,价值关系本身就是一种合乎规律的关系。这是价值关系之客观性的究极根源。

历史必然性,或者说社会历史规律,按其内容上说,大体可以相对地分为三类:一是体现社会有机体生存和发展的必要性、体现社会进步趋势的必然性,如按一定比例分配社会劳动的必然性、生产关系必须适合生产力发展要求的规律;二是体现人本身发展的客观趋势的必然性,如马克思所揭示的社会发展"三形态"就是以人本身发展为坐标而展示的必然性;三是体现社会进步和人本身发展的相互关系的必然性,如环境的改变和人本身的改变趋于一致的必然性、社会最终会克服对抗而达到社会进步和个体发展的一致的必然性等。然而,如果从系统的观点考察这些必然性之间的有机联系,不论哪一类,都可以归结为人本身发展的必然性。因为正如马克思所说:"人们的社会历史始终只是他们的个体发展的历史",③ "整个历史也无非是人类本性的

---

① 《马克思恩格斯全集》第 28 卷,人民出版社,2018,第 322 页。
② 《马克思恩格斯全集》第 28 卷,人民出版社,2018,第 322 页。
③ 《马克思恩格斯全集》第 47 卷,人民出版社,2004,第 440 页。

不断改变而已"。①环境的改变，社会的进步，最终是以人本身的全面发展为归宿的。就此而言，人本身的发展乃是历史必然性的最本质的内容。价值关系同历史必然性的内在联系也正在于此。

进一步地说，历史必然性的展开呈现出这样一种不可遏制的客观趋势：人类日益克服自己的自然自在性、原始性和野蛮性，不断提高自己的社会化水平，即不断地"人化"。正如马克思所说："历史随着人们的生产力以及人们的社会关系的愈益发展而愈益成为人类的历史"。②而"生产力和社会关系——这二者是社会个人的发展的不同方面"③。因此，人们不能随意地选择生产力和生产关系，但这并不意味着生产力和生产关系可以成为脱离人本身的发展而孤立存在的东西。马克思所展示的从"人的依赖关系"，经过"以物的依赖性为基础的人的独立性"到"自由个性"的这个发展图景，④则明确地显示了：社会越是进步，就越是在更大程度上以人的个性发展为基础，而在共产主义社会，每个人的自由发展则成为全社会发展的根本条件。从这个总的趋势可以看出，人道的因素（即对人本身的肯定因素）是历史必然性所固有的。历史发展之所以不是无方向的和一劳永逸的，进步之所以不断被作为目标提升出来，其原因就在于此。而所谓价值，也就是历史必然性所固有的人道因素在主客体关系上的体现。

当然，不应否认，正如上文所分析的，历史必然性也经常表现出对人的否定。在某些条件下反动势力反人性的倒行逆施及其后果，也具有一定的历史必然性。但这只是历史的、暂时的、终将被取代的必

---

① 《马克思恩格斯文集》第 1 卷，人民出版社，2009，第 632 页。
② 《马克思恩格斯全集》第 47 卷，人民出版社，2004，第 440 页。
③ 《马克思恩格斯全集》第 31 卷，人民出版社，1998，第 101 页。
④ 参见《马克思恩格斯全集》第 46 卷（上册），人民出版社，1979，第 104 页。

然性。历史必然性不同于生物进化的必然性，因而在人类社会，从根本趋势上说，不是弱肉强食原则起作用，而是人道的原则，即正义必然战胜邪恶、真善美必然战胜假恶丑的原则起作用。马克思曾说："人类历史上存在着某种类似报应的东西。历史报应的规律就是，锻造报应的工具的，并不是被压迫者，而是压迫者自己。"[1]可见，"恶有恶报，善有善报"，并不全是宗教信仰，而是历史必然性即所谓报应的规律的曲折反映。马克思、恩格斯还多次谈到"历史的讽刺"[2]也是一种规律：反动派在某些革命中是怎样滑稽可笑地充当了革命遗嘱执行人的角色。尽管反动势力的倒行逆施造成了毁灭人性的后果，但到头来都要由"历史的讽刺"对它们作出无情的修正。这正是从价值论的视角所透视的作为推动原则的否定性辩证法。

总之，我们没有必要到历史必然性之外去寻找价值选择的根据，历史必然性作为否定性的辩证法，本身就具有客观的价值取向。通常，我们把辩证法看作一种辩证的方法论，这没有错，但还远远不够。辩证法的革命批判本性，——它在对现存事物的肯定的理解中同时包含着对现存事物的否定的理解——就深刻表明，它不仅是辩证的方法论，亦是辩证的价值观，是二者的有机统一。对辩证法仅作认识论意义上的理解，或者把它看作论辩的技巧、工具，而忽视辩证法要有厚重的历史感和鲜明合理的价值取向作为支撑，就不能算是真正理解了辩证法的本质。唯物史观中真理观和价值观之统一的根据也正在于此。从实践的角度说，对辩证法的背叛，总是同某种狭隘的不合理的价值观联系在一起的；在社会历史领域，唯心主义又是最容易与形而上学结盟的，究其根源，除了认识论上的局限以外，当然不能否认价值观上

---

[1] 《马克思恩格斯全集》第16卷，人民出版社，2007，第334页。
[2] 参见《马克思恩格斯全集》第37卷，人民出版社，1971，第162页。

的局限。唯心史观要么否认历史必然性的客观性，要么把这种客观性混同于自然必然性的自在意义上的客观性，这样做的结果，就会很便当地将某种历史发展形式看作自然的产物、永恒的东西。马克思曾经说过，辩证法，在其神秘形式上，曾经一度成为近代德国的时髦东西，因为它似乎使现存事物显得光彩；但它在其合理形态上，引起了资产阶级及其辩护士的恼怒和恐慌，因为辩证法对每一种历史形式都是从不断的运动中，因而也是从它的暂时性方面去理解的[①]，在这里，使他们"裂开的是和脑袋完全不同的东西"[②]。因此不难理解，只有完整准确地把握了历史必然性，才会有正确的价值选择；而只有坚持马克思主义的价值观，才能科学地理解历史必然性。

哲学的和经济学的价值概念

关于哲学的价值概念和经济学的价值概念的关系问题，是近年来价值论讨论的焦点之一。我们认为，进一步澄清这个问题有助于更深刻地理解马克思主义的价值观，有助于解决价值论研究的方法论问题。

目前比较流行的一种观点，是把哲学的价值概念视为类似于或相当于经济学上的"使用价值"，过于强调哲学的价值概念与经济学的"价值"范畴的区别，而看不到二者之间的联系（本文作者之一刘奔也曾持有这种主张）。不少学者甚至认为，政治经济学的"价值"范畴不能为哲学价值论的研究提供较"使用价值"范畴更多的东西，其理由在于：经济学的"价值"是一个暂时的、历史的范畴，不具有哲学概念应有的"普适性"。这是值得商榷的。

---

① 参见《马克思恩格斯选集》第 2 卷，人民出版社，2012，第 94 页。
② 《资本论》第 1 卷，人民出版社，2004，第 19 页。

思 想 的 散 叶

在马克思看来，从使用价值到交换价值，再到价值，是一系列抽象过程的结果。但这种抽象起初并不是发生在头脑之中，而是发生在生产和交往中、通过"实践的推理"而实现的客观抽象过程。其中每一步都是实在的活动过程的环节和结果，都体现了实践发展的客观逻辑。当人们还不知道商品的价值究竟为何物时，已经开始把不同种的劳动产品当作可以通约的东西进行交换了。"价值没有在额上写明它是什么。不仅如此，价值还把每个劳动产品转化为社会的象形文字。后来，人们竭力要猜出这种象形文字的涵义，要了解他们自己的社会产品的秘密，因为把使用物品规定为价值，正像语言一样，是人们的社会产物"。[①]产品作为价值体之所以变成了"社会的象形文字"，在于它在实践中所获得的"可感觉而又超感觉"[②]的性质。作为使用物品，它是可感觉的东西；作为价值，看不见摸不到，只有通过思维的抽象才能把握。其实，哲学意义上的价值不也是这样吗？一种劳动成果，作为商品价值，是无差别可通约的人类劳动的单纯凝结；作为哲学意义上的价值，则是人的本质力量的凝结。陈列在博物馆中的一把石斧，当我们的祖先出于当时的直接需要而制作它时，根本不会想到它对现代人有什么意义。但我们今天参观它时，却是把它当作人类走向自由的一个里程碑、具有文化价值的一块"化石"来看待的。这实际上就已经扬弃了它的直接可感知的直接有用性、片面性和易逝性，把它作为"社会的象形文字"来对待的。因此，掌握了马克思研究商品价值的科学抽象方法，对商品价值作进一步的抽象，就可以揭示哲学价值概念的富有魅力的内涵。

对商品的价值的分析表明，对于揭示哲学的价值概念的本质而

[①]《马克思恩格斯全集》第 44 卷，人民出版社，2001，第 91 页。
[②]《马克思恩格斯全集》第 44 卷，人民出版社，2001，第 88 页。

言，恰恰是马克思所揭示的政治经济学的"价值"范畴（特别是马克思在分析这一范畴时所运用的方法论）较之"使用价值"范畴能够提供更为积极、丰富的内容。

第一，"商品的'价值'只是以历史上发展的形式表现出的那种在其他一切历史社会形式内也存在的，虽然是以另一种形式存在的东西，这就是作为社会劳动力的消耗而存在的劳动的社会性"，因而它不过是"一切社会形式内都存在的东西的一定的历史形式"。① 商品价值的这一本质规定所蕴含的旨趣是颇堪玩味的。作为一切社会形式内都存在的东西，劳动的社会性之所以可能，恰在于人开始生产超出个人直接需要，即超出体现为自然必要性的东西。随着活动的分化、交往的扩大，活动的私人性质逐步被否定，个别劳动越来越转化为社会劳动。但在相当长历史时期内，劳动的社会性更多地体现为处在从属地位的东西，劳动的自然形式、特殊形式是劳动的直接社会形式，而不是像在商品生产基础上那样，劳动的共性是劳动的直接社会形式。因而，在这里，所谓劳动的社会性，即通过一定的交换价值而体现出来的东西，更多地是存在于古代共同体的尽头，随着这种形式的发展，这些共同体也就瓦解了，而资本却是以这种历史形式的充分发展为前提的。

以资本为基础的生产，正如上文已经指出的，它以异化形式蕴含的肯定性价值正在于，它创造了远远超出以往任何时代总和的高度发达的生产力和普遍的世界交往形式，这样就使全面发展的个人的形成，不再作为一种幻想，而是作为现实的历史运动被确立下来。因此，如果说商品的价值所体现的不过是一切社会形式内存在的劳动的社会性，那么，透过这一共同性内容所采取的不同历史形式的变化，揭示人类

---

① 《马克思恩格斯全集》第19卷，人民出版社，1963，第420、421页。

活动本身的发展以及由此所造成的人本身的发展，不正是哲学的价值理论所要着力做的工作吗？

第二，与使用价值反映的是单个人对某一特殊的有用物的关系不同，交换价值所反映的则是人与人之间普遍的虽然是以物化的形式表现出来的社会关系，因为它是以作为一切产品的实体的社会劳动为前提的，而和产品的自然性质无关。正是建立在交换价值基础上的生产在不断地生产出人的全面异化的同时，也生产出个人关系和个人能力的普遍性和全面性，这是以使用价值为基础的生产所不曾具有的。恰恰是通过交换价值的变化，我们看到了人的全面而充分发展的现实可能性和不断超越性。

第三，作为使用价值，本身不具有价值的无限度性，它总是作为特定的、片面的、具有某种质的物品而存在，因而在一定限度内才是需要的对象。然而，价值，特别是转化为资本的价值，却不具备这种限制，它总是要突破各种界限，不断增殖正是它的本性，即把追求财富本身作为自己的目的。在马克思看来，如果抛掉狭隘的资产阶级形式，所谓财富，本质上不过是在普遍交往中造成的个人的需要、才能、享用、生产力等的普遍性发展，是人的创造天赋的绝对发挥。"这种发挥，除了先前的历史发展之外没有任何其他前提，而先前的历史发展使这种全面的发展，即不以旧有的尺度来衡量的人类全部力量的全面发展成为目的本身。"① 因此，恰恰是在价值的最发达的历史形式——资本的范围内，唯物史观适时地提出了自己的理论使命和实践要求：批判、克服这种本身仍体现为一种界限的狭隘的形式，揭示这一形式背后所蕴含的丰富而深刻的内容，进而为内容的充分、广泛

---

① 《马克思恩格斯全集》第 30 卷，人民出版社，1995，第 480 页。

而深入的发展找到恰当的形式。

但是，这里需要特别强调的是，决不能由此得出结论说，哲学上的价值概念只是经济学的价值概念的简单移植，更不能将二者等同起来。既然商品的"价值"只是劳动社会性的"一定的历史形式"，那么，它就不能不带有历史的局限性。只有扬弃了这种历史局限性，才可能确立起严格科学的哲学价值概念。

其一，商品价值所体现的劳动的社会性，是抽象的社会性，即抽掉了每一种具体劳动的特质的折合为量的比例关系的抽象劳动的社会性。量对质的支配、以量消灭质，是商品交换的一个重要特征。"正如商品的一切质的差别在货币上消灭了一样，货币作为激进的平均主义者把一切差别都消灭了。"①在商品交换的市场上，价值是否增殖是唯一的评价尺度，不管美和丑、善和恶、真与假，只要畅销，就被认为是好东西。衡量一切艺术产品的好坏都可以票房价值为标准，例如一件珍贵的艺术品可以和一盘黄色录像带相等价；人格、国格可以和外币相交换。一句话，正价值和负价值、真价值和伪价值都可以在货币上直接等同。因此，货币被看作没有个性形式的财富。我们说商品经济的充分发展为个性的自由发展创造了条件，这只是就其创造了现实可能性而言，而商品价值就其直接现实性而言，却是以否定个性为前提的。"交换价值（以及货币关系）的发展，同普遍的贿赂，普遍的收买是一回事。普遍的卖淫现象，表现为人的素质、能力、才能、活动的社会性质发展的一个必然阶段"②。然而，这也只是历史的、暂时的必然性，因而也是一种历史的局限性。与此不同，哲学价值概念则扬弃这种局限性，对人的社会发展的价值评价从量转到质，注重人的个性

---

① 《马克思恩格斯全集》第 42 卷，人民出版社，2016，第 116~117 页。

② 《马克思恩格斯全集》第 30 卷，人民出版社，1995，第 113 页。

发展，以真善美为评价尺度。

其二，如果说商品的价值反映的是物的外壳下人与人之间的普遍的社会关系，因而体现了人对物的全面依赖以及由此所带来的物对人的统治、关系对于人的独立性、使用价值与交换价值的对立、私人劳动与社会劳动的对立，那么，哲学的价值却要揭露这种"人被物化"的异化性质、暂时性和历史必然性。商品的价值反映劳动的社会性，是以颠倒的拜物教形式来实现的。马克思的政治经济学批判揭示了这种颠倒的根源，而唯物史观的价值理论则要透过这种颠倒揭示那被全面异化形式所掩盖的人本身充分而全面的发展这一积极内容。

其三，商品价值的追求，特别是资本这种价值形式的发展，在突破以单纯片面的使用价值为目的的生产的狭隘界限，发挥"伟大的文明作用"①的同时，导致了人的类的发展和个体发展的尖锐对抗，从而也造成了自己无法克服的界限。为了摆脱危机，资本常常不得不牺牲掉那些积极的文明成果。这是资本作为最发达的价值形式所具有的反文化的性质。从哲学上看，一切反文化的东西，必定也是反价值的。因此，消除那种对抗的形式，使得人本身的发展真正作为人类实践目的确立下来，并与每个个人的自由发展相一致，就成为十分必要的了，这也表明了哲学的价值扬弃商品价值的客观必然性。

如前所述，价值是以否定性为媒介的客观关系。这里分析的使用价值、商品价值、哲学的"价值"三者之间关系，正好提供了人类价值发展的否定之否定过程的一个典型例证。商品的价值对使用价值的否定，并没有完全取消使用价值本身，而只是扬弃了使用价值的片面性、易逝性以及只同单个人在自然必要性基础上建立的联系的简单性，

---

① 《马克思恩格斯选集》第 2 卷，人民出版社，2012，第 715 页。

并在这种扬弃的形式下使为己的使用价值成为他人的使用价值。当然这是以交换价值为媒介的。而哲学意义上的价值概念，则可以看作使用价值和商品价值这二者的综合，即否定之否定：一方面，它否定了商品价值的异化性质（以人本身的贬值为代价提升物的价值），以人本身为尺度来衡量一切价值；另一方面，还否定了商品价值抹杀不同使用价值质的差异的弊端，在更高水平上，即在满足人作为社会主体的多方面的普遍需要这个意义上恢复了使用价值的尊严。因此可以说，哲学的价值概念和经济学的价值概念之间的关系是否定性的关系，即以否定性为媒介的辩证关系。

由此可见，现实的价值肯定，包含着对既往价值的否定；同时，它又构成未来对现存的价值进行否定的环节和条件，作为价值的最高本质的人本身的发展就具体体现于价值由过去，经现在到未来的不断否定和扬弃的生生不息的永恒变动之中。

科学地界定哲学的价值范畴，对于我们完整、准确、深入地理解唯物史观具有极为重要的意义。如所周知，马克思的全部历史观旨在揭示人类社会的发展规律，揭示资本主义形成、发展直至灭亡的历史必然性，揭示共产主义代替资本主义的客观必然性。而对历史发展规律的揭示，同时也内在地包含着对具体的历史的价值变化规律的揭示；对资本主义社会形态的批判，也内在地包含着对资本主义社会中价值的全面异化状态的批判；……应该指出，在马克思那里，后一方面的工作，绝非游离于前一方面主题之外的东西，两者本质上是统一的，换言之，科学的历史观本质上也就是科学的价值观。

（原载《哲学研究》1993 年第 11 期）

思 想 的 散 叶

小注：

此文系与刘奔老师合作（参见本书《马克思的忠实信徒》一文），是标志作者学术思想质变的作品。由此开始，作者坚定地认为，马克思主义哲学价值论的研究应该突破单纯认识论的框架（当时国内哲学界关于价值论的研究大都如此），向哲学历史观的高度提升。如果比较此文与收入本书的第一篇论文，可以清晰地看出作者在理论视野、学术思想上的重大变化。

文化的"雅"与"俗"

　　大千世界无奇不有。近读报刊，忽然发现，广告中的"文化"一词愈来愈多。譬如，某"基金会"为"弘扬中华'××文化'，特举办×制品展销"；某地市新辟一条"小吃街"，其"意"亦在推动"饮食文化"建设；某商场新近落成，也向公众许诺，旨在"传播'现代消费文化'，欢迎惠顾"；如此等等，不一而足。说不准哪一天会有一位奇才，突发奇想，举办一个"垃圾文化展"。其实，明眼人一看，就知道这是"醉翁之意不在酒"，实实在在的促销活动，明明白白地让人掏腰包，何必堂而皇之地冠以"文化"？主办者却称：花钱买文化，乃现代人之时尚，是一件既高雅体面又实惠的事体。有人就此总结道：现如今，"俗"的东西拼命往"雅"上靠；"雅"的东西日见其俗，倘不能免"俗"，也只有呈萎缩状。此所谓，要想活，舍"俗"别无他途。有专家还进一步指点迷津：文化，哪怕是高层次的文化，要振兴，要发展，也只有走向市场。

　　常听人叹曰：现如今，"高雅"的文化被市场挤兑得几无立足之地；书生无用，教授"掉价"，博士、硕士被嘲弄。于是，大学校园里跳蚤市场如雨后春笋般涌现，煞是热闹。报载，不少大学生已然挎上BP机、"大哥大"，其"下海经商"的本领、道行令其老师自愧莫如。也有学者论证道：此乃培养未来经商人才之必需，学生们迟早要走向社会，早点经受市场经济的洗礼岂非好事？最令知识界困惑的是，学术著作出版越来越难。不少学者纷纷指责出版社"目光短浅""一味向钱看"。其实，出版社的编辑也是"文化人"，他们何尝不知道学术著作的尊贵？但一面把出版社视为企业（经营企业，不追求利润那才是怪事），一面又要其免"俗"，追求"高雅"，不"向钱看"，这实在是难为人家。

文化的"雅"与"俗"之争，由来已久，但"雅"和"俗"的标准从来都难以确定。在古代，所谓"高雅"的文化因系贵族、圣贤们所作，大抵是只配为他们所享受的；而所谓"粗俗"的文化因源于乡村或市井之间，"上等人"不屑一顾，也只配为平民百姓服务。鲁迅当年慨叹"平民文学"（也可说是"平民文化"）的缺乏，认为那种"才子佳人"式的"贵族文学"（也可说是"贵族文化"），虽"看着多么舒服"，却是包容了许多病态性质的，就其生命力而言，倘"将享清福，抱秋心的雅人，和破衣粗食的粗人一比较，就明白究竟是谁活得下去"。

如此看来，划分文化上的"雅"和"俗"的标准，委实模糊；这种划分，对于文化发展，也未必是一件举足轻重的事情。倒是端正对于文化活动、文化建设、文化创作的态度显得更为迫切。一个严肃认真、对祖国的文化事业高度负责的人，哪怕是从事那些被认为"粗俗"、不宏大、不典雅的文化行当，也会殚思竭虑，终究有所作为，进而促进文化发展的。相反，一个庸俗不堪，本身就有着低级趣味并以此迎合、招徕公众的人，哪怕是从事那些被认为"高雅"、宏大、精深的文化行业，最终也不可能创作出有价值的文化作品，极可能，倒败坏了文化的名声。众所周知，相声在过去被认为是"下贱"的行当，但经侯宝林等几代艺术大师的努力，成了群众喜闻乐见又不失其高雅的艺术。而哲学，一向被人视为"高雅"的学问，古代柏拉图甚至赋之以最高的荣誉和地位——"王"，但在不少人那里，却变成了谋生的

文化的"雅"与"俗"

手段、装饰门面的彩旗、课程菜谱上的调味品、晋升职位的敲门砖。其结果，反而戕害了哲学。

文化，向来是一个极庄重、全民性的事业，纵使不能说关乎国之存亡，却也关系到全民族的素质和子孙后代的幸福与前途。一个在文化建设上缺乏战略眼光、近乎"弱视"的民族，要走上现代化，怕是很难的。不管是否愿意承认，在当前，严肃认真的文化研究、创作和训练，已经受到排挤和冷落。时下流行的报章杂志，俨然成了"大款""大腕"们的天下了。有学者倡言，全社会应该关注文化上的"生态平衡"。此主张颇令人鼓舞，但却因难于实施而令人沮丧。缘何？没钱。

现在，说钱"是个坏东西"的已经不多，不是有人主张发展市场经济、讲究经济效益，就是要"向钱看"嘛。但钱是否就一定"是个好东西"呢？有人不服气：世界上有多少罪恶是由金钱带来的呀！其实，钱，本来不过是一种价值符号，人类发明了它，本是为了交换上的便利。作为一种价值符号，钱，或者说货币，本质上代表着一种物的形式掩盖下的人与人之间的社会关系。但是，货币，作为价值符号，有一个重要的特点：通过否定自己的目的来实现自己的目的，脱离或否定商品而走向独立，进而由手段变成目的，人们只有通过它才能在交换中相互表现为价值相等的人，但又是彼此漠不关心的人。这就容易造成一种假象：似乎人与人之间的社会关系（交往等）是由于物而存在的，似乎货币成了目的，而人（包括他的关系、活动、能力等）则成了手段。我们看到，社会生活中这种客观的假象由于人们对感觉的细节和偶然性缺乏足够的反思能力（这同样是一种文化素质），而变得更加扑朔迷离，于是，拜金、"向钱看"等似乎就难以避免。

近来，有一种颇为流行的主张认为：拜金、"向钱看"虽未见得可以在全社会提倡，却也不应该加以指责，甚至"钻到钱眼儿里"也无可非议。理由大致有三：其一，发展市场经济，拜金、"向钱看"是与之最相适应的价值追求；其二，拜金、"向钱看"相较于拜官、"向权看"，总归是一种历史进步；其三，拜金、"向钱看"是当今公众普遍认可的价值观念，它之能够产生和存在并发挥着规范生活的作用，总有其合理性和必然性。关于理由一，已有不少学者提出质疑：西方国家搞市场经济比我们早，市场经济发展水平也比较高，未必就倡导人们拜金、"向钱看"；一些正直、严肃、有所作为的思想家对拜金倾向也是持否定态度的，在那里，严肃的文化创造也是受到保护、鼓励并有了很大发展的。这里，仅对理由二、理由三提出几点疑问。

首先，拜金、"向钱看"是否已经成为或能够成为公众普遍认可的价值观念？据说，现在社会上流行着一句"格言"："金钱不是万能的，但没有钱是万万不能的。"有学者认为，由此可见出人们文化心态的变化，是一种历史的进步。我却从中读出了不少百姓的无奈。金钱，当然不是万能的。鲁迅当年就曾叹问："公理几块钱一斤?!"但如果社会没有提供足够有效的约束机制，正当的致富活动得不到保护和鼓励，各种"滥收费"现象得不到制止，那金钱的威力还是很难驾驭的。譬如，子女上学，要交钱；农村中各种各样的达标活动，要交钱。凡此种种，简直"无钱不能办事""教人如何不想钱?"理论研究、文化宣传当然要反映群众的生活实际，倾听民众的呼声，但囿于人们的日常生活经验，哪怕是群众的日常生活经验，做直观的传声筒式的描述，如果不能深刻地揭示这些观念背后所蕴含的社会矛盾，也未必称得上是对人民负责，这种理论和宣传也未必是严肃认真的文化创造。哲学界多年以来倡言，真理的追求与价值的追求的有机统一，是马克思主义的重要方法论原则。然而，将这一原则运用于我们的理论研究、文化创造之中，谈何容易？

文化的"雅"与"俗"

其次，以为"凡是现存的都是合理的"，现实中拜金倾向既然存在并发挥作用，总有其合理性与必然性。然而，"现存"的未必就具有现实性、合理性，理论研究、文化创作如果止于为"现存"作辩护，能不走向庸俗？我们诚然要正视拜金倾向的存在，但这是否意味着就一定要承认它具有多么大的合理性与必然性呢？对现存事物的正视与辩护可否同日而语？黑格尔"凡是现实的都是合理的"著名命题至今仍被人曲解、误用，实在具有讽刺意味。

最后，我们当然不能用浪漫主义、感伤主义的态度来对待改革过程中出现的各种社会矛盾、难题和人们观念上的困惑，包括严肃的文化创造受冷落、拜金倾向蔓延等。马克思当年就曾经激烈地批判了卡尔·海因岑和道梅尔等人用"道德化的批评"来"辱骂任何一种发展"的倾向，认为他们不过是"把自己本能上的发育不全完全相反地说成是道德上的十全十美"[①]。问题在于，如果说，人们由长期习惯于拜官、"向权看"转向拜金、"向钱看"是一种历史的进步，那么，这种进步是否就可以成为一种永恒呢？有同志认为，拜金虽不值得提倡，但也并不可怕，而拜金与拜权结合起来，权钱"联姻"就太可怕了。君不见，前一阵子，"翻牌公司"现象已经引起公愤吗？"翻牌公司"可以整顿，但权钱"联姻"等现象所反映出来的封建的东西借助于拜金、拜物教形式的复活，还不能说已引起全社会的警觉。在民间，人们逢年过节磕头烧香敬"财神"，却是越来越普遍了，风水先生也已发了大财，据说，这也是一种"文化"。这类东西任其发展，文化如何才能"雅"得起来？

（原载《哲学研究》1993 年第 7 期）

[①]《马克思恩格斯全集》第 4 卷，人民出版社，1958，第 329 页。

也谈文化的主流与非主流、幸与不幸

——《"站直啰，别趴下"》别议

近来，电影《站直啰，别趴下》引起了人们广泛的注意。大意是讲住在一个楼层的刘干部、高作家、"流氓无产者"张永武三个中心人物及其家庭在当前席卷全国的商业大潮中的故事。"穷无赖"张永武辞职"下海"而暴富，刘干部和高作家"不谋而合"地使用偷看、偷听、偷偷议论、偷偷告发、偷偷刺探等手段来对付张，而在飞扬跋扈、肆无忌惮的张面前终究无可奈何。有学者撰文指出："发人深省的是，恰恰张没有文化，他强悍，敢作敢为；刘、高有文化，却软弱无力。"缘何如此呢？文章认为："这是中国文化的不幸。中国文化的主要构成是儒家、老庄和佛家。"儒、道、佛皆主张"柔也""服也""不争"。"这样柔弱的文化怎能培育出坚强的性格来呢？"同时，"要'站直啰，别趴下'，只有发扬中国文化中非主流的'刑天舞干戚，猛志固常在'的一面"才行。[①]

撇开影片本身的艺术风格、思想内容暂且不谈，这篇文章倒是提出了两个颇有旨趣的问题：一、究竟到哪里寻找文化的主流与非主流？二、怎样判别文化的幸与不幸？

关于问题一，近来，引证儒家、道家和佛家始祖、准始祖们的经

---

① 王得后：《"站直啰，别趴下"》，《瞭望》1993 年第 4 期。

也谈文化的主流与非主流、幸与不幸

典来论说文化，已然成为一种时尚。窃以为，这种研究方法、论说方式大可商榷。你说儒家主张"柔也""服也"，而他却也引出儒家号召人们"天行健，君子以自强不息"的经典以对；你说道、佛力倡"不争"，遁入空门，"我佛以慈悲为怀"，他却又指出不少道士、佛门弟子"行侠仗义"的壮举。凡此种种，史书上大抵都有载录，想赖也赖不掉的。

历来的文化论争，大都与对文化不同的研究方法、理解方式紧密相连。从方法论上看，不外乎两种。其一，就是时下颇为流行的"观念论的历史叙述"的方法。它把文化的变迁与发展归结为观念的演绎，进而从不同时代的思想家的典籍文献里寻找观念演绎和文化变迁的影子。其二，就是马克思所一再倡导的"现实的历史叙述"的方法。按照这种方法，每一时代的作为观念形态和典籍意义上的文化都不过是特定时代制约人们现实生活的文化的反映，哪怕是一种曲折的反映。如果忘却这种有机联系，用观念论的叙述来替代或偷换历史的叙述，演绎出一幕幕观念中的戏剧，看似热闹非凡，其实反而把真正有魅力的活的文化掩盖起来了。因此，典籍文化的梳理、观念意义上的文化思考，其价值恰恰不在典籍、观念的东西本身，而是在它们之外的，即透过它们，我们在多大程度上可以揭示出制约当时人们现实生活的文化，进而明确文化变革的真正使命。

每一时代有所作为的思想家和学派，都是基于当时特定的社会历史条件来构筑自己的观念世界的。这种观念世界连同其物质载体——书籍，之能够成为社会普遍的"象形文字"、文化符号，恰恰在于它的非私人性质，符号只有在它被认定为符号的地方才是符号。思想家及其主张、书籍要成为文化符号，就要与当时的历史条件、人们实际的接受水平发生"耦合"，形成一种"整合"机制。"整合"的形成、一方面要求思想家及其主张要"迎合"社会公众，另一方面，又要与社

61

会公众实际的观念、生活有所"不合"。这样一来，"整合"机制的形成、观念的传播过程，必然存在着思想家及其主张被人们实际地加以修正、"篡改"和补充的情形。因此，仅从书籍中找"文化"，区分所谓"主流"与"非主流"，探讨文化的发展，又如何能说得清楚？沸沸扬扬的"文化热"之所以未产生应有的效果，持续几年便迅速冷却，不能说与探讨方式、研究方法的欠缺没有关系。反对中国文化、诉说其"不幸"的人从孔子、孟子等人的语录里找根据；赞扬中国文化，认为它足以领导世界文化未来发展潮流的人也从孔、孟、老、庄那里要"说法"。"五四"时期就有的"真、假孔子"之争，时至今日仍被津津乐道，文化的变革、发展何其艰难！

文化，说到底，是一个活的历程，它之作为人的本质力量的对象化，其实质在于人作为主体的自我实现，即"实在的自由"。尽管文化上每前进一步，总有"实在的不自由"与之相伴随，但人之所以伟大，文化进步之所以可能，恰在于人们总是能克服那种"实在的不自由"，不断地提升自身的价值。因此，文化，既不存在于所谓"帝王将相"的"正史"中，也不存在于所谓"绿林好汉""才子佳人"的"野史"中，而是存在于无数普通民众的生活实践之中，只有他们才托起了我们这个民族，才创造、延续并发展了我们的文化。因其普通和"没有斑斓之色彩"，引不起文人墨客的兴趣，所以，自古以来，书籍里找不到他们的影子，对文化的观念论的历史叙述中也寻不到他们的位置。鲁迅先生说："我们从古以来，就有埋头苦干的人，有拼命硬干的人，有为民请命的人，有舍身求法的人，……虽是等于为帝王将相作家谱的所谓'正史'，也往往掩不住他们的光耀，这就是中国的脊梁。"[1] 说

---

[1] 鲁迅：《中国人失掉自信力了吗》，载《且介亭杂文》，万卷出版公司，2015，第 68~69 页。

也谈文化的主流与非主流、幸与不幸

到文化，我以为，倘要寻找其主流，倒是应该认认真真地深入他们的生活实际，深入于他们为争取民族的解放、自由与富强进而提升自身作为社会历史主体的价值的实践活动中去寻找。其中，特别值得我们重视的，则是在现代民众的生活实践中起着脊梁作用的文化。

这样看来，关于问题二，笔者与前述文章的作者也有不同看法，愿在此略陈。

一种文化的幸与不幸，并不在于学者们提出了何种动人的主张（或者，这种动人主张经历社会变迁已变得不那么"动人"）；也不在于官方倡导了何种观念、思想和精神；而在于每一特定历史条件下，人们生活于其中的、作为既定的社会存在的文化，为大多数人的生存和发展，为他们追求"实在的自由"即文化的进一步发展提供了多大的活动空间，也就是马克思指出的，"环境"在多大程度上成了"合乎人性的环境"①。文化变革的困难就在于，当代人无一不生活于特定的文化背景之中，而要变革文化，首要的一步，就是对身居其中的文化有足够的自我批判能力（自然，这种批判能力不是任何天才人物的头脑中预设出来的）。一个缺乏自我批判能力的文化，往往最大限度地包容了发育不良阶段上的各种病态性质。

要批判，就得有批判的武器。上面提到的那篇文章在诉说了中国文化的所谓主流派儒、道、佛的种种不幸之后，力主世人要发扬中国文化中所谓非主流的"刑天舞干戚，猛志固常在"的一面。我以为，这一药方未必对大多数当代中国人适用。仅从观念的层面上说，作者所谓主流派的文化与非主流派的文化，作为对中国古代文化传统的观念论叙述，恰恰是有机统一着的，后者恰是以前者为前提、作为前者

---

① 《马克思恩格斯全集》第 2 卷，人民出版社，1957，第 167 页。

的补充而存在的。至于说到电影中的"穷无赖"张永武，他能够暴富，自然有我辈所无从知晓、不曾具有的"运气"，但以为"张们"的行为、品格才是中国文化的希望，这的确是令我等平庸之徒"惜乎""惶乎"的了。

近来时常有人提出这种主张，以为中国文化之未来在于流气、匪气（也许还要再加一个"阔气"）的张扬。有学者亦曾经对中国历史上的帝王的品格做过分析，归纳出三种基本的习气：流气＋豪气＋义气。因流气而能不拘一格、敢作敢为，实在不能为时也可耍点"无赖"；因豪气而能慑众，使众人跪服而不敢有半点反抗（反抗也没有什么好下场）；因义气而能笼络贤达，使之入帐而随左右。我不是史学家，不敢妄言这种概括、归纳是否为中国历史上每一位帝王所具备，但看起来，所谓流气、匪气、豪气之类，并不新鲜，至少在古代一些帝王那里就已有之；耐人寻味的是，今天仍有学者提出，这才是中国文化的希望。此乃幸耶，还是不幸？由是观之，在文化领域，反封建，仍是我们所面临的一项极为紧迫的任务。

（原载《哲学研究》1993 年第 7 期）

小注：

此文与前文皆发表于《哲学研究》1993 年第 7 期《反思录》专栏。彼时市场经济大潮正风起云涌，"文化热"渐趋冷却。前文借文化的"雅""俗"之争，批评了文化研究、创作和建设领域的拜金、市场化倾向。此文借一部当时很"火"的电影和著名评论家的影评文章，批评了文化研究中的观念论，即从典籍文献中"找文化"的倾向。

价值冲突与文化发展

价值冲突，是当代社会在发展过程中提出的具有全球性质的重大实践难题，同时，又是不容回避的重大理论难题。本文仅对价值冲突的实质及其与文化发展的关系谈几点粗浅的看法。

一　价值、价值观与规范

价值，作为社会的个人的一定活动存在方式，作为由实践的基本矛盾（对象化与非对象化的矛盾）运动所规定并在实践中形成和发展的属人关系，作为现实世界对当作目的本身的人本身发展的关系，作为人不断地追求"实在的自由"的过程和能力，本质上是客观的。对客观的价值的根本看法和系统化思维，便形成了人们的价值观。不同的价值观之间的分歧与对立，归根到底是唯物史观和唯心史观的对立。唯物史观的价值观的基本原则大致包括如下几个方面。

首先，客观性与主体性的统一。唯物史观的价值观的客观性原则表明，价值的存在、发展、变化不以人们的意识为转移，人们不能随意地决定价值的存在与消亡。当然，这里的客观性不是物品自在意义上的客观性（僵死的对象性），而是活动意义、实践意义上的客观性。在价值的客观性问题上，主观主义价值论与客观主义价值论的分歧、对立和冲突不管表面看来多么尖锐，但在把价值的客观性等同于（或近似于）自然自在意义上的客观性这一点上却是共同的。培里等人的实用主义价值观就是简单地从物的有用性（效用原则）进而得出价值取决于人的兴趣、爱好、愿望的满足与否的结论的；而舍勒尔等人的超自然主义则干脆把价值的客观性看作先验地存在的，从而最终走向了神秘主义。因此，那种自然主义价值观撇开人们实际地改造环境的同时改造自身的实践来考察价值的客观性，把它等同于自然意义上的客观性、有用性，不管表面看来多么"唯物"，最终难免走向自身的反面。从实践的意义上看，价值常常作为活动目的发生作用，而历史，不外是人们有意识、有目的的创造性活动的不断改变而已，目的常常作为规律起作用。因而，所谓社会规律之所以不同于自然规律，历史必然性之所以有别于自然必然性，是因为它们本身就蕴含着价值因素，这是价值客观性的究极根源。

如此说来，价值的客观性就内在地体现为与主体性的统一。价值不以人的意识为转移，但不能说不以人的活动为转移；人们不能随意地决定价值的存在与消亡，但却能通过客观的感性实践活动创造价值、选择价值，进而借助于观念的媒介评价价值，形成一定的价值观。价值、价值观的客观性的展开过程，也就是价值、价值观的社会化过程，这一过程促进了人与人之间的交往，使个体之间在活动过程中表现出来的不同的能力、和创造出来的成果相互补益，进而汇合成特定历史阶段上的作为总体存在的价值及其观念表现形态。而价值、价值观的社会化过程，同时又是个性化的过程，个体通过交往选择并创造价值，将社会共同的价值观借助创造性活动化为自己独具特征的价值观念，达到个体的自我肯定、自我实现，从而改变了个体的原初状态（局限性与主观性），提升了个体作为历史主体的价值。不言而喻，在价值、价值观的社会化与个性化双向互动、互为媒介的运动过程中，价值、价值观的主体性都得到了现实的、充分的展现。

其次，价值问题上的真、善、美统一的原则。每一时代的人们实际地开展的实践活动，总是内在地追求着真、善、美的统一。活动过程中的"求真"，当然不是追求对象自在意义上的"事实"状态，倒是以否定对象的自在性质为前提的，对于这种"求真"过程的一切不科学的理解，是造成历史观上的唯心主义、形而上学观点的深刻的认识论根源。唯心主义、形而上学或者看不到人们社会实践过程中实在的"求真"性质，或者对这种"求真"性质做机械的、自然主义的理解，从而最终取消了社会实践的"求真"性质，进而割裂价值问题上真、善、美的有机统一。马克思说："动物只是按照它所属的那个种的尺度和需要来构造，而人懂得按照任何一个种的尺度来进行生产，并且懂得处处都把内在的尺度运用于对象；因此，人也按照美的规律来构造。"[①] 在这里，美的规律之所以是内在的尺度，恰恰在于它是与"真的规律""善的规律"内在地统一着的，这种内在的统一，正是实践活动的本质要求，并且也只有借助于实践的力量才是可以实现、可以理解的。当然，承认统一，并不否认这三种追求在特定条件下的不一致，如马克思所指出的："忧心忡忡的穷人甚至对最美丽的景色都没有什么感觉；贩卖矿物的商人只看到矿物的商业价值，而看不到矿物的美和特性"。[②] 然而，真、善、美的追求相互分离，人们片面地追求某一种价值的情形恰恰是由特定历史时期人们的实践（生产和交往）的片面发展所造成的。活动的进一步发展会逐渐扬弃片面性，达致真、善、美的有机统一。同时，对真、善、美统一的原则的彻底唯物主义理解，

---

① 《马克思恩格斯全集》第 3 卷，人民出版社，2002，第 274 页。
② 《马克思恩格斯全集》第 42 卷，人民出版社，1979，第 126 页。

内在地包含着辩证法的理解。

最后,历史原则与人道原则的统一。价值的客观性与主体性的统一、真、善、美的统一,既然是实践意义上的,因而也就不是超历史的。作为价值最高本质的人本身的发展就存在于人们不断地克服特定历史活动所造成的价值局限性、人的片面性,并在更高水平上将前一阶段所具有的合理性以扬弃的形式加以肯定的活的历程之中。正像我们不能用一种超历史的模式来框定活生生的历史发展一样,同样也不能用一种超历史的价值来裁决人们实际地创造、选择的丰富多样化的价值。

坚持价值、价值观上的历史原则,就应看到,价值、价值观的历史变化不是无方向性的。唯物史观观察历史变化,之所以不是将历史看作"僵死的事实的汇集",而是人的"能动的生活过程",[1]之所以能够透过纷繁复杂的历史事件,揭示历史发展的必然性和历史规律,就在于这种历史观深刻地注意到了价值在其中的导向功能。导向的实质在于,通过改造环境("使环境成为合乎人性的环境"[2])来改造自身,提升人的主体价值,从而逐步达到"实在的自由";导向的最终目标是将人本身的全面发展作为活动目的确立下来。因此,历史原则内在地包含着人道的原则——以合乎人性的方式对待历史活动在促进人的发展方面所具有的价值,对待环境和人自身。

人们受价值观的指导,还可以对具体的价值问题形成具体的价值观念,如政治、法律、宗教、道德、审美价值观念等。它们深入人的日常生活,并且往往借助于常识、习俗、规范的形式获得相对稳定的存在。就单个个体而言,可能未必有关于价值问题的根本看法,未必

---

① 《马克思恩格斯选集》第 1 卷,人民出版社,2012,第 153 页。
② 《马克思恩格斯全集》第 2 卷,人民出版社,1957,第 167 页。

有明晰、系统的价值观，但却一定要有（作为社会化了的个人）特定的价值观念。这就极容易造成价值观、文化问题的研究过程中的一个假象：研究者注意到了个体乃至社会群体的具体价值观念，把它们当作价值观本身，甚至当作价值本身，从而把价值的发生、发展，价值观的演变，文化的发展看作具体的价值观念的叙述史。经验表明，这是导致价值问题、文化问题的研究与讨论中产生混乱的一个重要原因。

历史上的种种"虚假的价值观念""价值观念幻想"，总是以歪曲的形式反映了特定时代条件下的价值，进而掩盖了人们理应提出的对价值问题的真实的本质的看法。但是，它们之所以出现并发挥作用，又的确有着一定的历史必然性。例如资本的范围内兴盛起来的拜物教，就是将商品、货币的物的形式夸大为绝对的东西，而把物在一定的生产方式的基础上取得的社会性质视作随意思考的产物的"价值观念幻想"。17~18 世纪，西方社会的人们曾极力推崇所谓"独立"的猎人和渔夫形象，这些由思想家、文学家杜撰的鲁滨逊之类的故事所造成的"美学上的假象"，固然是一种"虚假的价值观念"，但是，它们之所以产生，并一度成为当时流行的价值观念，却有着深刻的社会根源。就其实质而言，"是对于 16 世纪以来就作了准备、而在 18 世纪大踏步走向成熟的'市民社会'的预感"。[①]

作为价值的观念表现形式的价值观念，一旦从精神生产领域独立出来，由活动的形式转化为存在的形式，就会体现为相对独立地发展的东西，进而对实践的发展、文化进步产生影响。不过，这种影响、作用的真正价值，最终却只能由实践的力量并通过在实践基础上产生和发展起来的文化来确定，而不是相反。

---

① 《马克思恩格斯全集》第 30 卷，人民出版社，1995，第 22 页。

　　价值观念要实际地发挥作用，首先，必须物化、客观化、扬弃自身的主观化形式。其中，规范，就是一定的价值观念的具体存在形式。作为社会生活的调节器，规范的产生，源于人与人之间的交往的需要和交往活动本身，同时亦是某种价值观念（特别是一定时代占统治地位的价值观念）的社会化、客观化的结果。规范只有在人们认可的时候才是规范。在我们看来，如果说由客观的价值到价值观念，是第一个抽象，是主观化的抽象；那么，由价值观念再到规范，则是第二个抽象，是以意识活动为媒介的客观化的抽象。后一个抽象当然包含着更为丰富的中介环节，但同样包含着更多的远离价值本质的可能性，特别是当它固定化，借助某种强制性力量成为目的的时候。从本性上说，价值是属人的，规范亦是属人的，而规范只有作为人们的活动（生产和交往）的结果的时候才是属人的，但在历史上，这种关系和性质上的颠倒、异化却是经常发生的。

　　正是考虑到规范的二重性质，人们强调了"理想"对于人本身发展的意义。布罗日克说："作为合乎愿望的、完善的价值概念的理想，是对现实作否定价值判断时的一种肯定的表达。"[1] 如果我们认同这一规定，那么，就应当承认，理想毕竟属于观念领域内的东西，不能担当价值尺度的功能。理想，只有当它体现为历史活动的主体对现实的辩证的否定性理解，即体现为对现实（包括环境和自身状况）的不满，否定那些直接实践目的，追求人的全面而自由的发展的本质力量的时候，才是对文化进步有意义的东西。理想一旦成为幻想，立刻就会走向自身的反面。

---

[1]　弗·布罗日克：《价值与评价》，李志林、盛宗范译，知识出版社，1988，第110页。

二　价值冲突的实质及其文化内涵

以上的分析表明，文化，作为人的本质力量的对象化，实质上也就是一种价值体系。文化，首先是作为实践活动的成果而出现的，但是，"并非任何人类活动的产物都具有文化的意义；只有那些具有人的价值，即真、善、美的价值的活动产物才具有文化的意义"。[①] 对象化和非对象化的矛盾运动所造成的活动成果在体外的积累，即实践由运动的形式转入存在的形式，之所以具有文化的内涵，本质上在于，其中蕴含着价值成分，是一种价值。活动成果在体外的积累，当然要采取一定的物化形式，如语言文字、图像、书籍等。但是，物化了的活动成果的文化意蕴，恰恰不在于它们的自然属性、物质形态本身，而在于其中所物化的人的本质力量和价值，在于它的物质层面背后所反映的人本身发展的程度和水平。

历史不外是各个时代的依次交替，每一时代的人们之所以不必从零开始，就在于每一代人都以保存和继承前代人的活动成果为前提。前代人的活动成果之所以能作为前提，在于它们是人的结果和产物，是作为社会的个人一定活动存在方式而形成的东西，即有价值的东西，而它们对于当代人的价值也只有进一步纳入人们的生产和消费，才是实际存在的；当代人也只有通过对前代人的活动成果进行更新和再创造，才能保存进而扩大活动成果的价值，并通过对活动成果的保存、扩大，同时更新自身，不断地保持和提升人之作为历史主体的价值。世世代代的人们通过活动不断地将活动成果的价值保存更新、扩

[①]　刘奔执笔《实践与文化》，《哲学研究》1989 年第 1 期。

大和改造的过程，不就是文化的发展历程吗？由此可见，在我国理论界，人们争论多年的文化的继承、借鉴与创新的关系问题，从实践的角度看，常常是活动中的人们"还没有想就已经做起来了"①。

文化，提供了价值评价的尺度。有一种说法，价值是由评价带来的。撇开这种观点的正确与否不论，它不过说出了这样一个事实：现实的价值是要借助一定的观念因素、人的意识活动而发生作用的，评价就是价值赖以发挥作用的基本的观念因素和意识活动方式。评价标准问题是价值观念的核心问题。价值评价，作为一种观念因素，是不能由自身提供尺度和标准的。从最终的意义上说，这种尺度和标准是由实践所提供的。但是，现实的实践活动总是指向直接的实践目的的过程，它能够提供价值评价的尺度和标准，正是要否定那些直接的实践目的，否定活动成果的物质形态和当下属性，使它们成为服从于人本身的发展，体现为人追求"实在的自由"的过程、方式和能力的东西。这就是说，只有通过文化这个特有的中介，才能确定价值评价的尺度和标准。强调文化对于价值评价标准和尺度的决定意义，正是要否定从直接实践目的和当下实践结果出发来确立价值尺度和评价标准所不可避免的狭隘性和短期行为。文化对价值评价的意义在于，它不断指示方向，将人本身的发展，将"实在的自由"即最高的价值实现出来，使之成为价值评价的最高尺度和标准。

因为价值是属人的，而人是无时无刻不处于矛盾之中的，所以，价值，即便是作为一个总体，作为人所特有的确证自我、实现自我的方式，也是经常地处于矛盾状态的。我认为，价值的矛盾、对立与冲突，归根到底源于实践中对象化与非对象化的矛盾，源于实践所造成

---

① 《资本论》第 1 卷，人民出版社，2004，第 105 页。

的环境与人、改造环境与改造人自身的矛盾。

三 价值矛盾、异化与文明

谈及价值的矛盾，我们首先遇到思想家们一再强调的所谓事实与价值的矛盾、对立与冲突。

从思想史来看，所谓事实与价值的冲突，最早是由近代英国哲学家休谟明确提出的。在《人性论》中，休谟宣布了一个被以往思想家们所严重忽视的现象：道德上的"应该"（作为价值存在的东西）是不能简单地从"是"（"事实"）中推导出来的。作为"应该"，总是表现为某种普遍的规范性存在；而作为"是"，则表现为个别的事实或经验；二者属于不同的判断形式，怎能设想从后者过渡到前者呢？也许受休谟的影响，现代分析哲学的创始人之一 G. E. 摩尔也明确主张：善作为一种普遍的、至上的价值存在，是不能从单个被称为"善"的事物（属性、状态）中推导出来的，因而，善是"不能定义的"，正像"黄的"不同于黄花、黄树叶等一切黄色的东西一样，虽然我们可以直觉到它的存在。正因如此，摩尔把一切从具体的事实、属性、状态出发来规定"善"的尝试都称作"自然主义的谬误"。

第一，在休谟、摩尔等人那里，所谓事实与价值的冲突，之所以具有尖锐的对立性质，恰恰在于他们把这一问题仅仅局限在观念、思维的领域，进而归结为逻辑学（而且是形式逻辑）意义上的两类不同判断之间的不可通约性质。当他们提出这一问题的时候，所谓问题的不可解决已经作为前提包含于其中了。既然先划定了事实与价值属于两类不同的判断形式，那么，根据逻辑学规律，它们的确是不可通约的。

第二，一旦我们跳出观念论和形式逻辑的范围，进入实践的领域，那么，这一问题的虚幻性质、不可解决性质立刻就会消失。作为人们改造环境同时改造自身的感性的社会活动，实践不仅是不断地造成"既有的世界"（所谓"事实"）与"应有的世界"（"价值"）的矛盾乃至冲突的过程，而且是不断解决"两个世界"的矛盾进而实现人本身的价值的过程。我们看到，当哲学家们被所谓"事实与价值的冲突"搅得痛苦不堪、不知所措的时候，客观地从事实践的主体，却是每天都在不断地解决着这种矛盾，并再生产着这种矛盾。也只有通过实践的力量，事实与价值的矛盾乃至冲突才具有积极意义。

除了所谓事实（"是"）与价值（"应该"）的矛盾之外，活动的不断分化，又不断整合，还会造成价值自身内部的矛盾或冲突，造成价值的观念表现形式之间的冲突。其一，价值的本质与其表现形式之间的矛盾或冲突。如上所述，活动成果的价值不在于它们的"物质层面"，但这绝不意味着，这些"物质层面"（包括所谓"物的有用性"）是可有可无的，失去它们，价值也就失去了客观的依托，反而成为不可思议的东西。作为价值的表现形式，这些"物质层面"具有手段的意义。然而，在相当长的历史时期内，实践能力的狭隘、实践水平的低下，使得人们对自身的活动成果缺乏清醒的自我意识，常常把这些"表现形式"奉为目的，成为脱离价值本质而存在的东西，从而造成价值的本质与表现形式之间的矛盾。这种矛盾在资本的范围内，甚至具有了极为尖锐的性质。其二，价值与符号之间的冲突。符号，作为客观的抽象，表征一定的价值，失去它，价值便成为无从积累、交流和保存的东西；符号失去特定的价值，也会变成无意义的空洞抽象。活动的不断分化、交往的扩大的过程，也是价值的符号化过程，但是，这一过程也就同时造成了符号脱离价值而独立的可能性。其三，价值的观念表现形式之间的矛盾，即所谓"价值观念的冲突"。这种矛盾主要体现在两个方面。一是共同体内部，个体的价值观念与共同体（民族、国家等）普遍的价值观念之间的矛盾或冲突。这一矛盾直接地是由价值观念的社会化与个性化这同一过程的两个方面在时间和空间上的分离所造成的，而就其根源来说，则是分工和交往的扩大化过程中，个体活动（私人活动）与社会活动的矛盾运动的必然结果。二是共同体之间，即所谓不同民族的价值观念之间的冲突。它源于不同民族在历史发展和文化进步的具体道路上的多样性。有一种观点，从所谓中、西方不同的价值观念之间的对立、冲突中得出一个结论：中国人必须彻底抛弃文化传统（姑不论文化传统是否仅仅表现为观念的力量），更换门庭，才能实现现代化。这种主张貌似"激进"实则反映了陈腐的僵化的教条式思维方式和价值观，把西方近代以来的发展道路演变为"超历史的一般历史哲学"，抽象化为现代化道路的一般模式，主张每个民族都必须经历这一模式。此种看法忽视了各民族在其历史发展中世代更替的实践活动以及在此基础上实际地支配人们头脑的那些价值观念的变化，忽视了这种发展和变化对于世界历史的意义。

问题不仅在于，从交往的普遍化、历史向世界历史的转变角度来看，一切带有民族特色的东西，包括民族的价值观念，都具有世界历史性的意义；而且在于，民族特色、民族的价值观念之所以成为"历史向世界历史的转变"的一部分，之所以具有世界历史意义，恰在于它体现为扬弃了单个民族的狭隘性、地域性，即所谓纯粹民族差异的东西。从纯粹民族差异入手，不能科学地认识不同民族的价值观念乃至文化的差异与矛盾，更不可能有效地解决矛盾。文化的差异、价值观念之间的差异，归根到底是一种历史的差异。看不到这一点，借口强调民族差异，拒绝对民族文化传统、价值观念进行必要的反思与改造，就是拒绝历史的进步，从思维方式与价值观上说，与那种激烈的"反传统"主张并无本质的区别。

20世纪以来，人类在改造环境和自身方面取得了巨大的进步，但同时也面临着一系列尖锐的矛盾、冲突，对环境的改造与对自身改造的不一致（即活动本身的不一致）给人类造成了无穷的困惑、烦恼。作为困惑、烦恼的观念表现，相对主义、悲观主义一度成为当代西方独领风骚的价值观念。有人认为，20世纪是"相对主义的时代"。我以为，所谓相对主义价值观的产生并流行，有其深刻的社会历史根源。从其消极意义上说，它不过以肯定的形式表达了当代西方社会中日趋严重的"物支配人""人的物化"、人与人之间的疏离，以及社会环境的反人道性质，反映了资本的范围内，社会关系对于人的偶然性、异己性以及人难以摆脱、克服这种偶然性、异己性的痛苦与无奈。但是，在其肯定性形式的背后，却包含着极深刻的否定性内容，它从一个侧面提示人们：消除关系对于人的偶然性、异己性质，消除人与人之间的疏离、不信任，使环境成为合乎人性的环境，对于人本身的发展，对于文化进步，已经成为迫切的现实的任务了。因此，所谓"价值分裂""价值失落"，就问题的实质而言，不过表达了人们对"人的物化"，人越来越受制于那些直接的、片面的目的，人本身的发展被掩盖等环境状况和自身状况的不满。

从理论上说，相对主义价值观主张极端的价值多元论。然而，这种极端化主张的背后，却蕴藏着对某种至尊价值、对人本身价值的渴望，许多持相对主义思潮的思想家、文学家可以宣布自己是"反社会"的，却鲜有主张"反人道"，相反，倒是极力鼓吹"人道"的价值，就说明了这一点。但是，在极端化的多元价值与作为至尊的人本身的价值之间，在"反社会"与弘扬"人"之间，怎样寻求恰当的过渡途径，相对主义却遇到了自身无法克服的困难。困扰当代西方哲学家们的所谓价值冲突、"价值分裂""价值失范"，本质上反映了特定历史条件下由实践所规定的文化与异化、文化与文明的深刻矛盾。

异化，是人类实践在特定历史阶段上的必然结果，因而，也只有借助实践的力量才能被克服。在马克思看来，"异化借以实现的手段本身就是实践的"①，从而异化借以克服的手段也是实践的，异化的实现与克服本质上是同一个过程的两个方面。异化的尖锐性质表明，必须否定那普遍的、对抗性的社会形式，拯救出实践的真正目的——人本身的发展，使活动不再体现为自发的以牺牲大多数个人为代价的过程，真正成为自由自觉的创造性活动，使人真正作为"自由自觉个性"被创造出来。因此，异化的实现及其克服，真正使得人本身的发展、全面发展的个人不再是一种"乌托邦"，而体现为现实的必然的运动。这是异化以及由此产生的价值冲突所具有的深刻的文化意蕴。

异化的克服，文化的真正实现的过程，也是文明的被扬弃，文化的固有本性不断展现的过程。文明，作为对野蛮的扬弃，从一开始就包含着深刻的矛盾与冲突。这种所谓"文明的悖论"突出体现在主体和客体的二重化及对立，人与物、人与环境的对立。由实践所规定的"文明的悖论"，既是文明得以实现的条件，也是文明得以不断发展的条件。每一历史阶段上的文明，之所以比之前一阶段更高明些，只是在于将前一阶段文明发展过程中的矛盾、冲突转化为新的普遍化的形式，而不是消除文明所固有的"悖论"。自然，转化就需要有转化的主体和条件，转化在多大程度上成为现实，取决于特定文明社会中的人们在多大程度上借助于实践获得对自身文明状况的反思能力和批判能

---

① 《马克思恩格斯全集》第42卷，人民出版社，1979，第99页。

力。我们看到，历史上的不少文明民族，恰恰因为缺乏这种反思能力和批判能力，因而随着文明发展过程中矛盾冲突的急剧尖锐，这些文明也就消失了。

因此，文明对野蛮的扬弃，绝没有消除环境对人、自在力量对人的束缚，没有消除外在世界对人的异己性质，没有消除人的不自由状况，毋宁说，文明恰是以上述性质为前提才不断有所发展的。文明给人类带来的自由与价值，常常伴之以新的更大的不自由和对价值的否定。这倒的确是文明所特有的"不幸"，是它区别于野蛮，也是区别于文化的重要标志。克服和解决文明固有矛盾、冲突的过程，体现为文明的不断扬弃，体现为"实在的自由"即文化的发展。因此，文化，从本性上说，是以扬弃的形式包容了文明发展的一切积极成果，使得这些成果不致被文明发展的对抗化形式所掩盖或吞噬掉。文化的固有本性的实现，绝不是作为某种"自在之物"存在于彼岸世界的东西，而是体现在文明的不断扬弃的历史活动之中，体现为人的价值不断实现的过程中。其中，文明的价值在于它作为文化进步的一个纽节，不断地以其自身固有的矛盾、冲突表明文化固有本性，即人本身的发展作为目的实现的必然性。所以，人类从野蛮到文明再到文化的发展历程，深刻地反映了人之作为历史活动的主体对自然、社会共同体和人自身的能动关系；对这一发展历程的科学理解，显示了文化研究的无尽魅力。

（原载《人文杂志》1994 年第 3 期）

试论邓小平价值观的中国气派与时代品格

——纪念中国改革开放 20 年

邓小平价值观是邓小平理论的重要组成部分。邓小平价值观具有鲜明的中国气派，又具有同样鲜明的时代品格，体现了民族性与时代性的高度统一。

有一种倾向，一谈中国特色、民族性，就是中国传统，而且是古代传统（如孔孟或老庄），似乎不这样，就无法体现中华民族的民族性、民族精神，无法体现中国区别于他国的特色。按照这种理解，中国近现代的革命传统构不成真正的中国特色，不能成为体现民族特性的内容，马克思主义更因为是外来的，不能成为我们的传统。姑不论这样谈论传统、中国特色、民族性是否正确、合理，至少从这种思路出发来理解邓小平理论、邓小平价值是不能令人信服的。

事实上，民族性与时代性并不是截然分开的，特别是在历史向世界历史转变，世界各民族普遍交往、相互作用日益加深的条件下就更是如此。

邓小平价值观的民族性是以时代背景为依托的民族性，邓小平价值观的时代性是与中国特色相辉映的时代性。这种民族性与时代性的高度统一，使邓小平价值观既有别于民族虚无主义，也有别于狭隘的民族主义。

一 在社会主义与资本主义的辩证否定关系中
把握民族性与时代性的统一

邓小平指出:"只有社会主义才能救中国,只有社会主义才能发展中国。"① 这个论断的换一种说法也就是,在中国,要实现民族的独立、富强和幸福,要搞现代化,就不能走资本主义道路。

中国近现代史已经表明,资本主义在中国行不通,中国只能走社会主义道路,这是中国历史发展的必然,也是中国共产党领导人民所进行的自觉的价值选择。近代中国从封建社会变成了半殖民地半封建社会之后,如果不是中国共产党领导的新民主主义革命的胜利,中华民族就不可能实现民族独立和解放,中国就不可能发展起来,即使发展起来,也不过成为这一个或那一个资本主义国家的附庸。正如邓小平所指出的,在中国,不坚持社会主义,就不可能解决十亿人口的贫困问题,不可能解决大多数人的发展问题。②

新中国成立近 50 年来,尽管我们在社会主义建设中遇到了困难,出现了失误,遭受了挫折,但我们终究在经济和文化发展上取得了举世公认的巨大成就,这些成就绝不是走资本主义道路所能够取得的。

因此,在中国,坚定不移地走社会主义道路,是由中国的实际情况决定的,是得到最广大人民拥护的,是符合中国人民的根本利益的,是民族的意愿,也是时代的要求。

但是,另一方面,正如邓小平所强调的,我们又必须从理论和实

---

① 《邓小平文选》第 3 卷,人民出版社,1993,第 311 页。

② 参见《邓小平文选》第 3 卷,人民出版社,1993,第 229 页。

践上搞清楚"什么是社会主义，怎样建设社会主义"。①社会主义并没有固定不变的模式，在一个经济相对落后的东方大国，建设社会主义，必须从中国的具体国情出发；在中国，特定的国情决定了我们坚持社会主义的发展方向，就要肯定社会主义的根本任务是发展生产力；而要发展生产力，就必须实行改革开放政策，大胆吸收和借鉴包括当代资本主义国家在内的人类创造的一切文明成果。

一般地说，社会主义是在人类数千年来所创造的文明，特别是在资本主义所创造的大大高过以前的文明的基础上建立起来的。资本主义制度所以要否定，是因为它已经成为生产力进一步发展的桎梏，否定它，正是为了使人类的文明成果得以保存并发扬光大，正是为了使这种文明成果成为多数人共享而非少数人专有的东西。因此，社会主义对资本主义不能不表现为一种辩证的否定关系，既有对立，又有继承。

特殊地说，由于中国是在特定的历史条件下进入社会主义的，因而，正确地认识和处理社会主义与资本主义之间既有对立又有继承的辩证否定关系就显得格外重要了。中国走向社会主义之前是半殖民地半封建社会，在这样一个社会里虽然有资本主义，但很不发达。这就决定了中国的社会主义建设中不可能不遇到许多特殊的困难和问题，决定了我们必须在社会主义制度下，学会别的民族在资本主义制度下学会的一切为社会主义所需要的东西。

这就是说，在中国，真正脚踏实地地建设社会主义，就必须科学地对待资本主义。

第一，"要弄清什么是资本主义。资本主义要比封建主义优越。"②

---

① 参见《江泽民文选》第3卷，人民出版社，2006，第218页。
② 《邓小平文选》第2卷，人民出版社，1994，第351页。

必须充分肯定资本主义在人类历史上相较封建主义而言的巨大进步性。对资本主义恐惧、仇视，并不能真正克服、战胜资本主义；用封建主义的立场对待资本主义，只会败坏社会主义。

第二，要弄清什么不是资本主义。在邓小平看来，资本主义社会中存在着的"有些东西并不能说是资本主义的"。他明确地提出，有三个方面不是资本主义的，是社会主义可以学而且必须学好的：一是科学技术；二是管理方法；三是相当一部分的经营形式，特别如市场经济等。[①]

第三，要勇于并善于利用资本主义来发展社会主义。"在小范围内容许资本主义存在，更有利于发展社会主义"。[②] 当然，利用资本主义，并不是要在中国推行资本主义制度，归根到底是为了更好地发展社会主义。这就决定了利用资本主义，与照抄照搬西方国家的制度、模式是有根本区别的，决定了利用是同有效地抵制资本主义的一切腐朽因素相辅相成的。

第四，必须深入研究、把握当代资本主义的新变化、新特点、新趋势。不了解当代资本主义的新变化，也就不可能真正搞清楚在当代中国，如何建设社会主义。20 世纪下半叶，特别是近 20 年来，资本主义世界的确发生了重大而深刻的变化，诸如由于科学技术的迅猛发展造成了资本主义社会生产力水平的大大提高；国家的干预政策减弱了资本主义经济危机的发生频率；跨国公司、跨国经济组织的急剧增加使世界经济的联系日益紧密；资本主义社会中阶级结构发生重大变化，中产阶层迅速崛起；特别是金融资本在整个资本主义世界经济活动中的作用明显突出出来；等等。美国当代著名马克思主义研究学者

[①] 参见《邓小平文选》第 2 卷，人民出版社，1994，第 351、236 页。

[②] 《邓小平文选》第 3 卷，人民出版社，1993，第 103 页。

杰姆逊认为，如果说马克思、恩格斯所处的时代是工业资本占统治地位，列宁所处的时代是垄断资本占支配地位，那么，当代资本主义世界中，则是金融资本和跨国资本居支配地位。[①]诚然，上述新变化并不表明资本主义基本矛盾的消除，但是，马克思主义者必须深入研究、把握资本主义基本矛盾在当代所表现出来的新形式、新特征；必须深入研究、把握当代科学技术革命及其对资本主义和社会主义的双重影响，把社会主义建设同当代科学技术发展的潮流更好地结合起来，从而使社会主义在同资本主义的激烈竞争中不断地发展壮大自己。

必须指出，邓小平对社会主义与资本主义的辩证否定关系的思考既着眼于时代条件的新变化、世界态势的新发展，又着眼于解决中国的实际问题，而且归根到底是为了中国的发展。这种思考最突出的成果，体现在他的"社会主义也可以搞市场经济"[②]的科学论断中。

在我国，建立社会主义市场经济体制，把公有制与市场经济结合起来，这是最大的"中国特色"。我们所要建立的社会主义市场经济体制，既是对传统计划经济体制的根本变革，但又不是对西方市场经济体制的照抄照搬，而且也不是近代意义上的较为粗糙的市场经济，而是具有当代特征的符合中国实际的市场经济。可以说，社会主义市场经济，既坚持了社会主义制度上的优势，又遵循了现代经济发展规律；既保持了"中国特色"，又体现了中国和世界的联系，是民族性与时代性相统一的典范。

---

① 参见〔美〕詹明信《晚期资本主义的文化逻辑：詹明信批评理论文选》，张旭东编，陈清侨等译，生活·读书·新知三联书店，1997，第484页。
② 《邓小平文选》第2卷，人民出版社，1994，第236页。

二 在马克思主义与中国实际相结合中
把握民族性与时代性的统一

马克思主义在 20 世纪初传入中国以后，中国的马克思主义者曾经反对这样一种观点，即认为中国的国情是如此的"特殊"，中华民族的民族性是如此"顽强"，而与西方社会各民族"迥异"，以至于马克思主义的唯物史观、阶级斗争学说和社会主义理论是完全不适用的。马克思主义者通过对中国历史和现实的科学分析证明，这种中国特殊论是站不住脚的，马克思主义能够运用于中国的具体实际，指导中国革命取得胜利。

但是，中国的历史发展又的确有自己的特点。在运用马克思主义的观点和方法来观察中国历史和现实时，必须充分注意这种特点，必须把马克思主义与中国实际相结合，只有这样，马克思主义才能在中国生根，才能正确地指导中国的革命和建设事业，我们也才能彻底驳倒那种认为马克思主义不合乎中国国情的论调。

为了把马克思主义同中国革命的具体实际相结合，正确地指导中国革命事业，以毛泽东为代表的中国共产党人又曾经在党内反对把马克思主义教条化、公式化的教条主义。20 世纪 30 年代初，此种教条主义使中国革命遭受了巨大挫折。正是为了反对教条主义，毛泽东鲜明地提出："中国革命斗争的胜利要靠中国同志了解中国情况"。[1] "共产党员是国际主义的马克思主义者，但是马克思主义必须和我国的具体特点相结合并通过一定的民族形式才能实现。""成为伟大中华民族

---

[1] 《毛泽东选集》第 1 卷，人民出版社，1991，第 115 页。

的一部分而和这个民族血肉相联的共产党员，离开中国特点来谈马克思主义，只是抽象的空洞的马克思主义。……洋八股必须废止，空洞抽象的调头必须少唱，教条主义必须休息，而代之以新鲜活泼的、为中国老百姓所喜闻乐见的中国作风和中国气派。"①把马克思主义与中国革命具体实际结合起来，不仅使我们取得了人民革命的完全胜利，在一个经济比较落后的东方大国建立了社会主义制度，而且党在这个过程中也形成了毛泽东思想——中国共产党的第一个重大理论成果。

革命胜利后，在用马克思主义指导社会主义建设的过程中，是否仍然要考虑到中国的具体国情，中国社会发展的具体特点呢？在这方面，我们党作出了艰苦的探索，有过成功的经验，也有沉痛的历史教训。给中国社会主义建设事业造成重大损失的"左"倾思潮，一个重要特点就是不顾中国的具体国情，从某种"本本"出发，从抽象的公式、概念出发，超阶段地提出建设所谓"纯而又纯"的社会主义的主张。为了克服社会主义建设过程中的教条主义，邓小平积极支持并引导了1978年全国范围的关于真理标准问题的大讨论。他特别强调，解放思想，实事求是，理论联系实际，是马列主义、毛泽东思想活的灵魂。"把马克思主义的普遍真理同我国的具体实际结合起来，走自己的道路，建设有中国特色的社会主义，这就是我们总结长期历史经验得出的基本结论。"②实现了马克思主义与中国实际在新的历史条件下的结合，就使我们党不仅成功地走出了一条建设具有中国特色社会主义的新道路，而且形成了第二个重大理论成果——邓小平理论。

经过半个多世纪的艰苦努力，马克思主义已经成为中国共产党的指导思想。在这种情况下，借口中国国情"特殊"、历史条件不同，

① 《毛泽东选集》第2卷，人民出版社，1991，第534页。
② 《邓小平文选》第3卷，人民出版社，1993，第3页。

否定马克思主义，也就意味着否定中国人民的根本利益，否定中华民族前进的方向。因此，坚持马列主义、毛泽东思想，是党的根本利害、人民的根本利害，是中华民族的根本利害。但是，另一方面，马克思主义必须同中国的具体实际相结合，这也是邓小平反复强调的。离开本国实际和时代发展来谈马克思主义，没有意义；静止地孤立地研究马克思主义，把马克思主义同它在现实生活中的生动发展割裂开来，对立起来，没有出路。把马克思主义的内在精神与中华民族的民族特点结合起来，这是邓小平价值观民族性与时代性相统一的又一集中体现。

三　在总结历史经验中把握民族性与时代性的统一

恩格斯说："伟大的阶级，正如伟大的民族一样，无论从哪方面学习都不如从自己所犯错误的后果中学习来得快。"① 能否正确地总结历史经验，历来是关系到一个党特别是无产阶级政党、一个民族能否不断地从胜利走向新的胜利的关键。鉴于此，邓小平格外重视总结历史经验的价值。他多次指出，正是由于对以往历史经验的科学总结，党的十一届三中全会以来，我们党才能制定出符合中国实际的建设社会主义的一系列路线、方针和政策，这些路线、方针、政策才能得到全党和全国人民的拥护并加以贯彻下去。

在邓小平的价值观中，总结历史经验之所以重要，是因为它直接关系到党和人民的事业的兴衰成败，因而其价值指向是人民的根本利益。正因如此，科学地总结历史经验，不是为了责难个人，不

---

① 《马克思恩格斯文集》第 1 卷，人民出版社，2009，第 379 页。

应苟求前贤，而是通过总结、消化历史经验，把我们目前的事情做得更好，把人民的事业不断地推向前进。"我们现在所干的事业，就是努力把中国变成一个现代化的社会主义国家。"实现这样一个宏伟的目标，前进道路上不免要遇到许多困难，甚至可能犯错误，怎么办？"关键在于不断地总结经验，使我们党的生活民主化，使我们国家的政治生活民主化。这样就能听到更多人的意见，特别是人民群众的意见。"①在马克思主义视野中，总结历史经验必须坚持一个根本的原则，即历史进步与人民利益的统一，时代性与民族性的统一。脱离具体的国情，离开一定的民族形式，总结历史经验就有可能成为抽象的空谈，这不是真正的总结经验；没有一定的时代水平，离开人类历史的进步要求和发展趋势，总结经验就缺少"民族自我批判"的能力，极可能成为拒绝历史进步和时代发展而固守民族弱点的托辞，这同样不是正确地总结经验。

总结历史经验，在社会主义建设中，既要注意吸收国际经验，又不能照抄照搬别国经验、模式。把改革开放、善于吸收外国经验与坚定地走自己的路结合起来，才能使社会主义建设事业更快、更好地向前发展。

总结历史经验，在社会主义建设中，必须坚持、发扬党在长期革命斗争中所积累起来的优良传统、作风，但同时又不能照搬革命战争时期的老经验、老做法。建设是以革命胜利为历史前提的，因此，用历史虚无主义的态度对待革命传统是有害的。但是，革命与建设毕竟有着不同的特点和发展规律，在历史条件已经根本不同于革命的建设时期，仍然沿用革命战争时期的老经验、老做法也是十分有害的。

---

① 《邓小平文选》第 3 卷，人民出版社，1993，第 259 页。

总结历史经验不是一次性完成的。建设有中国特色的社会主义，既然是一个伟大的创举，我们就只能在干中学，在实践中摸索，不断地总结、创造出新的经验。譬如，搞市场经济，还要不要有宏观管理，要不要强调中央的权威。换言之，在发展市场经济的新形势下，中央政府的宏观管理、中央的权威与计划经济时期相比有什么新的特点？这就必须根据形势的发展变化总结、创造出新的经验。否则，就会制约经济的进一步发展，或者以为强调宏观管理，加强中央权威，就是回到过去计划经济时期的老路。对此，邓小平明确指出："宏观管理要体现在中央说话能够算数。这几年我们走的路子是对的，现在是总结经验的时候。……过去我们是穷管，现在不同了，是走向小康社会的宏观管理。不能再搬用过去困难时期那些方法了。现在中央说话，中央行使权力，是在大的问题上，在方向问题上。"①

站在人类历史发展的高度，立足于中国实际，在总结历史经验中强调自力更生与吸收外国经验相结合，这是邓小平价值观一个重大的理论特色。

四　在改革开放和现代化建设实践中把握
民族性与时代性的统一

"改革是中国的第二次革命。"② 这是邓小平对我国改革的基本性质和价值的精辟概括。从价值观的角度看，邓小平的社会主义改革观包含着极为丰富的内容。其一，改革之所以是中国的第二次革命，这主要是相比较新民主主义革命而言的。邓小平认为，革命是解放生产力，

---

① 《邓小平文选》第 3 卷，人民出版社，1993，第 278 页。
② 《邓小平文选》第 3 卷，人民出版社，1993，第 113 页。

改革也是解放生产力。他明确地区别了这两种解放生产力所承担的任务的不同。"推翻帝国主义、封建主义、官僚资本主义的反动统治，使中国人民的生产力获得解放，这是革命，所以革命是解放生产力。社会主义基本制度确立以后，还要从根本上改变束缚生产力发展的经济体制，建立起充满生机和活力的社会主义经济体制，促进生产力的发展，这是改革，所以改革也是解放生产力。"① 其二，改革是"一种带革命意义"的变革过程。邓小平指出，改革不是小打小闹，不是修修补补，而是一场革命，改革不是改良。这不仅因为改革涉及众多方面，是全面的改革，而且还因为改革对中国社会生活所带来的深刻影响是前所未有的，具有革命性意义。从这个意义上说，用改良的思路来看待改革，用中国封建社会时期曾经发生过的改良主义运动来评述当代中国所进行的改革，实在是风马牛不相及。其三，改革虽然是一次革命，但又不同于战争时期的那种革命。改革不是一个阶级推翻另一个阶级那种意义上的革命，它是和平年代党领导人民有步骤、有秩序地进行的，它强调针对不同领域、不同部门要采取不同的改革思路、改革措施。所以，邓小平说，改革，在具体操作方式上不能搬用革命战争时期大搞群众运动的做法。"历史经验证明，用大搞群众运动的办法，而不是用透彻说理、从容讨论的办法，去解决群众性的思想教育问题，而不是用扎扎实实、稳步前进的办法，去解决现行制度的改革和新制度的建立问题，从来都是不成功的。"② 其四，如此看来，改革，从本质上说，也就是社会主义制度的自我完善的过程。一方面，改革是社会主义的必然要求。不改革，生产力就得不到解放和发展，人民生活就得不到较快改善，社会主义的优越性就体现不出来；不改革，

---

① 《邓小平文选》第3卷，人民出版社，1993，第370页。
② 《邓小平文选》第2卷，人民出版社，1994，第336页。

社会主义就无法取得与资本主义在竞争中的比较优势，社会主义制度就难以得到巩固和发展。另一方面，正如邓小平所指出的："社会主义制度并不等于建设社会主义的具体做法。"① 从理论上说，社会主义制度当然要比资本主义制度优越，但是，社会主义基本政治、经济制度确立以后，要使社会主义制度理论上的优越性变为现实上的优越性，每一个社会主义国家还必须不断地探索、建立介于社会主义基本政治、经济制度与人们的实际行为、活动之间的中间层次的制度，即通常人们所说的"体制"（当然，仔细分析，还不仅仅指体制）。这其中，既有政策性调整，也包括一定程度的制度创新。就此而论，改革当然不是要否定社会主义制度，相反是为了使社会主义制度更加完善，使其优越性充分发挥出来。其五，改革，必须从中国的实际出发，从社会主义初级阶段的中国国情出发，努力探索有中国特色的社会主义现代化发展道路。

从中国的实际出发，着眼于时代发展的趋势，走有中国特色的社会主义现代化发展道路，邓小平价值观既强调现代化的时代标准，又强调现代化的中国特色、民族形式；既强调中国式现代化的社会主义本质规定，又强调社会主义现代化的中国国情和发展实际，这是邓小平价值观民族性与时代性相统一的又一集中体现。

譬如，邓小平提出的中国社会主义现代化"三步走"发展战略，就是在现代化发展目标和步骤上坚持民族性与时代性的统一的光辉范例。这个发展战略，既表明我们党制定的不是一个过急的目标，又表明中国人民决心用一百年左右的时间艰苦奋斗，走完发达国家几百年走过的路程，体现了中国现代化建设的长期性和中国人民的雄心壮志；

① 《邓小平文选》第 2 卷，人民出版社，1994，第 250 页。

既符合中国的实际，代表了全国人民的根本利益和愿望，又符合时代发展的潮流。

在中国，实现现代化，解决农业问题、农民问题是关键，正如同新民主主义革命时期搞革命，解决好农民问题、农业问题是关键一样。中国的现代化不可能也没有必要走西方国家靠剥夺农民、迫使大量农民破产后涌入城市来实现资本原始积累的老路，这一则是中国的社会主义制度不允许，二则是中国的具体国情，特别是农民的人数众多这一国情不允许（中国的农民人数比西方所有国家在实现现代化以前的总和还要多）。因此，必须走出一条符合中国实际的农业现代化发展道路。为此，邓小平高度评价新时期以来中国农民的两项伟大创造——家庭联产承包责任制和乡镇企业的历史作用。前者极大地激发了农民从事农业生产的积极性，解放和发展了农业生产力；后者则为实行家庭联产承包后，解决农村剩余劳动力的转移问题，促使农民向现代产业工人转变，推动农村经济进一步发展开辟了广阔的前景，是一个意想不到的巨大收获。他还提出了中国农业长远发展的"两个飞跃"的思想，"第一个飞跃，是废除人民公社，实行家庭联产承包为主的责任制。这是一个很大的前进，要长期坚持不变。第二个飞跃，是适应科学种田和生产社会化的需要，发展适度规模经营，发展集体经济。这是又一个很大的前进，当然这是很长的过程"。[1]

在对外开放中保持民族独立，在维护民族独立的同时更加自觉、大胆地推进对外开放，这是邓小平价值观的又一重要内容。在历史向世界历史的转变过程中，各民族之间的普遍交往、相互依赖和相互作用的不断加深并未消除各民族不同的特征、价值追求的差别，毋宁说

---

[1] 《邓小平文选》第3卷，人民出版社，1993，第355页。

各民族的普通交往是以这种差别为前提的，因而，各民族在普遍交往过程中所表现并发展起来的民族性、民族特色本身就是世界历史的规定。历史经验表明，闭关自守只能导致落后、失败，这样所表现出来的民族性往往是狭隘的民族性；而丧失了民族独立、尊严的开放只是建立在贫穷上的被迫开放，不是真正的对外开放，因为它不可能达到吸收他人之长发展自己的目的。在对外开放实践中坚持民族性与时代性的统一，就要一方面大胆吸收和借鉴包括资本主义发达国家在内的人类文明一切积极成果，另一方面又要有效地抵制资本主义一切腐朽的东西；既要独立自主，自力更生，又要加强同世界各个国家和人民的交流与合作。

五　在世界与中国的相互作用中把握
民族性与时代性的统一

在世界各民族普遍交往的时代，一个民族要想在世界上占据一席之地，就必须集中力量加快发展，但如果不能对世界发展变化的总体特征、时代主题、时代趋势有一个正确的把握，也就不可能发展自己。邓小平在 80 年代中期明确提出了和平与发展是当今世界的两大主题的著名论断。他说："现在世界上真正大的问题，带全球性的战略问题，一个是和平问题，一个是经济问题或者说发展问题。和平问题是东西问题，发展问题是南北问题。概括起来，就是东西南北四个字。南北问题是核心问题。"[1] 在两大主题的关系中，发展问题不能不居于核心、支配的地位，"应当把发展问题提到全人类的高度来认识，要从这个高

---

① 《邓小平文选》第 3 卷，人民出版社，1993，第 105 页。

度去观察问题和解决问题。只有这样，才会明了发展问题既是发展中国家自己的责任，也是发达国家的责任"。[①] 和平与发展是当今世界的两大主题的论断，对于我们从世界与中国的相互作用中把握邓小平价值观民族性与时代性的统一有多方面的启迪。

首先，提出和平与发展是当今世界的两大主题，体现了我们党对世界形势、时代特征的发展变化的新认识，带有总结历史经验和科学地把握现实的双重意蕴。所谓世界的主题，也就是当今世界发展变化的主要矛盾的集中体现。我们的时代，从大的方面说，仍然属于从资本主义向社会主义和共产主义社会过渡的时代，但自 20 世纪 70 年代以来，特别是 80 年代中期以后，世界局势发生了重大变化，"和平与发展"逐步取代"战争与革命"成为当代世界的主题。80 年代末 90 年代初以东欧剧变和苏联解体为标志，东西方冷战的两极格局宣告结束，世界是朝着单极化还是多极化方向发展，成为国际政治斗争的焦点。从世界经济发展的趋势来看，随着当代科技革命的迅猛发展，产业革命的空前高涨，经济全球化和区域集团化进程加快。上述因素的综合作用，使社会主义与资本主义之间、发展中国家与发达国家之间、发达国家之间不同矛盾的交织、变化呈现出一些新的特点，其中最主要的是，国家间以经济和科技实力为主的综合国力的竞争日趋激烈，逐步取代了过去军事、政治斗争的地位。

其次，和平与发展相比较，发展问题之所以更根本、更重要、更具核心地位，是因为，一则，长期以来，由于不合理的国际经济、政治旧秩序的作用，发达国家与发展中国家之间的贫富差距非但没有缩小，反而越来越大了。这种状况不改变，不仅发展中国家发展不起来，

---

① 《邓小平文选》第 3 卷，人民出版社，1993，第 282 页。

而且发达国家的进一步发展也会受限制；二则，当代科学技术革命对世界经济的影响使各国都不能不认真解决发展的问题；三则，发展问题不解决，从根本上说也会制约着和平问题的解决。国际上的争端、冲突，归根到底是不同的民族利益、国家利益的矛盾所致。因此，必须把发展问题提到全人类的高度来认识，也就是说，提到世界各民族共同进步的战略高度来把握。

再次，强调和平与发展是当今世界的两大主题，而发展问题又居于更根本的地位，就不能不格外重视科学技术在当代经济社会发展中的决定性作用。在科学技术已经越来越广泛而深刻地成为第一生产力，科学技术对经济社会发展的贡献率越来越高的时代条件下，各国之间发展程度、发展水平的较量归根到底取决于该国的科技成果及其转化为现实生产力的程度和水平。进一步地说，发展科学技术对于有中国特色的社会主义现代化建设具有特殊意义：一方面，如果先进科技成果为资本主义发达国家所垄断，如果中国不能通过发展科学技术提高综合国力，就不可能使社会主义在同资本主义的竞争中取得比较优势；另一方面，由于我国是在经济、科技比较落后的条件下进入社会主义的，如果我们不通过发展科学技术加快发展自己，就不可能缩短同世界发达国家的差距。

最后，值得注意的是，邓小平把握当今世界主题、时代特征，并不是孤立地就世界来谈世界，也不是孤立地就中国来谈中国，而是始终从世界与中国的相互联系、相互影响、相互作用出发的。

一方面，中国的发展离不开世界。在和平与发展成为世界主题的时代条件下，中国要发展，要搞现代化建设，关起门来不行，必须自觉、大胆地实行对外开放；必须充分利用并努力创造一个和平的国际环境特别是周边环境以加快进行社会主义现代化建设。

試论邓小平价值观的中国气派与时代品格

　　另一方面，世界的发展也离不开中国。在邓小平看来，中国是个小国，即属于发展中国家，但中国又是名副其实的大国，在世界的多极中，无论我们力量多么弱小，都总归是一极。因此，看待中国在世界中的地位和作用，既不要夜郎自大，也不能妄自菲薄。中国是维护世界和平的坚定力量；中国不发展，整个世界的发展也会受到限制。在当今世界，尤其是中国，发展是硬道理，中国解决所有问题的关键在于自己的发展。抓住机遇，加快发展，既是中国的责任，也是中华民族对世界、对人类文明和进步事业的重大贡献。

　　　　　　　　　　　　　　　　（原载《哲学研究》1999 年第 1 期）

小注：

　　此文作为第一专辑第一节的尾篇，一方面表明作者对哲学文化观、价值理论的研究兴趣持续时间较长；另一方面又表明作者在价值、价值观念问题研究旨趣上的某种变化：在坚持哲学价值论研究的历史观维度、坚持从实践的基本矛盾出发研究文化与价值问题的方法论前提下，增强哲学价值论研究的现实感。比较而言，收入本书的前面几篇论文（除第四、五篇外）多少有些学究气，个别篇章由于追求所谓哲学的思辨色彩和学术气息而显得晦涩，不够流畅。

黑箱方法与道德教育

道德教育是改造人、塑造人的一项系统工程。

一般地说，一切社会的道德教育的基础目标都是使受教育者形成符合该社会的道德原则和规范的道德品质。道德品质的构成因素主要包括：道德认识、道德情感、道德意志、道德信念和道德行为习惯。社会主义制度下的道德教育的根本目标，是有计划、有组织地使人们在社会实践的基础上，逐步形成社会主义的道德认识、道德情感、道德意志、道德信念和道德行为习惯。

那么，如何进行道德教育，才能实现上述目标？毫无疑问，辩证唯物主义和历史唯物主义为我们提供了最一般的和根本的方法论原则，我们党长期以来在历史经验基础上总结形成的众多道德教育方法至今仍然具有重大现实意义。但不可否认，这些原则和方法并未穷尽道德教育策略之全部。在今天，尤其是面对不断变化着的客观现实，我们需要不断探索一些新的切实可行的科学方法，以迎接新的时代向我们的道德教育工作提出的挑战。正是基于这种认识，我们认为，黑箱理论所揭示的黑箱方法，将会给我们的道德教育工作以有益的启迪。本文试图通过对黑箱方法应用于道德教育过程中的可能性及意义的考察，从中揭示出当代道德教育的某些方法论原则。

黑箱方法与道德教育

一

黑箱理论是控制论的重要组成部分，而黑箱方法则是控制论方法的重要一元。

众所周知，控制论是由美国科学家 N. 维纳在其名著《控制论》中首先加以明确阐述的。顾名思义，控制论就是研究和应用控制的科学。具体地说，它要研究的对象是一切控制系统（包括被控制系统），控制系统的主要特征就是：在控制作用（通常是信息、功能输入等）的影响下，被控制对象能改变自己的运动并进入各种选定的状态。

怎样研究、控制这类系统？控制论认为，通常有两种方法：一种是将系统打开，深入系统内部，探究其内部要素及其相互作用的方式，从而揭示系统运动变化的内在机制和规律性，达到对系统的调节和控制，这被称为"白箱方法"，也是传统科学研究普遍采用的方法。然而，这种方法的局限性是十分明显的，即它只适用于那些能够打开后不致影响其内部发展变化的系统，而更多的系统则是不能或无法打开的（至少目前如此），如：人脑、人们的思维、观念形态等。在这些领域，黑箱理论及其所揭示的黑箱方法则不能不受到人们的青睐了。黑箱方法把对象系统视为一种"黑箱"。所谓"黑箱"就是这样一类系统：我们只能得到它的输入和输出值，而不知或无法直接探究清楚它的内部结构是什么；研究、控制这类系统，主要不是将之打开，而是先给它一定的输入信息（这可以得到精确度量），然后观察"黑箱"在这种特定信息输入情况下的变化，从而得到一个输出信息，考察输入和输出之间的关系；再输入，观察新的输出，从而逐步掌握"黑箱"运动变化的某种规律性。在此基础上，对"黑箱"进行模拟，建立模型，这样，就可以达到对"黑箱"的把握和控制了。此即所谓黑箱方法的一般原理。需要指出的是，这一方法的提出和阐述，主要应归功于另一位控制论的创始人、英国科学家阿希贝（又译艾什比），他在《控制论导论》一书中详细地论述了这一方法。

虽然黑箱方法包括了十分复杂的控制论原理和数学函数关系式，但对我们来说，重要的问题在于探究黑箱方法包含的一般方法论原则。

黑箱方法将对象系统视为一种"黑箱"，这本身就有着重大的方法论意义。从人类认识的发展来看，对于以往我们有关世界的认识（包括对人类自身的认识）和我们尚在进行着的认识，要肯定其中在何种层次上完全达到了关于对象系统的掌握和控制，恐怕是一件极难的事体。事物是不断发展变化的，人们可以无穷地逼近对象系统的一切层次，但永远不会在某一点上停止这样做，宣布自己获得了"终极真理"。从这个意义上说，一切事物作为一个系统，都是一个"黑箱"。黑箱方法的这一基本观点是符合辩证法的，同时它也启示了我们：传统观点将一切系统都视为"白箱"，用打开"白箱"的方式来把握其规律，实现对其控制，至少在方法论上是有片面性的。此其一。

其二，黑箱方法还告诉我们，要实现对"黑箱"的认识、把握和控制，既不能用"解剖麻雀"的方法，也不能求助于"显微镜"。这是一个主体与客体（"黑箱"）建构关系的过程。最初，客体对主体来说，完全是一个"黑箱"，在这种情况下，主体须先给客体一个输入信息，从而获得客体的一个输出信息——客体的某种运动变化状态等。这种输出信息反馈给主体，主体就可通过对输入信息和输出信息的比较，建立一个模型，对"黑箱"的形状、结构、功能和要素等进行模拟。然后，再根据这一模型，对客体进行新的信息输入，获得客体的新的输出信息；然后把二者加以比较，找出模型与客体的差距，修正模型，调节输入，这样不断地反复进行下去，最终就可实现对客体的把握和控制了。不过，客观世界是无限多样、千变万化的，人们所认识和控制的毋宁说仅仅是它的一个部分、一个层次。从发展的角度看，我们控制了一个"黑箱"，但仍面临着更多的"黑箱"。因此，黑箱方法是有普遍使用价值的。

二

黑箱方法所包含的上述方法论原则对我们新时期的道德教育具有特殊的意义。

当然，我们不能不首先注意到黑箱方法应用于社会领域、道德教育过程中的某些特点。

第一，黑箱方法能否用于对社会系统、对人的系统的研究和控制？

黑箱方法主要是自然科学家在对自然系统的研究基础上概括出来的，而社会系统与自然系统的最大不同在于：在社会系统中，一切都打上了人的活动的印迹，都与人的目的、需求、情感、意志等因素相联系。道德教育的主客体都是人，是处于一定社会关系中并自觉地活动着的人，道德教育的基本活动领域是人的精神、内心世界，这尤其与自然系统的运动和变化有着迥然的差异。不少自然科学家忽视了社会系统的这个特点，径直将自然科学研究成果、方法搬到对社会问题的研究上来，陷入了唯心史观；也使得不少人因此而怀疑自然科学方法应用于社会科学研究的可能性。

我们认为，既然社会系统、道德教育系统与自然系统一样，是控制系统，具有相当复杂的结构和多种元素的构成，既然马克思主义"把社会运动看做受一定规律支配的自然历史过程，这些规律不仅不以人的意志、意识和意图为转移，反而决定人的意志、意识和意图"，①那么，黑箱方法应用于研究和控制社会问题、道德教育过程，就不是不可能的了，当然，其中的特殊性也不能不顾及。

第二，定量的分析与定性的研究和控制能否相融合？

黑箱方法在对"黑箱"的观察和控制上，强调定量分析。输入值和输出值都是可以精确度量的，并可以通过一定的数学函数关系式来表述，模型也是建立在严格的数学演算基础之上的。而道德教育的客体则是活生生的人，很难进行定量分析，从道德教育内容的制定到对受教育者的影响，都几乎无法用精确的数学和数学关系式来表达，主要应采取定性的研究和控制，在这种情况下，黑箱方法能否发挥作用？我们认为，还是可以的。一方面，黑箱方法所蕴含的一般方法论原理是不受定量和定性方面的限制的。定性研究和控制可以用黑箱方法，而且更具有普遍性。在这里，系统结构、层次的复杂，不确定性（随机性）的大量存在，每个系统对社会母体的不可离异性，使得人们几乎无法将某一系统从中独立出来，运用白箱方法进行研究和控制。另一方面，定量分析和定性研究并非截然对立，二者可以相互补充、相互影响，这已为科学发展史所证明。因此，黑箱方法能够应用于社会领域尤其是道德教育过程中是毋庸置疑的。

第三，人的改造是一个极其复杂的综合性过程。

如上所述，道德教育的每一个系统、每一个组成要素都很难独立出来像自然系统那样进行重复性研究和控制，即道德教育的过程是不可逆的。学校的道德教育也不过是全社会的一个子系统，它本身要受到众多社会因素的限制，除了道德教育的主体、客体都是处于一定社

---

① 《列宁全集》第 1 卷，人民出版社，2013，第 138 页。

会关系之中的人以外，道德教育的目标、原则、方式等都要受到社会的经济、政治、文化等因素的制约。不仅如此，学校的道德教育还要受到社会舆论、风俗习惯、家庭及各种社会组织、群众团体的影响，而全社会的道德教育又是与该社会的政治制度、生产方式、生活方式和文化建设等息息相关的。因此，道德教育必须加强宏观控制，使之与今天的经济体制改革、政治制度的完善和思想文化建设协调发展，使其真正体现社会主义的性质，同时，还要坚持"微观搞活"的原则，不同层次、不同程度、不同方式地有针对性、有效地开展具体的工作。自然，黑箱方法在对宏观控制和微观调节方面的应用有其相对不同的特点，这需要我们作进一步的研究。

第四，道德教育是主体与客体交互作用的过程。

如前已述，道德教育的一个突出特点是：它是人改造人的活动，所体现的不是物与物、人与物的关系，而纯粹是人与人的关系。可以这样说，道德教育的主体、客体是互为的。从教育者一方来说，他们是主体，受教育者是客体；但从受教育者一方来说，他们作为对教育内容的接受、消化者，并非像机器那样消极地接收，而是有选择地、创造性地加以同化，一句话，他们是接受教育内容的主体，而教育者则成了被接受者，是客体。道德教育的这个特点告诉我们：在道德教育过程中，主体和客体之间的控制、反馈作用是可以反逆的。客体作用的反馈可以成为对主体施加影响，使其完善教育的内容，改进教育方式的一种控制，而主体的控制对客体（受教育者）而言又可以作为一种反馈接受下来。所以，重视道德教育过程中教育者和受教育者各自在不同层次、不同环节上的主体性有十分重要的意义，当然，黑箱方法在这里的应用价值也是双重的（这在下文将详细述及）。

毋庸讳言，传统的道德教育与当今的时代，与目前正在进行着的经济体制改革有众多不合拍之处。某些内容的陈旧，方法、手段的单一化，以及社会上其他因素的影响，都使得我们的道德教育不同程度地存在着远离我们的时代精神、远离受教育者已经变化了的实际情况，从而收效不大的弊端。针对这种情况，不少有识之士业已提出：研究我们时代发展的需要，制定宏观战略方案，更新教育内容，把道德教育放在整个社会主义精神文明建设之中，使之与其他各项工程协调发展。对此，我们表示赞同。同时，我们认为，内容上的更新必然伴之以方法的变革。要改革我们的道德教育工作，一个最基本的前提条件就是深入了解我们的道德教育现状，洞悉当代青少年的思想行为实际和知识结构，探索新时期道德教育的特点和规律性。

社会主义思想当然不是靠人们自发就能形成的。如列宁所说："工人本来也不可能有社会民主主义的意识。这种意识只能从外面灌输进去"。[①] 问题在于，这种灌输是否就简单地把受教育者视为一种只能接收的机器，而由思想家、教育家们高高在上，制定教育内容，"填鸭式"地满堂灌输呢？我们认为，这与列宁的原意是不相符的，与马克思一再强调的教育是一种积极改造过程，教育者必须首先受教育的思想是相违背的。遗憾的是，我们传统的道德教育大多采用这种方法，把受教育者仅仅看作一种接收的客体，看作一种白箱，用打开白箱的方式（事实上并未打开）去了解受教育者，这样，不可避免地使教育内容片面化（在一定程度上破坏了受教育者的观念、情感、行为系统的平衡），教育方式的单一化和形式化（以偏概全、以部分代整体）。教育内容不能因人因时因地而异，教育方法不能多样化，就造成了道德教育与青少年思想行为实际的严重脱节，导致众多青少年的逆反心理。

---

① 《列宁全集》第 6 卷，人民出版社，2013，第 29 页。

黑箱方法与道德教育

与传统的教育方式不同，黑箱方法所揭示的黑箱教育艺术则强调教育者在实施教育之初，必须客观地把受教育者看作一种"黑箱"，一种还不了解其内部结构、组成要素、发展变化机制和趋势的"黑箱"，从这个前提出发来探索对他们进行教育的过程和方式。同时，从受教育者的角度来看，教育者对他们同样是一种"黑箱"——教育者的思想、行为，尤其是教育者所要进行的教育的内容、方式等对他们来说，都是不知晓的，而主客观条件的限制，造成了教育者和受教育者暂时还都不能直接深入对方的心理去了解对方。这就需要建构教育者（主体）与受教育者（客体）的关系图式，只有建立了关系图式，才能在此基础上有效地展开教育过程，这里有几点值得注意。

首先，利用各种形式，通过各种渠道，积极地了解受教育者的知识结构、思想行为基础和发展动向，以使教育的内容、方式适应学生的"接受图式"。当然，这种适应绝不是消极的趋就，从教育者的根本目标来说，适应学生的"接受图式"则是为了逐步改造这种图式，使之不断适应社会主义道德原则和规范，自觉地按社会主义道德原则和规范去思考、行动。

其次，与受教育者交朋友，建立感情模式，使学生从这种感情模式出发，愉快地接受教育。道德教育作为改造人、塑造人的系统工程，是理性、观念、情感、意志等多种因素的协同作用过程。教育者在教育过程之初，为消除受教育者的怀疑和逆反心理，必须与他们培养起一种融洽的情感关系的氛围，只有在这种氛围中，受教育者才能积极、主动地接受教育。因此，那种高高在上、盛气凌人、"救世主"普渡众生式的教育方法应当成为我们道德教育工作中的大忌。

最后，应该大胆鼓励受教育者的自我发现、自我选择和自我创造性。如果受教育者在教育过程中只是消极地接收了教育内容，那这在很大程度上意味着我们的道德教育工作的失败。事实上，受教育者有他们自己理解、吸收和应用教育内容的独特方式，只有当教育内容被学生从其独特的接受方式出发加以理解和运用时，我们的道德教育才真正走进了他们的灵魂深处，才见实效。20世纪六七十年代，美国著名心理学家布鲁纳曾经倡议发动了以学生的"自我发现学习"为主要内容的教学改革运动。虽然，这场运动最终归于失败，但布鲁纳强调教育过程中学生的主体地位，强调学生的学习主动性、积极性，对整个教育过程却具有重大的方法论意义。所谓"教育者必须首先受教育"，不仅包括教育者对教育内容的学习和理解，还应包括对受教育者的知识结构、思想行为基础的深入钻研以及对如何调动受教育者的主动性、积极性的探索。

在确定了将受教育者视为一种"黑箱"之后，黑箱教育艺术的第一步就是根据原则和内容，对"黑箱"进行信息（教育内容和方式）的输入。在这里，应力求做到输入信息的科学性、具体性、多层次性和变动性。所谓科学性，就是说，我们对受教育者输入的信息应该是正确的，社会主义制度下的道德教育就应体现社会主义本身的性质，这个前提决不能放弃。所谓具体性，就是力求做到使输入信息适应受教育者的实际情况，切忌"高、大、空"和"一刀切"。所谓多层次性，即指输入信息必须通过各种渠道、分层次进行。这有两方面的内容：其一，学校的道德教育与家庭、各种社会组织乃至全社会统一步调，并利用各种方式来影响受教育者，须知影响本身也是一种输入、一种教育。其二，教育者对受教育者输入的信息还须是多层次的，既要有长远理想，又要有近期目标；既要有宏观群体意识，又要有微观个体意识，如此等等。此外，输入信息必须考虑到时代发展的条件以及黑箱的运动变化，不断地有所革新，以应对时代、社会、家庭和受教育者对道德教育的挑战。

黑箱教育艺术的第二步是对输入信息的综合考察。

教育者将信息输入到"黑箱"（受教育者）之后，必然给受教育者的观念形态带来一系列变化，这些变化通过他们的言语和行为表现出来，就作为一种输出信息反馈给教育者。这样，教育者就面临着对输出信息的辨别、考察、比较和再反馈等问题。所谓辨别，就是要对输出信息进行辨伪，分清哪些是输入信息所带来的"黑箱"的变化表征，哪些则是"黑箱"原来状态的显示，这个过程也就是对第一阶段道德教育的效果评估过程。所谓考察，即指对某些反馈信息要综合考察周围环境及其他众多因素的影响，还要考察受教育者是否主动地接受了输入信息。所谓比较，即将输出信息和输入信息进行比较，研究二者的异同，并探究其原因，从而改善输入，形成一种新信息再反馈回到受教育者。

如前所述，道德教育是主客体交互作用的过程。从受教育者对输入信息的接收来看，他们仍是主体，输入信息能否真正被他们接受，在很大程度上与他们的原有思维图式和行为基础模式（即习惯）有关。有时，这种输入信息会同他们的思维图式、行为基础模式发生冲突，这是他们的一个非常痛苦的道德观念上的困惑时期，表现为言语和行为上的左右摇摆，且幅度较大。这种情况应该为教育者所注意到，并及时地加以疏导，或变换输入信息，或施加影响改造受教育者的原有思维图式和行为基础模式，以防止使矛盾走向对立而导致逆反心理的产生或加剧。这就需要在不断地输入、输出、控制、反馈的基础上，建立一种观念—情感—行为模式。

我们认为，道德教育过程中的模式，是包含观念、情感、行为三个基本要素的多方位综合体，也就是说，这种模式是有多种层次的、非线性的、多维的，它不应是平面的、刻板的和肤浅的，而应是立体的、多棱的和具有丰富内涵的。这也就是通常所谓的伦理学意义上的"理想人格"。模式的建立，既是对"黑箱"（受教育者）的观念、情感、行为的一种"复制"，又是社会主义道德原则和规范的生动体现。从前一方面的意义上说，模式的建立不能脱离"黑箱"本身的实际，不应使他们觉得高不可攀，从后一方面的意义上说，又不能与"黑箱"简单等同，不能趋就他们的错误观念、低级情趣和不良行为。概言之，模式既来自受教育者，又要高于他们；既要使他们感到可学，又不要使他们迷信而对其无亲切感。（此模式与控制论中的模型概念有区别，但其基本精神是一致的，无论模式还是模型都要基于对客体系统——黑箱的模拟基础之上，即不要脱离"黑箱"而凭空构置模式或模型。）

模式建立后，就要作为一种新的输入信息反馈回"黑箱"，继而观察输出信息，再修改、完善模式，再输入，……。这样，不断地输入、不断地修改，就能在发展变化的教育过程中逐步实现对"黑箱"（受教育者）的观念、情感、行为的把握和控制了。

一般而言，对于一个个体来说，能够做到对其观念、情感、行为的控制，那么，对他的道德教育基本上就告一段落。但是，人们的观念、情感、行为是无限多样、发展变化的，从全社会的意义上说，我们所控制的仅仅是"黑箱"（所有受教育者）的一个组成部分，从单个的"黑箱"来说，我们所控制的也仅仅是其中的一个层次。况且，人们的观念、情感、行为系统除了有可观性、可控性之外，还有不可观性乃至不可控制的因素。道德教育的目标，就是用社会主义道德原则、规范去影响受教育者，不断地达到对受教育者的观念、情感、行为的控制，从这个意义上说，黑箱教育艺术值得我们深入地研究、探索和应用。

总之，黑箱教育艺术客观地将受教育者视为一种"黑箱"，通过不断地输入、输出、控制、反馈来实现对受教育者的教育；强调不要把受教育者看作一种可以任意打开、消极地接受外界灌输的白箱，而应突出其主体地位；强调道德教育的具体性、多层次性、反复性和系统化，强调德育教育的宏观控制、中观调节和微观搞活；强调道德教育要切合实际地进行。这无疑会有益于克服传统道德教育中的空洞化、单一化、形式化等弊端，是符合时代发展和我国道德教育改革的要求的，从教育心理学的角度看，也是符合青少年品德心理发展的实际的。

从马克思主义的世界观、方法论出发，根据时代发展的特点和我国的实际情况，运用现代自然科学的一些思维成果来探索新时期道德教育的艺术，这只是一个初步的尝试，我们把它发表出来，目的是抛砖引玉，引起大家对我国道德教育问题的探索、研究和争论，从而使我们的社会主义道德教育更趋正规化、系统化、现代化，更加充满生机和活力，更好地在社会主义精神文明建设中发挥更大的作用。

（原载《北京师范大学学报》1986 年第 5 期）

小注：

这是作者公开发表的第一篇学术论文，载于《北京师范大学学报》1986 年第 5 期新开设的《研究生论坛》专栏，作者当时正在北京师范大学哲学系攻读硕士研究生。彼时"方法论热"正在学界方兴未艾，作为一个青年学子，如同很多人一样，作者如饥似渴地痴迷于"老三论"（控制论、信息论、系统论）和"新三论"（突变论、耗散结构论和协同论），生吞活剥地啃了许多自然科学方法论的书籍，并迫不及待地试图将其应用于研究社会生活。今天读来，其中学术思想和研究方法上的幼稚和生硬是显而易见的，但作为处女作，其公开发表，对作者学术成长的激励作用却是非凡的。

康德哲学：科学与道德的背离和统一

——兼论科学伦理观的哲学基础

"在我头上面的是灿烂的星空，在我心中的是道德律令。"镌刻在康德墓碑上的这句话，再清楚不过地说明了康德这位近代德国哲学家的个性。康德倾其毕生探索自然的奥秘与道德律令的"绝对性"，由此也形成了他哲学体系中两条泾渭分明的主线：科学与道德。从构成康德批判哲学体系的三大"批判"中，都可以清楚地看到人类思维的这对矛盾所留下的痕迹。明确地划分科学与道德，又含蓄地谋求二者的统一，这构成了康德"批判哲学"的本质内容。

一

如一些学者所指出的，康德哲学是一种主体性哲学，康德不仅强调"人为自然立法"，而且强调"人为自身立法"。康德认为："人类理性之立法（哲学），有二大目标，即自然与自由，因而不仅包含自然法则，且亦包含道德法则，最初在两种不同之体系中表现此二者，终极则在唯一之哲学的体系中表现之。自然之哲学，论究一切所有之事物，道德之哲学则论究应有之事物。"[①]康德在《纯粹理性批判》中重点

---

① 〔德〕康德:《纯粹理性批判》，蓝公武译，商务印书馆，2017，第 625 页。

考察了人类理性对"自然法则"的认识——这是思辨理性或理论理性的任务。但就人类理性本身的要求和趋向来说，绝不仅止于此。思辨理性引导人们经过感性的直观、经验的领域（因为在经验中思辨理性不能得到完全满足），便由经验趋达思辨的理念，但最终这种思辨的理念又引导我们复归于经验。在这一行进过程中，理念固然实现了它自身的目的，但却未能满足人的愿望。这就是说，尚有其他研究论域留给了我们，"即在实践的范围中是否能见及纯粹理性，在此范围中纯粹理性是否能引导吾人到达——吾人适所陈述之纯粹理性所有最高目的之———理念，以及理性是否能自其实践的利益立场以其'就思辨的利益而言所完全绝拒斥之事物'提供吾人"。①因而，对"实践理性"的考察，是人类理性的要旨所在，只有实现了对"实践理性"的批判才能创立"科学的形而上学"。不管客观上康德的两大"批判"对人类思想史的贡献有着怎样的差异，康德"批判哲学"的本意却是以《纯粹理性批判》为《实践理性批判》服务，以科学从属于道德的。当然，康德这样做的前提是对纯粹理性（理论理性）与实践理性、科学与道德、知识与信仰、必然与自由的严格划界。

在西方，科学与道德、知识与信仰的关系是一个引起众多思想家争论的十分古老的问题。不过，把这一问题作为一个专门领域，作为一条逻辑主线来勾画自己的体系，康德还是第一人。康德本人是先验唯心论者，他对科学与道德、知识与信仰的关系问题的处理也是建立在先验唯心论基础之上的。但在这个问题上，对其思想影响最大的恰恰是法国唯物主义启蒙思想家让·卢梭。卢梭在1749年为第戎研究院的征文而写的《论科学和艺术的复兴是否有助于淳风

---

① 〔德〕康德：《纯粹理性批判》，蓝公武译，商务印书馆，2017，第602页。

化俗?》中提出：科学、艺术在近代的蓬勃发展并未使人们变得更有道德，而是产生了道德上的堕落。在卢梭看来，科学、艺术的发展窒息了人类天生的自由情操，使人们成了虚伪的时尚、习俗和偏见的奴隶，而不能遵循自己的天性。既然科学的发展并不能使全体人的生活更有意义、更具道德，那么，科学的价值何在呢？卢梭的这一诘问很符合康德反对"独断论"，反对科学、理性的"僭妄"的思想倾向，卢梭关于科学与道德、知识与信仰相背离的思想，也就成了康德区别科学与道德的先声。

康德是怎样将思辨理性的"训练"引导至实践理性的"使用"上的呢？在康德看来，科学知识之所以具有先天性，即能成为某种普遍性的东西，是人类理性先天作用的结果。康德认为，无论是感性的形式——时间、空间，还是知性范畴，都不是自然界从来就有的。人类理性靠先天的时空形式和知性范畴将感性的"杂多"统一起来，达到作为"范导"原理的理性界限。至此，思辨理性就走完了自己的历程。当然，从思辨理性本身的发展趋向来看，它总是追求某种超经验的永恒的理念，因为只有这种理念才是最高的存在，才是"哲学立法"的根据。然而，这种永恒的理念在经验范围内，即在思辨理性涉及的领域中，又是绝对不能被发现的，因为思辨理性在经验范围内所认识的只是现象界，只是自然法则，只停留于"此岸"，而真正的理念则属于人的认识所无法达到的本体界——"彼岸"。因此，一方面，思辨理性就其发展趋向而言要追求一种永恒的理念，即追求某种超经验的东西；另一方面，思辨理性就其本身的能力来说却又无法达到永恒的理念。在康德看来，永恒理念的存在不能通过人的认识来感知、证明，而只能通过实践理性来确信。这样，思辨理性通过一个不可企及的"物自体"便越出了认识论的范围而转到了实践理性领域，即转向了伦理学。

康德哲学：科学与道德的背离和统一

　　公正地说，康德所设计的人类理性从自然界到道德界、从现象界到本体界、从纯粹理性到实践理性的过渡并不成功。因为这种在保存了两个世界的鸿沟基础上的统一，只能是一种变相的一方对另一方的征服，而不是双方的合流。不过，在这一从自然律到道德律的过渡中，康德哲学却涉及了人类思想发展过程中的众多矛盾关系（二律背反），康德所提出的问题以及他所采取的解决方式时至今日仍是颇耐人寻味的。

　　关于思辨理性（理论理性）和实践理性。康德认为，这二者实际上是一个理性，是人类理性的两个方面。但就具体的"训练""应用"而言，二者的分离又明显地存在着。康德指出，思辨理性的"应用"方式是认识，它通过由感性到知性、再到理性的认识途径来达到对对象的把握；而实践理性的"应用"方式是信仰，它往往先确定某种理念的存在，再具体化为概念，最后回到感性情感。康德认为，从"应用"效果来看，纯粹理性是消极的，因为它所告诉人们的只是"理念"不是什么，如康德所说："纯粹理性批判不是一种学说，而是纯粹理性的批评，而且它的思辨价值完全是消极的，因为它并不扩大我们的知识，只叫我们看清楚我们理性的本性，而使我们能够叫它不犯错误。"[1]而实践理性则是积极的，它阐述了"理念"是什么。因此，实践理性优于（高于）纯粹理性，前者对于后者有"规整"的作用，我们不能颠倒次序，"而要求纯粹实践隶属于思辨理性之下，因为一切要务终归属于实践范围，而且甚至思辨理性的要务也只是受制约的，并且只有在实践运用中才能圆满完成"。[2]

　　关于知识与信仰。《纯粹理性批判》主要论述知识问题，但同时也

---

① 〔德〕康德：《康德哲学著作选》，韦卓民译，商务印书馆，1963，第22页。
② 〔德〕康德：《实践理性批判》，关文运译，商务印书馆，1961，第124页。

111

涉及了信仰问题（见"先验方法论"第二章第二节）。在康德看来，他之所以作《纯粹理性批判》，根本的目的是考察科学知识的范围和形成条件，以防止科学、理智的"僭妄"。因而，他一方面把科学知识置于经验的基础之上，另一方面又认为人类理性必须超经验，而这在科学范围内又无法达到。康德认为，只有在实践理性领域才能保留诸如"第一因"、灵魂不朽、自由、上帝的意义，才能树立形而上学的真正权威。不仅如此，为了突出"理念"的存在和地位，康德甚至干脆舍弃知识，为"自然界"立法，为知识提供法则、命令；知识则为信仰提供前提，因为只有"否定对于上帝、自由和灵魂不朽的知识，才能替信仰找到地位"。[①] 在这里，知识和信仰竟发生了如此严重的背离，逼得康德不得不牺牲知识来保存信仰，这与卢梭提出的"宁要道德，不要科学"何其相似！

关于必然与自由。康德认为，从经验来说，一种事物的发生总有一定的背后动因，这种因果关系表明一切事物之间的关系都取决于自然界的必然性。但从人类理性的本性来说，却需要有一个最初的原因，只有找出这种最初的原因才能充分说明每一事物的发生，而这种最初的原因在经验范围内是找不到也不可能找到的，因为经验范围内的因果关系都是现象和现象之间的关系，而现象发生是因为有个超自然、超经验的"本体"，因而依据于现象的原因就不是最初原因，最初原因只能由现象之外的"本体"来承当。这样一种以"本体"为原因、以现象为结果的因果关系，把自然界的结果看作某种非自然的原因所致，这已非自然界的必然性所能说明的了，人类理性只有告别"必然"而走向"意志自由"。在康德看来，有了"自由"这一"理

---

① 〔德〕康德:《实践理性批判》，关文运译，商务印书馆，1961，第12页。

念"，人类理性可以划地为界，各不相扰，既可达到"本体界"，又保留了现象界的因果关系。自由与必然的关系在这里采取了二律背反的形式，正题与反题都可以证明，但二者实际上却分属于不同的世界。康德将自由拱手送往人类的知识、科学所不能抵达的"彼岸"（信仰世界），所付出的代价也是很大的。这种对必然与自由的割裂，不能不说是对斯宾诺莎所提出的"自由是对必然的认识"的思想的一种倒退。当然，这也表明康德看到了人类的认识能力和改造能力的有限性，我们似乎不应过多责怪康德，毕竟那个时代所给予人们达到自由的希望太小了。

关于自然律与道德律。康德多次论述了自然律与道德律的区别。在他看来，自然律是属于现象界的某种必然性的东西，道德律只为本体界所独有。从自然律看人类，人只不过是自然界的一部分，呈现出某种动物性——要受制约于自然的必然性，受制约于经验，是消极的、被动的。所谓"人为自然界立法"，也须借助"先天综合判断"才能实现。但从道德律看人类，人类就具有了一种独立于动物性的人性——意志自由，而这种人性又极大地提高了人的价值——"人是目的，不是手段"。自然律是可以通过感性经验、知性范畴来认识的存在，因而是科学、知识的对象；而道德律只能靠信仰、靠直觉去体察、实践，它不是科学知识的对象，但却是形而上学、伦理学的对象。

综上所述，康德通过由思辨理性到实践理性的过渡，实际上严格划定了科学与道德、知识与伦理的范围，并在很大程度上造成了它们的分离。按照康德的划分，科学、知识的对象是自然律，是存在于现象界的某种必然性；而道德、伦理的对象是意志自律，是存在于本体界的超经验的"绝对命令"。科学、知识的形成条件是"先天综合判断"借助于感性直观形式和知性范畴得以确立，即有赖于人类的认识能力和认识形式；道德、伦理的形成条件是直觉和信仰。科学、知识的功能是消极的，它严格划定人的认识范围；而道德、伦理的功能是积极主动的，是实践的。当科学与道德、知识与伦理发生背离和冲突时，康德断然宣布：舍弃前一方面，保留后一方面！

二

康德的"批判哲学"在自然律上、在科学上限定人的认识能力，实际上都是为了在道德律上、在实践理性上高扬人作为世界本体的地位。如前已述，康德虽然承认思辨理性是人类理性的重要组成部分，但他认为与实践理性相比思辨理性只具有隶属的意义。只有在实践理性领域，人才能摆脱现象界、经验和世俗社会的束缚，真正成为卢梭所说的"自由主动者"。因为在实践理性中，一切都是应然的，都是"自律"。

可见，康德对思辨理性的批判、制限，是为了高扬与肯定实践理性。康德这样做的结果，就使他的整个"批判哲学"置于深刻的二律背反——科学与道德的背离之中。对康德哲学所造成的科学与道德的背离，彻底的唯物主义和唯心主义都提出了批评。

黑格尔对康德关于科学与道德的划分的批评主要集中在三点：其一，批判康德关于认识论范畴、逻辑规律不能适用于道德和伦理领域的思想。黑格尔指出："那种自许自封的哲学思想，在把对真理的认识宣布为一种愚蠢的尝试时，也就把一切思想和一切素材都拉平了。"① 其二，从理性主义出发把道德看作"绝对精神"发展的一个小

---

① 〔德〕黑格尔：《法哲学原理》，范扬、张企泰译，商务印书馆，1961，第9~10页。

阶段，因而"绝对精神"的逻辑规律也同样是道德的规律。其三，批判康德对自由与必然的割裂，重申斯宾诺莎"自由是对必然的认识"的思想，强调"必然只有在它没有被理解时才是盲目的"。[①]这样一来，康德的"本体"消失了，自由被"解放"出来，它不再是某种脱离现象界、脱离必然性的东西，而恰恰存在于经验界，存在于人们对必然的认识之中。同样，道德律也就成为某种必然性、逻辑规律的延伸、衍化。

马克思、恩格斯从彻底唯物主义的立场出发，把科学与道德置于特定社会历史条件下人们实际地开展着的物质性社会活动基础上来考察，明确指出了科学与道德、知识与伦理的区别，并特别强调了这种区别所蕴涵的社会历史规定性，即科学与道德、知识与伦理的区分乃至分离绝不是某种自然的产物，更非先验的神秘力量所致，而是一系列社会历史条件变化、发展的结果，如同它们之间曾经有过的结合与统一一样。同时，马克思、恩格斯无情地批判了康德对道德的抬高。在他们看来，从社会历史进步的角度而言，任何有缺陷的、揭示社会变革发展规律的科学、知识都比十全十美的完善化道德要有意义得多。马克思在批判卡尔·海因岑鼓吹"道德化的批评"和"批评化的道德"的庸人习气时说："一切发展，不管其内容如何，都可以看做一系列不同的发展阶段，它们以一个否定另一个的方式彼此联系着。……而用道德的语言来讲，否定就是背弃。""背弃！批评化的庸人可以丝毫不懂这个词的含义而用这个词来辱骂任何一种发展；他可以郑重其事地把自己本能上的发育不全完全相反地说成是道德上的十全十美。"[②]

---

① 转引自《马克思恩格斯全集》第26卷，人民出版社，2014，第120页。
② 《马克思恩格斯全集》第4卷，人民出版社，1958，第329页。

思　想　的　散　叶

　　这里有必要提到马克思关于社会进步的两种尺度——历史尺度（科学尺度、真理尺度）与道德尺度（价值尺度）的思想。在我国理论界，对马克思这方面的思想的理解，迄今仍存在着较大的分歧。在我看来，马克思这方面思想的被曲解、被忽视，乃是造成对科学历史观的简单化理解和科学伦理观的哲学基础研究之薄弱的重要原因。

　　应当承认，马克思、恩格斯为了创立科学的历史观，批判唯心史观，基于特定的社会历史条件，在考察社会进步的历史尺度与道德尺度的关系问题上，他们首先看到了两种尺度的不一致。这种不一致集中体现在衡量具体的历史条件、人的活动过程中，两种尺度往往呈现为截然相反的倾向。一方面，从人类历史的发展来看是某种巨大进步的东西，而从道德上看恰恰是一种倒退或停滞；另一方面，在道德上受到褒扬、肯定的东西，而从历史发展上看则常常是要否定和抛弃的。以近代科学的发展和技术进步为例，在马克思的时代，自然科学及其在生产中的运用已经改变了人们对自然界、对社会、对人自身发展的狭隘态度。然而，这种改变又恰恰包含着它的反面，即技术的胜利似乎是以道德的败坏为代价换来的。对于这种显而易见的对抗性的社会现实，资产阶级浪漫主义学者习惯于用感伤的态度为"道德的败坏"而痛哭流涕，为了摆脱对立而决心牺牲在这种对立形式范围内产生的成果，企图恢复古典的田园诗般的道德化状态。马克思曾尖锐地批判了这种以抽象地谈论道德来辱骂历史发展的企图。在唯物史观看来：消除对抗，从而也是拯救、保存并发展科学成果和历史进步的唯一途径是代表现代社会发展趋势的工人阶级借助革命的手段，消灭资本，变革社会关系，建立新的真正属于每一个体的自由人联合体。因此，在对待社会进步问题上，马克思的确不太看重道德的力量。我认为，对这一事实采取回避的态度，有意无意地割裂科学历史观与科学伦理观的有机联系，以至削弱前者对后者的理论基础作用，既不符合马克思的原意，更不利于我国伦理学的发展。

但这是否就意味着唯物史观"不讲伦理道德""忽视道德的作用"（如某些西方学者所攻击的那样）？或者，如一些研究者所理解的那样，唯物史观只是一种统计学意义上的历史科学、经济决定论抑或是一种"超历史的一般历史哲学"呢？笔者认为，理解马克思、恩格斯关于社会进步的两种尺度的思想时不应忽略他们所处的那个时代。当时占统治地位的道德价值体系毕竟是代表资产阶级利益并为这种利益服务的，从社会进步和历史发展的角度宣布这种道德的不合理、虚伪与残酷，正表明了马克思、恩格斯对代表无产阶级利益、与现代科技和大工业条件及社会关系的调整相结合，并体现着合理性与科学性完美统一的未来社会新道德的期盼及对新道德的现实必然性的揭示。因此，问题不在于要不要看到道德、伦理在社会进步和文明发展过程中的作用，而在于不能对道德、伦理作抽象化的理解。在马克思看来，撇开各种具体的道德、伦理所赖以产生并发挥作用的社会历史条件，是不可能真正揭示道德的本质和作用的，因为"财产的任何一种社会形式都有各自的'道德'与之相适应，而那种使财产成为劳动之属性的社会财产形式，决不会制造个人的'道德限制'，而会将个人的'道德'从阶级束缚下解放出来"①。科学历史观并不以某种激情化的道德批判来代替对历史发展的科学考察，相反，而是以严肃的历史考察来揭示那些被激情化的抽象的道德批判所掩盖了的对抗化的发展形式的历史必然性及其历史暂时性，它将理论的批判诉诸实践的批判，在这种批判中就已经内在地包含着对那些不合理的发展状况的彻底的否定，从而体

---

① 《马克思恩格斯文集》第3卷，人民出版社，2009，第214~215页。

现着真理观与价值观的有机统一。

我认为，建立在实践观点基础之上的真理观与价值观的有机统一，不仅是科学历史观的重要的方法论原则，而且是科学伦理观的重要的方法论原则。考虑到本文的主题，笔者对此将另文详述。

马克思、恩格斯从唯物史观的真理观与价值观统一的方法论原则出发，将理论的批判诉诸实践的批判，并把实践理解为特定社会历史条件下人们实际地开展着的感性物质活动，这样就尖锐地批判了康德哲学中的种种道德假设，揭示了康德的"善良意志"和"绝对命令"的软弱无力。因此，如果说康德哲学从对人类认识能力的考察入手，进而过渡到对人在实践理性、道德领域的"本体"地位的颂扬，并通过严格划定科学与道德、知识与信仰各自的范围与作用方式，从而为把近代科学从宗教神学中解放出来使之获得相对独立的发展提供了某种辩护的话，那么，人类理性为这种辩护所付出的代价在康德那里却是巨大的：既然道德的形而上学基础只可以在人类思维和知识不可企及的"彼岸"才能藏身，那么道德进步也就离开人类实践活动与科学进步的现实支撑而受制约于某种神秘的力量从而成为不可能的了。人类实践活动的不断扩大和现代科学的发展已经不止一次地表明了康德企图用道德来匡正科学、以信仰代替知识的幼稚。

三

以科学历史观作为科学伦理观的哲学基础，从实践观点出发，坚持真理观与价值观相统一的原则，揭示产生科学与道德、知识与伦理的关系问题的现实基础，这是克服康德哲学中科学与道德的内在矛盾的正确途径。

　　在科学历史观看来，由对象化与非对象化的辩证运动所规定的人类实践活动（包括生产和交往）的合规律性与合目的性的关系及其在特定历史条件下的具体变化，是产生科学与道德、知识与伦理的关系问题的现实基础。从对象化的角度看，实践活动是把人的本质力量（在人的自然素质基础上形成的人的社会力量和能力）从主体的存在方式转化为客观对象的存在的主体客体化过程；从非对象化的方面说，实践活动又是从客观对象（包括前人的活动成果）的存在转化为主体活动的形式，并赋予活动以客观规定性的客体主体化过程。二者互为前提、互为媒介地存在于同一实践活动过程之中。[①]对象化与非对象化的具体的、历史的辩证运动表明，人类实践活动不仅是客观的不依单个人意志为转移的合规律性过程，而且是人"按照对自己有用的方式来改变自然物质的形态"[②]、根据自身固有的内在尺度加工客观对象的合目的性过程。正如列宁所说："必须把人的全部实践——作为真理的标准，也作为事物同人所需要它的那一点的联系的实际确定者……"。[③]因此，特定社会历史条件下不断展开的合规律性与合目的性关系的具体变化，也就是不断产生和解决"实然世界"与"应然世界"，即产生和解决事实与价值、"是"与"应该"的矛盾从而促进历史进步和人自身发展的过程。这种客观的感性物质活动宣布了康德所孜孜以求的"彼岸"世界的虚妄性，它的每一次扩大都实际地解决着事实与价值、知识与伦理的矛盾，并变换着矛盾的形式、性质和水平，进而从中获得自身变革、发展的动力。因此，所谓科学与道德、知识与伦理的矛盾只有建立在人类实践活动的具体变化基础之上才是可能的，也只有

---

① 参见刘奔执笔《实践与文化》，《哲学研究》1989 年第 1 期。
② 《马克思恩格斯选集》第 2 卷，人民出版社，2012，第 122 页。
③ 《列宁全集》第 40 卷，人民出版社，2017，第 294 页。

这样才能找到它们统一的现实基础。理解这种统一，我们就应该如实地把实践活动看作不断追求并实现着真、善、美的统一的活的历程；同时，理解这种统一，不应当从静止的观点出发，把它看作诸种因素的简单拼接，更不应用一方吃掉另一方来宣告统一的实现，任何真正的统一，总是内在地包含着不一致。而这，在康德的形式化哲学中简直是不可思议的。

　　人类实践活动的合规律性与合目的性的关系的矛盾运动，不仅是产生和解决"实然世界"与"应然世界"的矛盾的现实基础，而且是造成人类把握世界的方式的多样性与统一性的现实基础。对合规律性与合目的性的关系的不同解决方式决定了人类把握世界的诸种方式（科学、艺术、道德等）的不同特点。马克思在谈到政治经济学的科学方法时曾经明确区分了科学与艺术、宗教、道德作为把握世界的方式的差别。科学是从抽象上升为具体，它要求用思维来把握具体的东西，并把这种具体的东西作为一种精神上具体的东西再现出来，"这种方式是不同于对于世界的艺术精神的，宗教精神的，实践精神的掌握的"。[①] 将道德规定为一种"实践精神"，不仅指出了它与科学在把握世界上的不同，而且也划定了它与艺术、宗教的各自范围。从这个角度来看，康德对科学与道德、知识与伦理的划分有一定的合理性。因为他从一个侧面揭示出了人的精神生活，人们把握世界的方式的复杂多样性。科学与道德、知识与伦理确有很大的不同。科学、知识探究"实然"的东西，而道德、伦理论究"应然"的东西；较之科学、知识，道德、伦理带有很强的理想化、超现实的色彩。因此，对科学、知识的追求与对道德、伦理的追求就可能表现出很大的差异和

---

　　① 《马克思恩格斯全集》第 30 卷，人民出版社，1995，第 43 页。

背离。然而，这种差异和背离不过表明了人类实践活动的多样性、社会关系的多样性以及由之所规定的人自身发展的多样性。同时，我们不应忘记，多样性、差异和背离并不具有绝对的意义，并不意味着统一的不可能，正像它们之间的统一绝非刻板的、千篇一律的一样。马克思主义如实地指出科学与道德、知识与伦理在把握世界上的不同特点，同时又强调了任何限定都只具有相对的意义。科学伦理观不是要人们在幻想中摆脱现实的利益和冲突，相反，而是认定一切道德价值体系都是基于一定的现实活动基础之上的，人们应该通过现实的改造外界和自身的活动来获得并变革道德，而不是诉诸某种神秘的力量，不是诉诸盲目的虔敬和狂热的冲动。作为人们把握世界的实践精神，道德不仅是一种社会意识形式，也是人的一种认识方式，不管它有多大的特殊性，总要和人的其他认识方式一样，有其逻辑规律和严密的理论体系。科学伦理观之所以有别于其他狭隘的伦理观，就在于它有着高度的科学性，体现着真理观与价值观的统一。所以，如果从实践的观点出发，完整、准确地理解唯物史观，我们就应该如实地看到科学历史观与辩证法、认识论、逻辑学、伦理学、美学在马克思主义理论体系中的有机联系，并从这种有机联系中拓宽每一方面的研究，进而深化对实践过程本身的理解。我以为，这或许为我们加强马克思主义的哲学理论基础研究，使哲学更好地服务于改革实践提供了一条可资借鉴的思路。

最后有必要指出，康德对科学与道德、知识与伦理关系的划分及它们间矛盾的解决，实质上反映了特定社会历史条件下的人类实践活动。康德在近代资本主义生产方式刚刚产生但尚未在德国乃至欧洲大陆占据统治地位的时候，就已天才地预见到了这一生产方式所可能或已开始造成的科学被资本"招募"而并入生产过程，物的关系代替人的关系的不合理状况。因而，康德所提出的难题归根到底是实践难题、历史难题在思维领域中的反映。而康德的错误则在于将这一问题局限于思维领域，做了形式化的处理。由是观之，康德关于科学与道德、知识与伦理的关系的思想，无论其合理性还是其失误，都是值得我们认真加以批判、检索的。

（原载《人文杂志》1993 年第 2 期）

小注：

    研究哲学，康德哲学是绕不过去的存在。已故的著名哲学家叶秀山先生曾著一妙文《说不尽的康德哲学》，旁征博引且见解独到地阐发了康德哲学在当代哲学中的魅力。本文作者并非康德的信徒，而是马克思的忠实信徒，但也对康德哲学钟爱有加，此文算是钻研康德并试图用唯物史观批判康德的"批判哲学"的一种尝试，其旨趣在于并不赞成对康德哲学简单扣上一顶"不可知论"的帽子而拒绝对之作"走进去"式的分析检索，同时也不赞成把康德哲学视为哲学中"神"一般的存在，而是力图说明康德哲学中哪些确实说错了，哪些仍然具有重要的启迪意义。今天再读，作者仍然坚持文中的基本观点。

当代伦理学的历史命运

我们社会正处在急剧变动之中。改革开放实践在呼唤法制建设的同时，也突出了加强道德建设的紧迫性。一个素称"道德传统悠久"之"礼义之邦"的伟大民族，正面临新的严峻考验。在这个历史转折关头，伦理学研究怎样才能以无愧于时代的新成果来促进社会的变革和全面进步，已成为越来越多的理论工作者严肃思考的重大课题。

我们的伦理学研究，和其他学科一道经历了以真理标准大讨论为开端的思想解放。十几年来，学术界坚持"双百"方针，先后开展了关于道德的本质和功能、道德的主体性、商品经济和道德进步、市场经济与道德建设等问题的讨论。近些年来理论界对于哲学价值论和价值观问题的探讨也取得了一定的进展，从而为提高伦理学的研究水平做了思想准备。应当肯定，伦理学研究取得的进展，在那个极"左"思潮和教条主义占统治地位的年代，是根本无法设想的。

然而，这一切成绩还不足以说明，伦理学已经走出了步履艰难的困境。当伴随着商品交换原则向社会生活的各个领域扩展，出现了为人们普遍忧虑的"道德滑坡"现象，道德建设日益成为社会舆论的一个焦点时，一种怀疑和否定伦理学本身的存在理由和有效性的思潮在蔓延、流行，动摇着人们为促进道德进步而加强伦理学研究的决心和信念。

伦理学"向何处去"的问题还不能说已经明确解决了。

为了说明问题的严重性,这里不妨举出几种广为流行的主张。

一是商品生产或市场经济的发展必然以道德退步为代价。按照这种主张,近些年来拜金主义、享乐主义、极端个人主义的泛滥,严重的腐败现象,都是为经济发展必须付出的代价,都是无法避免的。这实际上等于说,在市场经济条件下,以道德进步为宗旨的伦理学研究不过是徒劳的事情。

二是以经济原则取代道德规范,以所谓"生产力标准"取代道德标准,认为只要对发展生产力有促进作用,就是最大的"德",至于道德品质上的问题不过是可以用这个"大德"来补偿的"小行"。而衡量一个人是否对生产力发展起了促进作用,实际上是看其能否捞大钱。"生产力标准"实际变成了"金钱标准"。这种主张的立论根据是:"中国人的道德观念太强"造成了中国的停滞和落后。照此逻辑,以强化道德为己任的伦理学研究,岂不成了有损无益之举?

三是主张真理和价值的"多元化"。据说,"多元化标志某种统一的完整的体系或系统的永远消失和不再建立"。哲学、美学、伦理学等"不应也不会定于一尊"。道德的发展状况也将是"多元化的存在",各种不同的道德价值体系都有其"现实基础",因而都有存在的权利。这无异于说,对善恶、美丑、真伪持不同的甚至完全相反的衡量标准的各种价值观都是"等值"的,可以"平起平坐""和平共处"。显然,如果把这种否认真善美有统一的客观标准的相对主义多元化价值观贯彻到底,研究什么是善、什么是恶以及道德的真理性和正当性等的伦理学,岂不成了无谓之举?

这些议论的具体论点虽然不尽相同,但将它们的逻辑贯彻到底,都会导致取消伦理学这门科学,或使伦理学的研究偏离正确方向。伦理学若不想丧失自己作为一门科学的生存权利，就必须对上述流行思潮中蕴含的一系列重大课题作出明确、科学的回答。

　　首先，在当代中国，经济的现代化是不是一定要以道德的退步为代价？这从根本上说是一个中国现代化的具体道路问题。上述"道德退步必然论"的主张，显然是以西欧工业化的模式为参照系的。西欧的工业化走的是一条异化的道路，用马克思形象的说法，是"用人头做酒杯才能喝下甜美的酒浆"[1]。其基本特征是经济社会发展和人本身发展的尖锐对抗，因而不能不伴随着道德的退步，这是由资本主义的基本矛盾所决定的。这也就是近年来被不少论者作为话题的"市场和道德的二律背反"。这是一个至今还苦恼着西方人的问题。但即使如此，也不能说在西方资本主义条件下道德就根本没有进步，如果真的那样，在资本主义时代居然会产生"代表着现状的变革、代表着未来的"[2]无产阶级道德，就是完全不可思议的了。更为重要的是，不同的民族在不同的时代，其现代化的道路会有各自的民族特色。马克思曾毫不含糊地申明，他在《资本论》中揭示的资本主义发展的历史必然性明确地限于西欧。而东方民族如何避免资本主义的苦难、以人道的方式吸收资本主义发展的肯定成果，是马克思晚年一直在思索的问题，也是中国共产党人曾经并且至今还在探索的问题。在消除社会发展和人本身发展的对抗已成为时代性课题的今天，不顾中国的具体国情和时代特点，盲目照搬外国模式，在现代化进程中放弃为提高全民族的道德水准的一切积极努力，以"代价不可避免"为借口，容忍各种反道德的思想和行为到处泛滥，能够换来一个真正的现代化吗？这对处在世纪之交的中国人来说，的确是一个不容回避的问题。

---

① 《马克思恩格斯全集》第 9 卷，人民出版社，1961，第 252 页。

② 《马克思恩格斯选集》第 3 卷，人民出版社，2012，第 470 页。

当然，探讨这样重大的历史课题，似乎已经超出了伦理学的研究范围。但是，如果对于历史发展的客观规律及其在本民族的特殊实现形式缺少科学认识，当代伦理学的研究就失去了应有的哲学基础，对于诸多伦理学的重大课题就很难取得创造性的研究成果。例如，在关于"市场经济和道德"的讨论中出现了两种表面看来针锋相对的观点和思想倾向，即所谓"外灌说"与"内引说"的争论。可以看到，"外灌说"由于忽视了经济与道德的内在关联而难以为伦理道德建设找到现实的历史依托，而由于没有解决要"外灌"进去的东西是从哪里来的问题，就难免将道德演绎成某种超历史的东西。而"内引说"力求把握经济与道德的内在联系，从经济中寻找道德的基础，应该说，这是有启发意义的，但由于它非批判地看待经济与道德的关系，将道德只是看作经济原则的简单延伸或放大，从而取消了道德本应具有的理想性质、批判性质，并最终消解了道德，所谓经济与道德、市场经济与道德进步之间复杂而深刻的内在联系也被简单地看作道德对经济、道德进步对市场经济的单向依从。这两者的共同点是，它们都忽视了对我国社会向市场经济转轨过程中社会关系变革、生活方式变化与价值观念变化之间的内在联系的考察，忽视了对我国社会经济发展的特殊规律与特殊道路的探索，仿佛我们已经有了一个完整形态的市场经济，而实际上却是以西方市场经济为蓝本，从那里借来一些现成的概念作为演绎推理的逻辑前提。这样的推理能否得出适合我们国情的科学结论呢？

其次，关于道德观念对生产力发展、经济发展的作用问题。认为"中国人的道德观念强"构成中国社会停滞、落后的原因的观点，也是一种超历史的似是而非的抽象议论。持这种主张的论者可以从中国思想史上举出以孔夫子为首的一连串重道德的思想家来论证自己的观点。

当代伦理学的历史命运

从方法论上说，这恰好是马克思所一再批评的"把文献的历史和现实的历史当作意义相同的东西而混淆起来"①推出的结论。再也没有比这种从观念到观念、从文献到文献的因果推理更容易掩盖经济与道德之间丰富多样的辩证关系和问题的实质了。我们可以用同样的方法从西方文献中找出苏格拉底、亚里士多德、爱斯拉谟、卢梭、康德，一直到马克斯·韦伯等的诸多道德观念很强而又产生过重大影响的思想家来，甚至像亚当·斯密、大卫·李嘉图这样的古典经济学家也没有忽略道德问题的探讨，为什么他们没有构成阻碍西方社会的发展，而中国人的道德观念强就会阻碍社会的进步呢？显然，这不是从现实历史的考察中得出的结论。正如恩格斯所说："实际上，每一个阶级，甚至每一个行业，都各有各的道德，并且，只要它能破坏这种道德而不受惩罚，它就加以破坏。"②这在古今中外是没有例外的。而要了解道德对经济发展的实际作用，就要从现实的历史出发，首先弄清哪个时代、哪个阶级或阶层道德观念强，它们所奉行的是哪一种道德，然后根据历史事实作出分析和判断，不同的道德对于经济发展各自起了什么作用。否则，不分青红皂白，笼统地宣称"道德观念强"就会阻碍生产力的发展，似乎很重视生产力的作用，实际上是一种变相的道德决定论，其结果不但不利于道德建设，也会为经济的发展设置思想障碍。

最后，有没有科学的价值论，或者说有没有科学的伦理学，伦理道德价值有没有统一的客观基准可循？在道德价值论的问题上，是否还应当坚持唯物主义一元论的真理观和价值观？上述"多元化"论者对于这一切都持否定态度。他们说，经济的市场化必然导致利益的多元化；利益的多元化又必然导致价值系统的多元化。在同时并存的各

① 《马克思恩格斯全集》第3卷，人民出版社，1960，第551页。
② 《马克思恩格斯全集》第28卷，人民出版社，2018，第348页。

种道德价值体系之间，在道德价值的不同层次之间，不再有水平高低或优劣之分。因此，已经没有任何统一的美学和伦理学；这样，追求或寻觅一个统一的美的定义和善的定义，就成为徒劳无益或缺乏意义的事情。这使人很容易想起现代西方伦理学中盛行的相对主义和非理性主义的价值观。例如，以直觉主义或情绪主义为特征的元伦理学就认为，善是不可定义的、只能靠直觉来把握的东西，或者不过是情绪的表露；个人的直觉或情绪不同，就可以有不同的善；因而，作为科学的价值论、作为科学的伦理学都是不成立的。实用主义伦理学则把伦理学问题归结为每个人的嗜好和行为，各人怀有的善和目的是不同的，因而就存在着许多种善和目的，不管其真伪合理与否，使人得到满足就行。这些主张与其说是在探讨道德问题，不如说是在消解人类的道德。

这种相对主义的真理观和价值观，其实带有很大的虚伪性。它主张在诸多的相互矛盾和冲突的价值体系之间"不应也不会定于一尊"，似乎很公平。但是，当今世界上实际存在的价值观，哪一个不把自己"定于一尊"呢？这种主张的实质是否定以揭示历史发展的客观规律的客观真理为基础的无产阶级价值观，为各种非马克思主义的价值观争夺地盘。

总之，前述种种怀疑、否定科学的伦理学存在理由的种种议论，实质上反映出来的是在尖锐的社会矛盾面前，由于看不清道德进步的现实基础而对几千年来人类前仆后继形成和积累起来的伟大伦理精神的怀疑和动摇情绪，归根到底是主张倒退的哲学。在这种情势下，伦理学所面临的最直接最紧迫的问题，是理直气壮地为保卫自己的生存权利而斗争，还是胆怯退缩的问题。

早在 19 世纪中叶，当面对现代工业、科学与现代贫困、衰颓之间的尖锐对抗，有些党派为此痛哭流涕，另一些党派为了摆脱现代冲突而希望中止实践的步伐，还有一些党派以为工业如此巨大的进步要以政治、道德上同样巨大的倒退来补偿的时候，马克思却充满信心地指出："我们不会认错那个经常在这一切矛盾中出现的狡狯的精灵。我们知道，要使社会的新生力量很好地发挥作用，就只能由新生的人来掌握它们，而这些新生的人就是工人。工人也同机器本身一样，是现代的产物"。①在今天这种新形势下，我们不是更有理由像马克思那样，把进步的希望寄托于通过改革开放的实践而不断壮大着的工人阶级身上吗？

伦理学要真正摆脱困境，在各种挑战面前不能仅限于消极防守。伦理学作为一门关于人的科学即人文科学，和人本身一样，只能以发展求生存，犹如逆水行舟，不进则退，停滞意味着倒退和死亡。要发展，就要从解决现实问题的急迫需要出发，从头研究基本问题。例如，要深刻、透彻地揭示道德进步的现实基础，就要紧密结合改革开放以来社会生活发生的实际变化，重新研究道德作为意识形态、上层建筑的组成部分同经济基础的辩证关系。

为了充分认识这种重新研究基本问题的必要性，这里有必要重温恩格斯晚年的一个重要提示："我们大家首先是把重点放在从基本经济事实中引出政治的、法的和其他意识形态的观念以及以这些观念为中介的行动，而且必须这样做。但是我们这样做的时候为了内容方面而忽略了形式方面"②。所谓"形式"，即这些观念是由什么样的方式和方法产生的，又以什么样的方式和方法对产生它们的原因发生反作用。遗憾的是，这个提示没有引起人们的足够重视，结果就造成了对经济

① 《马克思恩格斯文集》第 2 卷，人民出版社，2009，第 580 页。
② 《马克思恩格斯文集》第 10 卷，人民出版社，2009，第 657 页。

基础和上层建筑关系的非常简单的、公式化的理解。例如关于道德和经济的关系，被简单地解释为适应和不适应两种情况，而所谓适应，似乎就意味着没有矛盾。这样一来，就很容易把道德对经济的适应和促进，机械地理解为对经济生活中产生的一切，不管是积极的还是消极的都要作道德上的辩护，似乎不这样做就会阻碍经济的发展。结果，否定矛盾、斗争作为事物（包括经济和道德）发展动力的形而上学猖獗起来，道德作为人对世界的"实践—精神"的把握方式的特有能动作用和革命批判精神也被消解了。这是造成伦理学一度贫困的重要原因之一。

从这种沿袭了很长时间的僵化概念中解放出来，就要重新研究道德观念和规范是以什么特殊形式从经济关系中生发出来的，它和经济的相互作用在形式上的特点是什么，在经济生活和道德观念之间是否存在和存在着哪些中介环节，它和习俗、社会心理的关系如何，它作为意识形态的组成部分同哲学、宗教、政治、法律、艺术等的反映形式有什么区别和联系，民众和思想家在道德规范的形成和变革中各自起着什么样的作用，人们之间的利益关系作为经济关系的表现同道德之间存在着怎样的相互作用，在同一种经济形式基础上形成的不同的道德价值体系之间的关系又是怎样的，等等。把这些基本问题弄清楚了，才有可能正确地揭示道德进步的动力、规律和具体机制。而要实现这个要求，仅限于摆弄几个现成的概念，或只顾翻腾历史资料，是远远不够的。向社会生活做实际考察，向人民群众做调查，把"人民最精致、最珍贵和看不见的精髓"[①]提炼、集中在伦理学的概念、范畴和体系中，是必不可少的重要工作。

---

① 《马克思恩格斯全集》第 1 卷，人民出版社，1956，第 120 页。

当代伦理学的历史命运

在这个异常迅猛的社会变动时期，新问题是层出不穷的。而"问题却是公开的、无所顾忌的、支配一切个人的时代之声。问题是时代的格言，是表现时代自己内心状态的最实际的呼声"。[1]伦理学要无愧于时代，需要强化自己的问题意识，在对现实问题的灵敏反映、科学把握和解答中，构筑新的生长点，自己掌握自己的命运。企图用政治空谈和高级牢骚来回避问题，是最有害的、最无原则的做法。

（原载《哲学研究》1994 年第 5 期）

---

[1] 《马克思恩格斯全集》第 1 卷，人民出版社，1995，第 203 页。

市场经济体制下的制度伦理

近来，"承诺制"成为各种媒体中出现频率很高的词语之一。建设部为推广烟台市实施"社会服务承诺制"的经验，决定在北京、上海、天津等 36 个城市社会服务行业和部门实施不同形式的社会服务承诺制。① 以"承诺制"的方式将服务者的权利、职责和义务与被服务者的权利、职责等公开化、制度化，一改传统那种服务部门口头强调"品德""修养"，而被服务者无力监督、评估，服务者与被服务者关系颠倒的状况，变服务者的自我监督、自我约束为制度化的社会监督、社会约束。"承诺"二字，体现了服务方与被服务方之间契约关系的确立，其中当然有法律意味，但其伦理道德意义更富有启发性，这与那种以修养论道德为特征的单向义务型关系有质的区别，是一种新型的与市场经济内在要求和发展趋势相符合的制度伦理。当然，它仍有许多不完善之处，但它一经出现，立即引起了全社会的广泛关注，人们似乎从这里看到了些许发展市场经济新形势下道德建设的新思路，由此所带来的对全社会道德建设的重大影响可能在不远的将来会看得更加清楚。

启示之一：历史地把握经济与道德、市场经济与道德建设之间的关系。

由改革实践提出的市场经济与道德进步的关系问题，引起了我国

---

① 参见《经济日报》1996 年 8 月 3 日，第 1 版。

思想理论界的热烈讨论；与此同时，社会各界也纷纷倡言或出台一系列措施，就发展社会主义市场经济过程中如何切实有效地加强道德建设问题献计献策。从讨论的情况看，经济与道德、市场经济与道德进步关系的历史性质似尚未引起足够的重视。其实，提出市场经济与道德进步的关系问题，本身就表明，在发展社会主义市场经济体制这一新的历史条件下，道德进步必然具有不同于自然经济和传统计划经济体制下一些新的特点和型式，道德建设理应有新的突破，承诺制的出现和迅速推广，正是适应了这一历史趋势。

马克思在《1857—1858 年经济学手稿》中，从经济、社会发展与人本身发展关系的角度，将人类社会的历史发展划分为三大形态："人的依赖关系（起初完全是自然发生的），是最初的社会形式，在这种形式下，人的生产能力只是在狭小的范围内和孤立的地点上发展着。以物的依赖性为基础的人的独立性，是第二大形式，在这种形式下，才形成普遍的社会物质变换、全面的关系、多方面的需要以及全面的能力的体系。建立在个人全面发展和他们共同的、社会的生产能力成为从属于他们的社会财富这一基础上的自由个性，是第三个阶段。第二个阶段为第三个阶段创造条件。因此，家长制的，古代的（以及封建的）状态随着商业、奢侈、货币、交换价值的发展而没落下去，现代社会则随着这些东西同步发展起来。"①

随着人类社会从"第一大社会形态"向"第二大社会形态"的转变，道德发展必然采取不同的历史型式并因此而具有不同的质的规定性，这就是从依附性的修养论道德向制度伦理的转变：如果说修养论道德以自然经济和小生产的生产方式为基础，那么制度伦理则以市场

---

① 《马克思恩格斯全集》第 30 卷，人民出版社，1995，第 107~108 页。

经济的不断发展为其历史前提；如果说修养论道德对应于人的依附关系，对应于个人的地方性发展，对应于人与人之间的自然形成的血缘宗法关系，那么制度伦理则对应于人与人之间普遍的社会交往，对应于人与人之间由社会决定的关系的普遍性质和外在性质，对应于人的相对独立性和世界历史性的个人；如果说修养论道德以人性善恶与否作为该种道德立论的逻辑前提，将道德价值的实现建立在个体的道德体认与领悟基础上，那么制度伦理则以人能理性地选择自身的行为为逻辑前提，将人的行为的合理性建立在某种制度的合理性基础之上。

启示之二：辩证地把握经济与道德、市场经济与道德进步之间的辩证关系。

有一种误解，因为唯物史观强调经济对道德的最终决定作用，就以为道德对经济的反映只是简单的摹写，道德原则不过是一定经济原则的移植或再现。以此推论，市场经济条件下的道德建设只不过是将市场经济的运行规则移入道德领域；并且，一种社会只能有一种道德价值体系与该社会的经济体制相适应，而所谓适应，也就是为这种经济体制作"伦理辩护"。这不能不说是对经济与道德、市场经济与道德进步关系的简单化理解。

恩格斯晚年说过，有一点"在马克思和我的著作中通常也强调得不够，……我们大家首先是把重点放在从基本经济事实中引出政治的、法的和其他意识形态的观念以及以这些观念为中介的行动，而且必须这样做。但是我们这样做的时候为了内容方面而忽略了形式方面"。① 所谓"形式"，即这些观念是由什么样的方式和方法产生的，又以什么样的方式和方法对产生它们的原因发生反作用。恩格斯晚年的这一重

---

① 《马克思恩格斯文集》第10卷，人民出版社，2009，第657页。

要提示对我们把握经济与道德、市场经济与道德进步的关系的辩证性质有重要的方法论启迪。

当亚当·斯密一手拿着《道德情操论》，一手举着《国富论》，力求调和"同情心"与利己主义、道德操守与市场这只"看不见的手"的矛盾的时候，他的调和没有成功，也不可能成功。重要的不在于亚当·斯密在为"看不见的手"呼唤与鼓吹的同时想到了道德，而在于他并不企望道德对市场，对市场经济中的利己行为作简单的"伦理辩护"。后来的人们可以嘲笑他这种努力的虚妄性，却不能嘲笑他的努力背后的真诚。在我们看来，亚当·斯密思想体系中"同情心"与利己主义的矛盾，说到底不过是经济与道德、市场经济与道德进步之间的矛盾在他那个时代的反映；斯密的过错不在于他正视了这对矛盾，而在于他在未能揭示矛盾产生的根源的前提下就先去调和矛盾。这倒从一个侧面昭示我们：将经济原则运用于道德，或将道德原则运用于经济，既不符合经济的本性，也不符合道德的本性；既有悖于市场经济的发展，也有悖于道德的要求。

经济，从最终的意义上说，是促使人们的道德观念产生、道德价值体系变革与发展的力量，而经济关系首先是作为利益关系表现出来的。在发展市场经济的过程中，人们之间的利益关系有一种分层化、简单化的趋势，不同的利益分层的矛盾、冲突的明朗化在所难免。利益关系的矛盾、冲突反映着不同道德价值体系的矛盾、冲突，并反过来制约道德与经济的关系，使之不能不表现为一种矛盾着的辩证否定关系。例如，近代西方社会中，就有三种同时和并列地起作用的道德：基督教的封建的道德、资产阶级道德和无产阶级道德。就三种道德与当时占统治地位的经济制度的关系而言，代表"过去"和"将来"的道德都是否定性的，只有代表"现在"的资产阶级道德是肯定性的，但即使是这种肯定性道德，其中必包含着对资本主义生产方式、交换方式的当下状况的否定因素，而且此种否定因素的增强乃是资本主义市场体系走向成熟的重要标志。正如恩格斯所指出的："现代政治经济学的规律之一（虽然通行的教科书里没有明确提出）就是：资本主义生产越发展，它就越不能采用作为它早期阶段的特征的那些小的哄骗和欺诈手段。……这些狡猾手段在大市场上已经不合算了，那里时间就是金钱，那里商业道德必然发展到一定的水平"。与此同时，"大工业从表面看来也变得讲道德了。工厂主靠对工人进行琐细偷窃的办法来互相竞争已经不合算了。事业的发展已经不允许再使用这些低劣的谋取金钱的手段；……于是，实物工资制被取消了，通过了十小时工作日法案，并且实行了一系列比较小的其他改良措施，——所有这些都同自由贸易和无限制竞争的精神直接矛盾，但却使大资本家在同条件较差的同行的竞争中更具优势"。[①]

启示之三：从改革与道德进步的内在一致性出发加强道德建设。

众所周知，我国经济体制改革的重要特征在于，改革愈是走向深入，改革中的市场取向愈加强。由于我国改革是自上而下的自觉发动，改革前期主要集中于体制外改革，即在不从根本上触动传统计划经济体制主体的前提下，采取非国有经济先行，增量改革的办法；还由于我国经济、社会和文化发展特有的不平衡性，从而在转型时期，我国经济生活中就出现了独特的两种经济体制并存的局面。经济体制上的双轨制，不仅造成了我国城市改革、国有企业改革任务的艰巨性，而且造成了我国社会发展的两难境地：在社会生活的许多领域，我们既苦于市场经济的发展，又苦于市场经济的不发展。

---

① 《马克思恩格斯全集》第28卷，人民出版社，2018，第368~369页。着重号系引者所加。

这，不能不对我国目前的社会道德状况产生决定性的影响。中国青年研究中心完成的我国城市青年发展状况调查显示，青年对改革开放以来国家综合实力、市场供应、中国的国际地位评价最高；而对官员廉洁性、社会道德风尚、社会治安评价最低。[①] 零点公司参与的"世界公民文化与消费潮流调查"显示，讲究礼貌、责任感、宽容地尊重别人是各国公众认为最重要的价值。形成鲜明对比的是，中国公众最重视的价值依次是：独立、学识和讲究礼貌；而对责任感、宽容地尊重别人、与他人沟通等的重视程度远远低于其他国家。例如，重视责任感的中国公民只有30%强，处于世界各国中的最低点。同样，只有不到30%的中国公民重视容忍和尊重别人，比世界平均水平低约10个百分点。另外，全世界有23%的人重视独立这一价值，而在中国则高达52%，居各国之首。[②] 人们常说，市场经济会促进人的独立性、个性价值和自我意识的张扬。然而，上述调查表明，个性与独立价值的张扬，如果没有责任感等制度性伦理价值的同时确立，极易走向扭曲，滑向重功利和实用的境地，进而销蚀群体观念和人际合作的基础，其结果，反而不利于健康的市场经济新秩序的确立和整个道德建设。社会道德层面的这种失衡，恰恰表明了制度伦理建设的极端迫切性。值得注意的是，尽管调查显示人们对当前的社会道德状况有较高的不满程度，但另一则调查表明，绝大多数人对改革持"极大关注"态度。大多数人认为，离开了改革，就很难谈得上社会发展，其他任何社会问题都难以获致有效的解决。[③] 这从一个侧面也提示我们，

---

① 参见《中国青年报》1995年1月21日。

② 参见江流等主编《1996年社会蓝皮书》，中国社会科学出版社，1996，第238~239页。

③ 参见江流等主编《1996年社会蓝皮书》，中国社会科学出版社，1996，第44页。

不能脱离改革的总体进程来孤立地抓道德建设，应把道德进步纳入改革的总体发展战略，如此，才能真正摆脱道德困境，将道德建设不断推向新的层次和水平，从而促进经济、社会和人本身的协调发展，推动社会全面进步。事实表明，制约道德进步的因素恰恰也是阻碍改革的因素。例如，腐败，被认为是制约社会公众道德状况的最大因素，而从制度上清除腐败的体制基础，不正是改革的重要内容吗？腐败产生的原因固然有多种，但其制度基础却是关键：双轨制并存，市场缺乏秩序，行政权力多方介入经济活动，"寻租"现象得以蔓延。在体制转轨时期，"权力市场化"及由此所造成的对市场的行政垄断和寻租行为，不仅违背了市场经济规律，严重束缚了生产力的发展，而且助长了暴力和投机行为，损害了政府的公正形象，瓦解了人们的理想和信念，引发道德败坏。正如有的学者所指出的，成熟的市场经济体系中，国家、政府的行政干预、宏观调控是抑制市场"失灵"和负面效应的力量，但这同"权力市场化"却有着本质的区别。早在 80 年代初，邓小平同志在总结新中国成立以来党的历史经验教训时，明确指出："单单讲毛泽东同志本人的错误不能解决问题，最重要的是一个制度问题。毛泽东同志说了许多好话，但因为过去一些制度不好，把他推向了反面。""我们过去发生的各种错误，固然与某些领导人的思想、作风有关，但是组织制度、工作制度方面的问题更重要。这些方面的制度好可以使坏人无法任意横行，制度不好可以使好人无法充分做好事，甚至会走向反面。"① 所谓"好的制度"与"不好的制度"，就内在地包含着伦理道德意义上的评价，其根本标准在于：是否有利于调动最大多数人的积极性、主动性、创造性，是否有利于充分发挥广

① 《邓小平文选》第 2 卷，人民出版社，1994，第 297、333 页。

大实践主体的主体能力，是否有利于培养和提高人的文化素质，质言之，是否有利于促进人本身全面而自由的发展，这也是制度伦理建设的根本标准和方向。目前，我国改革已从单纯的政策性调整转向制度创新的阶段。随着社会主义市场经济体制的逐步发育、确立和完善，自然经济向商品经济的转变，经济增长方式由粗放型向集约型的转变，封闭半封闭社会向开放社会的转变，社会关系中家族式、宗法式关系逐渐被打破，身份制关系开始向契约制关系转变。适应经济、社会发展和人本身发展过程中这一系列根本性的转变，道德进步必然获得新的型式，道德建设理应有新的突破。这，就是承诺制带给我们的最大启示。

（原载《马克思主义与现实》1996年第4期，
原题目为《"承诺制"与道德建设——
谈市场经济体制下的制度伦理》）

制度伦理与制度创新

时下，在关于市场经济与道德进步的关系问题的讨论中，已有论者从方法论的高度，提出了若干关于道德建设的富有启发性的思想：加强道德建设，谋求道德进步，与通过改革解放和发展社会生产力，是同一过程的两个方面；不能将道德对经济的反映看作无中介的简单摹写，或者将道德对特定经济体制的适应单纯视为前者对后者的"伦理辩护"，道德与经济的关系实质上是以否定性为媒介的辩证关系。[①]为使这种有益的探讨继续深入下去，本文尝试性地提出制度伦理这一概念，并借此进一步分析经济与道德、市场经济与道德进步之间的辩证关系，从而为在我国建立、完善社会主义市场经济体制的新形势下，寻求道德建设的新突破，给予历史、理论和现实的说明。

一　制度伦理及其功能

目前，我国改革已从单纯的政策性调整转向制度创新的阶段。随着社会主义市场经济体制的逐步发育、确立和完善，自然经济向商品经济的转变，经济增长方式由粗放型向集约型的转变，封闭半封闭社

[①]　参见常思敏《关于道德建设研究的若干方法论问题》,《哲学研究》1996 年第 6 期。

会向开放社会的转变，社会关系中家族式、宗法式关系逐渐被打破，身份制关系开始向契约制关系转变。总之，随着经济、社会发展和人本身发展这一系列根本性的转变，道德进步必然获得新的形式，道德建设理应有新的突破。

最近，"社会服务承诺制"已开始逐步推行。以"承诺制"的方式将服务者的权利、职责和义务与被服务者的权利、职责等公开化、制度化，一改传统那种服务部门口头或文件强调"品德""修养"，而被服务者又无力监督、评估，造成服务者与被服务者关系颠倒的状况，变服务者的自我监督、自我约束为制度化的社会监督、社会约束。"承诺"二字，体现了服务方与被服务方之间契约关系的确立，其中当然有法律意味，但其伦理意义更富启发性，这与那种以修养论道德为特征的单向义务型关系有质的区别，是一种新型的与市场经济内在要求和发展趋势相符合的制度伦理。虽然，它仍有许多不完善之处，但它一经出现，立即引起全社会的广泛关注，人们似乎从这里看到了在发展市场经济新形势下道德建设的新思路，由此所带来的对全社会道德建设的重大影响可能在不远的将来会看得更加清楚。现在的问题是社会能否为这种制度伦理建设提供更为丰厚的制度条件。

1. 制度与制度伦理

诺贝尔经济学奖获得者道格拉斯·C.诺斯将制度定义为"为人类设计的、构造着政治、经济和社会相互关系的一系列约束"，它由"非正式约束（道德约束力、禁忌、习惯、传统和行为准则）和正式的法规（宪法、法令、产权）所组成"[1]。他在与戴维斯合著的《制度变迁与美国经济增长》一书中还明确把"制度环境"与"制度安排"区分开

---

[1] 参见李兴耕等主编《当代国外经济学家论市场经济》，中共中央党校出版社，1994，第49页。

来。制度环境，是一系列用来建立生产、交换与分配基础的基本的政治、社会和法律规则；制度安排，则是支配经济单位之间可能合作与竞争的方式的一种安排。"新制度学派"的经济学家们在分析制度本质和制度变迁时，几乎不约而同地忽略了对一个社会的基本经济、政治制度的分析，也可以说，制度的这一层面在他们那里是给定的、自明的前提。从历史观上看，这种忽略是不能原谅的，但他们重在分析介于基本经济、政治制度与人们的具体行为之间的中间制度层次，却深化了对制度创新过程的研究。

邓小平同志曾经说过："我们过去发生的各种错误，固然与某些领导人的思想、作风有关，但是组织制度、工作制度方面的问题更重要。这些方面的制度好可以使坏人无法任意横行，制度不好可以使好人无法充分做好事，甚至会走向反面。"[①] 所谓"好的制度"与"不好的制度"，就内在地包含着伦理道德意义上的评价，其根本标准在于：是否有利于调动最大多数人的积极性、主动性、创造性，是否有利于充分发挥广大实践主体的主体能力，是否有利于培养和提高人的文化素质，质言之，是否有利于促进人本身全面而自由的发展，这也是制度伦理建设的根本标准和方向。

从概念上分析，制度伦理不外乎两种：制度的伦理——对制度的正当、合理与否的伦理评价和制度中的伦理——制度本身内蕴着一定的伦理追求、道德原则和价值判断。实际的制度伦理建设过程中，两者又往往是缠绕在一起的，因而，这种区分只具有学理的意义。当然，不能否认有这样的情形：某一基本制度的伦理评价为"正当""合理"，而某些具体的制度中的伦理却是"不应该""不合理"，反之亦然。不

---

① 《邓小平文选》第 2 卷，人民出版社，1994，第 333 页。

过，在这两种情形下，恰恰存有制度变迁和制度伦理创新的可能性。

可以根据一定的生产方式，交往方式，基本的政治、经济制度确定制度伦理的性质和建构原则，但在发展市场经济过程中，任何制度伦理所要满足的基本原则有三个。其一，公正原则。对公平、正义的考察历来是思想家们关注的焦点。罗尔斯认为，"正义是社会制度的首要价值"[①]。罗尔斯的"正义"即运用于社会制度时的正当,而正义在他那里也就意味着某种平等，一项正义的制度安排就是使其最大限度地实现某种平等。他坚持认为，对制度的道德评价和选择优先于对个人的道德评价和选择，人们总是首先选择用于制度的根本道德原则，然后才能选择用于个人的道德准则——义务与职责。因此，如果说个人负有支持制度的义务，那么制度必须首先是正义或接近正义的。离开制度的正当性来谈个人道德的修养和完善，甚至对个人提出各种严格的道德要求，那这只是充当一个牧师的角色，即使本人真诚相信和努力遵奉这些要求，充其量也只是一个好牧师而已。从这个意义上说，困扰现代人头脑的人格分裂、造成社会道德"失范"的原因主要不在于个人的品德修养，而是制度伦理本身的正当性发生了问题或它引起了社会成员的怀疑乃至否定。其二，普遍性原则。由于制度伦理赖以建立的社会基础是人的需要体系的日益丰富和多样化，是人与人之间交往的普遍化，即普遍的社会关系，因而，它就不能像建立在人身依附关系和血缘宗法关系基础上的修养论道德那样，"君子有君子的道德"，"小人有小人的道德"，更不能容忍"爱有差等""礼有三分"，或在伦理准则面前"只许州官放火，不许百姓点灯"。列维在谈到"现代化社会"与"非现代化社会"在社会结构方面的特点时，把两者的

---

① 罗尔斯:《正义论》，何怀宏等译，中国社会科学出版社，1988，第1页。

差别归结为八个方面，其中在伦理道德方面，"在现代化社会，伦理具有普遍主义性质，而在非现代化社会，由于家庭、亲属的社会关系比较密切，伦理具有个别的性质"。①马克思也认为，由实践活动的不断扩大、交往的普遍化所规定的人及其社会关系的普遍性，是"现代世界"区别于"古代世界"的重要特征。他曾专门分析过近代康德通过"绝对命令"和"世界公民"、黑格尔借助"世界精神"和"世界历史个人"等一心要营造的所谓"普遍性"的实质，指出它"符合于：（1）与等级相对的阶级；（2）竞争、世界交往等等；（3）统治阶级的人数众多；（4）共同利益的幻想，起初这种幻想是真实的；（5）意识形态家的欺骗与分工"②。制度伦理的普遍性意味着它必须打破建立在人身依附关系基础上的修养论道德所具有的个别性、宗法性和地方性的局限，真正做到在制度伦理约束面前人人平等。其三，历史原则。经济学家通常用"刚性"来说明非正式制度安排（如意识形态）相对于正式制度安排（如产权、法律等）变革的艰难，并认为，成功的意识形态、伦理道德必须是能够克服"刚性"，足以灵活地适应经济环境的变化和制度创新。其实，所谓灵活、克服"刚性"不过是说，制度伦理要持久地发挥作用，无论其内容还是形式，都必须是历史地发展着的东西，成功的制度伦理应是不断创新的。

　　道德与经济、道德进步与市场经济之间是一种以否定性为媒介的辩证关系，作为这种辩证关系的具体体现，在发展市场经济过程中，制度伦理必然有着二重性质并进一步规定为三维层次结构。

　　第一，否定性层次，即制度伦理首先要否定那些源自自然经济、

---

① 参见〔美〕塞缪尔·亨廷顿等《现代化：理论与历史经验的再探讨》，罗荣渠主编，上海译文出版社，1993，第113页。

② 《马克思恩格斯文集》第1卷，人民出版社，2009，第552页。

小生产方式和血缘宗法关系基础上的陈旧的依附性道德。W. 阿瑟·刘易斯认为，人们为适应市场经济而进行的调整需要相当长的时间，特别是新型道德的确立，"因为他们不再生活在一个义务以身份为基础的社会里，而是进入了一个义务以契约为基础，而且一般又以与没有家庭关系的人的市场关系为基础的社会。这样，以前，一直是非常诚实的社会可能变得非常不诚实，直至人们懂得，为兑现以货币来表示的契约，劳动与物品方面的诚实服务甚至必须给予完全陌生的人"[1]。旧道德的衰落是发展市场经济过程中较之经济变化更加痛苦的内容之一。通常，迅速的变化总会使旧道德的瓦解快于新道德的形成，但这绝不意味着旧道德在新道德确立之前已毫无影响。"这样看来，新标准并不是系统地或有权威性地引进来的。它只能逐渐地、局部地引进。新观念与旧观念不协调地混合在一起。"[2] 这是变革时代社会所特有的景象。

应该说，在这一层次上，制度伦理的否定性对于市场经济的发展而言，同时亦具有肯定性质。

第二，肯定性层次，即体现市场经济本身内在要求和发展趋势的制度伦理。自然，这种肯定同时包含着对不完善的市场行为、市场规则的否定。经济学家刘伟认为，市场经济本身就是信用经济，由这种信用经济关系所规定的社会道德秩序，首要的就是守信，"在这里，制度的建立、健全和严守尤为重要。只有在制度上使欺诈者必自欺，无信者必自损，才能够保证新的道德秩序的真正确立"[3]。可以说，公正、

---

① W. 阿瑟·刘易斯：《经济增长理论》，梁小民译，上海三联书店、上海人民出版社，1994，第 179 页。

② W. 阿瑟·刘易斯：《经济增长理论》，梁小民译，上海三联书店、上海人民出版社，1994，第 547 页。

③ 刘伟：《建设社会主义市场经济新秩序》，《光明日报》1996 年 4 月 5 日。

平等、诚实、守信是发展市场经济过程中，制度伦理的基本准则。

人们常说市场经济是一种法治经济，然而，法律制度的公正性如何体现？且不说在一个法律体系尚不健全、执法手段尚不完备的社会里，法律的权威时常受到来自法律以外的因素的挑战，即使是在一个成熟的法律制度条件下，又有什么力量可以保证司法人员能够秉公执法呢？这个长期困扰人们的问题，单纯由法律本身是难以解决的。这是法律的局限，也是市场经济作为一种制度所固有的局限。然而，市场经济的完善和发展又的确需要克服这种局限。国内外的经验表明，解决这个问题大致有三种思路：第一种，提高司法人员的道德品质修养，但从个人品质上要求司法人员，很难做到人人有效，假如没有相应的制度性补偿，道德品质高的人反而极易在同行之间被孤立而大大减弱其司法行为的有效性；第二种，加强社会舆论监督，但这种措施社会成本较高，且要以全民的文化素质和社会参与能力的相当水准为前提；第三种是制度内补偿，即用制度伦理建设来弥补法律的局限。这当然不是在法律体系之外另行建立一套伦理化的制度，而是要求市场经济条件下的任何制度建设必须体现法律与伦理两种价值评判体系，体现二者的相互补充、相互依存。在这样一个制度体系内，法律意义上的守信必须伴之以道德上的守信才能真正得到实现，道德上的公正、平等也须以法律上的公正、平等作为依托，才能免于空洞的说教和虚伪的托辞。

第三层次，克服市场经济的文明局限性，体现社会主义制度本质规定性的制度伦理。这是在我国建立和完善社会主义市场经济新体制过程中制度伦理建设的较高层次，是真正体现制度伦理对市场经济的辩证否定性质的层次。较之制度伦理的第一、二层次而言，这是一个更具挑战性的时代难题。

在西方，推动其制度伦理的核心始终是功利原则。功利主义的最早代表边沁认为，人人期望幸福——最大限度的快乐和最小限度的痛苦，支配每个人行为动机的总是其私人利益，所谓群体利益不过是组成群体的人各自利益的相加。这种功利原则近来招致了来自西方社会内部越来越激烈的批评。丹尼·贝尔认为："现代资本主义思想接受了边沁的有害论点，它完全或大部分依据私人利益作出立法，因而在道德上站不住脚。……经济学少不了必要的规范考虑，如对集中之后的个人决定是否公平合理作出判断。任何社会都免不了要对事物作出是否合适或理想的判断，也必须据此标准来评价经济决策的结果。"[1] 然而，贝尔自己也意识到，在资本主义制度范围内，上述要求只能是一种愿望，矛盾不可能从根本上加以解决，所以他声称自己在"经济领域是个社会主义者"，虽然他的社会主义立场引起了不少人的质疑。

马克思当年有一个著名的论断，即资本主义生产方式开创了历史向世界历史的转变[2]，促使狭隘地域性的个人逐渐为世界历史性的个人所代替，这是资本的伟大文明作用。然而，在资本的关系范围内，这种转变却又是以异化的方式实现的，个人脱离血缘、狭隘地域性的羁绊，但并未成为真正自由自觉的全面发展的人，毋宁说后者只是作为一种否定性力量，作为克服异化的历史趋势因素存在着。对异化的克服，也就是对文明的资本形式的克服。因此，世界历史性的个人就其发展趋势和价值指向而言，包含着双重超越：既是对狭隘的地域性个人的超越，也是对自身的超越，——超越那种在资本文明阶段上产生

---

① 丹尼尔·贝尔:《资本主义文化矛盾》，赵一凡等译，生活·读书·新知三联书店，1989，第22页。

② 参见《马克思恩格斯选集》第1卷，人民出版社，2012，第168~169页。

的孤立的、片面的、偶然的个人，实现人的全面发展和自由自觉个性。如果说，实现第一重超越是发展市场经济过程中制度伦理第一层次的价值目标和建构基础，那么，实现第二重超越则是制度伦理中体现社会主义本质规定性的第三层次的价值目标和建构基础。为此，就要在制度创新过程中，将抑制和克服市场经济自发性所带来的物对人的统治、偶然性对个性的统治以及人的片面化、孤立化，实现经济、社会发展和人本身发展的协调统一，作为一种价值准则确立下来。这是建立和完善社会主义市场经济体制的题中应有之义。

2. 制度伦理与制度创新

经济学家习惯于从利润和绩效的获得来解释制度创新的原因。诺斯和戴维斯认为，制度创新是由对更为有效的制度绩效的需求所引致的。制度安排之所以会被创新，是因为有许多外在性变化促成了利润的形成。T. W. 舒尔茨认为，人的经济价值的提高是制度创新的基本动因。V. W. 拉坦则主张，制度创新的需求是由要素与产品的相对价格的变化以及与经济增长相关联的技术变迁所导致的；而对制度创新的供给则是由关于社会与经济行为及组织与变迁的知识进步所提供的，他特别强调了社会科学知识的进步对制度创新的作用，认为这种进步可以降低制度创新的成本。[①]

在实际的制度创新过程中，上述诸因素往往是相互影响、相互补充的。其中，人的活动（生产、交往）的不断发展应该被视作最基本的变量。从这个意义上说，制度伦理乃是制度创新的主观条件之一。人们从制度伦理的角度对某一制度作出"不好"（"不应该""不正当"）

---

① 参见阿尔钦、诺斯等：《财产权利与制度变迁——产权学派与新制度学派译文集》，刘守英等译，上海三联书店、上海人民出版社，1994，第291、328、336页。

的道德评价，进而形成一定的舆论压力，是诱发制度创新的群众基础。马克思多次说过，将道德原则简单地运用于经济学的形式上是错误的："但是，从经济学来看形式上是错误的东西，从世界历史来看却可能是正确的。如果群众的道德意识宣布某一经济事实，如当年的奴隶制或徭役制是不公正的，那么这就证明这一经济事实本身已经过时，另外的经济事实已经出现，由此原来的事实就变得不能忍受和不能维持了。因此，从经济学来看的形式上的谬误背后，可能隐藏着非常真实的经济内容。"①

当然，制度伦理终究不是制度创新的决定因素，况且，制度伦理本身要克服其刚性，即所谓滞后性而获得自身的更新与发展，要有赖于制度创新的过程和程度。但这并不妨碍经济学家们将制度伦理看作制度创新的内生变量，它可以降低制度创新的社会成本，促进制度创新的顺利完成。就此而论，制度伦理的建立和完善是制度创新得以真正实现的重要参数。诺思认为，一个社会的健全的伦理道德准则是使社会稳定、经济制度富有活力的黏合剂，为此重要的是强调意识形态的三个方面：（1）它是一种节省的方法，个人用它来与外界协调，并靠它提供一种世界观，使决策过程简化；（2）意识形态与个人所理解的关于制度公平或正义的伦理道德判断不可分割地交织着；（3）当个人的经验与他们的意识形态不一致时，他们会改变自己的思想观念。因此，"道德伦理行为准则，是构成制度约束的一个重要部分，是个人在与环境斗争时发展的现实（意识形态）结构派生出来的。"②耐人寻味的是，与我国学术界一些人大书特书"淡化意识形态"相反，新制度

①《马克思恩格斯全集》第28卷，人民出版社，2018，第215页。
② 道格拉斯·C.诺思：《经济史上的结构和变革》，厉以平译，商务印书馆，1992，第48、50、198~199页。

学派却极为重视意识形态在制度创新中的作用，把它看作减少其他制度安排的服务费用的最重要的制度安排。

建立现代企业制度被认为是我国企业改革的方向，而建立现代企业制度的过程，不仅是产权明晰的过程，更是活动主体——新人的塑造过程，因而同时也是一个建立和完善适合现代市场经济趋势和要求的制度伦理的过程。在这方面，韩国企业界新近推出的《企业伦理宪章》或许对我国企业界有所启迪。长期以来，企业特别是财团大企业在韩国经济腾飞中发挥了"牵引车"作用。但与此同时，无视市场经济规范、丧失社会责任感、不讲经营道德等弊病在企业界也严重存在，扰乱了正常的经营秩序，损害了国家和消费者的利益，败坏了企业的形象，导致了社会公众对企业信任程度的降低。有鉴于此，韩国企业界认识到，迫切需要制定一个企业界共同遵守的规范，营造新型的企业经营风气，增强企业的社会责任感，缔造先进的企业文化，树立国民信赖的企业形象，从而保证市场经济的健康发展。这个由韩国"全国经济人联合会"代表企业界向政府和国民公布的由 8 条内容组成的《企业伦理宪章》，得到了企业界的普遍响应和社会大众的广泛关注[①]。

二 从中国农村的变革与发展看制度伦理建设

中国农村的改革最为成功，目前发展过程中所面临的问题也最为典型。从某种意义上说，中国现代化的关键就是农村的现代化。

肇始于 70 年代末 80 年代中期在全国农村普遍得到推广的家庭联产承包责任制（其主要形式是"包产到户""包干到户"），是中国农民

---

① 参见《经济日报》1996 年 6 月 10 日。

新时期以来的第一个伟大创造，其实质是集体向农民家庭转让土地的使用权。农民因此成了相对独立的商品生产者，取得了生产的自主权和产品的分配权，农户家庭重新成为组织生产的单位。从经济、社会发展和人本身发展的关系的角度看，这场制度创新带来了显著的变化。

第一，彻底废除了人民公社和"三级所有、队为基础"的农村村社组织制度，家庭制度重新被确立为基本的组织形式，极大地调动了农民的生产积极性，促进了农村经济的全面发展。林毅夫认为，造成中国农村这一制度变迁的关键是监督机制的根本转变。家庭责任制之所以能够取代以工分核算来衡量劳动者绩效和决定其收入分配的生产队体制，重要的原因在于生产队制度中，社员劳动的积极性同监督的准确程度和监督的难易程度成正比。由于在农业生产中监督非常困难，成本很高，因而监督的准确程度很低，大多数情况下，每个劳动者仅获得一份给定工作的等量工分，而不管他的劳动实际上有多辛苦。这相当于不存在监督。而在家庭责任制下，监督的困难总的讲得到了克服，且监督费用为零。其结果，一个在家庭责任制下的劳动者，其劳动的激励最高。[①] 此外，我们还应看到，人民公社、大队、生产队这样一个垂直性的农村村社组织制度不仅借助于工分制的方式在平均主义的分配形式背后造成了事实上的不平等，极大地妨碍了农民的劳动积极性的发挥，而且这样一种组织制度和管理体制还极大地限制了农民的活动范围和交往。农民不要说是进城，就是走乡串亲戚，都要由生产队、大队乃至公社出具证明、得到批准，大多数农民差不多一年到头都被固定在土地和村落中。对于人本身发展而言，这样一种村社制度当然难以谈得上什么"正当"与"合理"。

---

① 参见林毅夫《制度、技术与中国农业发展》，上海三联书店，1994，第44~75页。

第二，家庭生产功能的恢复与逐渐萎缩。新中国成立后二十多年间，由于实行人民公社制度，农民家庭从事生产的功能有很大削弱。但由于生产方式基本未变，家庭生产功能的这种变化是人为的，而不是由生产力的发展所引起的，所以一旦家庭责任制得以实施，家庭的生产功能就又恢复了其原来的地位，它体现了小生产方式前提下农村家庭的本质。值得注意的是，中国农村家庭生产功能的恢复又是与千万个农户家庭摆脱行政命令的强制束缚和人民公社的制度约束而成为各个相对独立的商品生产者和经营者相辅相成的。同样值得注意的是，随着农业的市场化程度的提高，农村商品化的发展，特别是一些经济发达地区由纯农业的产业结构向农、工、商等并举且农村种植业比重日益下降的产业结构转化过程中，农村家庭生产功能出现了逐渐萎缩的趋势，其显著标志是"男工女耕"和"男女同工"型家庭的大量出现[1]。据统计，1978~1992年，非农业收入占农户生产性纯收入的比重由7.6%提高到30.8%，与此同时，粮食作物收入占种植业收入的比重在80年代中期后呈不断下降的趋势，占农民家庭经营收入的比重也不断下降。如果说农村改革初期，家庭生产功能的恢复、家庭制度成为农村的基本组织制度，带来了农村社会关系的重组，那么近年来，经济发达地区农村家庭生产功能的萎缩趋势则昭示着家庭制度新的变迁，必将使农村经济、社会发展和人本身发展发生新的变化。首先，家庭财产的积累已越来越失去其现实的社会意义，每一代人都须用自己的劳动去适应新的社会环境中的生活。其次，家庭生产逐渐为企业生产所代替，个人是以个人的身份而不是以家庭的身份参加企业生产，因而家庭凝聚力逐渐削弱，无论是社会还是个人，都不再重视

---

① 参见雷洁琼主编《改革以来中国农村婚姻家庭的新变化》，北京大学出版社，1994，第15页。

家庭背景对个人发展的影响。这从农村青年的择偶倾向越来越不重视对方的家庭背景，而更重视个人的素质、能力的变化上可见一斑。最后，调查显示，在我国农村社会关系中，姻缘关系的地位和作用正在迅速上升，而血缘关系的影响开始下降。如果说血缘关系重等级辈分，是一种自然决定的社会关系，那么建立在自主婚姻基础上的姻缘关系则更具平等和法律意味，其自然痕迹较之血缘关系要小，且姻缘关系不像血缘关系那样个人不能选择，也不能解除。因此，姻缘关系的上升，意味着个人独立性的增强，预示着农村中社会组织制度的创新及新型伦理产生的可能前景。

当然，就我国农村的大多数地区而言，上述发展趋势尚不十分明朗，农村的变革与发展在历经十余年的辉煌之后，面临着如何在稳定和完善家庭联产承包责任制的基础上，通过制度创新等手段再铸辉煌的挑战，从实践上说，制约当前农村经济发展的因素，也是制约农村社会发展和人本身发展、制约农村制度创新和新型伦理形成与发展的因素。首先。随着农村经济的发展，以及农业生产外部环境的变化，以家庭承包制为基础的生产经营方式的局限性逐渐显露出来，诸如，单个农户所拥有的生产要素不能满足开发新产业和扩大经营规模的需要；零星分散的小规模土地经营方式与开展生产协作、提高农业劳动效率的要求不相适应；分散式的农户家庭经营同变幻莫测的市场需求不相适应；单个家庭农业生产抵御自然灾害的能力很低，难以扭转农业生产"靠天吃饭"的局面，且不利于农业科技成果的推广与转化。[①]其次，农民受到小生产方式和小块土地的束缚，其自身发展的自然局限性愈益突出，直接劳动仍占较大比重。在这里，人与自然关系的狭

---

① 参见陈吉元等《中国农村的变革与发展》，广东高等教育出版社，1992，第72~73页。

隘性质进一步影响到人与社会关系的狭隘性质，农民实质上仍是"狭隘的地域性的个人"，远未实现向"世界历史性的个人"的转变，这是与现代化的本质要求和发展趋势不相适应的。最后，农村中的交往方式仍然受到宗法式和地域性关系的限制。调查显示，农民在生产中的主要合作对象是与自己有各种亲属关系的人，其中又以男系亲属为重，其优先次序为男系亲属—邻居朋友—女系亲属。即使是俗称经济发达、市场机制发育较早的广东郊区，农民家庭工商业之间的交往也有38.3%发生在男系亲属之间。①这表明亲属关系在农民生产和生活中仍具有很强的凝聚力，仍然是当前农村占统治地位的交往关系。它可以从现行的农村生产方式、家庭制度中得到解释，而近年来农村家族制的盛行和宗法式道德乃至封建习俗的重新蔓延则可以从上述诸种力量的综合作用中得到解释。随着我国农村经济的变革与社会发展，在充分尊重农民意愿而不是借助行政命令的前提下，通过进一步变革农村中的生产方式、交往方式，积极稳妥地推进制度创新，用反映农村现代化发展趋势和要求的制度伦理来逐步取代宗法式、依附性的道德，将会成为推动中国农村未来经济、社会发展和人本身发展的重要力量。对此，已经有不少有益的尝试，如一些地区在农民自愿的基础上发展起多种形式的农村经济联合体，农业适度规模经营的试点工作也在一些地方有条不紊地展开。农村制度创新的前提和核心是土地使用制度的改革，而土地制度改革的实质是逐渐打破农民对土地的过度依赖，克服自然局限性、宗法关系和地域关系对农民的束缚，适应现代化发展的本质要求。

在这个问题上，理论界的认识并不一致。近年来，随着"东亚模

---

① 参见雷洁琼主编《改革以来中国农村婚姻家庭的新变化》，北京大学出版社，1994，第137、150页。

式"的崛起，出现了一种对所谓古典的现代化理论将社会发展划分为"传统"与"现代"、"乡村社会"与"工业社会"的二分法理论反思的倾向。不少人认为，东亚和南亚的一些国家、地区虽然在经济上已达到发达或较发达的水平，但他们的民族精神、人际关系、组织管理方式和文化氛围等都还是很"传统"的，被称之为"东方特色"。[①]有的学者进一步论证道，"东亚模式"的崛起表明，落后国家完全可以在保存乡村社会所特有的社会关系、道德准则、文化传统的前提下，实现工业化和现代化，所谓经济上可以是"现代的"，文化上却应该是"保守"的。具体说来，宗法制、家族制及建立在此基础上的儒家道德应该保持，以对抗"西方中心论"，挽"世风"以"日下"，因为它们并不构成现代化发展的障碍，反倒会成为现代化的动力。且不说这种经验式的观察与描述是否能够说清楚"东亚模式"崛起的原因和社会意义，从实践上说，它就面临着一个无法回避的难题，假如宗法制、家族制和儒家道德这些所谓"东方特色"是现代化发展的动力，那么照此推理，作为"东方特色"发祥地的中国，似乎早就应该实现现代化了，十多年的农村改革岂不成了多余之举？经验的观察与描述在任何时候都要受到更大范围的经验分析的质疑，而且由此所得出的结论的可靠性恐怕在更大程度上有赖于观察者本人的历史观、价值观和方法论的合理与否，而不是经验事实本身。不管怎么说，既然现代化发展是个整体性概念，是经济、社会发展和人本身发展的有机统一，就不可能在一方面是新的，另一方面仍然是旧的。

乡镇企业的异军突起，是中国农民的又一伟大创造。乡镇企业，从最初不被重视，甚至遭受冷漠和谴责的"野孩子"，发展为目前支

---

① 参见李培林《另一只看不见的手：社会结构转型》,《中国社会科学》1992年第 5 期。

撑整个国民经济的近"半壁江山",为在中国这样一个农业大国,如何摸索出一条不同于西方工业化的发展道路提供了极富创新意义的尝试。然而,乡镇企业经过十余年的发展,在取得巨大成就的同时,其进一步发展已愈来愈受到一些限制。已有不少学者指出,近年来乡镇企业对农村剩余劳动力的吸纳能力逐年下降,这可以看作多数乡镇企业为在激烈的市场竞争中站稳脚跟,已由劳动密集型向资本密集型、由粗放经营向集约经济转变的必然结果。与此同时,环境污染也使乡镇企业备受指责。除此之外,乡镇企业还受到社会发展和人本身发展等方面因素的制约。首先,乡镇企业的发展始终受到农村的社会关系发展现状的制约。由于历史的原因,我国大多数乡镇企业是由原来的队办、乡办、镇办企业演变而来,当地的乡、镇主管部门是这些企业天然的保护伞,而乡镇企业最初也的确需要这些保护伞,但其进一步发展,即社会化生产水平的进一步提高则是与这种"保护""控制"相矛盾的(据调查,大多数乡镇企业都存在着政企合一的现象)。与此同时,从管理制度来看,农村中的宗法关系从一开始就渗透进乡镇企业中,致使乡镇企业管理上的家族制色彩极为浓厚。调查显示,乡镇企业职工参与管理、监督管理者的情形极为少见,企业领导层中任人唯亲的现象也比较普遍。这一切,不仅构成社会化大生产的发展障碍,亦构成产生现代化活动主体、新型社会关系和新型伦理的障碍。其次,就最大多数的乡镇企业职工来说,他们的主要工作虽然不再是农村种植业生产,但由于"离土不离乡",他们的发展能力和文化素质并未从根本上得到更新。据统计,乡镇企业职工即所谓"农民工"达到高中及高中以上教育程度者,1993年仅为11.41%,大部分为小学或初中文化程度,不少人还是文盲和半文盲。最后,小农意识和落后的价值观念、习惯势力成为乡镇企业发展的又一障碍。值得注意的是，小农意识在不同的地区由于经济、社会和人本身发展水平的差异有不同的表现形式。在一些欠发达地区，农村中乡镇企业的发展，农民致富奔小康，常常受到"小胜即满、小富则安"观念的局限，不少地区的农民至今仍安贫乐道，缺乏进取心和冒险精神，对外界知之甚少，也不想知道；而在一些经济发达地区，小农意识则表现为另一种情形，这些地区的农民和农民企业家也开始批判"小胜即满、小富则安"，但却热衷于搞攀比、争名次、讲排场、争气派，近年来不少地方盛行的"达标"活动，不能说与这种"攀比"心理没有关系。克服小农意识，使乡镇企业乃至整个农村经济和社会发展跃升到一个新的层次，单靠所谓"观念的改造"是远远不够的，关键仍在于生产方式、交往方式的变革与发展，在于制度创新。

农村剩余劳动力大规模外出性转移，即所谓"民工潮"，是中国农民的第三大创举。据测算，目前农民流动人口已达 4000 万~8000 万人之众。就目前来看，农村人口的有序合理流动（这也正是大多数流动农民所希望的）仍然受到诸多条件的限制，诸如我国城市化的严重滞后等。从制度创新和制度伦理的角度看，主要是两大限制。首先，城乡隔离制度特别是城乡分割的户籍制度是农民流动的最大障碍。这种制度人为地在城乡之间挖出了一条难以逾越的鸿沟，剥夺了农村人口自由向城市迁移的权利，农民在就业机会、发展机会和受教育机会等方面天然地与城市人口不可同日而语。这既不符合市场经济发展起码的公平竞争原则，更与社会主义制度的制度属性和本质要求相去甚远；从制度伦理的角度看，则是极度的不公正。此外，这种制度严重制约着我国现代化的进程，造成大规模的农业劳动力不得不在农村社区内部进行高度分散式转移，导致小规模土地经营上农民兼业化的普遍发展，长期维持这种局面，不利于彻底打破农民与土地的联系，会严重阻碍传统农业向现代农业转变的进程。[①]其次,从农民流动的组织方式来说,由于政府或非政府的各种正式组织的参与程度很低,因而农民流动主要是由农民自身发动并扩张起来的。调查显示,带动农民外出的核心纽带是包括血缘和姻缘两种类型的亲缘关系,对于那些拥有更多外出就业资源的人来说,他(她)首先带领或介绍外出的是与自己有某种亲缘关系的人,自组织外出在形态上十分显著的特点是家庭性,如兄弟相带、表兄弟相带、姐妹相带等。[②]这说明,即使对那些离土又离乡的流动农民来说,支配其行为、交往方式的仍然是亲缘关系和地域关系。虽然这种流动的方式拥有较低的成本,但由于其盲目性较高,增加了社会管理的成本。为使这些大批量的农村流动人口真正纳入改革和现代化建设的活动主体的范围,不仅需要改变原有的城乡户籍制度,而且要根据其发展实际,通过制度创新使他们逐步摆脱亲缘关系和地域关系的束缚,实现由农民向现代产业工人的转变。从理论上说,农民离开土地,这的确是为其摆脱旧关系的限制,成为产业工人提供了可能;但从实践上说,要实现这种转变,还要有赖于一系列的制度条件和生产力发展水平。马克思在《资本论》中多次提到,古罗马的平民在离开土地之后,并未成为城市的市民,相反,却成了更加卑贱的无所事事的游民,在那里,脱离土地这一事实并未造成新关系和新的活动主体的产生。[③]

---

① 参见韩俊《跨世纪的难题——中国农业劳动力转移》,山西经济出版社,1994,第 273 页。

② 参见江流等主编《1995—1996 年中国社会形势分析与预测》,中国社会科学出版社,1996,第 82~83 页。

③ 参见《马克思恩格斯选集》第 3 卷,人民出版社,2012,第 730 页。

三　结语

（1）改革的目的，是解放和发展社会生产力，就是要打破种种束缚最大多数人的活动发展和创造才能发挥的落后的僵化的体制，最大限度地调动人的积极性，就是要找到适应现时代生产力发展水平和内在要求的，使社会主义基本经济、政治制度的优越性得以很好发挥的中间制度形式。有中国特色的社会主义现代化发展道路的关键在于走出一条既能吸收西方资本主义的一切文明成果（特别是其在发展市场经济、推动科技进步等方面的文明成果），又有效地避免或克服西方工业化以来日趋严重的社会危机、文明危机的道路。如果说西方工业化乃至现代化走的是经济发展以牺牲道德进步为代价，而在当代不得不重新重视制度伦理以避免更为严重的社会矛盾和文化危机的道路，那么，在世界格局已发生重大变革的今天，中国的现代化应该而且能够走出一条不同于西方的社会发展的新道路。

（2）改革开放十多年来，我们在对现代化发展战略的认识上，随着实践经验的不断丰富和积累，已经在一步步走向深入。从对经济增长的重视到对经济发展的重视，直到中央提出"两个文明一齐抓，实现社会全面进步"；从"两个根本性转变"到"可持续性发展战略"的提出，我们越来越朝着促进经济、社会发展和人本身发展的协调一致方向迈进。可以说，我们用十几年的时间获得了西方国家用数百年经历得出的关于现代化发展战略的基本认识。不言而喻，要实现这样一个发展战略，重要的前提在于现代化活动主体的塑造，而这正是制度伦理建设的根本目标。任何制度安排必然蕴含着一定的制度伦理，问题只在于这种制度伦理是否有利于社会的全面进步和人本身的发展。

（3）在历史向世界历史的转变过程中，对外开放的程度将直接影响到现代化建设事业的水平。而要真正实现这种转变，同时又要选择适合本国国情的发展模式，关键在于我们能否逐步建立并健全一套既反映现代市场经济发展要求，又能体现社会主义优越性的制度体系，而制度伦理建设尤具挑战性。

（4）在改革已处于制度创新的关键时期，任何方案、措施都不可能是一劳永逸的，都不是孤立地发挥作用的，对制度伦理建设亦应作如是观。

（原载《中国社会科学》1997 年第 3 期）

小注：

此文作为第一专辑第二节的尾篇，发表后引起学界关注（参见刘怀玉《"制度伦理学"研究的近况》，《哲学动态》1998 年第 5 期）。这一节收录的文章大都与伦理学、道德问题有关，但作者的研究旨趣却是反对就伦理谈伦理、就道德谈道德，而是主张哲学伦理学的立场，特别是从科学历史观（唯物史观）中真理观与价值观相统一的高度，从经济社会发展与人本身发展相统一的维度来研究伦理道德问题，伦理道德问题实质上是历史观的问题，因而科学伦理学（马克思主义视域内）是科学历史观的有机组成部分。自然，这种研究在强调其哲学意蕴的同时，亦强调其现实感。

论世界历史性的个人

——哲学中革命性变革的实质

本文所考察的，是从康德、黑格尔到马克思的哲学变革。这，或许是为我国哲学界熟悉得不能再熟悉的一段历程，以至于它几乎是作为常识被写进了各式各样的哲学教科书。然而，熟知，却并不意味着已无再度辨析的必要，特别是对于这场曾经深刻而巨大地影响了人类文明进程和我国当代哲学发展格局的哲学革命，就更是如此。

一

近代哲学，本质上是对近代工业文明的表达（肯定的或否定的），是对资本这一文明型式和历史发展阶段的一种应答，尽管是以极其曲折的方式实现的。

如果说 17 世纪在英国发生了工业革命，18 世纪在法国发生了政治革命，那么 18 世纪中叶开始在德国则发生了哲学革命，"这个革命是由康德开始的"①。对于这三次具有世界历史意义的革命之间的内在联系，马克思主义创始人曾予以专门的分析、批判。现在的问题是：由康德所开启的这场"哲学革命"，其主题旨趣究竟是什么？在这方面，

---

① 《马克思恩格斯全集》第 3 卷，人民出版社，2002，第 489 页。

流行的解释为："从培根和笛卡尔起，近代资产阶级一直重视认识论。但康德以前，认识论与本体论经常缠在一起，没有分家，前者一般从属于后者。康德改变了这个情况，旧的本体论被否定了，认识论宣告独立。"因而，"近代资产阶级哲学的中心由本体论转到认识论，到康德的'批判哲学'得到了明确的表达和完成"。^①将康德哲学看作近代哲学主题由本体论向认识论转变的完成者，这没有错，但还不够，至少不完全符合康德的本意和哲学宗旨。

1784 年，康德发表了《世界公民观点之下的普遍历史观念》这篇重要论文，随后的几年里，又相继发表了一系列历史哲学论文，这些论文构成了后人称作"康德的第四批判"的"历史理性批判"。康德在垂暮之年何以如此重视对历史领域的考察、反思与批判？"历史理性批判"在康德哲学体系中占据着怎样的地位？

应当承认，康德晚年的这些探索并未引起后人足够的注意以及与其地位和影响相称的评价。时至今日，这样一种看法仍相当有市场：历史，在康德那里实在是可有可无的领域。例如沃尔什认为，对康德来说，"假如不是因为历史似乎提出了道德问题，那么根本就不会有什么东西能提示他会去论及历史的"。^②然而，沃尔什是错的，错误是建立在对康德哲学本身及道德与历史的关系双重误解基础上的。

在我们看来，康德晚年的这一转变是由当时的社会历史条件、哲学发展趋势与康德本人的批判哲学体系所决定的。

康德所处的时代，正是近代工业文明在欧洲逐步展开、资本关系渐趋取得统治地位的时期。"当时，法国资产阶级经过历史上最大的一

---

① 李泽厚：《批判哲学的批判》，人民出版社，1984，第 62 页。
② 〔英〕沃尔什：《历史哲学——导论》，何兆武、张文杰译，社会科学文献出版社，1991，第 124 页。

次革命跃居统治地位，并且夺得了欧洲大陆；当时，政治上已经获得解放的英国资产阶级使工业发生了革命并在政治上控制了印度，在商业上控制了世界上所有其他地方；"[1]而在德国，"自宗教改革以来，德国的发展就具有了完全的小资产阶级的性质"[2]。旧的封建贵族绝大部分在农民战争中被消灭了，剩下的则是小诸侯或容克地主；农业的经营方式既非小块经营，也非大生产，效率很低；资本主义工商业有了一些发展，但又处处受到限制，诸如技术落后和地方割据状态；市民阶层尚不发达，甚至没有形成"共同的利益关系"；与利益分散性相适应的是政治组织的分散性——许多小公国和帝国自由市。总之，一方面，资本文明的兴起，使得对资本文明及其历史发展规律的探讨作为那个时代的共同课题被提升出来；另一方面，德国的落后状况又使得这种探讨在近代德国的哲学发展中采取了独特的形式。如果说，资本的观念表现在英国是"财富"，在法国是"自由、平等、博爱"，而在德国则是"自我意识""世界精神"和对普遍性的追求。

　　近代西方哲学的主题是认识论，是思维与存在的关系问题。这一问题经由培根、笛卡尔等人的倡导，借助于经验主义与理性主义的双峰对峙而获得了空前的发展并作为完成了的形态出现在康德的《纯粹理性批判》之中。然而，至少在维柯、卢梭、赫尔德等人那里，就已经对近代哲学中的泛认识论主义及支配西方近代文明发展的理智主义、工具理性、乐观主义等观念提出了尖锐的批评，倡导哲学要关注人的生活、历史、道德与法律，从而奏响了近代哲学主题以外的"不和谐音"。考虑到维柯、卢梭、赫尔德等人与康德思想的特殊关系，这些"不和谐音"不能不对康德批判哲学的发展产生影响。

---

① 《马克思恩格斯全集》第 3 卷，人民出版社，1960，第 211 页。
② 《马克思恩格斯全集》第 3 卷，人民出版社，1960，第 212 页。

思　想　的　散　叶

就康德本人来说，《纯粹理性批判》主要讲的是理论理性即认识论问题，所谓"先天综合判断"如何成为可能的问题，同时又涉及了实践理性。不管康德的同时代人和后人对其认识论学说给予了多么高的评价，康德哲学的本意却是以伦理学统摄认识论，讲理论理性以突出实践理性的优越，用康德的话说，必须否定知识，以为信仰留地盘。理论理性与实践理性虽然同出于一个理性，但其地位却不是并列的，其效力更有"消极"和"积极"之分。理论理性所以消极，是因为它总不能越出经验之限界，其结果并不扩大理性之运用，倒是相反。明白地将理论理性与实践理性、现象与本体、自然律与道德律、自然与自由、知识与信仰、科学与道德划界，继而谋求从前者向后者的过渡，构成了康德批判哲学的一大特色。

我曾说过，康德所设计的过渡并不成功。不过，康德在这一系列过渡中所提出的问题以及他所采取的处理方式时至今日仍是耐人寻味的。[1]

譬如，康德的"自在之物"概念，这被认为是康德批判哲学的核心范畴，是从认识论向伦理学的过渡。"自在之物"概念本身的歧义性，使得康德招致了过多的批评和同样多的赞誉，尽管毁誉双方可能都包含着对康德几乎是同样的误解，即差不多都是在认识论的向度上来理解康德的这一概念。其实，"自在之物"在康德那里至少有两重意义。从认识论上说，它是认识的界限，因而其作用是消极的，它提醒人们要防止认识能力的"僭妄"，不要超越经验。因为它并不受"自然之法则"即因果律的制约，所以"实不能由思辨理性知之（更不能由经验的观察知之），故所视为此一种存在所有性质之自由（我以感性界

---

① 参见方军《康德哲学：科学与道德的背离和统一》，《人文杂志》1993 年第 2 期。

中种种结果为由彼所发生者），亦不能以任何此种方法知之"①。

然而，正如有学者所指出的，"不可知"之并不意味着不可"达"或"致"之。②"自在之物"在认识论上是消极的，不可知，而在道德领域，却是积极的。像意志自由、灵魂不朽、上帝这些"理性的理念"即"自在之物"，不是认识的对象，却是一种价值的存在，康德否定了人们认识它们的可能性，却为它们假设了一种较经验对象更为真实的存在，这种真实在于它们引导着人们不断追求最高的终极目的——至善。而对价值的把握，康德认为是不能寄望于知识的，只有靠直觉和信仰。看起来如此消极的不可知论，却是指向积极的终极目的——绝对价值的必不可少的环节，这其中的义理颇堪玩味。

问题在于，作为一种价值存在的终极目的——至善如何展示为一种真实并成为人可把握的东西？在这里，不管康德表现出对历史知识多么肤浅的了解，他毕竟要通过历史的隧道来透视那作为人类未来发展方向、终极目的或"天意"的东西。意志自由、灵魂不朽、上帝既然不能由认识"知之"，总归要有一块舞台显示其无上的尊严。我们看到，价值（幸福、审美、道德等），充当了由自然向历史、由认识论向"历史理性批判"的过渡环节。在这一过渡中，康德以他特有的方式提出了那个时代的一系列重大课题，并作出了自己的处理。

关于自然和历史。这是康德与赫尔德争论的焦点之一。赫尔德在《人类历史哲学观念》中，将人类历史与自然界的进化类比而将前者看作后者的演化。康德不同意这个观点，他不否认自然界有进化，有"历史"，但认为这是一种与人类的自由的历史性质有别、方向完全相

---

① 〔德〕康德：《纯粹理性批判》，蓝公武译，商务印书馆，1960，第18页。
② 参见黄克剑《康德哲学辨正——兼论哲学的价值课题》，《哲学研究》1994年第4期。

反的历程。"大自然的历史是由善而开始的，因为它是上帝的创作；自由的历史则是由恶而开始的，因为它是人的创作。"①人类从单纯动物的野蛮状态过渡到"人道状态"，从本能的摇篮过渡到理性的指导，即从大自然的保护制过渡到自由状态，必定会产生灾难和罪行。因此，脱离理性觉醒以前的自然状态的第一步，就是道德方面的一场堕落。即使人们愿意接受自然界的创造物那种连续不断的阶段及其趋向于人类的那些条件，也还是无法从自然界的类比中就能得出自由的历史是自然的历史的延伸的推论。

自由的历史既是由恶开始，逐步趋向"善"的过程，其间必然充满了矛盾与对抗。在这里，康德提出了文明与野蛮、文明与文化的对抗性问题。对抗的根源在于"人类的非社会的社会性"。人具有一种要使自己社会化的倾向，只有这样才会感到自己不止于是自然人而已，才感到他的自然禀赋得到了发展。但同时人又具有一种强大的、要求自己单独化或孤立化的倾向，即有着非社会的本性，且因此会处处遇到阻力和不满足，正是这种阻力才唤起人类的全部能力，推动着他去克服自己的懒惰倾向，这就导致了由野蛮进入文明的第一步，于是人类的全部才智逐渐发展起来了，趣味形成了，产生了科学和艺术。可以说，"没有这种非社会性的而且其本身确实是并不可爱的性质，——每个人当其私欲横流时都必然会遇到的那种阻力就是从这里面产生的，——人类的全部才智就会在一种美满的和睦、安逸与互亲互爱的阿迦底亚式的牧歌生活之中，永远被埋没在它们的胚胎里"。②然而，文明社会是否就体现为一种圆满或完美的价值呢？否！在各式各样的社会礼貌和仪表方面，我们是文明得甚至于到了过分的地步，但要说

① 〔德〕康德:《历史理性批判文集》，何兆武译，商务印书馆，1990，第 68 页。
② 〔德〕康德:《历史理性批判文集》，何兆武译，商务印书馆，1990，第 7 页。

我们已经是道德化了，则远远不够，因为道德也是属于文化的，但是文明社会中的人们使用道德这一观念时只限于虚荣与仪表方面貌似德行的东西，所以只不过是成为文明化而已。而文化本来就是人类的社会价值之所在，这种价值是内在的而非外在的，是一种总体的完善而非部分的进化，本质上是道德化，而不是文明化，因此，必须确立这样一种社会秩序和状态，能够使人由"文明"走向"文化"。这种状态，在康德看来，指望任何一个单独的共同体都是不可能的，必须建立一种"世界公民"状态。

世界公民，作为17世纪开始流行于西方的概念，康德对它进行了哲学上的加工、提炼和改造并寄予了极高的期望，把它看作人类真正实现自由、克服文明的局限性、走向文化、达到终极目的——至善价值的承担者。这不能不引人思考：康德如此看重的"世界公民"究竟意味着什么？

世界公民作为一种状态，首先是"公民社会"的对立面。公民社会也就是文明社会的代名词，即人类脱离自然状态（野蛮）而进入国家政治制度状态。支配公民社会中人们行为的，不是本能，但也不是充分发展了的理性，毋宁说更多的是知性，因而其中充满了人与人之间的对抗、虚荣与丑陋。其中，最大的灾难和罪行就是战争，并且与其说是现实的或已有的战争，倒不如说是对战争的永不松懈的准备。这种准备，使得国家倾全力于此，甚至干脆毁掉人类所取得的文明成果。当然，康德毕竟不是悲观主义者，也不是浪漫主义者，他冷静地看到在文明社会里，战争乃是带动文化继续前进的一种不可或缺的手段，而且，正是战争的残酷性昭示了一种使人摆脱战争，走向永久和平，克服公民社会状态，走向世界公民的可能前景，"即令不是想建立合法的体系来控制国家的自由，至少是为它准备道路的，而这样来在奠基于道德的系统上完成各个国家的统一"。① 因此，所谓"世界公民"，在康德那里，至少有三种含义：其一，是有理性的社会整体，能够有计划地控制自己的行动；其二，是一种各个国家的联合体，由于这种联合，国家间的关系才由战争走向和平；其三，是克服了文明状态的各种丑陋之后的文化存在。在这里，康德表达了一个重要的思想："人向文化生成"。

所谓"人向文化生成"，在康德那里含义亦有三点。其一，文化不是幸福。对幸福的追求、享有，在可能的意义上，倒体现为一种自然的目的，是一种经验性的东西，一种质料，而作为质料，就有条件，并不配称作"终极目的"。幸福易逝，而作为终极目的的价值，却是永存的。其二，文化首先是一种能力或技巧，是人们达到自行抉择的目的的能力，此种能力是有理性的存在者所具有的。其三，但是，能力和技巧仍不足以帮助意志来确定和选择它的目的，这就需要"意向的锻炼"，通过它，人才能逐步经由文明走向道德化，这乃是文化的第二种含义。因此，只有作为道德化的人，才是"最后目的"，才体现为绝对价值。

布罗德在《五大伦理学说》中曾经形象地把康德哲学喻为"蓄水池"。可以说，近代哲学正是经由康德哲学而流向了现代哲学，由"死"的变成"活"的，而现代哲学也正是借助于它，保持了与近代哲学乃至古代哲学的渊源联系，而省却了不少"无根"的惆怅、茫然与苦恼。如此看来，康德哲学的确在近代哲学发展史上开启了一场革命。问题在于，这场革命的真实意义是什么？

我以为，康德哲学的真正意义绝不仅仅或者主要不在于它是近代

---

① 〔德〕康德：《判断力批判》下卷，宗白华译，商务印书馆，1964，第 97 页。

论世界历史性的个人

西方哲学主题由本体论向认识论转变的完成者，而在于它**开启了近代哲学继而由认识论向历史观的主题转换，即"新的哲学变革"**。一向谨慎的康德在《纯粹理性批判》序言中颇"自负"地宣称，对理论理性即认识论的批判，对近代哲学中经验主义与理性主义的争论及其尚未解决的问题的考察，在他那里是已经完成了的，而对于实践理性的批判却是人类理性更为重大、更有意义的任务，尚有待他"努力"。这才有了他以伦理学统摄认识论的哲学命意。我们当然不能说康德已经认识到了伦理道德问题实质上是个历史观的问题，但是，康德以其对伦理学的极度推崇，对道德问题不能用认识论的方式、模式"知之"的强调的确凸显出了问题的实质。无疑，在这一转变过程中，价值是康德哲学中绝对不可或缺的环节。虽然，他对价值本身的考察未免过于抽象从而增加了后人理解和把握的难度。马克思曾经说过，18世纪末德国社会的状况在康德的"实践理性批判"中得到了充分的体现。[①]**看起来如此抽象的康德哲学也不是超越时代而独立发展的东西。康德哲学的魅力和价值在于以其特有的方式对那个时代提出的诸多现实课题进行了哲学上的加工、处理和解答。**譬如他的"世界公民"，说到底，不过反映了当时德国市民阶层的一种理想，这其中，既有对资本文明的渴望与肯定，又包含着对资本文明的负面（虚伪、贪婪、扩张）的批判。因此，历史，在康德那里，绝非可有可无的东西。有学者批评康德"没有像研究自然科学那样去仔细研究历史，他的历史观中虽然包含着重要因素，但终究是与其整个哲学缺乏充分联系的、没有形成系统的哲学理论"[②]。康德的历史知识不能说丰厚，但这应归咎于他所处的时代，当时人们对自己的历史的了解是何等的贫乏！不过，康德对

---

① 参见《马克思恩格斯全集》第3卷，人民出版社，1960，第211页。
② 李泽厚:《批判哲学的批判》，人民出版社，1984，第338页。

价值、道德、自由、历史理性乃至世界公民的批判性考察表明，历史观并不是与他的整个哲学缺乏充分联系的赘疣，而是其有机组成部分，甚至是其主要的努力之所在。对康德历史观的消极评价看来是与这样一种思维方式紧密相关的："与认识论相映对，康德哲学展现在伦理学方面，也还是没有失去其不可知论的基本特征。"①我们诚然不赞成康德哲学在认识向度上的不可知论，但却不能不顾及康德哲学在价值向度上的积极姿态。对价值、伦理道德问题做认识论化的处理（这是康德所反对的），是否能够真正科学地揭示问题的实质，是否是恰当而有效的处理方式？这里，我们看到，哲学研究中的泛认识论倾向是怎样妨碍着对康德哲学的理解与评价。

当然，既然是近代哲学中由认识论向历史观的主题转换这一变革的始作俑者，康德哲学就不可避免地囿于时代的局限而带有明显的过渡性质。其一，辩证法在他那里不是积极的环节，倒是更多地被赋予了消极的意义。由于缺乏积极的辩证法，康德虽然极其深刻地揭示了人类文明发展的诸多矛盾，但对这些矛盾的解决却多少有些软弱无力。其二，他的历史观虽是那个时代的反映，但本质上又是超历史的。康德如此钟爱"世界公民"，然而，为它所设置的活动空间和活动方式却终究是虚幻的，从而体现为一种"乌托邦"。诚然，对康德而言，"乌托邦"亦是一种价值，至少它使康德保持了对近代工业文明的一种批判向度。

对"世界公民"的虚幻性质的克服，首先体现为黑格尔的哲学努力。

---

① 李泽厚：《批判哲学的批判》，人民出版社，1984，第342页。

二

如所周知，黑格尔哲学的最大特色是它的"宏大的历史感"。这种"宏大的历史感"体现在黑格尔全部的哲学体系之中。例如，马克思就曾高度评价了"黑格尔哲学的真正诞生地和秘密"——《精神现象学》中所阐发的作为历史推动原则和创造原则的否定性辩证法的伟大之处："黑格尔把人的自我产生看作一个过程，把对象化看作非对象化，看作外化和这种外化的扬弃；可见，他抓住了劳动的本质，把对象性的人、现实的因而是真正的人理解为他自己的劳动的结果"。①

因此，黑格尔哲学之所以具有"宏大的历史感"，主要就在于它的否定性辩证法。另一方面，也正是由于黑格尔打破了对辩证法仅作纯逻辑（特别是形式逻辑）和认识论理解的局限（这一局限甚至康德都未能幸免），将辩证法作为历史的推动原则和创造原则，使得辩证法获得了前所未有的历史感。我们当然不能把黑格尔辩证法看作某种"纯粹思辨"活动或"情绪激动"的产物，包裹在如此抽象、晦涩而神秘的外衣下的黑格尔辩证法归根到底是对当时社会条件的曲折的反映。卢卡奇就曾正确地分析过黑格尔研读英国近代经济学对其哲学发展的影响，马克思也曾称赞黑格尔有广博的历史知识，这对其哲学极有益处。

所谓否定性辩证法，在黑格尔那里，至少有四重意义。其一，它是积极的环节。从意识、自我意识到理性和精神，每一次运动都体现为意识的自我设定，体现为概念、精神的自我运动、自我更新和发

---

① 《马克思恩格斯全集》第 3 卷，人民出版社，2002，第 320 页。

展。其二，它是否定的环节。意识的自我设定必然体现为外化和异化；意识正是通过自我外化和异化，确认自身也就是对象，对外化和异化的克服，也就是意识返回到自身的运动；这一运动过程，也就是意识各环节的总体发展。其三，它是现实的环节。现实性本身体现为一种普遍必然性的东西。直接的，本身尚未分化、外化和异化的自我，是没有实体性的，并且是那些外在的激荡因素的玩物。自我本身的外在化就是实体，扬弃了的实体就是现实。其四，现实性作为普遍必然性的环节，同时又体现为合理性，这种合理性不仅体现为逻辑的力量，——合乎思维中的普遍性、必然性的要求，而且体现为历史的原则，——合乎有"目的行动"的必然要求，即所谓自由、平等的要求，说到底也就是黑格尔所代表的那个阶级、国家的利益要求，因而又体现为一种价值的追求，体现为一种价值观。合理性，按其内容是客观自由（普遍的实体性意志）与主观自由（个人知识和他追求特殊目的的意志）两者的统一，按其形式就是根据被思考的即普遍的规律和原则而规定的行动。① 从合理性来看历史，历史才不再体现为一种杂乱无章的各种偶然性的堆砌，"谁用合理的眼光来看世界，那世界也就显出合理的样子。两者的关系是交互的"。② 所谓"逻辑与历史的统一"，在黑格尔那里，本身就包含着某种价值意蕴。这，又涉及黑格尔对历史本身、对历史与自然关系的理解。

黑格尔有一句名言："太阳下面没有新的东西。"为此，他招致了不少责难和批评。不过，黑格尔所制造的"自然与历史的对立"也的

① 参见〔德〕黑格尔《法哲学原理》，范扬、张企泰译，商务印书馆，1961，第 254 页。
② 〔德〕黑格尔：《历史哲学》，王造时译，生活·读书·新知三联书店，1956，第 49 页。

论世界历史性的个人

确包含着他对历史的本质，从而也是对历史规律与自然规律关系的独特理解。太阳下面所以没有新东西，因为凡是在自然界里发生的变化，总是表现为一种周而复始的循环，而在历史——本质上作为精神的自我意识的运动和发展——中，才有新的东西发生。这表明，人类的使命和单纯的自然事物的使命是全然不同的。在人类的使命中，我们时常会发现一种真正的变化的能力，即达到"尽善尽美性"的冲动，说到底，这是一种自我发展的原则。基于对历史与自然的性质差别的这种理解，黑格尔还具体区分了自然规律与作为历史规律的"法的规律"。自然规律简单明了，是在人身外的；而"法的规律"则是源出于人类的被设定的东西。人"固然要服从外部权威的必然性和支配，但这与他服从自然界的必然性截然不同，因为他的内心经常告诉他，事物应该是怎么一个样儿，并且他在自身中找到对有效东西的证实或否认"。① 这里，黑格尔在其唯心主义的立场上表达了极富启发性的思想：历史规律、历史必然性之别于自然规律、自然必然性，就在于它纳含着"应该"，包容着价值因素。这就使得人对自身历史的把握很难做到像对自然的认识那样客观，虽然，这并不意味着对历史的把握就没有客观性的尺度和标准。这里，我们不难看到康德对自然界与自由界划分的影子。

对历史的把握的客观性源于支配历史发展的理性的客观性。就个体而言，促使人们行动起来的，总是表现为热情的特殊的私人利益和目的，而特殊利益，又是与一个普遍原则的活泼发展紧密相关，普遍的东西总是从那特殊的、决定的东西和它的否定中所产生的结果。这种普遍的观念即历史中的理性驱使热情（私人利益）为它自己工作，

---

① 〔德〕黑格尔:《法哲学原理》，范扬、张企泰译，商务印书馆，1961，第15页。

173

热情则从这种推动中发展了它的存在。结果，热情自身常常受损，充当了理性的工具，——"理性的狡计"。

既然由于"理性的狡计"，在历史领域，个人、民族、国家不过是一种工具，并不真正构成历史发展的普遍原则和目的，那么，所谓世界历史不过是精神的自我意识和自由的必然发展。作为精神，不过体现为自我意识从自然直接性的形式中解放出来，在更高阶段返回自身的积极的运动，这一运动便构成了世界历史的行程。按照黑格尔的划分，世界历史开始于东方王国，而终结于日耳曼王国。撇开黑格尔所设计的世界历史行程的牵强附会不谈，值得注意的是他在思辨的形式下借助于否定性辩证法，对近代西方工业文明形成和发展的富有特色的把握。这特别集中地体现在他的"教化"思想和"世界历史个人"概念之中。

教化，作为自身异化了的精神，本质上代表了封建社会解体和资本关系逐渐发展并取得统治地位的时期。在黑格尔那里，它是伦理世界、伦理实体的否定，在这个环节上，自我意识由于伦理实体的分裂而把它自己的人格分化出来，异化其自身，并通过这种自身异化，使自己成为普遍性、成为现实性。因此，教化首先是自然存在的异化，体现为个体对自然局限性的克服和对人身依附关系的摆脱。其次，教化是普遍的异化，体现为现实和思想两者的绝对而又普遍的颠倒，每一环节都是它自己的对方。最后，这样一来，教化就不可避免地带有虚假性。现实的教化世界中的精神，就其内容，是一切概念和实在的颠倒及对自己与别人的普遍欺骗。从形式上看，它知道一切都是自身异化的，因而，它在认识实体性的东西时不是从一致方面着眼，而是从它本身包含着的不一致和矛盾性方面来认识，所以它非常善于下判断，但却丧失了把握的能力。对教化的否定，就体现为启蒙，而对启蒙的否定，则是"绝对自由与恐怖"，即法国大革命，后两个环节，是教化的必然的发展。

黑格尔的自我意识、世界精神不过是资本的文明意识和文明精神的抽象表达，"教化"就是资本文明的序幕。因而，黑格尔的"教化"思想，一方面揭示了资本文明取代封建制的客观必然性和现实性，另一方面则揭示了资本文明的全面异化性质，普遍的异化和颠倒，乃是自我意识、世界精神在一定历史阶段上的必然存在方式。对教化的否定和批判，不过表达了黑格尔力图在资本文明的已有基础上进一步发展这种文明的愿望。在《美学》中，黑格尔还提出了文明发展的三种时代：牧歌时代、工业文明和英雄时代，具体表达了对近代工业文明的某种保留态度。① 理解了黑格尔对近代工业文明的双重态度，我们才能更进一步把握他的"世界历史个人"概念。

世界历史个人，首先是居于世界历史性活动的顶点的个别的人，他们是使实体性的精神成为现实的那种主观性，是世界精神的实体性事业的工具和承担者。本质上属于"世界历史个人"的有凯撒、亚历山大大帝、拿破仑（他被黑格尔称为"骑在马背上的世界精神"）等人。他们之所以成为"世界历史个人"，是因为自己的特殊目的和事业关联着"世界精神"意志所在的那些重大事件。当然，他们追求特殊目的时，并未意识到那个他们正在展开的普遍观念（"世界精神"），不过，他们有思想，较之普通人更深刻地认识到什么才是真正的需要与合乎时宜的东西。因此，"世界历史个人"就是一个时代的英雄，世界精神正是通过他们由不自觉而被带到自觉，虽然，他们的人生命运又常常不妙，充满了辛劳困苦。他们毫无顾忌地专心致力于"一个目

---

① 参见〔德〕黑格尔《美学》第1卷，朱光潜译，商务印书馆，1979，第330~332页。

的"，因而在其历史行程中"不免要践踏许多无辜的花草，蹂躏好些东西"，但这是为实现"世界精神"所必然要付的代价。这里，黑格尔极力为"世界历史个人"的历史活动进行辩护，并且提出不能从私人特性出发，用心理学的方法看待英雄人物，"仆从眼中无英雄"，"但是那不是因为英雄不是英雄，而是因为仆从只是仆从"。①

正像康德把"世界公民"看作终极目的——至善的承担者、文化的主体一样，黑格尔把"世界历史个人"看作"世界精神"的代言人。但是，二者毕竟有质的区别。其一，在康德那里，"世界公民"与至善、克服了文明局限性的文化本质上是统一的，"世界公民"本身就是至善，就是文化状态，是道德化的人；而在黑格尔那里，"世界历史个人"尽管是时代的英雄，但仍旧是世界精神的工具，而不是目的本身。其二，黑格尔以自我意识的不断外化又返回到自身的历程说明普遍观念、世界精神是自我意识在其发展中本来就有的。他从历史上的英雄人物那里找到了普遍观念的承载者，这的确在某种程度上消除了康德的"世界公民"的"乌托邦"色彩，但同时也失却了"世界公民"在康德那里作为未来世界对近代工业文明的批判向度。"世界历史个人"在黑格尔那里似乎很现实，但其时代性反而显得很模糊，它既然是世界精神的代言人，就不可能是每个时代普遍具有的英雄，而只能属于某一特定时代。黑格尔借助于它，本意是论证进而批判近代工业文明，肯定的同时又想否定资本文明。黑格尔是辩证法大师，但在这里，恰恰是这一致命的矛盾使得他的"世界历史个人"处于尴尬的境地，体现为一种孤独的无时代依托的幽灵。

概括地说，"德国哲学从康德到黑格尔的进展是如此连贯，如此

---

① 〔德〕黑格尔:《历史哲学》，王造时译，生活·读书·新知三联书店，1956，第 71 页。

合乎逻辑，也许我可以说，是如此必然"①。**如果说康德开启了近代哲学主题由认识论向历史观的转变，那么黑格尔则将历史观提升到前所未有的高度，他以历史观来统摄其全部哲学**。在他以前，还没有哪一个思想家对历史的探讨达到如此广泛而深刻的程度，没有哪个哲学家如此重视历史观的问题并形成一个庞大的体系。黑格尔做到了唯心主义者在历史观上所可能做到的一切，至于他的否定性辩证法，更是马克思主义诞生以前，近代哲学所达到的最高成就。

但是，黑格尔的哲学毕竟是一次"巨大的流产"②，他的历史观终究是超历史的一般历史哲学。这种历史观本来是他那个时代的反映和折射，但他又拼命想把它设计成某种绝对的适用于一切时代的"万能药方"或公式。即使他的否定性辩证法也是极不彻底的，所以如此，原因有三点。其一，体系"窒息"了方法。其二，追求绝对和永恒。这已是大家在批判黑格尔哲学时经常提到的两点。但是，其三，更深刻的原因还在于，黑格尔辩证法本身中蕴含着的价值观是极不合理、极其狭隘的。我们看到，黑格尔费尽心机所设计的世界历史行程最终却在日耳曼王国那里以完成的形态终结了，绝对达到了，自由实现了，自我意识也不再外化了，有谁说这不是在向当时的王国政府献媚呢？可见，**极不合理、极其偏狭的价值观是怎样使得辩证法走向了它自身的反面——形而上学。黑格尔辩证法的不彻底性充分说明，在社会历史领域，从实践的意义上说，唯心主义往往是最容易与形而上学结盟的，这其中除了认识上的局限以外，更重要的在于价值观的局限**。恩格斯在评论歌德时指出："歌德有时非常伟大，有时极为渺小；有时是叛逆的、爱嘲笑的、鄙视世界的天才，有时则是谨小慎微、事

---

① 《马克思恩格斯全集》第 3 卷，人民出版社，2002，第 490 页。
② 《马克思恩格斯选集》第 3 卷，人民出版社，2012，第 399 页。

事知足、胸襟狭隘的庸人"。① 作为歌德的同时代人，黑格尔同样"拖着一根庸人的辫子"②，这种"庸人"习气，说到底是某种狭隘的价值观的外在表现。

从康德的"世界公民"到黑格尔的"世界历史个人"，体现为德国哲学对历史发展的普遍性和具有普遍性的个人的向往。就其实质而言，如同 17~18 世纪的美文学中流行的鲁滨逊一类的"孤立的个人"一样，不过是"对于 16 世纪以来就作了准备、而在 18 世纪大踏步走向成熟的'市民社会'的预感"。③ 马克思曾专门分析过康德、黑格尔等人一心要营造的所谓"普遍性"的实质，指出它"符合于：（1）与等级相对的阶级；（2）竞争、世界交往等等；（3）统治阶级的人数众多；（4）共同利益的幻想，起初这种幻想是真实的；（5）意识形态家的欺骗与分工"④。以黑格尔乃至后来的以青年黑格尔派为代表的近代德国思想家通常都是以极其自满的情绪把那个虚无缥缈的神圣王国同其他各民族对立起来，宣布这个王国是世界历史的完成和目的，这充分表明："德国人的虚假的普遍主义和世界主义是以多么狭隘的民族世界观为基础的"。⑤

彻底消除这种狭隘的民族世界观基础上的虚假的普遍主义和世界主义，全面而深刻地揭示"世界历史性的个人"的时代本质，在马克思那里才真正实现。这，构成了科学历史观形成和确立的一个极其重要的环节。

---

① 《马克思恩格斯全集》第 4 卷，人民出版社，1958，第 256 页。
② 《马克思恩格斯全集》第 28 卷，人民出版社，2018，第 326 页。
③ 《马克思恩格斯全集》第 30 卷，人民出版社，1995，第 22 页。
④ 《马克思恩格斯文集》第 1 卷，人民出版社，2009，第 552 页。
⑤ 《马克思恩格斯全集》第 3 卷，人民出版社，1960，第 554 页。

三

有一种误解，因为马克思在《资本论》中曾公开声明自己是黑格尔的学生，就以为马克思的辩证法与黑格尔的辩证法之间只是唯物与唯心的区别，马克思的辩证法只不过将黑格尔颠倒了的关系（观念的东西与物质的东西、思维过程与现实事物）反拨过来，给黑格尔辩证法戴上一顶唯物主义的帽子。**如果哲学中的革命只是思维方法的颠倒，那么这种革命未免也太容易了一些，人们只消进行观念的更新、变革就可以完成了。**导致这种误解的，除了哲学之外的因素以外（我们在现代西方哲学中经常可以看到这种哲学之外的因素是怎样发挥作用的），单从理论上说，一个重要原因在于**对辩证法仅作认识论意义上的理解，而忽视辩证法要有厚重的历史感和鲜明合理的价值观作为支撑，看不到辩证法作为思维方法与作为价值观有着内在的一致性，**——二者互为媒介，相互作用，其联结基础和方式在某种程度上直接影响到辩证法的性质和力量。如前已述，这种泛认识论的局限性在黑格尔那里就已得到了突破。**马克思对黑格尔辩证法的改造，不仅表现为克服其唯心主义的神秘形式，而且还体现为批判其中包含的不合理的价值观以及由此所造成的黑格尔辩证法的反辩证法性质（形而上学和不彻底性），这体现为同一过程的两个方面。**我们看到，这种改造是同马克思对古典政治经济学的批判，对近代工业史、商业史、交通史等经济史的研究，同他积极投身工人运动的曲折经历紧密结合在一起的，因而，改造绝不仅仅是思维领域里的事。如果说，辩证法在黑格尔那里，由于其神秘的形式，更多地体现为"使现存事物显得光彩"的东西，体现为对普鲁士王国现存秩序的辩护，那么，在其合理形态上，则引起了资产阶级及其代言人的恼怒和恐慌。因为辩证法在对现存事物的肯定性理解中同时包含着对其否定的理解，辩证法对每一种既成的形式都是从不断的运动中，因而也是从它的暂时性方面去理解。因此，合理的从而也是真正反映历史发展规律和趋势的辩证法，本质上是属于工人阶级的，是同社会主义的历史命运、同人类自身的彻底解放的历史活动紧密相连的。辩证法的批判的革命的本质充分表明，**它是科学思维方法与鲜明合理的价值观的内在统一**。

对黑格尔辩证法的神秘形式、不彻底性的克服和改造，特别集中表现在对黑格尔"世界历史个人"思想的扬弃。

首先，批判黑格尔"世界历史个人"范畴的二重性和超历史性质。黑格尔的"世界历史个人"，不过是近代工业文明和资本关系中人的状况的一种表达，但在黑格尔那里，却被演绎成超历史的各个时代都具有的英雄人物，是所谓"世界精神"、普遍观念的承载者和带动者。这样一来，该范畴本应具有的积极的现实的历史规定性反而被掩盖起来了。黑格尔提出了"世界历史"，但他显然并未真正理解这一概念特有的含义，这同他没有真正看到大工业、竞争和世界市场与"世界历史""世界历史个人"之间的必然联系有关。在马克思看来，"世界历史""世界历史个人"本质上不是什么自我意识、世界精神、普遍观念的工具，恰恰是生产的高度发展、分工的发达、交往的普遍化即近代哲学为之讴歌的近代工业文明、资本文明发展的结果。生产的发展促进了分工的产生，而分工的扩大则使人与人之间的交往成为必要，交往的扩大进一步促进了生产力的高度增长，促进了近代工业文明和资本关系的形成和发展，"随着这种发展，人们的世界历史性的而不是狭隘地域性的存在已经是经验的存在了"①。因此，历史向世界历史的转变，狭隘的地域性个人为世界历史性的个人所代替，不是自我意识、世界精神或普遍观念的某种抽象行为，而是纯粹实践的，可以通过经验确定的事实。

进一步地说，其次，"世界历史性的个人"并非如黑格尔所理解的那样，体现为各个时代普遍具有的英雄人物，而是属于人类发展的一个较高历史阶段，本质上是近代工业文明和资本关系的产物。资本开创了历史向世界历史的转变，大工业的发展，生产的巨大增长，交往的普遍化，打破了各民族之间的界限。只有在这个阶段上，人们才不必重新开始争取必需品的斗争，人类已有的文明成果才得以扩大了的形态保存下来，在这以前，每一种文明在每一个地方都必须重新开始，一些纯粹偶然的事件（灾荒、蛮族入侵、战争）都足以使一个具有发达生产力和高度需求的国家处于一切都须从头开始的境地，全部文明成果也就不能成为各民族共享的东西；以往自然形成的各国的孤立状态才被消灭，每个文明国家及这些国家中的每个人的需要的满足都必须依赖整个世界；科学才不再体现为少数人的奢侈品，而是大规模地并入资本的生产过程，体现为一种普遍性的力量；异化才体现为全面的关系，全面的颠倒和统治，进而发展成为"'不堪忍受的'力量"②，但同时又伴之以物质财富的巨大增长；分工才丧失了自然性质的最后一点痕迹，城市最终战胜了乡村。总之，生产的普遍发展，交往的普遍化，使得个人不再隶属于靠血缘宗法关系和地域性联系维系起来的狭隘的共同体，而是处于普遍的关系（资本）的支配之下，正因如此，各个单独的个人才能摆脱各种不同的民族局限性和地方局限性，而同

---

① 《马克思恩格斯全集》第 3 卷，人民出版社，1960，第 39 页。

② 《马克思恩格斯全集》第 3 卷，人民出版社，1960，第 39 页。

整个世界的生产（包括精神生产）发生实际联系，并且可能有力量来利用全球的全面生产即人们所创造的一切文明成果。个人的这种普遍性由于竞争和世界市场而获得扩大了的存在形态。"各个个人的世界历史性的存在就意味着他们的存在是与世界历史直接联系的"。①

最后，"世界历史性的个人"本质上是指向未来的。在马克思那里，"世界历史性的个人"包含着两重含义。其一，如果说，"世界历史性的个人"代替狭隘地域性的个人是一种历史的必然和进步，但又是以异化的方式实现的，个人脱离血缘关系、狭隘地域性的羁绊，但并未成为真正的人、自由自觉的人、全面发展的人，毋宁说后者只是作为一种否定性力量，作为克服异化的历史趋势因素存在着的；而现存的个人更多地体现为孤立的、片面的、偶然的个人，这一方面是因为生产力的发展表现为一种完全不依赖于各个个人并与他们分离的力量，另一方面，还因为交往仍然是被迫的，并未转化为所有个人作为真正个人参加的交往。其二，异化的克服，同时也就是对文明的资本型式的克服。因此，世界历史性的个人就其发展趋势和价值指向而言，包含着双重超越：既是对狭隘的地域性个人的超越，也是对自身的超越——超越那种在资本文明阶段上必然产生的孤立、片面、偶然的个人，确立个人对关系、对偶然性的统治，实现个人的全面发展和自由自觉个性。

历史总是人们的活动史。各个相互影响的活动范围在这个发展进程中愈益扩大，各民族的原始闭关自守状态由于日益完善的生产方式、交往以及因此发展起来的各民族之间的分工而消灭得愈益彻底，历史也就在愈来愈大的程度上成为全世界的历史，狭隘的地域性个人就愈

---

① 《马克思恩格斯全集》第 3 卷，人民出版社，1960，第 40 页。

来愈被世界历史性的个人所代替。问题在于，只有在这一系列转变的
意义上，唯物史观的本质才是真正可以被理解的，①科学历史观的创立
在哲学上的变革实质才可以真正被揭示出来。

列宁说，马克思和恩格斯创立唯物史观的时候，"所特别注意的
是修盖好唯物主义哲学的上层，也就是说，他们所特别注意的不是唯
物主义认识论，而是唯物主义历史观"。"他们在很长时期内，在差不
多半个世纪里，发展了唯物主义，向前推进了哲学上的一个基本派别。
他们不是踏步不前，只重复那些已经解决了的认识论问题，而是把同
样的唯物主义彻底地贯彻（而且表明了应当如何贯彻）在社会科学的
领域中"。②可以说，**由康德所开启的近代哲学主题由认识论向历史观
的转变只是由于马克思唯物史观的创立才真正以完成了的形态得到明
确的表达，这是哲学中真正具有世界历史意义的革命性变革**。由于这
种变革，唯心主义才从它的最后避难所——历史领域中被彻底清除出
去，被近代哲学所涂抹、颠倒和抽象化处理的历史观才真正获得了科
学的形态，并且由于其无与伦比的开放性为后人留下了发展它、丰富
它的广阔空间。因此，**马克思的哲学革命的实质是将历史观的主题真
正奠立在科学的基础上**。一些同志和教科书出于善良的愿望，将这种
变革看作从本体论、自然观、认识论、逻辑学到历史观的全面变革。
如此，"全"则全矣，反而把这一哲学革命的主题和实质掩盖起来了。
当然，这样说，绝不意味着马克思主义哲学不应有其本体论、自然观、
认识论和逻辑学，绝不意味着否定理论界在马克思主义的旗帜下所做
的本体论、自然观、认识论和逻辑学研究及其成果，而是要强调，当

---

① 参见刘奔《唯物史观不是超历史的"一般历史哲学"》，《哲学研究》1987 年
第 5 期。
② 《列宁全集》第 18 卷，人民出版社，2017，第 345、352 页。

我们热衷于此类研究，将之当成哲学的主题的时候，是否忽视、遗忘了对马克思的哲学革命的真正主题即历史观的研究呢？从时代发展与当代哲学自身的发展来看，这种研究不是更具紧迫性吗？

全面而深刻地总结马克思的哲学革命，远非本文所能胜任。这里只扼要谈几点看法。

首先，关于理论基点。全部社会生活本质上是实践的。凡是把理论引到神秘主义方面去的神秘东西，都能在人的实践中以及对这种实践的理解中得到合理的解决。实践的观点是唯物史观首要的和基本的观点。

对于实践，理论界已讨论很多，但有两点仍有强调的必要。其一，实践的本质是环境的改变与人的自我改变的一致。在我国哲学界，人们对实践这一感性的物质活动，往往强调人对全部环境世界的改造这一方面，而较少注意到实践的非对象化方面，即人对自身的改造，——通过改造，人不仅享有了实践的成果，同时也克服了人自身的既有局限性，达到人的自我更新、自我确证和自我实现，即主体的再生或重建。这后一方面，乃是实践活动更为深层的本质。所谓改造，也就是克服对象及人本身的既有状态（"是"），达到一种应有状态（"应该"）。因此，当思想家们苦恼于事实与价值、是与应该的二重对立，寻找不到过渡的途径和转化的环节时，人类实践却是每天都在不断解决并再生产着这类矛盾。其二，实践是具体的、历史的。从共时态上分析实践的具体性，考察实践活动的构成要素、结构方式等，为近年我国理论界所重视并取得了不少成果。但从历时态上分析实践的社会历史规定性，考察不同历史条件下人类实践的不同形态、内容和方式的变化及其规律性，——这，是更为深刻地体现实践的具体性的方面，显然还未引起足够的重视。这样一来，难免使对实践的理解陷入抽象，从而使实践的观点在唯物史观中失去其应有的意义。例如，单是实践活动中的工具（手段），马克思当年就曾专门考察过由自然产生的和由文明创造的生产工具的本质区别。从实践的具体的历史变化上考察，康德、黑格尔如此崇尚的所谓普遍性，剥掉其观念论的神秘外衣，本身不过表达了一种人的历史发展的状况，而它又是由人类实践在一定阶段上的高度发展来说明的。换言之，人的普遍性，是历史的普遍性，它之所以必要和可能，恰恰是因为在相当长历史时期内，人的发展是在狭隘、孤立和片面的范围内进行的，因而，本质上体现为由实践活动的历史发展所规定的内在趋势的东西。从这个意义上说，人的普遍性，是不能仅从认识论的角度加以考察的，而须给予历史观的说明。

其次，关于方法。与旧哲学从观念出发解释实践，把人们关于自身的意识的历史视为人们现实历史的基础截然不同，科学历史观则强调从实践出发来解释观念，从现实的历史中发现决定人们观念发生、发展和变革的物质基础，因而，它本身不是那种超历史的一般历史哲学。考虑到近来不断有人试图将唯物史观"重新阐释"成某种所谓"历史哲学"，重申这一点恐怕并非多余。正像在思维领域、认识论的层面上喜欢制造绝对真理一样，旧哲学在历史观上也热衷于炮制适用于各个历史时代的"药方"或"公式"，即所谓"历史哲学"，这种历史哲学的最大长处恰恰在于它是"超历史的"。而科学历史观则终结了这类用观念论的历史叙述代替现实的历史的叙述的神话。

但是，另一方面，因为马克思当年曾一再强调历史条件的重要性，理论界就有同志认为"历史主义"乃是唯物史观的基本方法。事实上，"历史主义"有其特定含义，它断言人类的一切思想和行为都依赖于历史情况，而历史情况的结果证明没有任何明确的目的或意义。^①因而，"历史主义"是以对事实与价值的截然二分为前提的。从思想史来看，"历史主义"是实证主义、相对主义的孪生兄弟，它把历史仅视为某些"僵死的事实的汇集"，从中看不出什么带有规律性、方向性的东西，因而它不可能指出也拒绝"指出历史资料的各个层次间的连贯性"^②。作为一种思潮，"历史主义"、实证主义、相对主义，本质上是对以黑格尔为代表的超历史的历史哲学的反动，但对立着的两极又具有某种相通性，马克思就曾指出过黑格尔历史哲学中所蕴含着的非批判的实证主义对其辩证法的消极影响。

因此，从方法论的角度看，科学历史观既不是超历史的"一般历史哲学"，也不是所谓"历史主义"，而是真理观与价值观的高度统一；理论上既不是用想象中的主体的想象活动来勾画历史，也不是用僵死的事实来拼凑历史（从中发现所谓"无意义"），而是在于揭示那活的历史中起支配作用的客观的历史规律，而历史规律本身又是与人们有意识有目的、追求某种理想和价值的活动紧密相连的，即体现为内在地包含着某种价值的力量，唯其如此，这种历史观才从历史作为各个时代的依次交替中发现那真正代表未来发展趋势和方向的力量。

最后，科学历史观的核心问题是经济、社会发展与人本身发展的关系问题。可以说，这是马克思一生都始终关注的问题。早在《1844年经济学哲学手稿》中，他就对当时的思想家只是陶醉于工业所带来的物质财富而看不到大工业对人本身发展所造成的影响而进行了批判。而在其思想成熟时期提出的著名的"社会三形态"理论，又是集

① 参见〔美〕列奥·施特劳斯等主编《政治哲学史》下卷，李天然等译，河北人民出版社，1993，第 1073~1075 页。
② 《马克思恩格斯全集》第 3 卷，人民出版社，1960，第 31 页。

论世界历史性的个人

中从经济、社会发展与人本身发展的关系问题角度，对历史发展规律的科学阐述，这种阐述深刻体现了科学的真理观与科学的价值观的高度统一。

譬如，生产方式的矛盾运动，是唯物史观揭示的重要的历史规律。但是，无论是生产力，还是生产关系，它们本身不过是社会的个人的一定的社会力量。如果说生产力、生产关系、经济制度乃至国家、法律等曾经成为凌驾于人之上的力量，成为支配人本身发展的东西；如果说经济社会发展在相当长历史时期内往往不得不靠牺牲大多数的个人为代价，从而造成了经济社会发展与人本身发展的对立，那不过表明，这种对立仍是一种异化的力量和方式。在马克思看来，经济社会发展要以牺牲大多数的个人作为代价，这是共产主义以前特别是资本文明时期所普遍具有的历史事实，其价值倒是在于它是为人本身的不断发展所必需的。如果说资本开创了"为生产而生产"的时代，造成了大多数的个人被牺牲这一代价的普遍化，那么，其背后则是为人的真正普遍而全面的发展提供了必要和可能，使得"发展人类天性的财富成为目的本身"。正因如此，代价才是必然的、合理的，但同时，经济社会发展与人本身发展的尖锐对抗作为一种异化形式，其历史必然性又具有暂时性与不合理性质，进一步的发展必然要扬弃此种对立，使得人本身全面而自由的发展真正作为目的确立下来，实现经济、社会发展与人本身发展的统一。而这，正是共产主义者所向往的，并体现为历史发展总趋势、总方向的境界。

问题不仅在于，从经济、社会发展与人本身发展的关系问题入手，我们才能真正理解科学历史观的实质，从而把它同庸俗的经济主义、经济决定论区别开来，还在于，在马克思那里，这一问题始终因其所具有的历史性质和开放性质而显示出不断再探讨和思考的必要。我们看到，当代经济社会发展不仅没有使这一问题消解，反而愈益凸显了它的迫切性和解决难度。发展问题作为全球性问题在今天如此突出，以至于几乎各个人文学科都不约而同地卷入了发展问题的论争，出现了所谓发展经济学、发展社会学、发展哲学等，这一态势恰恰说明了发展问题本身的综合性质，深刻地蕴含着经济、社会发展与人本身发展的关系。正是在这方面，显示着唯物史观的永久魅力并预示着马克思主义进一步丰富和发展的可能前景。

四

1. 现代西方哲学，就其作为康德哲学遗产的继承者来说，并没有能够充分把握康德所开启的近代哲学变革的实质，更未能正确对待马克思所实现的哲学革命。这一方面是由于意识形态上的偏见，另一方面则是由于二战以后资本主义的相对稳定发展特别是当代科学技术的迅猛发展。我们看到，认识论中心主义再度在现代哲学中居于支配地位，与此相连，哲学在现代哲学家那里，已很难具有近代康德、黑格尔甚至古代苏格拉底、柏拉图时期那种感召民众、启迪人类心智的力量，愈益成为学院化、私人化的"话语"，哲学成为高度专门化的一种职业，很难说，这是哲学发展的荣光。康德当年就曾区分过哲学的学院概念和世界概念。从学院概念上看，哲学是知识或来自概念的理性知识体系，就世界概念来说，"哲学是关于人类理性的最后目的的科学。这种崇高的概念赋予哲学以尊严，即一种绝对价值"。① 哲学家不能没有知识，但是仅有知识，并不成为哲学家。看来，康德的这一哲

---

① 〔德〕康德:《逻辑学讲义》，许景行译，商务印书馆，1991，第 14 页。

学遗训并未引起现代哲学家们的足够重视。

2. 风靡当代西方的"后现代"文化思潮，近来成为我国知识界的热门话题。不管人们对它可以提出具备多么充分理由的责难，在我看来，"后现代"思潮对现代西方哲学中"认识论中心主义"的批判还是发人深思的，对现代西方哲学中的认识论主题的消解是颇富挑战性和破坏性的。它实质上是以否定的甚至消极的方式重新提出了历史观的主题。无论是贝尔的"后工业社会理论"、罗蒂的"后哲学文化"，还是哈贝马斯的交往行动理论、利奥塔德的"叙事危机"与"合法化危机"思想，其中所昭示于我们的哲学主题显然已经不是现代西方哲学中居支配地位的认识论、知识论问题，而是社会历史观的问题。弗·杰姆森认为，"后现代"思潮的进一步发展将是"新的历史感的崛起"[①]，这是有一定道理的。

3. 党的十一届三中全会后的中国当代哲学是改革实践的必然产物。改革之初，拨乱反正、思想解放的任务繁重而又艰巨。从认识论的层面上提出真理标准问题，批判"左"倾思潮的荒谬，为改革开放扫除思想障碍，这在当时是极其自然的，也是取得了巨大成就的。但是，总结了历史经验，并不意味着就一定消化了历史经验。事实表明，对历史经验的消化，绝不只是认识论的问题，归根到底是价值观、历史观的问题。因此，我国当代哲学研究的主题由认识论向历史观的转换是一种必然的发展趋势，这一点，随着改革开放实践的深化，已愈益明确化了。譬如，实现现代化就有适应现代化的活动主体的塑造问题。本身尚处于狭隘的血缘宗法关系和地方性联系中的小商小贩，绝不是现代经济活动的主体，必须实现狭隘的地域性个人向世界历史性个人

---

① 参见王岳川、尚水编《后现代文化与美学》，北京大学出版社，1992，第83~84页。

的转变。研究这一转变在我国目前实现的条件和机制，不正是哲学工作者义不容辞的责任吗？就此而论，有必要重新认识马克思当年所实现的哲学革命的实质和现实意义。

（原载《哲学研究》1995 年第 3 期）

小注：

　　此文发表后，引起哲学界广泛关注，对作者而言，亦具有标志性意义。其一，作者认为，由苏联教科书所标定并为我国哲学界所普遍接受的"辩证唯物主义和历史唯物主义"的哲学框架，并不符合马克思的哲学思想发展实际，反而遮蔽了马克思在哲学史上所实现的具有世界历史意义的革命性变革的主题和实质。由康德所开启，经由黑格尔而到马克思真正完成的近代哲学主题由认识论向历史观的转变，在当代愈发凸显出其深刻性和革命性。从当时哲学界来看，作者的这一看法未占主流，但也有前辈同道（如刘奔、俞吾金先生等），后来逐渐为更多同行所接受。对作者本人而言，如果说此前这一思想主张还较模糊、零散，以此文的写作和发表为标志，则认识更明确、系统和坚定了：唯物史观（或历史唯物主义）才是马克思的哲学或马克思主义哲学，同时也是当代马克思主义者有责任也有能力进一步丰富和发展的领域。其二，以此文为标志，作者对马克思主义哲学的思考和探究，显现出专题与总体相结合、以总体统摄专题的路径。

迈向 21 世纪的马克思主义哲学

世纪之交，展望马克思主义哲学的发展前景，我们不能不为一种庄严的历史责任感所鼓舞。

走向 21 世纪的人类社会，正经历一场广泛而深刻的变革。世界的发展、中国的发展都处于一个关键时期，相应地，马克思主义的发展也处于一个关键时期。马克思主义诞生后的一个半世纪的历史表明，社会的重大变革，往往孕育着马克思主义在理论和实践上新发展的可能性。在新世纪已大踏步向我们走来的时代条件下，这种可能性无疑是大大地增强了。马克思主义在理论和实践上新发展的丰富可能性在多大程度上成为现实，将直接决定着马克思主义以何种姿态走向机遇与挑战并存的 21 世纪。

一　马克思主义哲学是发展的理论

马克思主义包括它的基础与核心——马克思主义哲学是不断发展着的理论，这并不是什么新观点，而是马克思主义的基本常识。恩格斯在 1887 年致弗·凯利－威士涅威茨基夫人的信中就明确指出："我们的理论是发展着的理论，而不是必须背得烂熟并机械地加以重复的教条。"①

---

① 《马克思恩格斯文集》第 10 卷，人民出版社，2009，第 562 页。

思 想 的 散 叶

说马克思主义哲学是发展的理论，当然不是说马克思主义哲学的基本观点是不稳定的。马克思和恩格斯在 19 世纪中叶及其后期，站在最先进的工人阶级的立场上，所创立的哲学理论的基本观点是科学发展和人类历史经验包括以往人们在哲学思想上的历史经验的总结和概括，并在后来的社会实践中被证明是正确的。这些基本观点包括：辩证而又唯物的自然观、历史观；辩证而又唯物的真理观、价值观；辩证而又唯物的方法论、认识论；等等。

这些基本原理之所以有价值，因为它们可以被有效地运用于实践。在后人掌握、运用这些原理的时候，当然必须从他们所处的具体实际出发。因此，即使马克思主义的基本原理也必须不断地以科学发展的新成果、人类社会的新经验和新认识来充实和丰富它的内容，否则它就会成为僵死的教条。这已为中国和其他坚持以马克思主义为指导思想的社会主义国家和无产阶级政党在 20 世纪的发展实际所证明。

马克思主义在 20 世纪初传入中国以后，中国的马克思主义者曾经反对这样一种观点，即认为中国的国情是如此的"特殊"，以至于马克思主义的唯物史观、阶级斗争学说、社会主义理论是完全不适用的。马克思主义者通过对中国历史和现实的科学分析证明，这种"中国特殊论"是站不住脚的，马克思主义能够运用于中国的具体实际，指导中国革命取得胜利。

但是，中国的国情又的确有自己的特点。在运用马克思主义的观点和方法来观察中国历史和现实时，必须充分注意这种特点，把马克思主义与中国实际相结合。只有这样，马克思主义才能在中国生根，从而卓有成效地指导中国的革命和建设实践，也才能彻底驳倒那种认为马克思主义不合乎中国国情的论调。

为了把马克思主义同中国革命和建设的具体实际相结合，正确地指导中国革命和建设事业，以毛泽东、邓小平为代表的中国共产党人又曾经在党内坚决反对把马克思主义教条化、公式化的教条主义。在20 世纪 30 年代初和六七十年代，教条主义曾经使中国革命和建设遭受了重大挫折。为了从哲学的高度克服教条主义，确立马克思主义的世界观、方法论在全党的指导地位，毛泽东带头研究哲学，写下了诸如《实践论》《矛盾论》等一系列把马克思主义哲学基本原理与中国革命实践相结合的杰出著作。他从哲学方法论、认识论的高度，尖锐地批判了教条主义者的"懒汉"作风。[1] 为了克服社会主义建设过程中的教条主义，邓小平积极支持并引导了 1978 年全国范围内的关于真理标准问题的大讨论。他特别强调，解放思想、实事求是、理论联系实际，是马列主义、毛泽东思想的灵魂。"把马克思主义的普遍真理同我国的具体实际结合起来，走自己的道路，建设有中国特色的社会主义，这就是我们总结长期历史经验得出的基本结论。"[2]

现在回过头来看，1978 年我国理论界那场关于实践是检验真理的唯一标准的大讨论，不仅推动了全国范围的思想大解放，为党的工作重点转移和改革开放的全面启动作了理论和思想上的先导，而且也使中国哲学界关于马克思主义哲学基本理论的研究大大活跃起来。正是这场讨论使人们有可能打破很长一段时间内流行的一种思维方式，按照这种思维方式，马克思主义在理论上的新发展似乎是只有少数杰出的领袖人物才有权力或有能力染指的事情，多数人只负有宣传、解释和信从"原理"的使命；也正是这场讨论使人们有可能在把马克思主义当作指导思想的同时也把它作为科学研究的对象来对待，进而使人们认识到：不但经典作家的个别论断，就是马克思主义的基本原理，

① 参见《毛泽东选集》第 1 卷，人民出版社，1991，第 310 页。
② 《邓小平文选》第 3 卷，人民出版社，1993，第 3 页。

也是要随着实践的发展而不断发展的。因此，研究就不能停留于单纯的解读经典文本，而必须是创造性的。创造性的研究，乃是坚持和发展马克思主义的起码前提。

马克思主义同各国实际相结合的过程，也就是马克思主义在理论和实践上不断发展的过程。站在 21 世纪的门槛上，面对当代社会实践的新变化，面对科学技术的新发展，面对世界范围内各种不同的思想文化包括哲学思潮的相互激荡，人们不免感到，马克思主义已有的研究和发展还不能和现实生活相适应，因而，发展马克思主义是每一个真诚的马克思主义者所应该担负起的崇高历史使命。

二　马克思主义哲学与当代社会实践

马克思曾经说过，每个时代总有属于它自己的问题，而所谓问题，"就是公开的、无畏的、左右一切个人的时代声音。问题就是时代的口号，是它表现自己精神状态的最实际的呼声"。① 马克思主义哲学在理论上的发展，马克思主义哲学的强大生命力，从根本上说，决定于它把握、理解和解决时代重大课题的程度和水平。

列宁说："正因为马克思主义不是死的教条，不是什么一成不变的学说，而是活的行动指南，所以它就不能不反映社会生活条件的异常剧烈的变化。"② 那么，当代"社会生活条件"出现了哪些为马克思主义哲学研究者所不得不格外重视的异常剧烈的变化，向人们提出了哪些必须研究或探索的重大时代课题呢？

首先，当代资本主义出现了一系列引人注目的新变化，其中，最

---

① 《马克思恩格斯全集》第 40 卷，人民出版社，1982，第 289~290 页。
② 《列宁全集》第 20 卷，人民出版社，2017，第 87 页。

值得重视的就是所谓经济全球化现象。

人们列举了资本的"全球化"的种种表现：跨国公司、跨国资本、跨国经济组织的急剧增加，使世界经济的联系日益紧密，出现了所谓"一荣俱荣""一损俱损"的态势；出现了国际化的劳动分工，国际信贷经济得到发展，资本调控进入跨国公司结构，生产系统和劳动过程日趋灵活，非中心化经济逐渐形成；金融资本在全球范围内的快速流动，对地区乃至世界经济都产生了重大影响；而在经济全球化中承担着重要角色的跨国公司其职能也已发生重大变化，它不再为一个国家服务，而是有它自己的联盟，为它自己的公司服务，为全球资本主义服务，一切都以它的资本增殖和再生产为转移。总之，经济全球化表明，资本的控制真正达到了国际化的程度。有鉴于此，一些人士断言：在 21 世纪，随着经济全球化的发展，传统意义上的民族与国家将成为历史的"陈迹"。

应该区别三种意义上的"全球化"：一是作为当代资本主义客观发展状况或趋势的全球化；二是对现实的全球化现象所作的理论探讨；三是一些大国传媒与资本共谋而进行的"炒作"。对于第一种意义上的"全球化"，当代马克思主义者必须深入地研究，揭示全球化的实质及其可能的发展趋势；对于第二种意义上的"全球化"，即作为观念形态的东西存在于一些严肃认真的理论探讨之中的"全球化"理论、思潮，马克思主义者要认真对待，将其中所提出的问题加以批判的分析，转化为自身的研究课题，尽可能说出一些新的道理来；对于第三种意义上的所谓"全球化"，马克思主义者必须给以足够的警觉。

人们注意到，经济全球化并没有消解掉马克思主义唯物史观的基本原理。马克思、恩格斯在《共产党宣言》中的下面这段话是许多讨论全球化现象的学者（甚至包括那些并不赞成马克思主义的人士）经常加以引用的："资产阶级，由于开拓了世界市场，使一切国家的生产和消费都成为世界性的了。……过去那种地方的和民族的自给自足和闭关自守状态，被各民族的各方面的互相往来和各方面的互相依赖所代替了。物质的生产是如此，精神的生产也是如此。各民族的精神产品成了公共的财产。民族的片面性和局限性日益成为不可能，于是由许多种民族的和地方的文学形成了一种世界的文学。"①国外一些学者如阿里夫·德里克甚至认为马克思和恩格斯在 19 世纪中期能够写下对我们这个时代的极其恰当的描述文字，对于他们那个时代而言是显得奇怪的。②

其实，马克思在上述文字里所表述的思想在稍早一些的《德意志意识形态》中就已清楚地阐发过。马克思所以能在 19 世纪中期就对资本主义的发展做出了今天还令世人惊奇的预见，归根到底，源于他所创立的唯物史观，科学地揭示了人类社会历史的客观发展规律，源于他对资本的本质的科学把握。在马克思看来，资本，按其本性来说，是天生的国际派，由于它活跃在世界舞台上，造成了历史向"世界历史"的转变，造成了交往的普遍化，个人的狭隘地域性的存在愈益被世界历史性的存在所代替。人们在惊讶于马克思的天才预见的同时，可能会感到，一方面，马克思主义创始人的许多重要思想长期以来并未得到足够的注意，这是造成对马克思主义哲学某种简单化、庸俗化和片面化理解的重要原因，因而，当代马克思主义者有对马克思主义创始人的思想再认识再研究的必要；另一方面，当代资本主义毕竟出现了一些马克思、恩格斯当年所未曾预料到的变化，毕竟提出了一些

---

① 《马克思恩格斯文集》第 2 卷，人民出版社，2009，第 35 页。
② 参见〔美〕阿里夫·德里克《全球性的形成与激进政见》，中译文载王宁、薛晓源主编《全球化与后殖民批评》，中央编译出版社，1998，第 6~7 页。

新的问题。新的变化、新的问题需要当代马克思主义者解放思想、实事求是地加以研究，而不能简单复述经典作家的原有见解。

譬如，经济全球化是否将导致民族、国家的消失呢？这个问题是值得认真考虑的。应该看到，整体化是以分化为各自利益不同甚至对立的民族为前提的。在历史向世界历史的转变过程中，各民族之间的普遍交往、相互依赖和相互作用的不断加深并未消融各民族不同的特征、价值追求的差别，毋宁说是以这种差别为前提的。因而，各民族在普遍交往过程中所呈现并发展起来的民族性、民族特色本身就是世界历史的规定。因此，至少在可预见的将来，民族、国家是不可能消亡的。取消了各民族独立自主地选择发展道路的权利的一体化"同质世界"本身是一个单调的世界，是不会得到大家认同的。事实上，在主要由资本主义发达国家唱主角的全球化浪潮中，国家在推动资本的扩张，在维护本民族利益方面始终承担着重要角色。更何况，还存在着社会主义和资本主义制度的不同，存在着不同民族、国家之间的利益冲突，以及在世界经济、政治格局中的民族、国家间的不平等现象。当然，民族、国家的职能在经济全球化的背景下会发生变化，研究这些变化的发展趋向，特别是造成这些变化的社会物质条件，我们能够进一步丰富唯物史观关于社会有机体、社会共同体，关于民族、阶级和国家的理论。

再如，经济全球化使得对现代化问题的反思格外地突出出来。20世纪中期以来，西方学术界就兴起一股对现代化的批判浪潮，后现代主义是其中的重要一支。随着全球化现象的深入，这种反思批判显然被进一步加强了，后殖民理论等思潮进而取代后现代主义成为"显学"。按照这些思想家的说法，支配现代化进程的，或者说，现代性中充盈着的是欧洲中心主义，因而，说到底仍是一种"西方霸权"的体现。诚然，主要在西方发达国家中产生的上述思潮也对广大发展中国家的学术界产生了一定影响，但是，对现代化的反思、批判并不构成广大发展中国家的人民拒绝追求现代化的美好生活、加速现代化建设的理由。现代化是发展中国家全面振兴的必由之路。因而，在这里，问题只可能转化为对西方式现代化发展道路的批判性反思；这种现代化发展道路真的具有普适性吗？在经济全球化背景下，各民族怎样独立自主地选择适合本国国情的现代化发展道路？发展问题能否归结为单纯的经济总量的增加，如果不能，怎样科学地认识和解决经济社会发展与人本身的发展之间的矛盾关系？等等。对于这些问题的深入思考，能够使人们深化对马克思主义所揭示的社会历史发展规律的理解。

还有，经济全球化是否消除了资本主义固有的基本矛盾呢？人们只要注意到 1997 年弥漫于亚洲的金融危机（还有更早些时候爆发的墨西哥金融危机和后来的俄罗斯、巴西金融危机）以及 1999 年春天以美国为首的西方主要发达资本主义国家对一个独立主权国家——南斯拉夫联盟共和国的疯狂轰炸与侵略，不难得出这样的认识：全球化并没有消除资本主义的基本矛盾，而是使这一矛盾具有了新的更加普遍化的形式。全球化既然从本质上是资本的国际化，那么它就必然地是一种充满矛盾的异化形式。因此，即使从某种浪漫的立场看待全球化，将它视为一杯美酒，那也是必须用"人头做酒杯"①才能喝下去的。

当代马克思主义者所担负的一个重大历史使命，是深入研究、把握当代资本主义的新变化、新特征、新趋势，并在这种研究过程中丰富、深化科学社会主义的哲学基础。

---

① 《马克思恩格斯全集》第 9 卷，人民出版社，1961，第 252 页。

其次，科学总结 20 世纪世界社会主义实践的历史经验，据以观察社会主义在 21 世纪的发展前景，是世纪之交马克思主义哲学所面对的重大时代课题。

马克思主义哲学的发展是与社会主义的前途和命运紧密相连的。

马克思、恩格斯逝世后的 100 余年间，社会主义运动在世界上极其广大的地域内得到蓬勃发展，不少国家还建立了社会主义制度。但是有三个必须引起注意的历史现象。其一是社会主义制度并不像马克思、恩格斯当年所设想的那样，首先在资本主义发达的国家中诞生。它诞生的地方倒是在资本主义欠发达的国家，甚至是很不发达的国家。其二是社会主义制度在一些国家中建立起来以后没有能长期保持。其三是已经建立了社会主义制度并仍然坚持社会主义发展方向的一些国家，程度不同地面临着进行社会主义改革的繁重任务。

社会主义社会是否首先在资本主义发达国家产生的问题，当然也就是资本主义制度是否首先在那里崩溃的问题。在这个问题上，一方面，马克思主义的创始人明白无误地指出：革命之所以必须，资本主义制度之所以要否定，是因为资本主义制度已经成为社会生产力进一步发展的桎梏，而一种社会制度，在它还能容纳生产力的发展的时候，是不会立即被否定的；另一方面，革命的实际发生，除了资本主义基本矛盾的急剧尖锐化以外，还有赖于现实的革命条件，而这些条件并不是人们事先所能完全预料、设计的。因此，马克思、恩格斯在他们生前多次拒绝了对一些国家是否或者什么时候爆发革命进行预测的请求。

恩格斯逝世 20 年后发生世界大战，30 余年后发生震撼整个资本主义世界的经济危机，50 年后爆发又一场规模更大的世界战争。即使被认为是处于稳定发展的战后阶段，资本主义造成的地区冲突、经济危机特别是金融危机也是连接不断，所有的历史事实一方面表明，马克思主义关于资本主义社会基本矛盾的理论是经得起考验的；另一方面又表明，资本主义社会也还没有成为一具毫无生气的僵尸，至少在相当长的一段历史时期内，现实的社会主义仍将与资本主义社会处于共存共争之中。对于前一方面，当代马克思主义者当然应当根据新的事实给以新的说明，后一方面尤其需要人们从实际出发进行深入的分析研究。

由于现实的社会主义制度诞生在原来资本主义不发达或很不发达的国家，因而，这些国家在建设社会主义的实践中，不能不遇到一些特殊的困难。虽然不同国家的情况有别，困难的程度各异，但造成困难的原因多少都与这些国家原有的资本主义不发达而导致社会生产力水平不高有关。可惜，很长一段时间内，人们天真地以为，只要建立起社会主义制度，就能自动地带来生产力水平的迅速提高，如果不能这样，那就把这种制度搞得更"纯"一些。殊不知，这已经离马克思主义的哲学精神和科学社会主义的基本原则越来越远了。从这个意义上说，20世纪后半期在社会主义国家中普遍发生的改革，特别是中国的改革，其历史意义不容低估。它使人们逐步认识到："社会主义制度并不等于社会主义的具体做法"；社会主义没有也不可能有固定不变的模式，一国的社会主义制度归根到底要能适合该国的实际，要能促进社会生产力的发展；必须努力探索使社会主义基本经济、政治制度优越性得以充分发挥的中间制度层次，而这就需要改革。人们有理由相信，也有理由希望，随着改革实践的深化，社会主义国家的这种改革经验能够被提升到更加系统、成熟的理论形态，从而大大丰富马克思主义的哲学视域。

20世纪90年代初，东欧剧变、苏联解体，是共产主义运动历史上所遭遇到的最大的挫折。只要不抱偏见，就会承认，这一挫折并不意味着马克思主义在理论上的"失败"，但这一重大挫折也的确表明，关于社会主义建设的认识，远未达到成熟的形态。历史经验表明，社会主义运动中的挫折，往往孕育着马克思主义在理论上的新突破、新发展的契机，能否把握好这种契机，关键在于是否科学地总结和消化历史经验。应该说，人类在 20 世纪确实积累了丰富深刻的有关社会主义的实践经验，这是人类社会进步的经验宝库中的最新内容。根据这些经验，人们可以看到社会主义曾经怎样地遭到扭曲，而如果不改变这种扭曲，社会主义也就不可能健康地发展。

当代马克思主义者不可推卸的一个重大责任，就是总结 20 世纪社会主义实践中的成功和失败的经验，用以发展马克思主义的社会主义建设的理论，丰富科学社会主义的哲学基础。这对于社会主义在 21 世纪的健康发展是至关重要的。

最后，科学技术特别是高科技的飞速发展，是当代社会生活中的一个突出特点。

马克思主义创始人十分重视自然科学研究和科学技术的发展。正如恩格斯在马克思墓前的讲话中所指出的："在马克思看来，科学是一种在历史上起推动作用的、革命的力量。任何一门理论科学中的每一个新发现——它的实际应用也许还根本无法预见——都使马克思感到衷心喜悦，而当他看到那种对工业、对一般历史发展立即产生革命性影响的发现的时候，他的喜悦就非同寻常了。"[1]

马克思、恩格斯在世的年代，电的应用才刚刚起步。从科学技术的进步来说，20 世纪的面貌是大大地改观了。20 世纪初的物理学革

---

[1] 《马克思恩格斯文集》第 3 卷，人民出版社，2009，第 602 页。

命，标志着科学新时代的到来。70 年代以来，以微电子学、网络技术、新的生物技术和生命复制技术、航天技术、海洋技术、新能源技术和新材料技术为主体的高科技群的迅猛发展及广泛应用，开辟了许多新的生产领域，为生产力的飞跃发展创造了以往不能想象的宽广的可能性。知识经济的兴起更是大大缩短了科学革命、技术革命与产业革命之间的"时间差"，科学研究本身，知识的创新、生产、传播和运用成为制约经济发展的重要因素，科学技术在社会生产力发展中的贡献率越来越高，科学技术成为名副其实的第一生产力。

科学技术的迅猛发展，大大拓宽和深化了人们的世界图景，极大地影响了人们的思维方式、生活方式、劳动组织方式、社会结构和价值观念，使人对人与自然，人与社会、人与自身的关系的认识跃升到一个新的层次。研究这些新的变化、新的影响，利用人类对自然界、社会和自身的新认识来丰富马克思主义哲学，是当代马克思主义者的重要任务。可以说，脱离当代科学技术所取得的一切成就，要发展马克思主义哲学是不可想象的。

当代科学技术的发展，造成了社会生产力迅猛发展的可能性，同时也给走向 21 世纪的人类社会带来了新的问题。例如，由就业、资源、生态和环境保护等构成的全球性问题，由科学技术发展及其广泛应用中出现的负面影响而产生的科学合理性与技术合理性问题（科学是否能够做到"价值中立"？技术的发展与人本身的发展的关系是怎样的？），由社会的信息化所导致的文明危机与文化冲突问题，等等。进一步地说，一方面，科学技术的发展在其可能性上能够造福于地球上的居民；但另一方面，就现实本身而言，并非所有人都能平等地享用科学技术的发展成果，世界的贫富差距反而有不断扩大的趋向。由于资本主义制度的存在而产生的这种矛盾，是科学技术发展本身不能解决的。而现实的社会主义一方面要与资本主义世界长期共存并且又必须与之打交道，另一方面由于原有生产力水平低又必须高度重视通过发展科学技术来发展社会生产力，这就有一个如何把社会主义建设同当代科学技术的发展潮流很好地结合起来的问题。

在 20 世纪 20~40 年代，社会主义阵营内部，曾经有过肯定马克思主义哲学对自然科学的指导作用和否定这种指导作用的争论。其实，争论双方都没有说出多么深刻的道理来。根据"马克思主义哲学是不断发展的理论，是全部人类文明的优秀成果的概括和总结"这样一个论断，应该承认，马克思主义对人类文明特别是人类在发展科学技术方面的成果的吸取工作并不因为马克思主义的创立而宣告终结。同时，也应该承认，如果不能从当代科学技术的新成果、新变化中吸取营养，特别是不能及时地回答当代科学技术向人类社会、向哲学提出的一系列挑战和难题；如果不能从理论上深刻地揭示哲学与科学的关系在不同时代条件下的历史性变化，不能从实践上解决哲学对科学的作用机制，马克思主义哲学也就不可能真正起到指导当代科学技术发展的作用。

毋庸讳言，以往我们这方面的工作不能说做得是十分出色的。相反，人们看到更多的是"原理＋例证"这样的吸取方式，似乎现代科学技术的发展只是证实或者丰富了马克思主义哲学的基本原理（诚然，这一方面是存在的），并未对马克思主义哲学在理论上提出什么新的问题或挑战，从而现代科学技术的发展并未对马克思主义在理论上的新发展贡献什么积极成果，而马克思主义也未能对现代科学技术的新发展贡献什么智慧。这种把马克思主义哲学与现代科学技术的发展实际上隔离开来的做法势必制约马克思主义哲学的进一步发展，大大削弱了马克思主义哲学对现代科学技术的发展所应具有的作用和影响。

当代马克思主义者无可回避的重大任务，就是及时、准确、深入地把握当代科学技术发展的新成果、新变化及其由此对人类社会所产生的新影响、新认识，研究科学技术发展给人类社会带来的新挑战、新问题，以丰富和发展马克思主义的哲学自然观、历史观、真理观、价值观和认识论、方法论。

三 世界普遍交往时代的哲学

社会生活条件异常剧烈的变化，当代社会实践中涌现出的一系列重大问题，不能不在人们的头脑中反映出来，从而，出现各式各样的哲学文化思潮是毫不奇怪的。我们看到，与现实生活的复杂多变相呼应，当代世界范围内各种哲学文化流派、思潮也是"你方唱罢我登台"，好不热闹。诸如后现代主义、后殖民思潮、新文化保守主义、新自由主义等，不一而足，如何科学地对待这些非马克思主义甚至反马克思主义思潮，也是在当代发展马克思主义哲学的重要方面。

马克思主义哲学从一个半世纪以前只是少数先进的人们所遵循的世界观，成长为今天世界性的哲学思潮，其中一个重要的原因在于，它不是那种狭隘的宗派，而是始终对人类文明的发展抱着一种博大的开放胸襟。当然，马克思主义哲学体系上的开放性并不意味着它在本质上持折中主义的立场，它在批判谬误、捍卫和发展真理上的原则立场是有目共睹的。马克思主义哲学是在同各种错误思潮、错误倾向的斗争中发展的。

问题在于，要斗争就必须讲究斗争的艺术，要批判错误的东西，就必须有正确的方法。恩格斯在评论费尔巴哈对黑格尔哲学的批判时深刻地指出："费尔巴哈打破了黑格尔的体系，简单地把它抛在一旁。但是简单地宣布一种哲学是错误的，还制服不了这种哲学。像对民族的精神发展有过如此巨大影响的黑格尔哲学这样的伟大创作，是不能用干脆置之不理的办法来消除的。必须从它的本来意义上'扬弃'它，就是说，要批判地消灭它的形式，但是要救出通过这个形式获得的新内容。"①恩格斯在这里所揭示的方法，是我们对待各种非马克思主义哲学思潮的唯一正确的方法。

按照这种方法，马克思主义者在批判各种错误思潮时，必须把批判、探索与创新有机地结合起来，把错误思潮错误地处理的问题转化为正面研究的对象，作出真正有说服力的分析和解答，同时，批判地吸收其中可能具有的合理成分。应该看到，当代西方各种哲学思潮，即使是反马克思主义的思潮，其所以产生并得以传播开来，总是表明它所提出的问题是马克思主义阵营内部以往不曾熟悉或不曾重视的问题，将这些问题真正梳理清楚，不仅可以消除错误思潮的影响，而且是丰富、发展马克思主义哲学的理论武器库所必不可少的。

回顾 20 世纪哲学与社会变革的百年激荡史，人们可能会感到，马克思主义哲学在整个 20 世纪既有大发展的成功与喜悦，也饱尝了被曲解、误解甚至被教条化对待的挫折与痛苦。正如一些同志所指出的，用近代知识论哲学的思维方式来理解马克思主义哲学，不能从马克思主义哲学与当代西方哲学的批判性对话中弘发马克思主义哲学的当代主题和当代意义，是 20 世纪马克思主义哲学研究中最常见、最值得注意的一种"误解"。②今天，是到了消除此类曲解、误解的时候了。

马克思主义哲学产生于 19 世纪中叶，即通常历史分期中所说的近代，但由于马克思主义哲学在哲学史上的革命性变革，由于马克思主义

---

① 《马克思恩格斯全集》第 28 卷，人民出版社，2018，第 330 页。
② 参见刘放桐等《世纪之交的马克思哲学与西方哲学的走向》，《天津社会科学》1999 年第 6 期。

哲学本身的不断开放性，特别是马克思主义哲学的实践特性，使它有别于那些学院式的封闭性的体系化哲学。即使是在人类告别 20 世纪、走向 21 世纪的时候，马克思主义哲学在世界范围内仍然是最具活力的思想或学说。但是，我们也应看到，与当代中国人民的改革开放实践所产生的广泛世界性影响相比，中国的马克思主义哲学研究尚未在世界哲学舞台上传达出自己独特的声音。我们的马克思主义者应勇于参加世界范围内的百家争鸣，以传播马克思主义，同时也开阔自己的眼界。

马克思主义哲学的世界意义是通过数代马克思主义者的艰苦努力才获得的，马克思主义哲学在 21 世纪的新发展同样要靠几代马克思主义者的扎实工作才能实现。

马克思主义哲学应该而且能够在 21 世纪拥有更加灿烂的发展前景。

（原载《哲学研究》2000 年第 1 期）

小注：

此文写于 1999 年岁末，发表于 2000 年 1 月，即所谓 20 世纪与 21 世纪之交。文中既表明了对马克思主义哲学在 21 世纪新发展的信心和憧憬，又提出了世纪之交马克思主义哲学发展所应着力解答的若干重大问题，同时对 20 世纪马克思主义哲学发展状况进行了反思，属于典型的粗线条式的"宏大叙事"，既有乐观精神，又有浓郁的责任感和忧患意识。本文强调马克思主义哲学在整个 20 世纪未能获得应有的大发展，马克思主义哲学研究和发展状况还不能同时代、现实生活相适应，因而，发展马克思主义哲学，不应是少数人才有能力染指的事体，而是每一个真诚的马克思主义者所担负的崇高历史使命。这一点，作者至今仍作如是观。

21 世纪中国马克思主义宣言

    党的十九大系统地阐述了习近平新时代中国特色社会主义思想,并将它确立为全党的指导思想写入党章。这是党的十九大的最大特色和贡献,党的十九大将以此为标志,载入中国共产党的发展史册、中华民族的发展史册、世界社会主义的发展史册、马克思主义的发展史册。

    马克思主义创始人曾经指出:"一切划时代的体系的真正的内容都是由于产生这些体系的那个时期的需要而形成起来的。"[①] 作为习近平新时代中国特色社会主义思想的集大成之作,如同习近平同志的其他著作一样,党的十九大报告不像通常的教科书那样,提出一般的定义,作出一般的解释。习近平新时代中国特色社会主义思想,归根到底是为了回答和解决当代中国发展的重大实践问题。由于当代中国与世界的广泛而紧密的联系,由于中国在当今世界上的日益广泛而深刻的影响,由于中国对马克思主义、社会主义发展的重大意义,因而,对中国发展的实践问题的解答,不能不具有世界性意义,不能不对 21 世纪马克思主义、社会主义理论上的新发展,产生广泛而深刻的影响。

    习近平新时代中国特色社会主义思想以解决当代中国发展实际问题为根本目的,同时也在总结历史、继承前贤的基础上,提出了一系列马克思主义新的思想和新的论断。马克思主义不是封闭的僵化的教

[①] 《马克思恩格斯全集》第 3 卷,人民出版社,1960,第 544 页。

条，而是开放的科学理论，本来就应该随着实践发展而发展、随着时代变化而不断丰富，习近平同志对此作出了新时代马克思主义思想家的重要贡献。

一 中国版社会主义现代化

党的十九大报告郑重宣告："经过长期努力，中国特色社会主义进入了新时代"。[①]这是一个重大的政治判断，也是一个重大的理论判断。

这个新时代，是承前启后、继往开来，在新的历史条件下继续夺取中国特色社会主义伟大胜利的时代，是决胜全面建成小康社会、进而全面建设社会主义现代化强国的时代，是全国各族人民团结奋斗、不断创造美好生活、逐步实现全体人民共同富裕的时代，是全体中华儿女勠力同心、奋力实现中华民族伟大复兴中国梦的时代，是中国日益走近世界舞台中央、不断为人类作出重大贡献的时代。概言之，这是中国版社会主义现代化大踏步向我们走来、中华民族伟大复兴的中国梦渐趋变成现实的新时代。

现代化，是近代以来世界各国的普遍追求。建设现代化强国、实现中华民族的伟大复兴，是近代以来中华民族最伟大的梦想。而由于中国的特殊国情，对现代化强国之路的探寻，不能不具有特殊的意义，不能不显示其特别的紧迫性，中华民族复兴因此走过了特别复杂、曲折和艰难的历程。

1840 年鸦片战争后，中国逐步成为半殖民地半封建社会，灾难

---

① 习近平：《决胜全面建成小康社会　夺取新时代中国特色社会主义伟大胜利——在中国共产党第十九次全国代表大会上的报告》，人民出版社，2017，第 10 页。

深重的中华民族不仅没能跟上时代前进的步伐，而且面临极其严重的内忧外患。为救亡图存、实现民族复兴、走上现代化强国之路，无数仁人志士进行了千辛万苦的探索，提出了各式各样的方案，但都归于失败。1894 年，孙中山创建兴中会，第一次喊出了"振兴中华"的口号，此后他领导辛亥革命推翻了清王朝。但是，辛亥革命未能改变旧中国的社会性质和中国人民的悲惨命运。

十月革命一声炮响，给中国送来了马克思列宁主义。中国的先进分子从十月革命的成功，从马克思列宁主义的科学真理中看到了救国救民、解决中国问题的出路。在马克思列宁主义与中国工人运动结合的斗争中，中国共产党于 1921 年诞生了——这是开天辟地的大事件。从此，中国人民在谋求独立、人民解放和国家富强、人民幸福的斗争中就有了主心骨，中国人民就从精神上由被动转为主动。以毛泽东同志为主要代表的中国共产党人团结带领人民找到了一条以农村包围城市、武装夺取政权的正确革命道路，经过 28 年浴血奋战，取得了新民主主义革命的胜利，于 1949 年建立了中华人民共和国；进而完成社会主义革命，建立起社会主义基本制度，完成了中华民族有史以来最为广泛而深刻的社会变革，实现了中华民族从被欺凌、被压迫到彻底站起来的伟大飞跃。

进入改革开放新时期，以邓小平同志为主要代表的中国共产党人团结带领人民进行改革开放的新的伟大革命，革除了阻碍党、国家和民族发展的封闭僵化的思想和体制障碍，成功地开辟了中国特色社会主义道路，极大地解放和发展了社会生产力，人民生活显著改善，中国大踏步赶上时代，中国特色社会主义焕发出勃勃生机，实现了中华民族从站起来到富起来的伟大飞跃。

进入新世纪新阶段，特别是党的十八大以来，面对世情党情国情的深刻变化，以习近平同志为主要代表的中国共产党人团结带领人民创造性地坚持和发展中国特色社会主义，提出"两个一百年"的奋斗目标，明确实现社会主义现代化和中华民族伟大复兴的总任务，在全面建成小康社会的基础上，分两步走，在本世纪中叶建成富强民主文明和谐美丽的社会主义现代化强国；统筹推进"五位一体"总体布局，协调推进"四个全面"战略布局，提出并实施"新发展理念"，我国经济实力、科技实力、国防实力、综合国力进入并稳居世界前列，实现了中华民族从富起来到强起来的伟大飞跃。

以经济发展为例。2016年，中国GDP达74万亿元，按不变价计算，为2012年的1.32倍，占世界经济总量的14.8%，比2012年提高3.4个百分点，稳居世界第二位。2013年至2016年，中国GDP年均增长7.2%，高于同期世界2.6%和发展中经济体4%的平均增长水平，中国对世界经济增长的平均贡献率达到30%左右，超过美国、欧元区和日本贡献率的总和，居世界第一位。回顾1978年，中国经济占世界经济的比重仅为1.76%，居世界第十位。任何不抱偏见的人都不得不承认，中国的发展的确进入了一个新的时代。

即使撇开同期世界经济复苏乏力的外部因素，单就中国经济内部而论，考虑到这样一个发展成就，是在中国经济进入新常态下取得的，它就显得更加弥足珍贵。经济结构不断优化，2016年第三产业增加值占GDP比重为51.6%，比2012年提高6.3个百分点。消费取代投资、进出口成为经济增长主动力，2013~2016年，消费对经济增长的年均贡献率为55%，高于资本形成贡献率8.5个百分点。人民生活显著改善，2012~2016年，全国居民人均可支配收入年均增长7.4%，高于同期GDP增长速度；2016年农村贫困人口比2012年减少6000万人以上，贫困发生率从10.2%下降到4%以下；城镇新增就业年均

1300 万人以上；高等教育毛入学率从 2013 年的 34.5% 提高到 2016 年的 42.7%。城乡协调发展，2016 年末常住人口城镇化率为 57.35%，比 2012 年末提高 4.78 个百分点。

在党的十八大闭幕不久，习近平就用明白晓畅、特色浓郁的话语——"中国梦"，来概括实现社会主义现代化、实现中华民族伟大复兴的宏伟目标。"中国梦"一经提出，迅即将所有中华儿女凝聚起来。在这一伟大梦想的感召下，党领导人民取得了全方位、开创性的历史性成就，中国社会实现了深层次、根本性的历史性变革。历史性成就、历史性变革雄辩地证明：新时代，中华民族比历史上任何时期更接近，也更有信心和能力实现中华民族伟大复兴的目标。

中国版社会主义现代化，不仅在中华民族发展史上具有重大意义，而且在马克思主义发展史上具有重大意义，进而对人类文明的进步和发展产生重大影响。

中国版社会主义现代化，是中国的，又是社会主义的，是社会主义基本原则、现代化价值追求与当代中国实际的有机结合。

中国版社会主义现代化，首先是中国的。在 960 万平方公里的广袤大地上，在一个原本经济极端落后的东方大国，13 亿多中国人民共同迈进工业化、现代化，共同建设富强民主文明和谐美丽的社会主义现代化强国，共同享有现代化的成果与荣光，这在人类社会发展史上是从未有过的。迄今为止，成功的现代化国家大多是西方发达资本主义国家，他们的道路、理论、制度、文化和具体的现代化指标，在国际社会和思想理论界成为一种普遍的模式、标准和定义，甚至成为一种教条，似乎现代化就应该是那样的道路、理论、制度和模式，也只能采取那样的道路、理论、制度和模式，否则，即不是"现代国家"，更遑论"现代化"了。无论是箱根模型、列维模型，还是英克尔斯现代人模型、布莱克标准，无不以西方发达国家为根据、为蓝本、为圭臬，以至于这种理念被联合国等国际组织所遵奉。例如1974年5月1日的联合国大会通过的决议（后称《联合国宣言》）中强调："所有国家，不论其经济及社会制度，在公正合理、主权平等、互相依赖、共同受益与合作的基础上，同心协力，抓紧工作，以建立'新的国际经济秩序'。这一新秩序将纠正不平等现象，改变现存的不公正状况，使消除发达国家与发展中国家间日益拉大的差距成为可能。"对此，已有一些学者提出，按照这种主张，仿佛世界上只存在一种发展形式，只有一条通向现代化的道路。它还要求这样的价值观前提，即发达国家的现有发展水平及其相应的社会形态，应被欠发达国家树为模式，并当作一个目标加以接受。①

　　中国版社会主义现代化只能独立自主地选择符合本国国情的道路、理论、制度和模式，别国的经验、现代化文明成果可以借鉴，但绝不照搬。换言之，中国版社会主义现代化不是西方现代化模式的"翻版"，而是具有鲜明中国特色、中国风格、中国气派，同时符合时代进步趋势的现代化。有两个显而易见的事实。其一，中国的现代化不是以侵略、扩张、转嫁危机与矛盾于他国，牺牲他国利益为前提的。与此相对照的是，西方老牌发达资本主义国家实现工业化、现代化过程中无一例外地都有过掠夺侵略他国的历史。2008年，美国发生金融危机，更是首先将危机向他国、向全世界转移。与之相反，中国奉行的是和平发展、平等合作、互利共赢的现代化道路，摒弃零和博弈，在实现现代化的进程中，构建人类命运共同体。其二，中国的现代化，不是以牺牲多数人为代价的现代化，而是全体中国人民共同富裕、共

---

① 参见〔美〕塞缪尔·亨廷顿等《现代化：理论与历史经验的再探讨》，罗荣渠主编，上海译文出版社，1993，第76~77页。

建共享的现代化，而西方资本主义国家的现代化则普遍走过了以牺牲多数人为代价的"资本原始积累"阶段和道路。

　　因此，中国版社会主义现代化既是中国的，同时也必然地是社会主义的。马克思主义创始人科学地揭示了社会主义、共产主义代替资本主义的历史必然性，但囿于时代条件的限制，社会主义社会究竟是什么样子，如何建设社会主义，他们只是提供了最一般的设想和原则，至于在社会主义制度框架下实现现代化的问题，则基本没有涉及。毕竟马克思恩格斯当年所设想的社会主义，作为共产主义的第一阶段或者说初级阶段，是建立在高度发达的资本主义文明成果基础上的，而且是在数个乃至十几个发达资本主义国家，打破其资本主义私有制和国家机器的同时进行革命才能成功的。1881 年，马克思在答复俄国女革命家查苏利奇关于俄国农村公社的问题时设想，俄国农村公社"有可能不通过资本主义制度的卡夫丁峡谷"①，即"不经受资本主义生产的可怕的波折而占有它的一切积极的成果"。②但马克思的这种设想仍是以西方无产阶级革命的胜利，即"东西方革命互为信号"作为前提的。马克思恩格斯共同署名的《〈共产党宣言〉俄文第二版序言》（1882年）中说："假如俄国革命将成为西方无产阶级革命的信号而双方互相补充的话，那么现今的俄国土地公有制便能成为共产主义发展的起点。"③迄今为止，"东西方革命互为信号"的情形从未出现，但"不通过资本主义制度的卡夫丁峡谷"而走上社会主义道路、走向现代化，却已有成功的范例，中国版社会主义现代化就是生动的实践。

　　概括以上分析，打破在现代化道路、理论、制度和标准上的"西

---

① 《马克思恩格斯全集》第 25 卷，人民出版社，2001，第 465 页。
② 《马克思恩格斯全集》第 25 卷，人民出版社，2001，第 456 页。
③ 《马克思恩格斯全集》第 25 卷，人民出版社，2001，第 548 页。

方中心主义"教条，在坚持科学社会主义基本原则的基础上，在毛泽东、邓小平等关于中国社会主义现代化探索的基础上，明确系统地提出中国版社会主义现代化的思想和方略，这是习近平对马克思主义的科学社会主义理论武库的一个极其重要的贡献。不仅如此，中国版社会主义现代化大大拓展了发展中国家实现现代化的可能途径，给世界上那些既渴望走向现代化又渴望保持自身独立性的国家和民族，提供了有别于西方模式的全新选择，为解决人类问题贡献了中国理论、中国智慧和中国方案，因而具有重大的世界意义。

二 新时代社会主要矛盾

党的十九大报告郑重宣告："中国特色社会主义进入新时代，我国社会主要矛盾已经转化为人民日益增长的美好生活需要和不平衡不充分的发展之间的矛盾。"①这是一个重大的政治判断，也是一个重大的理论判断。

马克思恩格斯创立的唯物史观，科学地揭示了人类社会的基本矛盾——生产力与生产关系之间的矛盾、经济基础与上层建筑之间的矛盾，其矛盾运动是人类社会变革发展的根本动力；揭示了这种基本矛盾在资本主义社会中的具体表现，即资本主义社会的主要矛盾——生产的社会化和生产资料的资本主义私人占有之间的矛盾，这一矛盾在资本主义制度下又是难以克服的；进而科学地揭示了社会主义、共产主义代替资本主义的历史必然性。至于在社会主义、共产主义社会中

---

① 习近平：《决胜全面建成小康社会 夺取新时代中国特色社会主义伟大胜利——在中国共产党第十九次全国代表大会上的报告》，人民出版社，2017，第11页。

有无矛盾以及矛盾的具体表现形式，马克思恩格斯没有论述，时代也没有给他们提出这样的任务。列宁由于领导苏联社会主义建设的时间较短，对此也没有论述。斯大林一度认为社会主义社会中没有生产力与生产关系等方面的矛盾，1938 年他在《论辩证唯物主义和历史唯物主义》中断定，苏联社会主义社会的生产关系"完全适合"生产力的增长；直到 1952 年，他在《苏联社会主义经济问题》中才勉强承认社会主义制度下生产力与生产关系之间存在矛盾。

新中国成立后，以毛泽东同志为代表的中国共产党人开始探索适合中国国情的社会主义建设道路。1956 年，党的八大报告提出："我们国内的主要矛盾，已经是人民对于建立先进的工业国的要求同落后的农业国的现实之间的矛盾，已经是人民对于经济文化迅速发展的需要同当前经济文化不能满足人民需要的状况之间的矛盾"。[1]1957 年，毛泽东在《关于正确处理人民内部矛盾的问题》中指出，社会主义改造基本完成后，社会主义制度的建立，"并不是说在我们的社会里已经没有任何的矛盾了"。[2]他还明确宣布："革命时期的大规模的疾风暴雨式的群众阶级斗争基本结束"，正确处理人民内部矛盾成为我国政治生活的主题。但是，党的八大关于我国社会主要矛盾的判断，及由此制定的路线、方针并未得到很好的贯彻和保持，毛泽东不久即重申社会主义和资本主义之间谁胜谁负的问题还未真正解决，无产阶级和资产阶级之间的矛盾还尖锐存在，导致对社会主义社会主要矛盾的认识和实践出现重大曲折和失误。1981 年，党的十一届六中全会通过的《关于建国以来党的若干历史问题的决议》恢复并进一步规范了党的八大关

---

① 中共中央文献研究室编《建国以来重要文献选编》第 9 册，中央文献出版社，1994，第 341 页。

② 《毛泽东文集》第 7 卷，人民出版社，1999，第 204、216 页。

于我国社会主要矛盾的表述："在社会主义改造基本完成以后，我国所要解决的主要矛盾，是人民日益增长的物质文化需要同落后的社会生产之间的矛盾。"①此后，党的十三大、十四大、十五大、十六大、十七大、十八大均重申了这一判断。

从党的八大至今，60多年过去了，中国经济社会已发生翻天覆地的变化。

一方面，党领导人民已稳定解决了十几亿人的温饱问题，总体上实现了小康，不久将全面建成小康社会。2016年中国人均GDP达8869.999美元，进入中等收入国家，中国居民恩格尔系数为30.1%，接近联合国划分的20%~30%的富足标准。与此同时，人民对美好生活的需要日益广泛，不仅对物质文化生活提出了更高的要求，而且在民主、法治、公平、正义、安全、环境等方面的要求日益增长，期盼有更好的教育、更稳定的工作、更满意的收入、更可靠的社会保障、更高水平的医疗卫生服务、更舒适的居住条件、更安全的社会环境、更优美的自然环境等。这一切，当然不是"日益增长的物质文化生活需要"所能涵括的。

另一方面，中国经济已稳居世界第二位，社会生产水平和社会生产能力在很多方面进入世界前列，也已经不能简单地说"落后的社会生产"了。例如，从2010年始，中国制造业稳居世界第一，世界500余种主要工业品中，中国有220余种工业品产量居世界第一位；2017年世界500强企业中，中国内地企业为109家，而1995年，仅为2家。2016年中国高速公路总里程突破13万公里，高速铁路达2.2万公里，高速公路网、高速铁路网全球最大；光纤通信网、电网全球最大，互联

---

① 中共中央文献研究室编《改革开放三十年重要文献选编》上，中央文献出版社，2008，第212页。

网人数 7.31 亿人，互联网普及率达 53.2%，移动用户 13.2 亿人，移动电话普及率达每百人 96.2 部。但与此同时，发展不平衡不充分的问题也日益突显。例如，2016 年地区 GDP 总量，东部、中部、西部的比例大致为 3：1：1，东部、中部、西部城镇化率分别为 65.94%、52.77%、50.19%；2016 年全国居民收入基尼系数为 0.465，城乡居民收入倍差 2.72，收入差距依然较大。再如，我国虽然是制造业大国，但在全球产业链中大多仍然处于中低端，工业企业创新能力不足，核心竞争力亟待提高，还不是制造业强国。

凡此种种，说明发展不平衡不充分的问题已经愈益成为满足人民日益增长的美好生活需要的主要制约因素。换言之，人民日益增长的美好生活需要和不平衡不充分的发展之间的矛盾，已经在事实上取代"人民日益增长的物质文化生活需要同落后的社会生产之间的矛盾"，成为我国社会的主要矛盾，这是一个重大的关系全局的历史性变化，也是中国特色社会主义进入新时代的重要根据和标志。

我国社会主要矛盾的新变化是否意味着我国所处社会主义初级阶段的基本国情发生了变化呢？否！党的十九大报告指出："我国仍处于并将长期处于社会主义初级阶段的基本国情没有变，我国是世界最大发展中国家的国际地位没有变"。

我国社会主要矛盾的新变化是否意味着党的基本路线发生变化了呢？否！党的十九大报告强调：全党要"牢牢坚持党的基本路线这个党和国家的生命线、人民的幸福线，领导和团结全国各族人民，以经济建设为中心，坚持四项基本原则，坚持改革开放，自力更生，艰苦创业，为把我国建设成为富强民主文明和谐美丽的社会主义现代化强国而奋斗"。

我国社会主要矛盾的新变化是否意味着发展作为第一要务的地位

和作用发生变化了呢？否！党的十九大报告申明："发展是解决我国一切问题的基础和关键，发展必须是科学发展，必须坚定不移贯彻创新、协调、绿色、开放、共享的发展理念。"①

但是，我国社会主要矛盾的重大变化终究对党和国家事业提出了许多新的、更高的要求，要在继续推动发展的基础上，着力解决好发展不平衡不充分问题，大力提升发展质量和效益，更好地满足人民日益增长的美好生活需要，更好地推动人的全面发展、社会全面进步。

因此，关于我国社会主要矛盾新变化的判断，不是对原有提法的否定，而是对我国社会主要矛盾变化实际的、合乎历史逻辑的判断。时代条件变了，我国社会主要矛盾的内涵、外延和运动方式、解决方式理所当然地要发生变化，内涵更丰富，外延更广泛，方式更多样，处理起来更复杂，更考验社会主义建设者的智慧。因而，不存在改变党在社会主义初级阶段的基本路线的问题，反而要求我们更加全面、更加自觉、更加坚定地坚持党的基本路线。

在不变的历史阶段和基本国情中敏锐地把握社会主要矛盾的重大变化，在宏阔的历史视野中深刻洞悉党和国家发展所处的历史方位，进而制定科学的行动纲领，这就是历史的辩证法，就是马克思主义政党的领袖人物的担当和作为，也是习近平同志对马克思主义关于社会矛盾运动学说的重大贡献。

---

① 习近平:《决胜全面建成小康社会 夺取新时代中国特色社会主义伟大胜利——在中国共产党第十九次全国代表大会上的报告》，人民出版社，2017，第12、21页。

三　不忘老祖宗，又要谱新篇

党的十九大报告郑重宣告："时代是思想之母，实践是理论之源。只要我们善于聆听时代声音，勇于坚持真理、修正错误，二十一世纪中国的马克思主义一定能够展现出更强大、更有说服力的真理力量！"①这是新时代以习近平为主要代表的中国共产党人，对马克思主义创始人及其伟大学生列宁、毛泽东、邓小平的崇高敬礼。

对于一个马克思主义政党来说，理论上的成熟从来都是政治上成熟的根本前提。理论上成熟的显著标志，是党能够创造性地将马克思主义基本原理与时代特征和本国实际结合起来，形成正确的理论，制定科学的纲领，指导实践的发展。

而为了实现上述结合，就不能不同时进行两个方面的伟大斗争：一方面，同借口时代条件变化、国情特殊而否定马克思主义基本原理、否定马克思主义指导地位的各种反马克思主义思潮和倾向，作坚决的斗争，捍卫马克思主义；另一方面，为了真正地、更好地捍卫马克思主义、坚持马克思主义，又必须运用马克思主义立场、观点和方法，创造性地解决时代和实践提出的各种新问题，并作出真正有说服力的回答，以明确实践的新任务和发展方向，进而指导新的实践，这就不能不对马克思主义理论甚至基本原理有所发展、有所创新、有所突破，而不能固守马克思主义经典作家说过什么、没说过什么，不能固守他们书本上的个别观点和词句。正如列宁所指出的："现在必须弄清一个

---

① 习近平：《决胜全面建成小康社会　夺取新时代中国特色社会主义伟大胜利——在中国共产党第十九次全国代表大会上的报告》，人民出版社，2017，第26~27页。

不容置辩的真理，这就是马克思主义者必须考虑生动的实际生活，必须考虑现实的确切事实，而不应当抱住昨天的理论不放，因为这种理论和任何理论一样，至多只能指出基本的、一般的东西，只能大体上概括实际生活中的复杂情况。""'我的朋友，理论是灰色的，而生活之树是常青的。'"① 因此，坚持马克思主义与发展马克思主义具有内在的一致性，坚守二者的有机统一，才是对马克思主义的科学态度，即所谓不忘老祖宗，又要谱新篇。

马克思主义近 170 年的发展历程表明，中国共产党 96 年的发展历程表明，马克思主义基本原理是否要同各国具体实际和时代特征相结合，以及怎样实现这种结合，始终是摆在各国共产党人面前的根本问题。在革命时期，以毛泽东同志为主要代表的中国共产党人，为了运用马列主义指导中国革命取得胜利，曾经以极大的理论勇气和思想力量，反对党内存在的教条主义。毛泽东尖锐地指出："我们的教条主义者是懒汉，他们拒绝对于具体事物做任何艰苦的研究工作，他们把一般真理看成是凭空出现的东西，把它变成为人们所不能够捉摸的纯粹抽象的公式"。② 他大声疾呼："成为伟大中华民族的一部分而和这个民族血肉相联的共产党员，离开中国特点来谈马克思主义，只是抽象的空洞的马克思主义。因此，使马克思主义在中国具体化，使之在其每一表现中带着必须有的中国的特性，即是说，按照中国的特点去应用它，成为全党亟待了解并亟须解决的问题。洋八股必须废止，空洞抽象的调头必须少唱，教条主义必须休息，而代之以新鲜活泼的、为中国老百姓所喜闻乐见的中国作风和中国气派。"③ 正是由于克服了教条主

---

① 《列宁全集》第 29 卷，人民出版社，2017，第 139 页。
② 《毛泽东选集》第 1 卷，人民出版社，1991，第 310 页。
③ 《毛泽东选集》第 2 卷，人民出版社，1991，第 534 页。

义，毛泽东同志带领党和人民成功地走出了一条中国特色的革命道路，夺取了新民主主义革命和社会主义革命的伟大胜利，创立了毛泽东思想，这是马克思主义基本原理与中国实际相结合的第一次伟大飞跃。

改革开放新时期，以邓小平同志为主要代表的中国共产党人，以巨大的理论勇气和思想力量，拨乱反正，重新确立了党的实事求是的思想路线，推动全党全国的思想解放，坚决克服思想僵化的教条主义。邓小平强调："我们现在所干的事业是一项新事业，马克思没有讲过，我们的前人没有做过，其他社会主义国家也没有干过，所以，没有现成的经验可学。我们只能在干中学，在实践中摸索"。[①] 正是由于解放思想、实事求是、开动脑筋、大胆探索，邓小平同志带领党和人民成功地开辟了建设中国特色社会主义的道路，创立了邓小平理论，这是马克思主义基本原理与中国实际相结合的又一伟大飞跃。

新世纪新阶段，以习近平同志为主要代表的中国共产党人，以巨大的理论勇气和思想力量，排除两个方面的干扰：既不走封闭僵化的老路，也不走改旗易帜的邪路，创造性地回答了新时代坚持和发展什么样的中国特色社会主义，怎样坚持和发展中国特色社会主义这一重大时代课题。习近平指出："实践没有止境，理论创新也没有止境。世界每时每刻都在发生变化，中国也每时每刻都在发生变化，我们必须在理论上跟上时代，不断认识规律，不断推进理论创新、实践创新、制度创新、文化创新以及其他各方面创新。"[②] 正是由于果敢地推进理论和实践的双重探索，以全新的视野深化对共产党执政规律、社会主义

---

① 《邓小平文选》第3卷，人民出版社，1993，第258~259页。
② 习近平：《决胜全面建成小康社会　夺取新时代中国特色社会主义伟大胜利——在中国共产党第十九次全国代表大会上的报告》，人民出版社，2017，第26页。

建设规律、人类社会发展规律的认识，习近平同志带领党和人民成功地走向了中国特色社会主义的新时代，创立了习近平新时代中国特色社会主义思想，这是马克思主义基本原理与时代特征和中国实际相结合的新的伟大飞跃。

马克思主义诞生后近 170 年间，社会主义理想、科学社会主义理论在世界上广大的地域内成为现实。历史已经并将继续证明，马克思主义基本原理、科学社会主义基本理论是经得起实践检验的，是站得住的。但是，有两个必须注意的历史现象。

其一是社会主义制度并不像马克思主义创始人所设想的那样，首先在资本主义最发达的国家中诞生，它诞生的地方倒是在资本主义欠发达甚至很不发达的国家。特别如中国这样的半殖民地半封建的东方大国，中国共产党领导人民经过艰苦卓绝的探索奋斗，不仅成功地完成了新民主主义革命和社会主义革命，建立了社会主义制度，而且成功地走上了中国特色社会主义的光明大道，社会主义在当代中国展现出强大的生命力和广阔的发展前景。总结这方面的历史经验，对于马克思主义、科学社会主义的发展，是十分重要的，是我国理论界的重大责任。

其二是社会主义制度在一些国家中建立起来以后没有能够长期巩固。20 世纪 90 年代初，苏联解体，东欧剧变，社会主义制度在这些国家中解体，这是共产主义运动历史上所遭遇到的最大失败。总结这方面的历史教训，对于马克思主义、科学社会主义的发展，也是十分重要的，同样是我国理论界的重大责任。这一方面的教训表明，社会主义是有可能被颠覆和逆转的。社会主义制度的建立是很不容易的，而社会主义制度的巩固，通过改革实现社会主义的自我完善、制度成型乃至成熟，更为艰难、更为复杂、更具挑战性。这也正如习近平反复告诫全党的那样，必须避免犯根本的颠覆性错误，必须保持忧患意识，毫不动摇地坚持和发展中国特色社会主义。他指出："坚持和发展中国特色社会主义是一篇大文章，邓小平同志为它确定了基本思路和基本原则，以江泽民同志为核心的党的第三代中央领导集体、以胡锦涛同志为总书记的党中央在这篇大文章上都写下了精彩的篇章。现在，我们这一代共产党人的任务，就是继续把这篇大文章写下去。"①

为更好地在新时代坚持和发展中国特色社会主义，习近平强调必须坚持党对一切工作的领导，准备进行具有许多新的历史特点的伟大斗争，不断推进伟大事业，建设伟大工程，实现伟大梦想，其中起决定性作用的是我们党正在深入推进的党的建设新的伟大工程。而为了推进伟大工程，就必须全面从严治党，把党建设得更加坚强有力；必须坚持以人民为中心，坚持人民主体地位，把人民对美好生活的向往作为奋斗目标，依靠人民创造历史伟业；必须坚持全面深化改革，坚持和完善中国特色社会主义制度，不断推进国家治理体系和治理能力现代化，坚决破除一切不合时宜的思想观念和体制机制弊端，构建系统完备、科学规范、运行有效的制度体系，充分发挥社会主义制度的优越性。党的十九大报告中概括了"八个明确"基本思想和"十四个坚持"基本方略，构成了思想完备、内容丰富、逻辑严密的科学体系——习近平新时代中国特色社会主义思想。这一思想，是对马克思列宁主义、毛泽东思想、邓小平理论、"三个代表"重要思想、科学发展观的继承和发展，是中国特色社会主义理论体系的重要组成部分，是马克思主义中国化最新成果，是 21 世纪中国马克思主义的标志性理论成果。

---

① 《习近平谈治国理政》，外文出版社，2014，第 23 页。

思　想　的　散　叶

1887年，恩格斯在致弗·凯利－威士涅威茨基夫人的信中说："我们的理论是发展着的理论，而不是必须背得烂熟并机械地加以重复的教条。"①130年后的今天，马克思主义创始人的这一伟大真理，在中国后继者那里得到了最好的实践和阐发，21世纪中国的马克思主义，已经并将进一步展现出更加灿烂的发展前景。

（原载《哲学研究》2017年第11期）

小注：

这是作者离开学术界十多年后于2016年重返中国社会科学院工作后发表的第一篇论文，写于党的十九大刚刚闭幕之时，应《哲学研究》编辑部之约，发表在该刊2017年第11期。此文力图将党的十九大报告作为一研究文本，将政治话语转化为学术话语，阐述习近平新时代中国特色社会主义思想在马克思主义发展史上的原创性贡献，是国内这方面研究最早的尝试之一，现在看来，这种尝试只是初步的。

---

① 《马克思恩格斯文集》第10卷，人民出版社，2009，第562页。

社会符号论的批判向度与力度
——基于唯物史观的一种考察

符号学被认为是当代人文社会科学发展最迅猛的显学之一。然而，蔚为大观的符号学文献，林林总总的诸种符号学流派和观点，其中的缺憾也是不容忽视的：除少数思想家如巴尔特、鲍德里亚等人的工作之外，基本都围绕语言问题来展开，语言成了符号学主要的（在不少论者那里甚至成了唯一的）研究对象；语言的泛滥与符号的泛滥同向发展，使得符号学渐趋技术化、专门化和学院化，成了私人化的"话语狂欢"；即使是对社会符号问题的研究，诸如巴尔特关于时装、意识形态等问题的分析，鲍德里亚对当代"消费社会"的批判，也由于方法论上的失误，而走向神秘化，从而失却了社会符号论应有的批判力度。

对社会符号论的研究，唯物史观不会也不应该缺席。诚然，唯物史观的创始人并没有系统的关于社会符号论的理论作品，但是，他们基于唯物史观批判地分析社会符号问题的方法论，至今仍具有鲜活而深邃的思想穿透力，系统地梳理并加以光大，不仅对于推动符号学特别是社会符号论的发展大有助益，而且也为唯物史观的当代发展增添新的可能性。

一 社会符号的颠倒与否定性

商品、货币、资本，是现代社会最重要的社会符号。马克思在《资本论》及其几大手稿中对这三种符号已经作了科学而透彻的政治经济学批判分析，其中所蕴含的立场与方法、批判向度与力度是无与伦比的。

商品，作为一种符号，既简单又神秘，商品之谜表现在它具有可感觉而又超感觉的性质。马克思说："最初一看，商品好像是一种简单而平凡的东西。对商品的分析表明，它却是一种很古怪的东西，充满形而上学的微妙和神学的怪诞。"①

任何商品首先是一种有用物，物的有用性使物具有使用价值。使用价值实质上表示物的为人存在，反映个人对自然的关系，是商品的自然存在、自然对象性。从使用价值来看，商品体首先是为满足人的需要而生产出来的劳动产品，反映了人能动地改造自然的物质变换过程。就使用价值而言，物的为我关系是直接的，人对自然的关系是澄明的。

但是，商品之别于产品（还未取得商品形态的劳动产品），并不在于使用价值。商品生产者把产品作为商品生产出来，不是为了满足自身的需要，而是为了满足别人和社会的需要，这就必须通过商品交换。要使交换能够达成，不同的商品生产者必须不仅在观念上而且在实践上确定不同质的使用价值之间相交换的量的关系和比例，这种量的关系和比例完全舍弃了不同商品体的质（使用价值）的差别，这就产生

---

① 《马克思恩格斯文集》第5卷，人民出版社，2009，第88页。

了交换价值。交换价值是不同商品体的交换关系的抽象，其实质是对使用价值的否定，是对商品体的自然存在、自然对象性的否定。

"在最原始的物物交换中，当两种商品互相交换时，每一种商品首先等于一个表现出它的交换价值的符号"。[①]通过交换价值，不同种特殊的有用劳动（具体劳动）被否定了，决定不同商品之间的交换能够达成的，仅仅是在商品的交换价值中表现出来的无差别的人类劳动的单纯凝结，它形成商品的价值。商品也就必然具有了二重的形式：自然形式和价值形式、自然对象性和价值对象性、自然存在和纯经济存在。

"商品的价值对象性不同于快嘴桂嫂，你不知道对它怎么办。同商品体的可感觉的粗糙的对象性正好相反，在商品体的价值对象性中连一个自然物质原子也没有。"[②]这种价值对象性既不能靠"显微镜"也不能靠"化学试剂"，只有靠科学的抽象才能揭示出来。商品仅仅在交换中才是价值。价值不仅是商品的一般交换能力，而且是它的特有的可交换性，同时是一种商品交换其他商品的比例的指数。因而，价值是商品的社会关系，是商品的经济上的质。正是在普遍的交换关系中，产品作为商品的价值和作为产品的自身（使用价值）是分离的、对立的，它作为价值对象性同时取得一个和它的自然存在不同的存在：纯经济存在。"在纯经济存在中，商品是生产关系的单纯符号，字母，是它自身价值的单纯符号"。[③]

商品作为一种符号，其神秘性质不是来源于商品的使用价值，也不是来源于价值规定的内容，而恰恰来源于商品形式本身：人类劳动

---

① 《马克思恩格斯文集》第 8 卷，人民出版社，2009，第 39 页。
② 《马克思恩格斯文集》第 5 卷，人民出版社，2009，第 61 页。
③ 《马克思恩格斯文集》第 8 卷，人民出版社，2009，第 38 页。

的等同性，取得了劳动产品的等同的价值对象性这种物的形式；劳动的社会规定借以实现的生产者的关系，取得了劳动产品的社会关系的形式。而这，恰恰来源于生产商品的劳动所特有的社会性质，即私人劳动的二重性质的不断展开。使用物品成为商品，只是因为它们是彼此独立的私人劳动的产品，各种私人劳动的总和形成社会总劳动。一方面，私人劳动必须作为某种对社会有用的劳动来满足一定的社会需要，从而证明是社会总劳动的一部分，是整个社会分工体系的一部分；另一方面，只有在每一种特殊的有用的私人劳动可以同任何别的有用的私人劳动相交换从而相等时，单个的私人劳动才能满足生产者本人的各种需要。不同的私人劳动之所以能够相等，只是因为它们的实际差别已被抽去，被化成人类劳动力的耗费、作为抽象的人类劳动所具有的共同性质。但是，私人劳动的这种二重性质，只是反映在实际交易、产品交换中表现出来的那些形式中，即把他们的私人劳动的社会有用性，反映在劳动产品必须有用，而且是对别人有用的形式中，反映在这些不同的劳动产品具有共同的价值性质的形式中。

"可见，人们使他们的劳动产品彼此当做价值发生关系，不是因为在他们看来这些物只是同种的人类劳动的物质外壳。恰恰相反，他们在交换中使他们的各种产品作为价值彼此相等，也就使他们的各种劳动作为人类劳动而彼此相等。他们没有意识到这一点，但是他们这样做了。因此，价值没有在额上写明它是什么。不仅如此，价值还把每个劳动产品转化为社会的象形文字。后来，人们竭力要猜出这种象形文字的涵义，要了解他们自己的社会产品的秘密，因为把使用物品规定为价值，正像语言一样，是人们的社会产物。"[1] 价值之所以具有把

---

① 《马克思恩格斯文集》第 5 卷，人民出版社，2009，第 91 页。

劳动产品变成"社会的象形文字"即特定社会符号的功能，主要在于价值本身是消除了产品的自然特性从而使不同种的劳动可以通约的抽象人类劳动在商品中的单纯凝结，使得商品因此而获得可感觉而又超感觉的性质，而这，恰恰是人类社会实践发展到一定历史阶段的产物。因而，商品、价值，作为一种"社会的象形文字"，作为特定的社会符号，既不是人类头脑固有的，也不是自人类产生就永远具有的，归根到底反映了一定历史阶段的人们一定的社会关系。

"每个商品都是一个符号"。[①]如果借用索绪尔、巴尔特等人的术语而舍弃其内涵，商品作为一种符号，有三个层次或要素。（1）**所指**即对象，也即商品体本身，又有二重存在：自然存在（使用价值）、纯经济存在（价值）。（2）**能指**即表现形式或表达方式，即价值、交换价值（它本身又是价值的表现形式）。（3）**意指**即能指所承载和指向的意义，也有二重：物的关系、人的关系。纯粹的产品或物品即未转化为商品的产品或物品，其所指是有用物或物的有用性（也可说是使用价值），体现为满足个体（生产者）本身需要的对象；其能指表示对象（物）与人的需要之间的一种对应关系、契合关系，这种关系越正向，肯定性越高，能指也就越为人们所接受和传播；其意指反映通过能指表达的意义。在产品这里，符号的所指、能指、意指呈现出未分离的直接的统一，是正向的解释的闭环系统。而商品作为一种特定的社会符号，其产生和发展具有重大的意义，它标示着：其一，活动的不断分化和扩大。商品的产生，首先表明剩余产品的形成和增多，而这标示出生产、分工、交往的不断扩大，活动的私人性质被否定，个别劳动越来越转化为社会劳动。但在相当长历史时期内，劳动的社会性质更多地

---

① 《马克思恩格斯文集》第5卷，人民出版社，2009，第110页。

体现为具有从属地位的东西，劳动的自然形式、特殊形式是劳动的直接社会形式。因而，在那时，所谓劳动的社会性，即通过一定的交换价值而体现出来的东西，更多的是在共同体的尽头存在的，随着这种形式的发展，这些共同体也就瓦解了。而商品的普遍化，特别是转化为资本的商品，却是以这种历史形式的充分发展为前提的。其二，关系的普遍化。产品、使用价值反映人与自然的关系，反映个人对某一特殊的有用物的关系，这种关系是简单而原始的。而商品、交换价值和价值反映人们普遍的社会关系，从而人与自然的关系也愈益打上社会关系的烙印并为之所支配。其三，人本身的更新。商品生产和交换的充分发展，高度专业化的分工体系，使人们的活动和关系不断超出直接的、简单的、有限的目的，进而使人本身呈现出既片面又独立的多样化发展，商品因此具有了文化的意义。

但是，这一切又都是以否定性为媒介，以普遍的分离、颠倒、对抗的形式来实现的。从使用价值到交换价值、价值，本质上是以否定性为媒介的客观抽象过程。商品符号的能指——交换价值和价值，首先就是对使用价值的否定，这种否定绝非鲍德里亚所分析的那样，是简单地否定（取消）使用价值本身，相反，只是扬弃了使用价值的片面性、易逝性，以及同单个人之间建立在自然必要性基础上的活动和联系的简单性，并在扬弃的形式下使为己的使用价值成为他人的使用价值。

商品是与私有制及其不同形式的发展相生相随的，并且以后者为前提。而私有制意味着人的活动产物对人本身的否定，因而商品作为其派生物从一开始就体现为一种颠倒与否定性的力量和关系。从符号的角度看，既体现为所指的二重化——自然存在（使用价值）与纯经济存在（价值）——的分离，更体现为能指与所指的分离与颠倒——

能指否定、支配乃至吞掉了所指，还体现为能指与意指的分离与颠倒——能指消弭、吞掉了意指。其一，活动的异化。商品作为一种社会符号，其能指即价值、交换价值成为商品社会的"霸主"，这表明恰恰是在商品符号中，活动的过程和成果的不断扩大，成为否定人的本质力量、支配人本身的异己力量，成为一种异化。因而，商品作为一种社会符号所反映的劳动的社会性是以颠倒的形式来呈现的，所标示的对人的发展的肯定性意指是通过否定的形式来体现的。其二，关系的异化。商品的能指即价值、交换价值反映着人们之间普遍的社会关系，但又是在物的外壳包裹下的普遍关系，因而体现了人对物的全面依赖以及由此带来的物的关系对人的关系的统治、关系对于人的外在性和独立性。这里的关系是全面的颠倒与否定的关系。关系的为我性质被否定了，变成了为他的关系，对每一个商品生产者和拥有者来说，商品作为一种符号，完全成了"他者"，成了异己的关系。其三，人本身发展的异化。商品的能指即价值、交换价值总是力图打破一切界限，因而，一方面，客观上标示出人们愈益打破各种血缘的、地方的、民族的界限，从而可能获得全面的发展；但另一方面，这种发展在其最发达的形式——资本主义社会中，本身又采取了最大限度地牺牲个人的方式，使得人本身的发展与每个个人的发展呈现尖锐的对抗。这表明，商品本身有着不可消弭的界限，其能指与所指、能指与意指的矛盾始终是存在的，其解决方式不过是将矛盾以另一种新的形式生产出来。

商品作为一种符号，其能指与所指、能指与意指的矛盾，能指对所指、能指对意指的颠倒、否定和异化，在商品拜物教中得到了集中的体现。马克思说："商品形式和它借以得到表现的劳动产品的价值关系，是同劳动产品的物理性质以及由此产生的物的关系完全无关的。

这只是人们自己的一定的社会关系，但它在人们面前采取了物与物的关系的虚幻形式。因此，要找一个比喻，我们就得逃到宗教世界的幻境中去。在那里，人脑的产物表现为赋有生命的、彼此发生关系并同人发生关系的独立存在的东西。在商品世界里，人手的产物也是这样。我把这叫做拜物教。劳动产品一旦作为商品来生产，就带上拜物教性质，因此拜物教是同商品生产分不开的。"① 商品的拜物教性质，商品符号的能指——价值、交换价值的可感觉而又超感觉的性质，也是商品及其发展形式——货币、资本问题上一切唯心史观产生的重要原因。

商品作为社会符号的颠倒与否定性，在货币符号中得到了进一步的展开，其虚幻性质更加神秘、更加耀眼，异化性质更加尖锐了。

货币作为商品价值形式的进一步发展，首先是对简单的物物交换的否定。两种不同的商品由于各自拥有者并不直接需要对方手中的商品，但又必须达成交易才能在市场上找到各自需要的商品，就要有一个第三物相交换。这个第三物首先是一种商品，不同的特殊商品可以同它相交换，因而它就不再是一个特殊的商品，而只是一种单纯的价值符号，是商品的商品的象征，是商品这一社会符号的符号，它代表劳动时间本身。正是社会的活动使一种特定的商品成为一般等价物从诸种商品中分离出来，通过它来全面表现其他商品的价值，从而这一商品的自然形式就成为社会公认的等价形式，成为一种社会象征。事实上，它仅仅表现一种社会关系。由于这种社会过程，产生了对简单的物物交换关系的否定形式，即作为一般等价物的单纯的价值符号——货币。货币的产生，使商品交换获得了典型的形式，即 W—G—W。这样一种实践的推理和抽象是一系列历史条件和活动过程反复

---

① 《马克思恩格斯文集》第 5 卷，人民出版社，2009，第 89~90 页。

进行的结果。被用作交换媒介的商品，只是逐渐地转化为货币，转化为一个象征，一旦这样一个实在的过程完成，这个商品本身就可能被它自己的象征所代替，"成了交换价值的被人承认的符号"。①从历史上看，牲畜、石块、铁、铜等都曾充当过货币。随着商品交换突破地方的限制，货币形式也就日益转到那些天然适于执行一般等价物这种社会职能的商品——贵金属身上。金银天然不是货币，但货币天然是金银。随着商品生产和交换的普遍化，货币的社会符号职能日益丰富起来，从而其颠倒与否定性质也令人眼花缭乱地展现出来：脱离商品而独立；由手段变成目的；通过否定自己的目的同时来实现自己的目的；通过使商品同交换价值分离来实现商品的交换价值；通过使交换分裂来使交换易于进行；通过使商品交换的困难普遍化来克服这种困难；按照生产者依赖于交换的同等程度来使交换脱离生产者而独立。

作为一种价值尺度，货币的所指虽然也包含自然存在（使用价值）和纯经济存在（价值），但由于它作为一般等价物的特殊属性，使得它的自然存在即使用价值也获得了二重的存在：一种是它和其他一切商品所共有的特殊的使用价值，例如金可以制作成戒指，成为爱情的象征；一种是它所具有的、而其他一切商品不具有的充当其他一切商品等价物的使用价值，而这种使用价值又是其社会职能所赋予的。从而在货币这里，人与自然的关系，愈益打上社会的烙印并为社会关系所支配。

作为一种流通手段，作为商品的商品的象征，货币在它的价值形态上蜕掉了它自然形成的一切痕迹，蜕掉了创造它的那种特殊有用劳动的一切痕迹，蛹化为无差别的人类劳动的化身。因为从货币这一符

---

① 《马克思恩格斯文集》第8卷，人民出版社，2009，第42页。

号上看不出它是由哪种商品转化来的，不仅如此，货币还将商品本身
否定了，将它与商品的关系颠倒了。它在人们面前展现的不是它作为
商品交换的媒介性质，不是其他商品的交换价值的承担者，反倒是其
他一切商品只有通过它才能实现自身的价值。"货币从它表现为单纯流
通手段这样一种奴仆形象，一跃而成为商品世界中的统治者和上帝。"①

不仅如此，货币作为流通手段，随着交换的日趋丰富、频繁和普
遍，进而衍化出货币的铸币形式。先是金币、银币、铜币、金记号、
银记号、铜记号，直至产生纸币。铸币特别是纸币的产生，是对货币
的物理性质和自然形式的否定，纸币是金的符号或货币符号，即社会
符号的符号。它的运动只表示商品形态变化 W—G—W 的对立过程的
不断相互转化。在这里，商品的交换价值的独立表现只是转瞬即逝的
要素，因而，在货币不断转手的过程中，单有货币的象征存在就够了，
"货币的职能存在可以说吞掉了它的物质存在"，**能指吞掉了所指**。"货
币作为商品价格的转瞬即逝的客观反映，只是当做它自己的符号来执
行职能，因此也能够由符号来代替。"②

作为一种支付手段和信用符号，货币成为"社会的抵押品"。其作
为一般等价物的抽象的社会性，即抽掉了每一种具体劳动的特质的折
合为量的比例关系的抽象劳动的社会性，较之其他一切商品愈发抽象
起来，量对质的支配、以量吞没质的特征更趋鲜明，"正如商品的一切
质的差别在货币上消灭了一样，货币作为激进的平均主义者把一切差
别都消灭了。"③

作为财富的化身或代表，货币成为"不断扩大的社会权力"的

① 《马克思恩格斯全集》第 30 卷，人民出版社，1995，第 173 页。
② 《马克思恩格斯文集》第 5 卷，人民出版社，2009，第 152 页。
③ 《马克思恩格斯文集》第 5 卷，人民出版社，2009，第 155 页。

符号。正因为从货币身上看不出它是由什么东西变成的，所以，一切东西，无论是否是商品，都可以变成货币，都可以买卖。"流通成了巨大的社会蒸馏器，一切东西抛到里面去，再出来时都成为货币的结晶。"①拥有货币就拥有了财富，对财富的渴望变成对货币的无止境的追逐，货币因此拥有了一种不断扩大的社会权力，成为社会权力的象征。货币的这一符号功能就将它自身产生时的流通手段功能否定了，成为对自身的否定。货币作为一般社会财富的符号，呈现出一种无个性的普遍支配权，它完全不以对自己占有者的任何个性为前提；占有货币不是占有者个性的某个本质方面的发展，毋宁说，这是占有无个性的东西，这个东西可以机械地被占有，也可以同样丧失掉，成为既令人发狂又不可捉摸的东西。作为一种社会符号，它的魔力得到进一步的展现。

作为世界货币，货币的社会符号功能真正打破了各民族的地域限制，使得商品的国际性获得了一种普遍的形式。只有在世界市场上，货币才充分地作为这样一种商品起作用，它的自然形式同时就是抽象人类劳动的直接的社会实现形式，"货币的存在方式与货币的概念相适合了"。②在这里，货币执行一般支付手段的职能、一般购买手段的职能和一般财富的绝对社会化身的职能，从而获得一种超越个体、民族和国家的"超能力"。世界货币成为完全社会化的符号，即突破任何自然界限的符号。

社会符号从商品到货币的演变表明：作为人的活动产物，作为一种实践的推理和抽象，作为物的关系形式下的一定社会关系的反映，商品进而货币，一旦被人们创造出来，就如同打开了"潘多拉的魔

---

① 《马克思恩格斯文集》第 5 卷，人民出版社，2009，第 155 页。
② 《马克思恩格斯文集》第 5 卷，人民出版社，2009，第 166 页。

盒"，愈益成为对人本身的否定，成为人的异己力量，成为人们的异己的社会关系。其符号本身的所指与能指的分离与对立，能指对所指和意指的颠倒与否定，就愈发呈现出一种不可遏制的必然趋势。

如此一来，商品拜物教也就必然发展为货币拜物教。一种商品成为货币，似乎不是因为其他商品都通过它来表现自己的价值，相反，因为这种商品是货币，其他商品才都通过它来表现自己的价值。媒介运动在它本身的结果中消失了，而没有留下任何痕迹。"商品没有出什么力就发现一个在它们之外、与它们并存的商品体是它们自身的现成的价值形态。这些物，即金和银，一从地底下出来，就是一切人类劳动的直接化身。货币的魔术就是由此而来的。……货币拜物教的谜就是商品拜物教的谜，只不过变得明显了，耀眼了。"①货币拜物教充分说明了货币这一社会符号的颠倒与否定性质。

资本，作为一种社会符号，既是对商品、货币的否定（扬弃），又是商品发展的最高形式，是货币的完成形态。在资本身上，社会符号的颠倒、错乱、否定性质获得了最典型、最深刻的体现。

资本，作为货币形式的进一步发展，首先体现为对货币自身的僵硬性的否定，从一个可以捉摸的东西变成一个永不停息的运动过程。从 W—G—W 到 G—W—G′，货币发生了根本性的变化，转化为资本，体现为永久化的自我增殖而实现的运动。资本否定了货币单纯流通手段的职能，体现为带来货币的货币，创造价值的价值。在资本总公式中，终点 G′ 之别于起点 G，就在于 $G'=G+\triangle G$，这个超过原价值的增殖额即剩余价值，来源于工人即活劳动创造的超过必要劳动（时间）的剩余劳动（时间）。这种剩余劳动（时间）又被资本家所占有，体现

---

① 《马克思恩格斯文集》第 5 卷，人民出版社，2009，第 112~113 页。

为资本的要素和力量。因此，货币转化为资本，本身体现为一系列否定性环节的运动，是在商品、货币形式上逐渐发展起来的颠倒与否定性质的尖锐化、隐蔽化和典型化。

从货币转化为资本，是一系列历史条件相互作用的必然产物。一方面，由劳动创造的劳动条件即生产资料、生活资料同劳动相分离，作为物化劳动日益集中到少数人即资本家手里；另一方面，资本家作为货币所有者，又能够在商品市场上找到自由的工人。所谓自由，一则工人是自由人，作为活劳动能够把自己的劳动力当作自己的商品来支配；二则他也没有别的商品可以出卖，自由得一无所有。上述两方面的条件则是旧的所有制关系、社会关系——无论是奴隶制，还是封建制，无论是行会制度，还是手工作坊等形式——解体的结果，因而本身体现为对旧的所有制关系、社会关系的否定（扬弃）。

如此一来，在资本这一社会符号中，关系的独立化、颠倒与否定性就日趋尖锐起来，所有权同劳动相分离，物化劳动同活劳动的对立愈益尖锐。活劳动，作为非资本的劳动，是同劳动的全部客观性（原料、工具等）相分离的劳动，是完全被排除在物质财富之外的非价值，是没有媒介的纯粹对象性的使用价值，是劳动本身的非对象化的主体的存在。物化劳动即资本，则是作为对象化即作为现实性而存在的一般财富，一方面，它本身不过是以往劳动产品的累积而同劳动相分离，归少数资本家所有；另一方面，因为它是一般财富，不断增殖才是它的本性，它又必须通过在商品市场上购买活劳动，从而使创造价值及剩余价值成为可能。而活劳动只有通过物化劳动，通过和资本的接触，才能使本身作为创造价值的活动的单纯可能性成为实际的活动。但这一切，在现实中，都只是表现为资本的活动、资本的过程、资本的力量。对资本来说，这种活动只能是资本本身的再生产——保存和增殖资本。这当然是一种实质的颠倒与否定，是劳动者与劳动产品（劳动条件）、活劳动与物化劳动、价值的创造与价值的关系的颠倒与否定。物化劳动作为劳动条件，作为某种独立的、人格化的东西同工人相对立，不是工人使用劳动条件，而是劳动条件使用工人。

物化劳动与活劳动的对立，是主体和客体关系的颠倒。资本家购买和工人出卖的是劳动能力的使用价值，是创造和增加价值的力量，而这种力量本质上并不属于工人，而属于资本。当资本把这个力量并入自身时，它就有了活力，并且用"好像害了相思病"的冲劲开始去劳动，从而活劳动就成为物化劳动保持和增殖自身的一种手段，过去的物化劳动统治了现在的活劳动。"这个对象化过程实际上从劳动方面来说表现为劳动的外化过程，从资本方面来说表现为对他人劳动的占有过程，——就这一点来说，这种扭曲和颠倒是真实的，而不是单纯想象的，不是单纯存在于工人和资本家的观念中的"。[①]

问题的吊诡之处还在于，物化劳动与活劳动的对立、普遍的异化、主体客体关系的实在的颠倒，在资本的形式中，又表现为纯粹的货币买卖关系，因而披上了自由、平等的外衣。资本家和工人、物化劳动和活劳动之间的关系，不同于主人和仆从、教士和僧侣、封建主和陪臣、师傅和帮工之间的关系，而是剥掉了一切政治的、宗教的伪装。这种关系在现象上和双方的意识中被归结为单纯的买和卖的关系，因而表现为单纯的生产关系——纯粹的经济关系，表面上似乎是平等交换的关系，这恰恰遮蔽了资本家无偿占有他人劳动的实质。资本家通过同工人的交换过程，无偿地得到了两种东西：一是得到了增加他的资本价值的剩余劳动，即剩余价值；二是同时得到了活劳动的质，这

① 《马克思恩格斯文集》第8卷，人民出版社，2009，第207~208页。

种质使物化在资本的各个组成部分中的过去劳动得到保存，从而使原来的资本的价值得到保存。表面上的平等、自由交换关系掩盖着真实的不平等、不自由。

资本作为一种特定社会符号，本性在于不断增殖，即疯狂地追逐剩余价值，体现为力图超越各种界限的无止境的、无限制的欲望和力量。一方面，它将商品、货币的天生国际派的性质发挥到极致，在这里，任何一种界限都是对资本的限制，都是要被打破的，否则它就不是资本了；另一方面，正因为资本不可遏制地追逐剩余价值，凡是能够使资本增殖的因素，都会被资本纳入自己的体系和力量。这样一来，社会财富的巨大的积累也就表现为资本的力量。在资本主义社会，财富作为资本的力量，当它表现为媒介、表现为交换价值和使用价值这两极之间的中项时，总是在最高次方上表现为交换价值。"当社会生产过程的一般条件……借助于作为资本的资本创造出来的时候，资本就达到了最高发展。这一方面表明，资本在多大程度上使一切社会生产条件从属于自己，因此另一方面也表明，社会再生产的财富在多大程度上资本化了"。[①] 资本主义生产方式还使科学分离出来成为服务资本的独立力量，正是这种分离和独立成为科学和知识的发展条件。正因为资本驱使工人从事这种超过他们的直接需要的劳动，所以资本创造文化，执行一定的历史的、社会的职能。

但是，在资本的范围内，所有这一切，都表现为资本的力量而与工人相对立。一方的自由发展是以工人必须把他们的全部时间，从而把他们发展的空间完全用于生产为基础的；一方的人的能力的发展是以另一方的能力的发展受到限制为基础的。这既是资本与工人、物

---

① 《马克思恩格斯全集》第46卷（下），人民出版社，1980，第25页。

化劳动与活劳动的关系的全面异化，又是资本关系中固有的矛盾。因而，科学进步及其在生产中的应用，机器大工业的发展，使物化劳动对活劳动的统治，资本家无偿占有工人的剩余劳动，"不仅成为表现在资本家和工人之间的关系上的社会真实，而且还成为可以说是工艺上的真实"。①

从商品到货币再到资本，社会符号的颠倒与否定性质体现为渐趋深入、全面且对抗的过程。在资本这一社会符号身上，所指——劳动的物化形态与活动形态、价值（剩余价值）与使用价值，能指——价值（剩余价值），意指——物的关系与人的关系，呈现为全面的分裂、颠倒、否定和对抗，**能指吞掉所指，控制、遮蔽意指**，具有全面的异化性质和虚幻性质，并在生息资本身上取得了最表面、最富有拜物教性质、也是最神秘的形式。如果说在 G—W—G′ 这一资本总公式上，至少还存在着资本运动的一般形式，——作为资本最初起点的货币，本来是一个已经完成的资本，是生产过程和流通过程的统一，是在一定时期内提供一定剩余价值的资本，——到了生息资本的公式 G—G′ 中，则归结为两极 G—G′，即创造更多货币的货币，运动转化消失了，没有任何中项，资本表现为利息的即资本自身增殖的神秘的自行创造的源泉。这样一来，在生息资本上，这个自动的拜物教，即自行增殖的价值，会生出货币的货币，就纯粹地直接地表现出来了，在这个形式上再也看不到它的起源的任何痕迹了，社会关系最终成为一种物即货币同它自身的关系。进一步地说，在资本—利息、土地—地租、劳动—工资的三位一体公式中，资本主义生产方式的神秘化、社会关系的物化、物质生产关系和它的历史社会规定性直接融合在一起的过程

---

① 《马克思恩格斯文集》第 8 卷，人民出版社，2009，第 355 页。

已经完成。"这是一个着了魔的、颠倒的、倒立着的世界。在这个世界里，资本先生和土地太太，作为社会的人物，同时又直接作为单纯的物，在兴妖作怪。"①

如果将对社会符号的批判性考察从经济领域转到政治领域，可以看到，社会符号的颠倒与否定性质同样十分普遍，只不过具有别样的景致罢了。在被恩格斯称为天才著作的《路易·波拿巴的雾月十八日》连同在它以前撰写的连载文章《1848 年至 1850 年的法兰西阶级斗争》中，马克思运用唯物史观，通过对 19 世纪上半期法国经济史的研究，"从政治形式的外表深入到社会生活的深处"令人信服地揭示出法国社会经济关系的变化、阶级关系的变化和阶级斗争怎样合乎逻辑地"造成了一种局势和条件，使得一个平庸而可笑的人物有可能扮演了英雄的角色"。②

在马克思看来，一切政治斗争、政治事件，无论多么复杂，结局多么荒诞，只要刺破话语的泡沫和圈套，透彻地剖析各阶级、阶层之间基于经济基础的利益关系，就都变得可以理解了。比如，拿破仑这个人物，在 1848 年的法国，就有其政治符号的特定含义。在当年 12 月 10 日的选举中，社会各阶级、阶层为什么一致投票拥护拿破仑（其实是他的侄子路易·波拿巴）？马克思指出，"拿破仑是联合起来反对资产阶级共和国的一切派别的集合名词"。而 1848 年 12 月 10 日的选举中，起决定作用的是法国农民，这一天也被称为"农民起义的日子"。"这种表示他们投入革命运动的象征既笨拙又狡猾、既奸诈又天真、既愚蠢又精明，是经过权衡的迷信，是打动人心的滑稽剧，是荒诞绝顶的时代错乱，是世界历史的嘲弄，是文明人的头脑难以理解的

---

① 《马克思恩格斯文集》第 7 卷，人民出版社，2009，第 940 页。
② 《马克思恩格斯文集》第 2 卷，人民出版社，2009，第 466 页。

象形文字"。① 在当时的法国农民眼中，拿破仑是最充分地代表了 1789
年新形成的法国农民阶级的利益和幻想的唯一者，因而拿破仑"不是
一个人物，而是一个纲领"。他们举着旗帜，奏着乐曲走向投票站，高
呼"取消捐税，打倒富人，打倒共和国，皇帝万岁！"② 由他们投票推
翻的共和国是富人共和国。其余各阶级则帮助农民完成了选举的胜利。
对无产阶级来说，"选举拿破仑"就意味着取消资产阶级共和主义；对
小资产阶级来说，"拿破仑"意味着债务人对债权人的统治；对于大资
产阶级中的多数来说，"选举拿破仑"意味着他们对曾经暂时利用来
对付革命的那个集团日益加深的不满，必须与之公开决裂；军队投票
"选举拿破仑"意味着反对和平牧歌而拥护战争。这样一来，路易·波
拿巴·拿破仑，仅仅因为他是拿破仑的侄子，与他那个伟大的叔父的
姓氏联系在一起，就使得"法国一个最平庸的人获得了最多方面的意
义。正因为他无足轻重，所以他能表明一切，只是不表明他自己"。③
在这里，"拿破仑"这样一个政治符号被赋予多方面的意指，——一个
所指有多个能指，多个能指又衍化出多个意指；多个意指的背后又是
各阶级、阶层的利益关系，但却采取了颠倒的、否定的甚至滑稽的闹
剧形式；符号的能指与所指、意指的分离、颠倒与否定性质既是真实
的，又是虚幻的；他被赋予代表多种意义，唯独不代表他自己。马克
思的精辟分析，揭示了在政治领域，如同在经济领域一样，**社会符号
的颠倒与否定性质，即反向的能指、意指特征**：平等恰恰意味着不平
等，自由恰恰表明不自由，博爱恰恰表明仇恨，团结恰恰表示分裂，
忠诚恰恰表示背叛，勇敢恰恰表明怯弱，和平恰恰表明战争，警察恰

---

① 《马克思恩格斯文集》第 2 卷，人民出版社，2009，第 116 页。
② 《马克思恩格斯文集》第 2 卷，人民出版社，2009，第 116 页。
③ 《马克思恩格斯文集》第 2 卷，人民出版社，2009，第 117 页。

恰意味着小偷，等等。

二　颠倒与否定性之源

社会符号诸如商品、货币、资本乃至拿破仑（路易·波拿巴）等，之所以是头足倒置的、颠倒的、否定的，社会符号中能指对所指的否定、能指与意指之间的否定之所以是普遍的，从根源上说，在于实践的基本矛盾运动及由此规定的实践的辩证本质。

马克思说："环境的改变和人的活动或自我改变的一致，只能被看做是并合理地理解为革命的实践。""全部社会生活在本质上是实践的。凡是把理论引向神秘主义的神秘东西，都能在人的实践中以及对这种实践的理解中得到合理的解决。"① 对于实践的本质的理解，具有决定性意义的环节有三个。

其一，实践是环境的改变与人的自我改变的一致。实践的基本矛盾是对象化与非对象化的矛盾。实践不仅表现为主体对客体的加工，即对环境的改造，而且更重要的，体现为通过消费实践的成果，再生产出具有新的素质、需要与能力的主体，即人对自身的改造。对象化，即主体客体化，是将人的本质力量，从主体存在方式即活动的方式，转化为客观对象的存在，体现为人对环境的改造。而非对象化，即客体主体化，是客体（包括前人的活动成果）从客观对象的存在方式转化为主体活动的内容和形式，使主体活动受客体的属性和客观规律的制约而成为客观的活动，成为不同主体之间可以理解、认同和交换的活动，并通过占有和享用活动成果而塑造、发展人的本质力量，

---

① 《马克思恩格斯文集》第 1 卷，人民出版社，2009，第 500、501 页。

进而克服人自身的既有局限性，达到人的自我更新、自我确证、自我实现和自我超越，体现为人的自我改造。整个人类实践，全部社会生活，就是环境的改变与人的自我改变、对象化与非对象化的矛盾运动的永不停息的发展过程。

其二，媒介性（中介性、间接性）是实践活动的基本特征之一。动物的活动也有对象，但这种对象对它来说并不构成关系，因为动物没有自我意识，更不可能通过制造和使用工具为媒介建立起与对象之间的关系。"凡是有某种关系存在的地方，这种关系都是为我而存在的；动物不对什么东西发生'关系'，而且根本没有'关系'；对于动物来说，它对他物的关系不是作为关系存在的。"① 而人类的实践不仅是对象性活动，而且是对象化活动。在实践中，作为活动主体的人，不仅和外界对象发生对象性关系，而且借助"人造工具"将这种对象性关系同时转化为对象，建构起"对关系的关系"，从而将人自身也转化为改造的对象。媒介性，是人类实践之别于（高于）动物本能性活动，同时也是实践不断再生和变革发展的重要标志。在实践中，主体与客体互为媒介，主体与客体的相互作用又以交往为媒介；无论是生产，还是消费，——它们不过是实践的不同方式——都以制造和使用工具的活动为媒介；无论是物质生产，还是物质交往，又都以观念过程（精神生产和精神交往）为媒介；而实践活动中的物质变换和精神变换，又以主体对客体的价值（意义）关系为媒介。实践活动的媒介性质是一切符号由以产生的源泉。

其三，实践的辩证本质是以否定性为媒介的关系、活动和过程。实践之所以是革命的，就在于它是永不满足、永不停息的对环境的改

---

① 《马克思恩格斯文集》第 1 卷，人民出版社，2009，第 533 页。

变与人的自我改变相统一的活的历史过程。所谓改变，也就是否定（克服）对象（环境）及人本身的既有状态（"是"），达到一种理想的状态（"应该"）。对象化与非对象化，作为实践过程的两个方向相反但又互为前提的方面，处于永恒的矛盾运动中，并由此造成不同阶段上实践的历史性变化；对象化与非对象化的矛盾展开的过程，也是人与自然、人与社会、人与自身三重关系以否定性为媒介的运动变化的过程。从一定意义上说，媒介即否定，它介于主体与客体两极之间，既是对客体的自在状态的否定，也是对主体既有的观念、能力的否定。

实践中的主体客体关系首先表现为人对自然的改造关系，这种改造包含了对外部自然和人自身的自然的双重改造。自然界不会自动地满足人的需要。相反，自然界在其自在形态上往往表现出对人来说的异己性，通过各种自然力例如严寒、酷暑、洪灾、大火、地震乃至各种病毒等来反对人。就此而言，自然界对人的关系自在地是一种异己的关系。人以实践的方式改造自然界，就是否定这种异己性，即扬弃自然界的自在性和异己性，使之服从并服务人的目的，趋利避害，化险为夷。这个否定（对否定的否定）所造成的结果是双重的：外部自然力的破坏性被克服，成为人的本质力量；同时，人自身的自然也被否定，将人的自然本能改造成人的社会性。从人对社会的改造来说，社会首先是作为前人实践的结果呈现给当下实践主体的，因而，社会关系、社会环境对现实的主体来说，也会表现为一种自在状态，也不可能自动地满足现实的人的需要。相反，它们往往也会表现出对现实的人的异己性，例如，奴隶制社会关系对奴隶来说是一种自在的、异己的关系；封建的生产关系不仅对农民，而且对新兴的市民阶层都是一种自在的、异己的关系；资本的生产关系对工人同样是一种自在的、异己的关系。自在即现实的实践主体不能选择的社会关系；异己即现实的实践主体想要改变的社会关系。因此，社会对人的关系作为一种既成的存在，自在地也是一种否定的关系。人以实践的方式改造社会，通过革命（包括改革等）的方式否定这种否定性，从而扬弃旧的社会关系的自在性、异己性、不合理性，使之服从人本身发展的目的和天性，从而使社会关系成为更合乎人的发展需要、更加合理和美好的力量。这后一个否定所引起的结果也是双重的：社会环境得到改造，旧的束缚人、统治人的力量被克服，成为人的新的本质力量即新的正向社会力量；同时，人自身也获得了解放，获得新的需要、能力、素质等。

必须指出，人通过实践对自然界、社会和人自身的自在性、异己性的否定，不是消极的、机械的、单纯的否定，而是辩证的否定，即作为联系的环节、发展的环节、变革的环节的否定，是包含着肯定因素的否定。人克服自然界和社会关系的自在性质、异己性质的过程，从总的趋势看，不是对自然界和社会系统的破坏（尽管可能会有这样的情况发生，但无论是自然界，还是社会都会以报复的方式警告人必须遵从自然规律和社会规律），而是建设，使其日臻完善、完美和合理。因而，所谓改变，革命的实践，绝不能理解为消极的、机械的、单纯的破坏，而应该理解为包含肯定因素的辩证的否定即扬弃。从活动的主体方面来说，改造人自身的自然本性、人原有的社会本性，也不是简单的否定，而是以扬弃的方式，将其中合理的内容作为肯定的东西包含于新的社会本性之中，进而达到人的重塑和改造，使发展人类合乎天性的活动作为实践的目的确立下来，——这是对人的社会性的肯定，但绝不是反自然的，更不是反人性的。无论是对环境（自然界和社会）的改造，还是人的自我改造，每一次实践活动的形态变化和成果积累，都是人克服（否定）对象从而也克服（否定）人自身的自在状态，从而迈向自由的一步。这种积极的、辩证的否定，也就是黑格尔所指出并为马克思、恩格斯所高度肯定的，作为历史"推动原则和创造原则的辩证法"。而缺乏或无视这种历史辩证法，是对社会生活包括社会符号的神秘主义理解和解释的重要方法论根源。

　　一切符号都源自人的实践活动。大量考古学成果已经证明，人类最初的符号起源于人对某种对象（自然力、社会关系等）的抽象，而无论是抽象的材料，还是抽象的能力，都是人的实践活动的产物。从共时态上分析，任何具体的实践活动都是由目的、手段（即工具）、结果三要素组成，并体现为三者互相转化的过程。目的作为激发人的活动的"理想的意图"，是主体对客体的自在状态的一种观念的否定，它要转化为现实的东西，就必须依靠物质的手段或工具才能实现对于客体的合乎目的的改造。手段或工具作为目的和结果之间的中介，是实践活动得以产生的根本标志。工具的制造和使用对实践的根本意义在于：一方面，它是从客体（对象）中分化出来，是经过前一个实践过程加工了的客体，具有客观的属性；另一方面，它凝结了人的本质力量，是具有一定主体性的客体。结果即目的的实现，当然，某一具体的实践结果的出现，并不意味着实践的终结，反而是一个新的实践过程的起点，特别是成为新的实践过程的工具（手段）。黑格尔说："手段是比外在的合目的性的有限目的更高的东西；——锄头比由锄头所造成的、作为目的的、直接的享受更尊贵些。工具保存下来，而直接的享受却是暂时的，并会被遗忘的。"①手段（工具）之所以是"更高的东西"，之所以"更尊贵"，就在于它以人类所创造的"外在的他物"的形式保存了"合理性"。换言之，手段作为人创造的工具，使

---

① 转引自《列宁全集》第38卷，人民出版社，1959，第202页。

得人的实践成果的体外积累成为可能，从而使文明的传承、文化的进步成为可能。不仅如此，手段（工具）除了满足当下直接有限的需要（"外在的合目的性的有限目的"），还指向更高的目的，即本身体现为对有限目的的否定，追求"无限目的"或"终极目的"。如此看来，工具作为人类第一个真正的抽象，不仅是人们认识对象的手段，而且是人们从价值、意义上把握对象的手段，因而，工具是符号之谜的真正诞生地。比如，原始人对棍棒的制造和使用，就首先来源于人们采摘、猎取食物的劳动过程，并随之发展出愈益超出直接的生产需要的用途。"这是一项适当的发明，但它有许多不同的用法。人们一贯认为是代表作体力与权威的记号，从渡船使用的撑篙与牧童用的牧棍，直到摩西或他的哥哥 Aaron 所执的手杖，罗马执政官手执的象牙杖，占卜官所执的弯形棍，以及魔术师或国王所执的权杖。"① 由棍棒到权杖的演变，就是一个符号的生成过程。语言，作为一种代表性的符号，也是起源于人们的实践特别是人群交往的需要。考古学资料表明，只是到旧石器时代的后期，原始人的密集程度才产生了人群接触的需要。有语言学家认为，语言产生的时期"看来是在旧石器时代的后期"，语言的历史不过 1.3 万年到 4 万年左右。② 我国考古学家在对甲骨文的发掘整理中，发现甲骨文除象形文字外，还有不少会意字，这些会意字从一个侧面真实地反映出殷商时期人们的生产和生活状况。如"为"字，甲骨文的为字，像人手牵着大象，表示有作为的意思。为字的形体表明殷商人已经能够驯服和驾驭大象了。③ 因此，作

---

① 〔美〕威尔·杜兰：《世界文明史——东方的遗产》上卷，幼师文化公司译，东方出版社，1999，第 16~17 页。
② 参见夏甄陶主编《认识发生论》，人民出版社，1991，第 334 页。
③ 参见刘一曼《殷墟考古与甲骨学》，《光明日报》2019 年 12 月 7 日，第 10 版。

为一种典型符号，语言文字既不是单个人的奇思遐想，更不是某种所谓"神"的启示，归根到底源于人们的生产和交往即实践活动。"语言本身是一定共同体的产物"，"把语言看做单个人的产物，这是荒谬绝伦的"。①

实践本质上是生产的，而且是一种不断扩大的再生产。对象化与非对象化的矛盾运动，决定了实践是永无止境的发展过程，决定了实践的具体性、历史性变化。

历史总是人们的活动史。从历时态上考察，实践在不同时期的矛盾运动及其展开，也就构成了人类的发展史。马克思从总的历史进程上，从经济社会发展与人本身发展的关系角度，提出了著名的社会发展三形态理论。在这三种不同的社会形态中，对象化与非对象化的矛盾运动呈现出不同的样貌，实践的辩证本质——以否定性为媒介的关系——具有不同的质，从而社会符号也就相应地具有不同的历史规定性。

第一大社会形态，即"人的依赖关系"。在这种形态下，人的生产能力只是在狭窄的范围内和孤立的地点上发展的。人与自然之间尚未形成根本性的分离，从而"人们对自然界的狭隘的关系决定着他们之间的狭隘的关系，而他们之间的狭隘的关系又决定着他们对自然界的狭隘的关系"。②在马克思看来，人与自然关系的狭隘性、人们之间社会关系的狭隘性及其相互作用，是资本主义以前的社会形态、所有制形式所共同具有的。在这里，个人对劳动的客观条件的关系，要以个人加入某种自然形成的共同体并以共同体成员的身份为媒介；发展的基础都是单个人对共同体的原有关系（或多或少

---

① 《马克思恩格斯文集》第8卷，人民出版社，2009，第140页。
② 《马克思恩格斯文集》第1卷，人民出版社，2009，第534页。

是自然形成的）的再生产，因而，基础从一开始就是有局限的。发展基础的局限性、狭隘性造成了这一阶段劳动的直接性质。劳动的直接性质使人天然地把自身看作自然界的一部分。这时，虽然有了分工，但并未普遍化；交往也产生了，但只是狭隘的、地域性的交往；个人还只是一种狭隘的地域性存在，是人格的自然化和自然的人格化，体现为一种简单的原始丰富。在这里，对象化与非对象化的矛盾尚未充分、普遍地展开，虽然个人在共同体中活动的社会生产条件（工具等），已经内在地包含了对人的自然存在的否定，但由于人与自然的关系还处于从直接统一向活动的统一的过渡阶段，活动的共同性只是自然发生的共同体的共同性，因而，实践活动中各种媒介的否定性也是没有充分展开的。

由"人的依赖关系"所规定，人与自然、人与社会、人与自身的关系的直接统一性，从根本上决定了社会符号及其所指、能指、意指之间关系的直接统一性，即使社会符号的直接统一性中包含否定的因素，也是被肯定的因素所覆盖、吸纳的，直接的肯定性，包含了间接的否定性。马克思曾专门分析过宗教、神话的起源和性质。"劳动生产力处于低级发展阶段，与此相应，人们在物质生活生产过程内部的关系，即他们彼此之间以及他们同自然之间的关系是很狭隘的。这种实际的狭隘性，观念地反映在古代的自然宗教和民间宗教中。"[1]与宗教的起源一样，古代神话是人对自然的依赖性经过"不自觉的艺术加工"的产物。"任何神话都是用想象和借助想象以征服自然力，支配自然力，把自然力加以形象化；因而，随着这些自然力实际上被支配，神话也就消失了。"随着大工业的发展，"成为希腊人的幻想的基

---

[1] 《马克思恩格斯文集》第 5 卷，人民出版社，2009，第 97 页。

础、从而成为希腊〔艺术〕的基础的那种对自然的观点和对社会关系的观点，能够同走锭精纺机、铁道、机车和电报并存吗？在罗伯茨公司面前，武尔坎又在哪里？在避雷针面前，丘必特又在哪里？在动产信用公司面前，海尔梅斯又在哪里？"[①]

福柯在《词与物》中说，语言在其初始形式中，是物的完全确实和透明的符号，因为语言与物相似。"名词置于被指称的物上，恰如力量书写在狮子的身上，权势书写在老鹰的眼里，恰如行星的效应刻画在人们的前额上，都是通过相似性形式。"而语言与物的相似性则是语言存在的初始理由。[②]直到 16 世纪，"词"与"物"的相似性仍是主流。而从 17 世纪开始，"词"与"物"的相互分离出现并发展起来，符号开始超越与具体物的对应，而指向自身。"在 17 和 18 世纪，语言的独特存在，以及语言作为处于世界中的事物而具有的古老的协同性，都消散在表象的功能中了;所有语言都只具有作为话语的价值。"[③]"词"与"物"关系的逆转，是现代社会知识型上的根本断裂，最终，符号作为传播媒介，就像货币作为流通媒介一样，只关心自身的增殖功能，而将其与物的关系通道全部切断。事实上，福柯所流连忘返的"词"与"物"的相似性，符号对物的指涉的完全确实且澄明的状态，本质上不过属于人类社会发展第一大形态，是这一时期人与自然、人与社会的关系的直接统一性的一种反映，而他沮丧地感到悲哀的"词"与"物"的分离、断裂乃至颠倒，本质上不过是工业文明、资本文明在符号上的一种表达，而这，恰恰是人类社会发展第二大形态上特有的。产生这种断裂和颠倒，决定符号的性质和功能的根本变化的，并非如

---

① 《马克思恩格斯文集》第 8 卷，人民出版社，2009，第 35 页。

② 〔法〕福柯:《词与物》，莫伟民译，上海三联书店，2001，第 49 页。

③ 〔法〕福柯:《词与物》，莫伟民译，上海三联书店，2001，第 59 页。

福柯所说是某种观念的文化的因素，而是由人类实践的基本矛盾运动及其充分展开即社会生活所决定的，因而是一种历史的必然。

第二大社会形态即"以物的依赖性为基础的人的独立性，……在这种形式下，才形成普遍的社会物质变换、全面的关系、多方面的需要以及全面的能力的体系。……因此，家长制的，古代的（以及封建的）状态随着商业、奢侈、货币、交换价值的发展而没落下去，现代社会则随着这些东西同步发展起来"。[①] 这是商品经济的充分发展、资本全面占据统治地位的阶段。在这个阶段上，对象化与非对象化的矛盾运动充分展开，并通过资本主义生产方式表现为物化劳动和活劳动的全面的分离与对立。物化劳动作为价值表现为资本的要素和力量，而活劳动只是作为创造价值的单纯可能性。物化劳动和活劳动的这种分离和对立，是以劳动条件和劳动本身的分离为前提的。而这一前提又是一系列旧的生产关系解体的结果，本身又体现为资本的生产关系即资本主义私有制的重要特征。这样一来，劳动的物化所造成的巨大的物质财富，在其非对象化过程中不是为劳动者自己所有，而归人格化的生产条件即资本所有。这是实践中的主体客体关系的根本颠倒：活动的客体存在方式（物化劳动）不再是活动主体的确证，而是对其主体性的否定；活动的主体存在方式（活劳动）不是把自己的现实性变成自为的存在，而是变成单纯为他的存在，单纯的他者，非主体的存在。

在这个阶段上，由于资本主义生产方式的迅猛发展，生产力的巨大增长，交往的普遍化，多方面的需求以及全面的能力体系，使得个人冲破了第一大社会形态上的人身依赖关系，"狭隘的地域性个人"逐

---

① 《马克思恩格斯文集》第 8 卷，人民出版社，2009，第 52 页。

渐为"世界历史性的个人"所代替，个人有了相当大的独立性和发展，但又普遍地被物的关系所支配，全面的物化，同时也是人的本质力量的全面异化：人的活动成果（物质财富、社会关系、科学、艺术等）表现为巨大的异己的力量与劳动者相分离和对抗；大量片面的、偶然的、孤立的个人被生产和再生产出来，体现为物的人格化和人格的物化。由这一特定社会发展阶段实践的矛盾运动——具体化为资本主义生产方式的矛盾运动——所决定，必然产生这一历史时期文明与文化的矛盾和对抗，造成活动的工具（手段）与目的的根本颠倒：工具（手段）变成目的，变成主体，其他要素都变成从属于这个目的、这个主体的工具（手段）；由此也必然地使工具（手段）的否定性媒介作用，由第一大社会形态下的潜藏状态而摇身一变大摇大摆地走向世界的舞台，社会符号的颠倒与否定性质成为一种普遍化的存在，能指与所指、意指分离，并吞掉、支配所指和意指。

但是，绝不能把这一阶段中社会符号的颠倒与否定性理解为消极的、机械的、单纯的否定，相反，历史的辩证法，作为推动原则和创造原则的辩证法，恰恰将这种符号的否定性看作积极的、辩证的否定即扬弃，否定性中蕴含肯定的内容，直接的否定性同时是间接的肯定性。例如，对资本的分析，没有人比马克思更深刻、尖锐而又科学地揭示了资本的本质、资本家剥削工人的秘密、资本的异化性质，但同样没有人比马克思更深刻地肯定资本这一社会符号的颠倒与否定性质中所蕴含的积极内容，即"资本的伟大的文明作用"。其一，资本不可遏制地追求普遍性，在创造出一个普遍的生产和消费体系的同时，也创造出一个普遍利用自然属性和人的属性的体系，打破一切地域和血缘宗法等自然联系的局限，开创了历史向世界历史的转变。其二，资本不断刺激工人的消费，强使工人有新的需要，人们的需要越来越超出直接的自然必要性的范围，使得人们不断地"炼出新的品质，通过生产而发展和改造着自身"。① 其三，资本驱使工人不断地创造剩余价值，从而为发展丰富的个性创造出物质要素，这种个性无论在生产上和消费上都是全面的，因而个人的劳动表现为扬弃了直接形式的自然必要性的活动本身的发展。其四，资本无止境地剥夺工人为社会创造的剩余劳动和剩余时间，从而使得社会的另一部分人有可能将自由时间用于"发展不追求任何直接实践目的的人的能力和社会的潜力（艺术等等，科学）"②，从而造成科学的巨大进步。其五，资本造成"世界历史性的个人"代替了"狭隘地域性的个人"，生产力的巨大增长，普遍化的世界交往，为所有成员同样的、合乎人本身应有的发展提供了条件。当然，为实现这一发展目标，在资本的范围内，要靠牺牲多数的个人，"只有用人头做酒杯才能喝下甜美的酒浆"③，即付出一定的代价。这种代价的历史必然性和合理性在于它是为未来所有人的全面发展提供前提，因而否定性中蕴含着积极的肯定的因素，它既不是自然产生的，也不是永远存在的。这种颠倒与否定的历史必然性和合理性"倒是一种暂时的必然性，而这一过程的结果和目的（内在的）是扬弃这个基础本身以及扬弃过程的这种形式"。④

第三大社会形态即"建立在个人全面发展和他们共同的、社会的生产能力成为从属于他们的社会财富这一基础上的自由个性"。⑤ 只有在这个阶段上，人与自然之间才形成和谐的关系，这种和谐既不是复

---

① 《马克思恩格斯选集》第 2 卷，2012，第 747 页。
② 《马克思恩格斯全集》第 32 卷，人民出版社，1998，第 214 页。
③ 《马克思恩格斯全集》第 9 卷，人民出版社，1961，第 252 页。
④ 《马克思恩格斯文集》第 8 卷，人民出版社，2009，第 208 页。
⑤ 《马克思恩格斯文集》第 8 卷，人民出版社，2009，第 52 页。

归原始的直接统一性，又扬弃了对抗的形式，体现为丰富的具体的统一，物质财富的巨大增长不再作为异己的力量与劳动者相对抗，而是真正体现为人的本质力量；经济社会发展与人本身发展的分离与对抗结束了，达成真正活的运动中的统一；普遍的交往不再成为异己的力量，个人与社会共同体之间摆脱了对抗的形式，人们不再屈从于虚幻的共同体，而开始占有全面的社会关系，"每个人的自由发展是一切人的自由发展的条件"[①]。在这个阶段上，不以旧有的尺度来衡量的人类全部力量的发展成为目的本身；人不是在某种规定性上再生产自己，而是生产出他的全面性；不是力求停留在某种已经变成的东西上，而是处于变易的绝对运动中。概言之，只有在共产主义社会，每个人才真正成为全面发展的个人，"成为自己的社会结合的主人，从而也就成为自然界的主人，成为自身的主人——自由的人"。[②] 只有在这个阶段上，物化劳动与活劳动的分离与对抗才最终得以克服，对象化与非对象化的矛盾才得以消除异化的性质，真正实现丰富的内在的统一，从而社会符号的颠倒与否定性质才得以彻底的消解。这一切，当然不是凭空产生的，必须使社会基础本身取得形式和生产力的最高发展，因而也和人本身最丰富而自由的发展相一致，而这种发展除了先前的历史发展之外没有任何其他前提。

三 结语

（一）社会符号的颠倒与否定性质根源于人类实践的基本矛盾——对象化与非对象化的矛盾运动和展开，是实践的辩证本质——以否定

---

① 《马克思恩格斯选集》第 1 卷，人民出版社，2012，第 422 页。
② 《马克思恩格斯文集》第 3 卷，人民出版社，2009，第 566 页。

性为媒介的关系、活动和过程——所规定，由一系列历史条件所制约的，是社会符号在一定社会形态下获得的历史规定性，是作为历史推动原则和创造原则的否定性辩证法在社会符号上的具体表达，是社会符号普遍的有规律性的特质，突出地体现了社会符号与其他符号的本质差异。

（二）不言而喻，对社会符号的颠倒与否定性质的考察，使社会符号论必然地具有批判的性质和功能。但是，基于唯物史观的对社会符号的批判性考察，既非用"观念论的历史叙述"代替"现实的历史叙述"的所谓文化史观（观念论的文化史观作为一种唯心史观早已有之，在唯物史观诞生以前，甚至居主导地位，但在当代西方仍像一个不死的幽灵缠住了很多思想家，卡西尔、巴尔特、福柯、鲍德里亚等人均不例外），即用话语的批判取代现实的批判，也不是感伤主义的道德谴责，更不是形而上学地将之看作自然的、永恒的、僵硬的、消极的、孤立的东西，而是着眼于从人们实在的活动出发，科学地揭示这种颠倒与否定性所赖以产生、发展乃至消除的客观历史条件，因而这种批判是唯物的、历史的、辩证的、实践的。质言之，唯物史观视野中的社会符号论的批判向度是基于实践的，价值评判标准是经济社会发展与人本身发展的内在统一；是基于现实、指向未来的，因而是具有革命性同时又具有建设性的批判，这种批判力度是一切唯心史观所不具备的。

如前所述，商品、货币、资本等社会符号的颠倒与否定性质，符号的能指与所指的分离、颠倒、对立，能指吞掉所指，能指与意指的分离，能指遮蔽意指，是社会符号发展到一定历史阶段的结果，其根源在于人类实践活动方式在不同历史阶段上的变化，因而具有一定的历史必然性，其合理性在于否定性中蕴含着肯定的因素。也正因如此，它就不是永恒的，而是具有历史的暂时性质。

马克思对商品拜物教、货币拜物教、资本拜物教的批判，旨在说明人们自己的、一定的、客观的社会关系在人面前采取了物与物的关系的形式，披上了物的关系的外衣，造成一种假象，取得了虚幻的形式或外观，但这种虚幻的形式或外观本身又是客观的、由一系列历史条件造成的、可以支配人的神秘力量。马克思明白地指出，用拜物教来指谓商品、货币、资本是一种比喻，因为它们严格说并不等于宗教（并不属于观念的形式），尽管像极了宗教那样神秘。更进一步地说，商品拜物教、货币拜物教、资本拜物教是实在的颠倒，实在的异化，物的关系对人的关系的遮蔽、支配、统治是实在的，不是观念的臆造。毋宁说，这种实在的颠倒倒是迷惑了大批资产阶级政治经济学家、感伤主义的批评家和浪漫文人、政客以及其他缺乏辩证思维的人们，使他们产生了错误的幻觉，只看见商品、货币、资本所代表的物的关系，或者干脆把它们仅仅看作"物"并加以膜拜或批判。

对商品、货币、资本乃至对"拿破仑"等政治符号的批判性考察表明，社会符号的颠倒与否定性质并不关涉道德，更不是某个调皮鬼的恶作剧，而是人类实践活动发展到一定阶段所采取的一定社会形式的必然产物，其魔力恰恰在于这些社会形式本身。马克思主义创始人还曾专门分析过法律、意识形态等社会生活的其他领域也普遍存在着"头足倒置的反映"现象。恩格斯说，正如在货币市场中，"反映出，而且当然是头足倒置地反映出工业市场的运动一样，在政府和反对派之间的斗争中也反映出……各个阶级的斗争，但是这个斗争同样是头足倒置地、不再是直接地、而是间接地、不是作为阶级斗争、而是作为维护各种政治原则的斗争反映出来的，并且是这样头足倒置起来，以致需要经过上千年我们才终于把它的真相识破"。"经济关系反映为法的原则，同样必然是一种头足倒置的反映。……而这种颠倒——在它没有被认识的时候构成我们称之为意识形态观点的那种东西——又对经济基础发生反作用，并且能在某种限度内改变经济基础"①。

而要消除社会符号的颠倒与否定这种魔幻性质，主要不是理论的任务，而是实践的任务，这就需要一系列物质条件，而这些物质条件本身又是长期的痛苦的社会发展史的产物。

（三）马克思主义诞生以来，唯物史观从不缺乏反对者和敌人。在当代，法国思想家鲍德里亚之所以显得较为特别，并在西方学术界和舆论界获得广泛的喝彩，很大程度上在于作为《德意志意识形态》法译本的参与者之一，鲍德里亚被不少人视为马克思主义的"叛徒"（非道德评价意义上的），从马克思主义内部来攻击马克思，特别是马克思的政治经济学和唯物史观；并且，鲍德里亚的著述中充斥着大量对马克思的语句的引申性运用，其中往往又是带有讽刺性的。事实上，鲍德里亚从来就不曾是一个马克思主义的信徒。我国著名学者张一兵教授已经对鲍德里亚的思想进行了系统、尖锐的批驳。②这里，我只想指出三点。

第一，鲍德里亚对生产的批判（"所谓生产之境"），对使用价值的批判（"所谓使用价值拜物教"），用以攻击马克思，其中充斥着他对马克思的思想的穿凿附会甚至强词夺理式的歪曲，不能说是严谨的、公允的学术态度，有违科学精神。正如恩格斯1891年在批判巴尔特之流将唯物史观歪曲为经济决定论时所指出的那样，"如果巴尔特认为我们否认经济运动的政治等等的反映对这个运动本身的任何反作用，那他就简直是跟风车作斗争了"。"巴尔特对马克思的批评，真是荒唐可笑。

---

① 《马克思恩格斯文集》第10卷，人民出版社，2009，第597、598页。

② 参见张一兵《反鲍德里亚》，商务印书馆，2009。

他首先制造一种唯物主义的历史理论，说什么这应当是马克思的理论，继而发现，在马克思的著作中根本不是这么回事。但他并未由此得出结论说，是他，巴尔特，把某些不正确的东西强加给了马克思，相反，却说马克思自相矛盾"！^①

第二，鲍德里亚反对马克思的政治经济学，反对历史唯物主义，否定马克思关于商品的使用价值、交换价值、价值的分析，迷恋远古时期的"象征交换"，进而提出只有"象征交换"才能使人类走出"消费社会""使用价值拜物教"和"能指拜物教"，实现人和社会的救赎。应该说，鲍德里亚对当代资本统治下的社会现实的批判是机智的、俏皮的，但未必是深刻的，在批判向度上仍然是基于观念论的"头脑风暴"，貌似激进，却不能触动这个全面异化、荒诞无比的社会分毫，更重要的在于他的这种批判是指向过去的（原始社会），因而不过是千百年来绵延不绝的感伤主义论调的现代翻版，只不过变得更精致、更学究、更迷惑人罢了。如前所述，符号的统治，符号的颠倒，能指吞掉一切，是人类实践活动发展到一定历史阶段的必然产物，消除其颠倒、否定、虚幻性质归根到底是实践的任务，把它归结为观念的批判，无论言辞多么激烈，都是苍白无力的，更何况鲍德里亚还寄望于人类早已告别的远古时期。马克思当年就曾深刻地批判过，面对商品经济、大工业和资本所造成的全面异化，一些人（如德国历史学家道梅尔之流）用感伤主义的态度为"道德的败坏"与"个体的牺牲"而痛哭流涕，企图用恢复古代的浪漫的田园诗状况的方式来消除这种异化。马克思指出："在发展的早期阶段，单个人显得比较全面，那正是因为他还没有造成自己丰富的关系，并且还没有使这种

<hr>

① 《马克思恩格斯文集》第 10 卷，人民出版社，2009，第 600、616~617 页。

关系作为独立于他自身之外的社会权力和社会关系同他自己相对立。留恋那种原始的丰富，是可笑的，相信必须停留在那种完全的空虚化之中，也是可笑的。"①

第三，鲍德里亚认为海湾战争从来没有发生过，发生的只是战争的"拟像"，这真是"惊人之语"。十万多名海湾战争中的伤员和死者的亲属们能够认同他的这种高论吗？恐怕不能！

（四）相较于大部分符号学思想家对语言（当然，语言也是社会的产物）的分析，马克思主义创始人对商品、货币、资本以及政治的、法律的、意识形态等社会符号的颠倒与否定性质的批判性考察，特别是其中蕴含的方法论，有着更为丰富、深刻和鲜活的内容，因而这种考察可以大大丰富符号学的理论大厦特别是方法论系统。

（五）恩格斯1891年在致弗兰茨·梅林的信中说："我们大家首先是把重点放在从基本经济事实中引出政治的、法的和其他意识形态的观念以及以这些观念为中介的行动，而且必须这样做。但是我们这样做的时候为了内容方面而忽略了形式方面，即这些观念等等是由什么样的方式和方法产生的"。②而社会符号，也就是"形式方面"，一定意义上说，是"形式的形式"。就此而论，基于唯物史观对社会符号进行深入、细致的研究，进而构建科学的社会符号论，是深化历史唯物主义的重要方面，昭示了唯物史观的当代发展的新天地。

（原载《中国社会科学》2020 年第 7 期）

---

① 《马克思恩格斯文集》第 8 卷，人民出版社，2009，第 56~57 页。
② 《马克思恩格斯文集》第 10 卷，人民出版社，2009，第 657 页。

小注：

　　此文写于 2020 年 2 月，修改定稿于同年 4 月，当时新冠肺炎疫情正肆虐不已。作者虽已回到中国社会科学院工作，但仍担负行政管理之责，只能业余创作，但对作者而言，此文却有重要意义。其一，作者不满于国内外大部分符号学家单纯从语言出发来分析阐释符号进而构筑一个个符号学体系和方法的倾向，力图借助马克思对商品、货币、资本等的政治经济学批判方法论，构筑基于唯物史观的社会符号论框架，此文算是这一雄心勃勃的研究计划的开篇之作。其二，经过十多年的行政机关和地方工作之后，作者对学术研究依然抱有浓厚兴趣，可谓"痴心不改"，此文是向学界同仁求教的"见面礼"。

开创马克思主义中国化新境界

习近平总书记在庆祝中国共产党成立 100 周年大会上的重要讲话（以下简称"七一"重要讲话），在党内党外、国内国外引起了强烈反响。的确，人们要观察和了解当今世界上最大的政党以何种观点来看待自己的百年历史，以何种风貌创造新的历史，要观察和思考当代中国马克思主义、21 世纪马克思主义的发展前景，就不能不深入研读这篇划时代的文献，其理论价值和实践意义随着时间的推移将愈益彰显。

习近平总书记指出："中国共产党为什么能，中国特色社会主义为什么好，归根到底是因为马克思主义行！"[①]以史为鉴、开创未来，必须继续推进马克思主义中国化，"坚持把马克思主义基本原理同中国具体实际相结合、同中华优秀传统文化相结合，用马克思主义观察时代、把握时代、引领时代，继续发展当代中国马克思主义、21 世纪马克思主义！"[②]"七一"重要讲话深刻阐明了中国共产党、中国特色社会主义和马克思主义的内在逻辑联系，特别是明确提出"马克思主义基本原理同中国具体实际相结合、同中华优秀传统文化相结合"，这"两个结合"是具有重大意义的新论断，不仅是党的百年历史经验的科学总结，

---

① 习近平:《在庆祝中国共产党成立 100 周年大会上的讲话》，人民出版社，2021，第 13 页。

② 习近平:《在庆祝中国共产党成立 100 周年大会上的讲话》，人民出版社，2021，第 13 页。

更是新时代继续丰富和发展马克思主义的郑重宣示，是新时代中国共产党人在马克思主义观上的重大发展。

"两个结合"是大课题

马克思主义诞生后 170 多年在各国的发展历史，中国共产党 100 年的奋斗历史，深刻表明，马克思主义要不要与各国具体实际、优秀传统文化相结合以及怎样实现这种结合，曾经长时期困扰着各国尤其是中国共产党人和马克思主义者，成为他们面临的最大课题。而为了正确地、卓有成效地实现这种结合，就不能不在引领实践发展的同时，推动马克思主义在理论上的创新和发展。

马克思主义传入中国是在 19 世纪末 20 世纪初。1898 年夏，英国传教士李提摩太委托胡贻谷，将英国人克卡朴 1892 年出版的《社会主义史》译成中文，以《泰西民法志》为书名，由上海广学会出版。此书辟有"马克思"一章，其中写道："马克思是社会主义史中最著名和最具势力的人物。"1899 年 2 月至 5 月，上海广学会主办的《万国公报》上发表了李提摩太节译、中国人蔡尔康笔述的英国社会学家颉德《社会的进化》的前四章，译名为《大同学》，同年出版了单行本。书中多次提到马克思、恩格斯的名字。中国人自己撰写的著作中最早提到马克思的是梁启超。1902 年 9 月，他在《新民丛报》第 18 号上发表的《进化论革命者颉德之学说》一文中，简要介绍了马克思，"麦咯士（即马克思）日耳曼人，社会主义之泰斗也。"

但是，梁启超等人介绍了马克思，却反对在中国实行马克思主义的主张。在他们看来，中国的国情是如此的特殊，以至于马克思主义的唯物史观、阶级斗争和社会主义理论是完全不适用的。1920 年，梁启超在《欧游心影录》中专门写了《社会主义商榷》一节。他认为，在没有工业的中国，主张实行社会主义，是"搔不着痒处"；中国只应当"全力发展生产"，建设工业，发挥"资本和劳动的互助精神"，防止分配过分不均，以求免掉"社会革命的险关"。中国早期的马克思主义者和共产党人李大钊、陈独秀、李达等对上述言论进行了坚决的批驳，推动了马克思主义在中国的传播。

不过，中国的国情又的确有自己的特点。中国共产党人在运用马克思主义指导中国实践的过程中，又不能不注意到中国国情的特点，即必须从中国的实际出发，否则就会吃大亏、栽大跟斗。马克思主义创始人早就明确指出："我们的理论是发展着的理论，而不是必须背得烂熟并机械地加以重复的教条。"[①] 因此，马克思主义是在实践中不断发展的活的理论，而不是一成不变的僵死的教条，不是不顾时空条件到处可以套用的万能公式。话虽如此，要正确而熟练地掌握马克思主义的这一本质精神，殊非易事。中国共产党是经过艰辛探索乃至付出惨痛代价才做到了这一点的。

为正确地掌握运用马克思主义指导中国革命，以毛泽东同志为主要代表的中国共产党人，针对党内教条主义进行了坚决且艰苦的斗争。党成立初期，主要的注意力和工作重心在城市，组织领导工人闹革命，搞城市暴动。这不难理解。既然党是中国工人阶级的先锋队，既然马克思主义规定了党的使命任务是领导工人阶级通过暴力革命夺取政权，建立社会主义制度进而实现共产主义，那么党的中心工作放在城市，组织领导工人运动，夺取革命胜利，就是理所当然的了。更何况中国人找到马克思列宁主义这一最先进的思想武器，是通过俄国十月革命

---

① 《马克思恩格斯文集》第 10 卷，人民出版社，2009，第 562 页。

的隆隆炮响，中国共产党是在苏联共产党和共产国际的指导帮助下成立的，并作为共产国际的一个支部接受其指导和领导。马列主义的经典主张，俄国十月革命的成功经验，共产国际的指示，在早期中国共产党人眼中，具有至高无上的神圣地位和不容置疑的权威性。而毛泽东同志在党内最早认识到，由于中国半殖民地半封建社会的特殊国情，中国革命必然具有不同于俄国革命、欧洲革命的特点和规律。大革命失败后，他领导创建了井冈山革命根据地，逐步探索出了农村包围城市、建立革命根据地、武装夺取政权的中国革命新道路。但是，毛泽东同志的探索，在党内受到了教条主义者的严重质疑和责难。

在教条主义者眼中，山沟里是没有马克思主义的，即便毛泽东同志领导红军取得了三次反"围剿"的胜利，也没有什么军事战略战术，只不过是从《孙子兵法》《三国演义》之类书中学来的一些战法。对此，毛泽东同志回答说："是的，我不懂他们那种蠢猪式的打仗方法；我确实读了许多中国古时打仗的书，研究过孙子兵法之类的著作，也看过不少关于外国战争的书，但我的军事知识主要是从战争实践中得来的。"①

曾经统治中国共产党 4 年之久、几乎将中国革命和中国工农红军拖入绝境的王明"左"倾教条主义，更是把马列主义词句、苏联经验和共产国际指示教条化、神圣化推向了登峰造极的地步。1934 年，王明作为中共驻共产国际代表，在共产国际执委会第 13 次会议上发表题为《中国现状与中共任务》的讲演，提出"'对共产国际路线百分之百的忠实'这个口号，是使党更加布尔什维克化和苏维埃革命更加胜利的唯一道路和保证"。

---

① 参见黄楠森等主编《马克思主义哲学史》第 6 卷，北京出版社，1996，第 336 页。

思 想 的 散 叶

为反击教条主义，毛泽东 1930 年在《反对本本主义》中响亮提出"中国革命斗争的胜利要靠中国同志了解中国情况"。[①]1938 年 10 月，他在《论新阶段》中明确提出了"马克思主义中国化"的主张，强调"马克思主义必须和我国的具体特点相结合并通过一定的民族形式才能实现"。"成为伟大中华民族的一部分而和这个民族血肉相联的共产党员，离开中国特点来谈马克思主义，只是抽象的空洞的马克思主义。因此，使马克思主义在中国具体化，使之在其每一表现中带着必须有的中国的特性，即是说，按照中国的特点去应用它，成为全党亟待了解并亟须解决的问题。洋八股必须废止，空洞抽象的调头必须少唱，教条主义必须休息，而代之以新鲜活泼的、为中国老百姓所喜闻乐见的中国作风和中国气派。"[②]

"马克思主义中国化"在马克思主义发展史上、在中国共产党发展史上、在人类思想发展史上，都是一个重大的创新。任何外来的思想理论学说，即使是马克思主义这一伟大的真理，都必须同中国具体实际相结合，并通过一定的民族形式，即"化"为中国特色、中国风格、中国气派的理论，才能真正掌握群众，才能实际地指导实践，才能发挥理论在改变世界中的应有作用。这是主观见之于客观、理论见之于行动的创造过程，是认识来自于实践、指导实践、进而在实践中检验其正确与否的辩证过程，体现了主观与客观、理论与实践关系问题上彻底的唯物主义、辩证法、认识论和历史观的高度统一，体现了马克思主义发展的源头活水"一"与"多"的高度统一，体现了人类思想理论进步的普遍与特殊、传承与创新的高度统一，是中国共产党人的非凡创造。如果考虑到马克思主义发展史、国际共产主义运动发展史、

---

① 《毛泽东选集》第 1 卷，人民出版社，1991，第 115 页。
② 《毛泽东选集》第 2 卷，人民出版社，1991，第 534 页。

中国共产党百年历史中，教条主义时常出现乃至肆虐，马克思主义中国化的创造性意义就显得尤为珍贵。

马克思主义中国化的过程，既包括马克思主义基本原理同中国具体的现实实际的结合，又包括同中国具体的历史实际的结合，因而必然地要求并蕴含着同中华优秀传统文化的结合。自然，这里的"中华优秀传统文化"不应仅仅理解为孔孟或老庄，还应包括近代以来的革命传统文化，更不应该理解为一切传统的东西。马克思主义基本原理同中华优秀传统文化的结合，与马克思主义基本原理同中国具体实际相结合是密不可分的，并以之为前提。"两个结合"是以实践为根基并由实践来检验其成果的，因而它们决不能归结为观念的变换或"头脑的风暴"。正是这种以社会实践为基础的结合，对传统文化去粗取精，去伪存真，去劣扬优，使之由"死的"变成"活的"，既可以推动中华优秀传统文化的创造性转化、创新性发展，又可以为丰富和发展马克思主义提供有益资源和营养，使马克思主义在中国的发展根深枝繁叶茂，一派生机勃勃。

俄罗斯著名学者季塔连科在谈到苏联解体的原因和教训时说，劳动者包括无产阶级和工人阶级，在革命进程中和胜利后都绝对不能疏远自己的祖国，疏远自己的民族文化和传统。共产党执政后不能忽视国家利益和民族文化特色及人民的爱国情怀。联系中国共产党的百年历史，联系马克思主义中国化的探索历程，季塔连科的上述说法是有一定道理的。

怎样实现"两个结合"

马克思主义中国化的过程，推动实现"两个结合"的过程，实质上是马克思主义在中国的创造性发展过程。中国是个大国，是具有悠久历史和灿烂文化的东方大国，中国革命和中国特色社会主义事业的成功，主要是依靠中国共产党独立自主地领导中国人民不懈奋斗取得的。为了推进马克思主义中国化，实现马克思主义基本原理同中国具体实际相结合、同中华优秀传统文化相结合，就必然要在许多重要方面将马克思主义加以创造性的发展，毛泽东思想、邓小平理论、"三个代表"重要思想、科学发展观和习近平新时代中国特色社会主义思想，就是马克思主义中国化的重大成果，是中国共产党人对马克思主义的创造性发展。

例如，毛泽东同志对"实事求是"的创造性改造，就是马克思主义中国化、"两个结合"的范例。"实事求是"一词源自东汉史学家班固所撰《汉书·景十三王传》，书中称赞汉景帝之子河间献王刘德时说道："修学好古，实事求是。""实事求是"原本是指研究历史文献、典籍、文物时的一种严谨治学的方法和态度。所谓"实事"，主要是文献，而且是古代的文本；所谓"是"主要是"是非"意义上的"是"，即从古代文本中求得其"是"。毛泽东同志在领导中国革命的伟大实践中，创造性地对"实事求是"这一中国古代的术语进行了马克思主义的改造与阐发，不仅使其思想内涵发生了根本性的转变和升华，而且使其思想价值达到了前所未有的高度和境界。毛泽东同志指出："'实事'就是客观存在着的一切事物，'是'就是客观事物的内部联系，即规律性，'求'就是我们去研究。我们要从国内外、省内外、县内外、区内外的实际情况出发，从其中引出其固有的而不是臆造的规律性，即找出周围事变的内部联系，作为我们行动的向导。而要这样做，就须不凭主观想象，不凭一时的热情，不凭死的书本，而凭客观存在的事实，详细地占有材料，在马克思列宁主义一般原理的指导下，从这些材料中引出正确的结论。……这种态度，就是党性的表现，就是理论和实际统一的马克思列宁主义的作风。"①从此以后,实事求是便有了特定的内涵，被作为马克思主义哲学的中国化表达，作为中国共产党的思想路线确立下来，成为普通百姓耳熟能详的马克思主义话语。

再如，邓小平对"小康"概念的创造性改造。"小康"一词，早在西周时期就已出现。《诗经·大雅·民劳》中说："民亦劳止，汔可小康。"这里的"小康"是指生活比较安定。儒家把比"大同"理想较低级的一种社会称为"小康"。这种理想社会在中国历史上从未实现过，在马克思主义经典作家的文本中也未描述过。1979年12月6日，邓小平在会见日本首相大平正芳时提出，中国现代化所要达到的目标不是你们那个样子，而是小康状态。1984年3月25日，他在会见日本首相中曾根康弘时进一步明确指出："翻两番，国民生产总值人均达到八百美元，就是到本世纪末在中国建立一个小康社会。这个小康社会，叫做中国式的现代化。翻两番、小康社会、中国式的现代化，这些都是我们的新概念。"②邓小平借用中国古代的术语，赋予其全新的内涵，作为中国式现代化的目标提出来，进而领导我们党制定了"三步走"发展战略。习近平总书记在"七一"重要讲话中庄严宣告，经过全党全国各族人民持续奋斗，我们在中华大地上全面建成了小康社会，历史性地解决了绝对贫困问题，这是中国共产党人对马克思主义和中华民族的重大贡献。

又如，习近平总书记提出的构建"人类命运共同体"理念，就具有深厚的历史文化底蕴。中国古代周朝初年，史伯提出了"和实生物""同则不继"的"和而不同"思想。此后的先贤陆续将这一哲学思

① 《毛泽东选集》第3卷，人民出版社，1991，第801页。
② 《邓小平文选》第3卷，人民出版社，1993，第54页。

想运用于国家和社会治理。《礼记·礼运篇》强调"大道之行也，天下为公"；《论语》主张"以和为贵"；《尚书》提出"协和万邦"；《易传》倡导"万国咸宁"。不仅如此，构建人类命运共同体理念的创立，还是对马克思主义关于人类共同体思想的丰富和发展。马克思主义创始人曾经分析了人类共同体发展的三大历史阶段：第一阶段，"由自然决定"的共同体；第二阶段，"由社会决定"的共同体；第三阶段，以自由自觉个性为前提的共同体。马克思恩格斯所分析和设想的人类共同体不同形态中，未能预料到社会主义与资本主义两种不同社会制度、不同意识形态并存的局面，这当然是由于时代条件不同的缘故。构建人类命运共同体理念的创立，为解决当今全球性"和平赤字""发展赤字""治理赤字"，推进全球治理体系变革提供了中国思想、中国智慧、中国方案。

怎样具体地实现"两个结合"？

第一，一切从实际出发，理论联系实际。即从中国实际出发，以我们正在做的事情为中心，运用马克思主义的立场、观点、方法，对中国的现实实际和历史实际作深入系统的调查研究，在多方面作出符合中国实践要求和中国人民需要的理论性创造，进而指导中国的革命、建设、改革和现代化建设实践，在实践中检验真理、发展真理。毛泽东形象地将这一方法称为"有的放矢"，"'的'就是中国革命，'矢'就是马克思列宁主义"。[1]这一方法有两个关键环节：一是调查研究。"没有调查就没有发言权"。"对于只懂得理论不懂得实际情况的人，这种调查工作尤有必要，否则他们就不能将理论和实际相联系。"[2]"调查

---

[1] 《毛泽东选集》第 3 卷，人民出版社，1991，第 801 页。

[2] 《毛泽东选集》第 3 卷，人民出版社，1991，第 791 页。

就像'十月怀胎'，解决问题就像'一朝分娩'。调查就是解决问题。"①
二是在详细占有第一手材料的基础上，对感性的调查材料进行去粗取精、去伪存真、由此及彼、由表及里的加工制作，使感性认识升华为理性认识，作出判断和结论，进而形成战略策略和理论，指导实践的下一步发展。实践、认识、再实践、再认识，如此循环往复以至无穷，而实践和认识之每一循环的内容，都比较地进到了更高的水平，"两个结合"都比较地进到了更深的程度。

与之相反，教条主义的基本原则是理论和实际相隔离。把马克思主义理论、经典作家的个别词句、外国的经验模式当作万古不变的教条，当作可以到处套用的万能公式，而对中国实际或毫无兴趣不去联系，或只是表面联系、一知半解，"在延安学了，到富县就不能应用"②；对中国的现实若明若暗，对中国的历史更是漆黑一团，"言必称希腊"，只知生吞活剥地谈外国，起留声机的作用；不是有的放矢，而是无的放矢，或"则仅仅把箭拿在手里搓来搓去，连声赞曰：'好箭！好箭！'却老是不愿意放出去。这样的人就是古董鉴赏家，几乎和革命不发生关系"。③

1937年11月，王明从苏联回到延安，毛泽东等在延安的中央领导人到机场迎接。王明在苏联时是中共驻共产国际代表之一，并任共产国际执委会委员、主席团委员和候补书记。他以"钦差大臣"自居，打着共产国际和斯大林指示的旗号，指责党中央在抗日民族统一战线中的独立自主原则和政策，提出"一切经过统一战线""一切服从统一战线"的主张。王明何以从"左"一下子跳到右的立场上呢？从方

① 《毛泽东选集》第1卷，人民出版社，1991，第110~111页。
② 《毛泽东选集》第3卷，人民出版社，1991，第798页。
③ 《毛泽东选集》第3卷，人民出版社，1991，第819~820页。

法论上看，"两极相通"，"左"倾错误和右倾错误的实质都是主观主义、教条主义，都是理论脱离实际。在王明那里，共产国际的指示必须"百分之百的忠实"执行。王明的错误说明，教条主义既可以"左"的面目出现，也可以右的面目出现，无论是"左"还是右，都会对党的事业、对马克思主义的发展造成危害，这是一个深刻的教训。

第二，从问题入手，坚持问题导向。 马克思说过，每个时代总有属于它自己的问题，准确地把握并解决这些问题，就会把思想理论大大地向前推进一步。而所谓问题，就是公开的、无畏的、左右一切个人的时代声音，问题就是时代的口号，是它表现自己精神状态的最实际的呼声。列宁说，坚持和发展马克思主义，只说空话是无济于事的，回避问题是最有害最无原则的做法。马克思主义在中国的发展，马克思主义的强大生命力，从根本上说，决定于它把握解决中国问题、时代问题的程度和水平。习近平总书记指出，我们要在迅速变化的时代中赢得主动，要在具有许多新的历史特点的伟大斗争中赢得胜利，就要在坚持马克思主义基本原理的基础上，以更宽广的视野、更长远的眼光来思考、把握和回答党和国家发展面临的一系列重大战略问题，在理论上不断拓展新视野，作出新概括，结合新的实践作出新的理论创造。①

与之相反，教条主义的原则是空谈理论，只说空话、套话，回避问题。我们的教条主义者是懒汉，他们拒绝对于具体问题、具体情况、具体事物做艰苦细致的研究工作，只知背诵马列主义的个别词句，用经典作家说过什么、没说过什么来裁决无比丰富生动的现实问题、现实情况和当代实践。即使关注到问题，也往往带有主观性、片面性和

---

① 参见《习近平谈治国理政》第 2 卷，外文出版社，2017，第 62~63 页。

表面性，一是不能客观地看问题，而是凭主观愿望、好恶或概念，即戴着"有色眼镜"看问题，一旦现实问题与主观认识不一致，不是反思主观，而是指责现实、实践错了；二是不能全面看问题，只看见局部问题，看不见全局问题，只见树木，不见森林；三是不能深入细致地看问题，流于表面，粗枝大叶，只见现象，不见本质。仅仅站在那里远远地望一望，粗枝大叶地看到一点皮毛，就手忙脚乱地解决问题，其结果必然是"越忙越乱"。

第三，正确把握社会主要矛盾，把握矛盾的普遍性与特殊性、一般与个别的相互联结和转化。"问题就是事物的矛盾。哪里有没有解决的矛盾，哪里就有问题"[①]，矛盾既有普遍性，更具有特殊性，"不同质的矛盾，只有用不同质的方法才能解决"。[②]人们认识把握事物矛盾运动的基本规律是特殊——一般—特殊。正确地指导中国实践，顺利推进马克思主义中国化，实现"两个结合"，不仅要善于把握矛盾的普遍性，更要善于把握矛盾的特殊性；不仅要善于掌握矛盾运动一般的、普遍的、共同的规律，更要善于掌握矛盾运动特殊的、个别的、不同的规律和特点；不仅要正确掌握马克思主义关于社会基本矛盾的原理，更要正确把握社会基本矛盾在中国社会、不同历史阶段上的具体表现——中国社会主要矛盾及其运动变化，尤其要认识不同时期社会主要矛盾运动变化的新特点新要求，认清中国社会不同阶段的历史方位，这既是党制定正确的战略策略的根本依据，也是推进马克思主义中国化，实现"两个结合"的关键。

与之相反，教条主义的原则是忽视个别，把一般原理原则绝对化、公式化，不了解矛盾的运动变化，不了解矛盾的特殊性，不懂得用不

① 《毛泽东选集》第 3 卷，人民出版社，1991，第 839 页。
② 《毛泽东选集》第 1 卷，人民出版社，1991，第 311 页。

同的方法去解决不同的矛盾，只是千篇一律地使用一种自以为不可改变的公式到处硬套，"削足适履"，"杀头便冠"。正如毛泽东 1941 年在读《辩证唯物论教程（第 4 版）》时的批注所指出的，"中国主观主义者的一般是脱离个别的（脱离实际）"，他们"不注意具体特点，妄把主观构成的东西当作特点（抽象的特点，没有客观实在性的特点）"，"在认识过程，个别决定普遍；在实践过程，普遍决定个别"。①

第四，坚持真理观与价值观的统一，以人民为中心，密切联系群众。恩格斯说："科学越是毫无顾忌和大公无私，它就越符合工人的利益和愿望"。② 毛泽东指出："共产党人必须随时准备坚持真理，因为任何真理都是符合于人民利益的；共产党人必须随时准备修正错误，因为任何错误都是不符合于人民利益的。"③ 习近平总书记强调："江山就是人民、人民就是江山，打江山、守江山，守的是人民的心。中国共产党根基在人民、血脉在人民、力量在人民。中国共产党始终代表最广大人民根本利益，与人民休戚与共、生死相依，没有任何自己特殊的利益，从来不代表任何利益集团、任何权势团体、任何特权阶层的利益。"④ 必须紧紧依靠人民创造历史，坚持全心全意为人民服务的根本宗旨，站稳人民立场，贯彻党的群众路线，尊重人民首创精神，践行以人民为中心的发展思想。

与之相反，教条主义等主观主义往往是脱离群众、蔑视群众的，搞宗派主义、个人主义，唯我独尊，"唯我独马"，"钦差大臣满

---

① 参见黄楠森等主编《马克思主义哲学史》第 6 卷,北京出版社,1996,第 391 页。
② 《马克思恩格斯文集》第 4 卷，人民出版社，2009，第 313 页。
③ 《毛泽东选集》第 3 卷，人民出版社，1991，第 1095 页。
④ 习近平:《在庆祝中国共产党成立 100 周年大会上的讲话》,人民出版社,2021，第 11~12 页。

天飞"，对同自己意见相左的同志实行"残酷斗争，无情打击"；闹名誉、闹地位、闹出风头，"为了这些，就要拉拢一些人，排挤一些人，在同志中吹吹拍拍，拉拉扯扯"，对党不老实。"一切狡猾的人，不照科学态度办事的人，自以为得计，自以为很聪明，其实都是最蠢的，都是没有好结果的。"①正因为教条主义从一开始就反对马克思主义中国化的命题和主张，因而，马克思主义中国化的过程，"两个结合"的过程，很大程度上说，也是同教条主义较量斗争进而克服之的过程。

继续推进马克思主义中国化

在马克思主义发展史上，在中国共产党发展史上，多年来存在一个对待马克思主义的科学态度问题。百年来，中国共产党不断推进马克思主义中国化，实现"两个结合"，表明了一个深刻的哲理：马克思主义是实践的科学、不断发展的理论，而不是僵死的教条和万能公式；马克思主义没有结束真理，而是开辟了通向真理的道路，一言以蔽之，马克思主义是活的，而不是死的。正如毛泽东1945年4月在党的七大的口头政治报告中所指出的："我们历史上的马克思主义有很多种，有香的马克思主义，有臭的马克思主义，有活的马克思主义，有死的马克思主义，把这些马克思主义堆在一起就多得很。我们所要的是香的马克思主义，不是臭的马克思主义；是活的马克思主义，不是死的马克思主义。"②

百年来，中国共产党持续推进马克思主义中国化，实现"两个结

---

① 《毛泽东选集》第3卷，人民出版社，1991，第822页。
② 《毛泽东文集》第3卷，人民出版社，1996，第331~332页。

合"，产生了三次伟大的飞跃。

第一次伟大飞跃，创造了中国特色革命道路。无论是工人阶级领导的农民土地革命战争，农村包围城市的革命道路，还是以和平的方式对资本主义工商业的社会主义改造，以及由此形成的新民主主义的理论和政策，社会主义革命的理论和政策，人民军队和人民战争的理论和政策，统一战线的理论和政策，党的建设的理论和政策等，在马克思主义的经典文献中，在国际共产主义运动发展史上，在人类发展史上，都没有成熟的经验和成功的范例可以遵循和借鉴。中国共产党人创造的中国特色革命道路，不仅是马克思主义发展史上的伟大发现，而且是中国历史和人类历史上的伟大创举。

第二次伟大飞跃，创造了中国特色社会主义道路。在一个生产力水平比较落后的东方大国，如何建设社会主义，特别是在世界范围内资本主义的包围、竞争和遏制中，独立自主地开创适合本国国情的社会主义建设道路，社会主义发展史上并无多少成功的经验，而在苏联东欧一些国家社会主义还出现了逆转。无论是通过改革解放和发展社会生产力，通过开放大胆吸收借鉴包括资本主义创造的人类文明成果，还是社会主义市场经济、新发展理念、全面建成小康社会、全面从严治党等，在马克思主义、社会主义的原有辞典中都是找不到的，在人类发展史上也是从无记载的。中国共产党人创造的中国特色社会主义道路，不仅是马克思主义发展史、社会主义发展史上的伟大发现，而且是中国历史和人类历史上的伟大创举。

第三次伟大飞跃，创造了中国式现代化新道路，创造了人类文明新形态。现代化是世界各国的普遍追求。迄今为止的现代化道路，普遍以西方模式为范本。而中国式现代化走出了一条与西方现代化迥异的新道路，是史无前例的。中国式现代化是人口规模巨大、超过现有发达国家人口总和的现代化，是以人民为中心、逐步实现全体人民共同富裕的现代化，是物质文明、精神文明相互促进协调发展的现代化，是人与自然和谐共生的现代化，是走和平发展道路的现代化。中国式现代化新道路的深入推进，不仅将彻底改写现代化的世界版图，而且会从根本上改写现代化的理论谱系，对"西方中心主义"现代化理论、概念、范畴、模式、标准（包括指标体系等），构成颠覆性的挑战和创新。马克思主义的现代化理论并无系统的成熟的形态，中国式现代化新道路的创造，是对唯物史观的重大发展。

中国式现代化新道路的开辟，中华民族伟大复兴的不可逆转，意味着中国共产党人创造了人类文明新形态。这种新形态是经济社会发展与人本身发展有机统一的文明形态，避免了近代西方工业文明以来普遍存在的经济社会发展与人本身发展的尖锐对立和异化状态，避免了物对人的统治、文明进步以牺牲多数人的发展为代价的"文明悖论"，人的全面发展不再仅仅是一种理想，而是正在推进的实践；这种新形态是以马克思主义为指导的社会主义的文明形态，是对资本主义文明形态、"西方中心主义"的超越；这种新形态是中国特色、中国风格、中国气派的文明形态，它植根于中华5000多年文明历史，又具有新的时代内涵，是中华优秀传统文化在民族复兴进程中的创造性转化、创新性发展；这种新形态是物质文明、政治文明、精神文明、社会文明和生态文明协调发展的文明形态，人与自然、人与社会、人与自身的紧张对立关系逐步被克服，呈现和谐共生、生动活泼、有机统一的气象；这种新形态是全体人民共建共治共享的文明形态，人民对美好生活包括美好物质生活、美好精神生活的向往和创造，成为文明进步的不竭动力；这种新形态是尊重各民族国家文明样式，各美其美、美美与共，以构建人类命运共同体为目标的文明形态，它弘扬和平、发展、公平、正义、民主、自由的全人类共同价值，坚持合作、不搞对抗，坚持开放、不搞封闭，坚持互利共赢、不搞零和博弈，反对霸权主义和强权政治，崇尚文明互鉴，反对文明冲突。中国共产党人在中国特色社会主义新时代、在世界百年未有之大变局和中华民族伟大复兴战略全局的交互影响中、在西方资本主义发达国家的围堵遏制中，创造的这一文明新形态，不仅是马克思主义发展史、社会主义发展史上的伟大发现，而且是中华文明史和人类文明史上的伟大创举。

三次伟大飞跃相互衔接，每一次新的伟大飞跃都以前一次飞跃为前提和基础，而第三次伟大飞跃还在推进过程中。

列宁说："正因为马克思主义不是死的教条，不是什么一成不变的学说，而是活的行动指南，所以它就不能不反映社会生活条件的异常剧烈的变化。"[1]当今世界正处于百年未有之大变局，这一大变局既非一时一事之变，也非一域一国之变，而是世界之变、时代之变、历史之变。大变局最突出的特征是"东升西降"，其核心变量和主要推动力是中国式现代化新道路的持续发展，是中华民族伟大复兴的不可逆转。深入研究大变局及其对中华民族伟大复兴进程的影响，有效应对风险挑战，继续推进马克思主义中国化，实现新时代的"两个结合"，继续发展当代中国马克思主义、21世纪马克思主义，是新时代中国共产党人和马克思主义者的历史责任。

习近平总书记强调，马克思主义深刻地改变了中国，中国也极大地丰富了马克思主义。回想中国共产党的幼年时期，党对马克思主义、社会主义的理解和认识是何等简单、肤浅，那么，今天这种理解和认识则丰富得多、深刻得多了。

---

[1] 《列宁全集》第 20 卷，人民出版社，2017，第 87 页。

开创马克思主义中国化新境界

马克思主义诞生后的 170 多年间，世界上产生过许多以马克思主义为指导思想的政党，但像中国共产党这样一以贯之地坚持和发展马克思主义，一以贯之地推进马克思主义本土化并取得丰硕成果的，却是十分罕见甚至绝无仅有的。另一方面，西方资本主义世界总有人企图将马克思主义、社会主义送进历史的博物馆，中国特色社会主义的成功，宣告了这种"历史终结论"的破产。中国共产党人以其领导中国人民艰苦卓绝的伟大创造，坚定地捍卫并极大地发展了马克思主义，无愧为马克思的伟大学生。

经过百年的奋斗洗礼，马克思主义的命运早已同中国共产党的命运、中国人民的命运、中华民族的命运紧紧联结在一起，马克思主义已经融化为中国共产党人的精神血液并为中国人民所掌握。试问，世界上有什么力量可以阻挡住用马克思主义中国化最新成果武装的 9500 多万中国共产党人和 14 亿多中国人民的前进步伐呢?!

（原载《中国社会科学报》2021 年 7 月 29 日）

二

问 题、方 法 与 评 论

改革开放与繁荣哲学研究

近来，全党同志、全国人民都在认真学习、深入贯彻落实党的十四大精神，加快改革开放和现代化建设步伐，夺取有中国特色的社会主义事业的更大胜利。在这伟大的历史性转变时期，贯彻党的十四大提出的"坚持两手抓，两手都要硬，把社会主义精神文明建设提高到新水平"的要求，冷静地思考一下在新的历史条件下怎样进一步繁荣哲学研究，以期更好地发挥理论工作在改革实践中的独特职能，无疑，是一项摆在广大理论工作者面前的具有战略意义的紧迫任务。

在我党历史上，曾有过数次对实践经验的成功总结，对中国革命和建设事业产生了重大推动作用。而每一次成功总结都贯彻着一个根本的方法论原则，即坚持把马克思主义基本原理同中国实际相结合。党的十四大报告就是贯彻了这样一个"马克思主义活的灵魂"。无疑，这将对我国今后相当长时期内的社会发展产生巨大而深远的影响。

对实践经验的成功总结，再一次证明了"马克思主义的基本理论要在实践中不断得到检验、丰富和发展"这个命题的无比正确，再一次无可辩驳地回击了"哲学无用论"。当然，总结实践经验是一个无止境的不断发展的过程，随着我国改革开放和现代化建设进入一个新的历史时期，理论工作的重要性、紧迫性必将更加突出。党的十四大提出，应当高度重视理论建设，保障学术自由，注重理论联系实际，创造性地开展研究，繁荣哲学社会科学，坚持和发展马克思主义，将之看作关系全局的十大任务之一。这是对广大理论工作者的殷切希望，从而也对理论工作提出了更高的要求。

理论研究往往是从问题开始的。所谓问题，不过是事物在运动、变化、发展过程中所暴露出的矛盾。科学地提出问题，就是要善于揭示、探索实践过程中所出现的或潜藏的一系列矛盾，使之转化为理论研究的正面课题，这是成功解决问题的前提。多年来的经验证明，哲学研究能否不断保持旺盛的生机与活力，取决于是否不断地以哲学所特有的方式观照当代社会实践中提出的重大现实问题，进而从中获得理论思维的突破口和生长点，取决于是否把探索、揭示、回答实践发展过程中所遇到的复杂而深刻的社会矛盾始终不渝地放在首位。

本刊复刊伊始，就把科学地处理对现实问题的研究和基础理论研究的关系，作为研究和探索的一个重点，强调以哲学特有的方式研究重大现实问题的重要性，强调以对现实问题的探索带动基础理论研究，以基础理论研究深化现实问题研究。所幸，这种努力得到了广大理论工作者的关心、理解和支持。在认真听取大家意见的基础上，我们相继开设了一些专栏，就当代社会实践和科学发展中提出的一系列重大现实问题和理论问题展开了充分的讨论。诸如划分社会主义社会发展阶段的根据、经济基础与上层建筑之间的复杂关系、社会发展的合规律性与合目的性关系、历史发展的普遍规律与各民族多样化的发展道路的关系、科技成果转化为现实生产力的机制和条件等方面的讨论，都不同程度地获得了进展，进而对社会实践产生了积极影响，也丰富了马克思主义哲学的基本理论。诚然，这些探讨还应更深入地继续下去。

当然，我们无意寻找任何自满的理由。应该清醒地看到，随着我

改革开放与繁荣哲学研究

国改革开放实践进入关键时期，特别是社会主义市场经济体制在我国的逐步建立、完善和发展，全部社会生活将发生前所未有的深刻变革。从而，哲学与现实、理论与实践的矛盾也必然会以新的形式出现。不仅一些"老问题"会被赋予新的形式和意义，而且大量的"新问题"和新情况将不断地涌现出来。哲学，要对我们时代的发展有所助益，就不能不从回答实践难题入手，不断地把理论研究提高到新水平。

党的十四大报告指出，建立和完善社会主义市场经济体制，是一个长期发展的过程，是一项艰巨复杂的社会系统工程。它涉及我国经济基础和上层建筑的许多领域，这就需要我们善于运用马克思主义的立场、观点和方法，从社会基本矛盾运动及其发展规律的高度，探索、揭示我国改革实践中所出现的一系列社会矛盾，特别要注意研究这些社会矛盾在当前所具有的不同于以往的表现形式、作用机制和特点。这样做，既为改革实践所必需，也是坚持和发展马克思主义的题中应有之义。

发展社会主义市场经济，突出了经济生活中宏观与微观、计划与市场的关系问题，而这一问题从哲学上看，其实质是社会历史领域规律的客观性与人的活动的关系，因而是一个历史观的问题，需要我们运用唯物史观中真理观与价值观相统一的原则，具体、深入地研究不同社会历史条件下特别是我国改革开放新时期历史规律与人的活动关系的实现方式、作用机制，从而有助于我们在实践中既尊重客观规律，又能充分发挥历史活动的主体——广大人民群众的首创精神。这方面的难点在于：在社会历史领域，规律的客观性恰恰是通过人们有意识、有目的地追求一定价值的创造性活动来实现并发挥作用的，全面而深刻地揭示其中的矛盾运动和一系列中介环节，不仅需要科学的方法论，而且需要科学的价值观。在这方面，彻底的唯物主义恰恰是思想最解放、最富于创新精神因而是最自由的，因为它不受任何教条和偏见的束缚。

发展社会主义市场经济，还突出了效率与公平的关系问题。在这个问题上，人们的意见纷纭，甚至还存在一定的分歧。显然，对于这样一个关系到我国经济发展和社会全面进步的重大现实问题，必须认真研究并从理论上加以说明。（应该意识到，有关这类问题，如果不从理论上研究清楚，会给我国的改革实践带来多么大的困难！）其中涉及一系列复杂关系问题需要我们运用科学历史观从正面予以回答。在这类问题上的意见纷争，映射出人们对历史发展的动力和社会进步的尺度等根本性问题的不同理解，归根到底反映了不同的历史观和价值观的对立与冲突。从哲学历史观的高度来分析和解决这类问题，是在当代发展马克思主义哲学的重要方面之一。

与上述问题相联系，困扰我国改革进程的更深层的问题在于：怎样正确认识并有效地处理经济发展中物的因素与人的因素的关系？如何理解改革中有些措施的正面效应与负面效应及其关系？在市场经济条件下怎样正确处理物质生产和精神生产的相互关系，发展市场经济的同时，如何保证精神生产各领域（包括教育）按照社会主义精神文明建设的要求健康发展？等等。这类问题的实践意义在于：在我国发展市场经济，怎样有效地克服和避免西方工业化以来日趋严重的"物支配人""人的物化"等消极后果？当然，人的因素不是抽象的，正像物的因素不是抽象的一样。在这方面，马克思对财富的本质的分析，可以说为我们科学地理解社会发展中物的因素与人的因素的关系提供了方法论上的范例。与唯心史观、古典政治经济学把财富仅仅看作"物"，而对于"物""物支配人"的状况又仅仅作出永恒的自然化解释不同，马克思却透过财富的物的形式的外观，看到了它所反映出的人与人之间的社会关系及其历史性变化，看到了它与人自身发展的关系。以马克思主义为指导，深入细致地研究在改革开放的新形势下不同社会层次的人们的活动方式、交往状况、利益需求、思维方式、价值观念等方面的变化，从"历史向世界历史的转变"和"交往的普遍化"的高度揭示现时代人的问题的实质，揭示现时代精神生产发展的特殊规律和文明发展趋势，才能使有关这方面的理论研究跃上一个新的更高的层次。

从某种意义上说，理论与实践的关系，不是简单的直接的相互关联。当实践成果不能深刻地反映到理论思维中的时候，理论的苍白、浮躁、混乱与矫揉造作就是不可避免的，而后者又必然会加剧实践的盲目性。

错误常常事后才被意识到。而科学的理论却由于全面、深刻地反映了事物运动、变化和发展的规律，可以帮助人们科学地预见未来，为人们在实践中少犯错误、少走弯路而提供方法论的指导。这就要求哲学能捕捉到实践过程中尚未昭著的矛盾、难题，进而揭示它。从这个意义上说，哲学，往往是以否定的形式反映着特定时代精神中所包含的肯定性内容的。哲学，既是时代精神的精华，又是一定时代的良知！

大家都在谈论哲学家的名声与哲学的学科尊严。而这，最终取决于社会实践在多大程度上提供了对哲学的需要和促使其发展的条件，取决于哲学家的自身努力。在这里，仅有某种良好的愿望是远远不够的。如果说，历史上那个哲学作为"科学之科学"的时代已经宣告结束，这并不说明哲学已经走投无路，不得不到人类文化的博物馆里寻找自己的位置，倒是说明了如何根据时代条件的变化，探索、揭示哲学发挥自身功能的特有方式和机制的重要性；如果说，理论曾经远远落后于实践的发展，那么，倒是值得深思那究竟是一种什么样的理论，而这，恰恰说明了科学地理解和处理理论与实践的复杂关系的重大意义。

马克思在谈到古典政治经济学与庸俗政治经济学的本质区别时，对理论研究与现实矛盾的关系做过精辟的分析。他认为，"古典的政治经济学"能够正视现实经济矛盾，力求揭示这种矛盾；而庸俗经济学则回避矛盾、掩饰矛盾，力求将矛盾辩解掉。庸俗经济学以现象间的表面联系来取代古典政治经济学已认识到的那些本质规定，尽管这些规定还不够完善。马克思研究经济现象，要求通过矛盾分析，揭示事物的本质，这对哲学研究同样具有启示作用。因此，在我国改革开放的新时期，哲学研究要以其特有的方式面向经济建设这个主战场，就应该发扬马克思当年用辩证法深入、全面、准确、细致地剖析经济生活的理论勇气、科学态度和科学方法，充分发挥马克思主义哲学作为探索和改造世界的强大武器的功能。我国哲学界多年以来一直痛感加强哲学与其他科学部门、理论工作者与实际工作者之间的联盟的重要性，现在是到了应该身体力行的时候了。

让哲学在改革开放的大潮中焕发出应有的活力，并以此作为走向进一步繁荣的动力！

（原载《哲学研究》1992 年第 12 期）

小注:

1991 年 2 月,作者由北京师范大学哲学系调入中国社会科学院哲学所《哲学研究》编辑部,这对作者的学术成长具有重要意义。在《哲学研究》工作的十年,是作者学术思想发生质变并逐渐成熟的十年。编辑部内部既严肃认真又活泼宽松,以理论创造为最高价值追求的氛围深刻地改变并重塑了作者的学术轨迹。《哲学研究》有个传统和特色,特别重视评论。此文就是在陈筠泉、曹景元、刘奔三位老师指导下写作的第一篇"评论员文章",时隔多年,作者仍然十分珍视它。

问题就是时代的声音

　　世纪之交的世界，正处在新旧格局交替过渡的大变动、大调整之中。面临历史上难得机遇和严峻挑战的我国改革实践，也已进入攻坚阶段，已经触及了一系列深层次的利益调整、价值观念变革和实践操作等方面的难点问题。生机和危机共生，成就和问题并存，前进和曲折相伴，这些相反相成的矛盾因素深刻地表明：富有时代感和使命感的哲学研究，是建设有中国特色的社会主义这一伟大事业的不可缺少的有机组成部分。

　　然而，毋庸讳言，就在这性命攸关的历史关头，严肃的哲学事业受到了猛烈的冲击；确保人们的理想、信念、精神支柱不致坍塌的，作为时代精神之精华的哲学，面临着被急功近利的实用观点消解（或许也可以说是被"解构"）的危险，以致到了必须为保持哲学的生存权而大声疾呼的地步。从某种偏狭的观点看来，哲学，从来没有像今天处于如此"尴尬"和无奈的境地。如果说历史上，哲学曾一度成为神学的婢女，政治的注解，那么，哲学现今则只能充当金钱的附庸。据说，这是文明发展必须为之付出的代价，也是哲学摆脱由于自身的"清高"而造成的困境的必由之路。耐人寻味的是，这种思想倾向已经在哲学界内部逐步蔓延开来了；所谓"商品化""市场化"是包括哲学在内的一切人文科学的必然趋势，"文人也有堕落的权利"这样一类令人瞠目的"宏论"也不断博得阵阵"喝采"。哲学，究竟该向时代说些什么？这已经作为一个极具挑战意味的现实难题摆在广大理论工作者面前。

困难往往使人变得更聪明些。所幸，已有不少严肃的理论工作者越来越清醒地认识到，在严峻的挑战面前，哲学的积极应答只能是：以发展求生存，自觉地把这个令人困惑的问题铺天盖地而来的转折关头，视为以现实问题的探索来促进哲学繁荣的难得机遇。哲学如果不能成为探索者的指南，哲学如果屈服于当今弥漫于各个角落的短视的、浮浮躁躁的、趋炎附势的腐败风气，那就不配称作集中了"人民最精致、最珍贵和看不见的精髓"的真正的哲学。历史也一再证明，忽视乃至蔑视、践踏哲学，是要付出沉重代价的。

1990 年初，本刊遵循党中央"很冷静地考虑一下过去，也考虑一下未来"的指示精神，发表了题为《反思有益于前进》的编辑部文章，在总结历史经验的基础上，阐述了涉及哲学研究根本方向和指导思想的六个关系问题：(1)反对实用主义和教条主义，正确处理马克思列宁主义、毛泽东思想作为指导思想和作为科学研究对象的辩证关系，深入开展对马克思主义哲学的科学研究；(2)面向实际，面向世界，面向未来，正确处理现实问题研究和基础理论研究的关系，以现实问题的研究带动和促进基础理论研究；(3)反对"代替论"和"哲学无用论"，正确处理哲学和其他科学部门的关系，巩固和加强哲学工作者和自然科学、社会科学工作者的联盟；(4)坚持逻辑与历史的统一，科学地理解马克思主义哲学原理研究与哲学史研究的关系，实现二者的有机结合；(5)发扬马克思主义哲学的革命批判精神，把研究现代西方哲学同丰富和发展马克思主义哲学有机结合起来；(6)坚持真理观和价值观相统一的原则，尊重真理和科学发展的客观规律，发扬理论工作中的科学精神和民主作风，全面正确地理解和贯彻党的"百家争鸣"方针。

思 想 的 散 叶

　　事实证明，这些原则仍然适用于今后的哲学研究工作。在健康、自由、宽松的环境气氛下，真正坚持这些原则，哲学的繁荣就不会流于空谈。而对哲学研究工作本身来说，贯彻这些原则的关键一环，是科学地提出问题。正如马克思所指出的，一个时代所提出的问题，和任何在内容上是正当的因而是合理的问题，有着共同的命运：主要的困难不是答案，而是问题。因此，真正的批判要分析的不是**答案**，而是**问题**。每一个问题只要它是一个**实际的**问题，也就能得到答案。"**问题**就是公开的、无畏的、左右一切个人的时代的声音。问题就是时代的口号，是它表现自己精神状态的**最实际的**呼声。"①

　　因此，深谋远虑地、堪称"真正的批判"的哲学研究，因而能够在历史上留下深刻影响从而对社会进步起了实际促进作用的哲学研究，一定是在**提出问题**这个环节上肯于下功夫，或者说是在**问题的提法上**采取真正批判态度的探索者所成就的事业。

　　本刊近些年来，为加强具有时代和民族特色的重大现实和理论问题的探讨，相继开设了《改革的理论和方法论探讨》《实践、交往和主体性问题》《关于价值问题的探讨》《社会科学、科技进步和经济社会发展》《发展与全球性问题探讨》《关于理解和解释问题的探讨》《量子力学的哲学问题探讨》《传统与现实问题研究》《道家、道教与中国传统文化研究》《关于跨学科研究的理论和方法论探讨》等专栏，发表了一大批探索性论文。

　　对于哲学工作者来说，如果对这样一些课题的解答力不从心，充其量只能发些"隔靴搔痒"式的议论，那往往是囿于陈旧的学科界限、片面的知识结构的限制，而对现实生活中的突出矛盾和问题缺乏深刻的理

---

① 《马克思恩格斯全集》第 40 卷，人民出版社，1982，第 289~290 页。

解。那些在探索中取得启迪人心之成果，则无不得益于对原有学科界限的突破。因为这些从现实生活实践中提出的重大课题，本身就带有跨学科的综合性质，反映了当代实践和科学的高度分化又高度综合的发展趋势。固守旧的学科壁垒只能是阻碍科学和哲学发展的不合时宜之举，必将成为时代的落伍者。例如哲学原理研究，如果脱离现实生活深层次的矛盾和问题，脱离中外哲学史的研究，不善于将现代哲学各流派把握的问题转化为自己正面研究的对象，那就势必陷入道路越走越狭窄，以致"山穷水尽"的窘境。而对于哲学史研究来说，如果不理解哲学史就是哲学问题思考的历史，不善于从现实生活出发，以提出新问题的方式来解答和处理那些老问题，将典籍的梳理、思想家的个案分析、观念（范畴等）史研究与现实的历史研究割裂开来，此种研究究竟能取得多大意义的思维成果，颇令人生疑。这一切都说明，以现实问题研究带动基础理论研究与加强各学科之间的联盟和协作，不过是一件事的不可分割的两个方面，其中关键的一环是善于将现实矛盾转化为哲学问题。

正是基于这样的认识，本刊编辑部遵照中国社会科学院在哲学所开展学科调整试点工作的精神，总结了前段工作，研究了当前国内外局势和学术发展态势，在上述所设专栏的基础上，采取以问题本身的逻辑为主、兼顾学科的原则，提出以下八个专题，作为本刊近期选题的基本设想，供大家在研究中参考；并诚恳希望广大作者和读者提出批评意见，以期使问题的提出和对问题的理解真正反映我们这个时代最本质的方面。

一　哲学真理观、价值观和历史观的相互关系问题

这将是贯穿整个哲学研究，联结哲学原理与中外哲学史、现代外

国哲学以及美学、伦理学、宗教学、逻辑学等各分支学科，联结基础理论研究和现实问题研究的重大基础理论问题。

十几年前关于实践标准的大讨论，引发了认识论研究的重大飞跃，通过主—客体关系、实践结构、实践观念、主体性、认识的中介系统等问题的探讨，将价值论问题凸显出来。近些年来，又展现出突破单纯认识论框架，使价值论研究向历史观高度提升的发展趋势。这是否会改变哲学原理和哲学史研究长期因袭的本体论、认识论、历史观的板块模式，代之以真理观、价值观和历史观的关系问题，是值得注意的动向。

在哲学原理方面，认识论、时—空观研究正在改变单纯概括自然科学成果和方法的状态，以概括人文科学和社会科学成果和方法的社会认识论已经起步，有待于进一步展开；社会时—空结构中的价值因素问题也已提出；实践与主体性问题的研究中，交往范畴的引入，主体间性（主体际性）范畴的被重视，改变了国内理论界长期以来将实践范畴、主体性问题仅作认识论意义上理解的偏狭倾向，社会历史活动中的主客体关系问题凸显出来；价值关系也不再被认为是实践关系之外，而是由实践所创造的历史的社会客观的必然关系；即使是长期以来处于沉闷状态的辩证法研究，近来也出现了将辩证法从历史观、价值观的角度重新把握的趋向。与此同时，真理观与价值观的统一，也被普遍认为是唯物史观的基本原则。当然，为探索真理观和价值观在唯物史观中统一的基础，需要探讨历史必然性区别于自然必然性的特点，历史必然性和价值、历史规律和意义，否定性的辩证法在其合理形态上作为辩证方法论和作为辩证的价值观的相互关系等问题。

从历史观的高度研究价值的本质，也为加强伦理学和美学的哲学基础提供了新的契机，促使我们进一步思考：囿于狭隘的认识论中心主义，将机械反映论模式直接套用于伦理学、美学研究，是否就是造成伦理学、美学的哲学基础相当薄弱的重要原因呢？其中关于伦理价值和审美价值的本质及二者的相互关系的研究，可望成为伦理学和美学研究走出困境的关节点。即使像逻辑学这样专业性、技术性很强的学科，当前也出现了将价值论引入逻辑学研究中的动向，且不说道义逻辑、哲学逻辑的勃兴，传统的形式逻辑向重指谓性、交际性、评价性的自然语言逻辑发展，也被认为是"很有前途的"趋向。科学地观察这些变化，预测其发展趋势，既有助于促进伦理学、美学、逻辑学的发展，也会改变目前哲学原理研究相对贫困的境地。

从价值论的视角重新研究中外哲学史的尝试已见端倪（如对王充批判"天人感应"论的重新评价，对康德哲学的辨证等）。西方哲学史上休谟以来一直困惑着人们的事实判断和价值判断（"是"与"应该"）的关系问题，正在突破唯认知主义和形式逻辑的眼界，通过实践的推理逻辑加以解决。中国哲学史上也有大量此类问题，如中国传统哲学是否是一种"价值哲学"？"天人合一"是否是价值论意义上的观念？儒家仁学、宋明理学能否视为人本主义或人文主义，与西方人文主义思潮能否相提并论？中国古代哲学是否存在以价值判断代替事实判断或事实判断和价值判断相混淆的问题？等等。

再如，现代西方哲学中科学主义和人本主义两大思潮的冲突所蕴含的真理和价值、知识和信仰、理性和非理性的矛盾及其解决途径；两大思潮对立的实质、社会基础、发展趋势及其对我国现代思潮的影响；五四时期"科玄之战"的实质、意义及其与西方两大思潮和中国传统文化的关系等，也是值得进一步展开的重要课题。

二 关于分析、判断世界格局变化趋势的历史观、价值观和方法论问题

早在一个半世纪以前，马克思就预言了"历史向世界历史转变"的发展趋势，主张用世界各民族普遍交往的观点看待历史事变。今天，怎样运用这个观点分析世界格局的新旧更替及其发展趋势，进而丰富和发展这个理论，是关系到科学地制定对外开放的国际战略的重大问题。在这方面，存在着大量亟待研究的课题。例如，所谓两极格局向多极化发展的根源和实质何在？所谓全球"一体化"（经济、政治、文化"一体化"）的实质是什么？怎样看待当今时代的本质？所谓"体制接轨趋势"意味着什么？在人权问题、"建立国际新秩序"等问题上分歧的实质是什么？富国强权政治的发展前景怎样？怎样看待遍及全球的民族主义潮流？21世纪的国际冲突是否如亨廷顿《文明的冲突》所说的那样，将以文明的冲突代替经济、政治制度和意识形态的冲突，即成为西方文明与伊斯兰、儒教文化之间的冲突？这种论调的用意何在？西方舆论界鼓吹"中国威胁论"的用心何在？怎样看待500年一个周期的历史观？分析这些问题上历史观、价值观的对立和冲突，应该成为当代哲学研究的重要课题。

三 改革开放中的历史观和价值观问题

马克思主义哲学的命运是和社会主义实践紧密联系在一起的。因此，分析和解决社会主义作为学说、运动和制度的发展进程所面临的重大问题，就成为丰富和发展马克思主义哲学的最重要方面。

问题就是时代的声音

为此，就要研究邓小平有中国特色的社会主义理论的哲学基础，研究这个理论作为当代中国的马克思主义在共性方面同马恩创立的科学社会主义的继承发展关系，在个性方面的中国特色，即社会主义发展的普遍规律在中国实现的特殊方式。

剩余价值学说和唯物史观是科学社会主义的两大基石。在历史条件已经发生巨大变化的今天，如何重新认识这两个方面同社会主义实践的关系，以加深"特色理论"的理解？在我国建立要素市场的改革方案中提出的"劳动力市场"，涉及社会主义条件下劳动者在企业中的地位界定和主体性实现方式问题，应当如何认识和解决？在发展市场经济条件下，如何有效地贯彻按劳分配原则，避免两极分化？所谓生产的社会化的实质是什么，社会化与分工的专业化之间的关系，社会化的不同水平及其同市场经济的关系，如何理解生产的社会化与马克思的所有制理论的关系？如何解决占人口最大多数的农民的角色转换问题，以保障他们作为劳动者的主体性不致丧失？如何从社会主义作为学说、运动和制度的统一中理解社会主义的价值和价值观？

恩格斯说过，实际的社会主义就是对资本主义生产方式的各个方面的正确认识。在今天的富国强权条件下，在对外开放中建设社会主义，更需要科学地认识资本主义发展的新特点和新趋势，以期在同发达国家的交往中牢牢把握独立自主权，坚持社会主义的发展方向。

改革开放是有中国特色的社会主义现代化建设的必由之路，是时代的主旋律，自然也就成为理论研究的"重中之重"。本刊开展关于改革开放的理论和方法论问题的研究讨论历经十余年，其中许多问题都涉及改革、现代化建设的方向、道路即历史观和价值观问题。当前较为突出的问题有：我国的改革和现代化建设如何避免西方原始积累的异化道路？如何看待改革中的代价？从一般历史观的角度看，历史进步和代价有着怎样的内在联系？如何区分不可避免的（或具有历史必然性的）代价和可以避免的（由主观失误导致的）代价？是否在任何历史条件下的社会进步都必须付出代价？与此相联系的，还有发展市场经济过程中的自发性和自觉性的关系问题，人的价值选择的自由度问题，转轨时期的"价值冲突""价值失落""价值观念危机"问题的实质等等。

关于效率和公平的关系问题，目前有"效率优先，兼顾公平"，"公平优先，以公平促效率""坚持公平与效率的历史统一"等几种主张。这个讨论的深入必定涉及经济价值和人道价值（或伦理道德价值）、经济发展和社会稳定的关系，社会进步的动力，衡量公平的尺度的客观性（所谓公平是否仅仅是一种观念关系），从而归根到底涉及历史进步的评价标准这个历史观和价值观的关系问题。

四　哲学与文化研究

80 年代中期兴起的"文化热"走向低谷后，由于对发展市场经济的强调而今出现了回升的趋势。主要有如下问题。

文化、文明与市场：市场经济条件下物质生产和精神生产的相互关系、精神文化发展的特殊规律；把文化部门"推向市场"是改革还是甩包袱；公益性事业与市场经济的关系；文化产品的商业价值、使用价值和文化价值的关系；文化建设对于市场经济发展的意义。

市场经济和道德建设：如何评价西方社会理论对市场经济的"伦理学辩护"；市场经济中的利益原则与道德原则的关系，所谓"外灌说"与"内引说"争论的实质；对我国目前道德状况估计上的"滑坡论""爬坡论"等分歧的实质；恶的历史作用及其评价；道德危机产生的客观原因与主观原因；复兴古代道德（特别是儒家道德）能否解决当前道德危机？回答这一切问题归根到底涉及如何从历史观和价值观的高度重新研究和理解道德的现实基础、道德作为意识形态的组成部分与经济生活相互作用的特殊形式。

此外，80年代中期"文化热"中已经触及的一些问题，如：如何看待现代西方思潮中的"语言学转向"，它在哲学主题转换、思维方式等方面提出了哪些有建设性的问题；语言、符号与交往实践和生产实践；符号的形式方面和内容方面的相互关系及其实践基础；语言、符号与精神交往、思想的传播、接受和发展；符号、意义与价值，关于理解与解释问题等。

关于传统与现实的关系问题已成为海内外文化研究的新的热点问题。为推动这方面问题研讨的深化，需要进一步从历史观的高度揭示传统的本质（例如传统是否仅限于古代的东西，怎样从发展的观点或时间向度上理解传统）；对传统的批判性研究与现代人自我批判的关系；如何看待当前的"国学热"；马克思主义的中国化是否意味着将其简单"嫁接"在所谓古代传统文化之上；关于中国文化"主干"问题争论的实质和意义；儒家仁学是否代表中国文化的发展方向；思想家（文化精英）和人民群众在文化发展与变革中的作用；典籍研究对文化研究的意义，典籍研究的方法论，典籍文化（所谓"死"文化）与"活"文化的关系；观念史研究与实践发展史研究的关系等。对这些问题的不同回答归根到底反映了文化研究中不同历史观的分野。

五　经济、社会发展与人本身发展的关系

这是改革深化无法回避的又一重大问题，其中涉及：如何理解

马克思关于经济、社会发展和人本身发展，人本身全面自由发展的理论？评价历史进步的"生产力标准"和价值尺度的关系；如何看待市场经济条件下社会关系的物化、异化现象，拜物教、拜金主义、腐败现象泛滥的社会历史原因与人为主观因素及其相互关系等等；能否把唯物史观简化为"经济决定论"，在马克思那里是否存在以经济规律为中心向以人道价值为中心的转变？等等。

六 科学、技术和社会发展

这也是涉及诸多研究领域且带有全球性的重大课题，其实质在于如何看待科技进步在社会发展中的地位和作用，具体来说，如科学技术转化为现实生产力的社会机制；在南北问题成为全球核心问题的历史条件下发展中国家实现科技革命的现实途径与难点；经济、技术发展与生态、环境问题的关系；如何看待科学技术的国际化趋势；科学与价值、技术与文明的关系问题，科学技术是否"价值中立"；唯物史观重视科学技术在社会发展中的巨大作用，与"技术决定论"的本质区别何在；当代全球性问题的成因与前景；如何评价法兰克福学派的社会批判理论；等等。

七 现代西方"后现代主义"思潮述评

"后现代主义"是当代西方颇为流行的文化思潮，也是时下我国知识界的热门话题，值得我们予以高度重视。就目前情况而言，对"后现代主义"，我国基本上尚处于译介阶段，述多评少，有创见的研究成果尤为缺乏。从哲学上看，下述问题是不容忽视的："后现代主义"与现代主义的关系;"后现代主义"兴起的历史前提与思维背景;"后现代主义"与当代哲学中的主题转换问题;"后现代主义"与古典哲学传统(所谓柏拉图、笛卡尔、康德的三大传统);"后现代主义"与当代西方社会中的"文化"与"反文化",文化发展过程中的多样性是否可以归结为"多元化";所谓"上帝之死""人之死"等"价值重估"的实质是什么;如何看待"后现代主义"对现代哲学中"认识论中心主义"的批判与反叛,"后现代主义"与当代文明的发展及其对我国文化界的影响。

八 哲学的性质、特点与功能

每当历史转折的关键时期,这一问题总是不断地被提升出来重新加以审视。可以这样说,这一问题的每一次重新提起,都会或多或少或深或浅地标志着哲学对自身的反思与批判所达到的水平,进而促进哲学的发展。自然,每一次讨论,从问题的提出到对问题的理解、解答都会采取不同的方式。目前,争论主要集中在以下两个方面。

哲学与其他学科的关系。当哲学一方面不能满足于仅仅概括、提炼现代自然科学和其他社会科学的具体成果,而要寻找属于自己所特有的问题域和把握问题的方式;另一方面也不能越俎代庖地去解决其他学科所要解决的问题的时候,困惑便应运而生:哲学的恰当定位到底在哪里? 作为人类掌握世界的特有方式,哲学与科学、艺术、宗教等方式的区别与联系何在? 把哲学看作"科学性"(实证)与"神学性"(超越)的统一是否反映了哲学特别是现代哲学的本质特征和发展趋势? 哲学思维与科学思维的关系是什么,实证化是否是科学的必由之路? 哲学的批判功能与政治批判、神学批判的本质区别何在? 能否把哲学对人的存在、活动与价值的关注归结为所谓"终极关怀"这样一个"主题",换言之,"终极关怀"概念本身的歧义性又如何能够使之担当哲学的根本主题的使命?现代西方哲学(特别是分析哲学)对"形而上学"问题的拒斥,本质上反映了哲学发展的何种矛盾以及什么样的哲学观?

哲学与时代发展的关系。自从黑格尔以来,哲学滞后于时代发展,哲学的成熟只有等到时代发展(条件、时机)达到成熟阶段以后才有可能的观点就颇为流行。马克思主义创始人则一再强调哲学在改造环境和人自身、引导时代发展过程中的主动精神、超前意识和创造功能。诚然,以往我们对哲学的滞后功能的积极意义未有足够的重视,而对于哲学的超前功能更是缺乏深入的研究,在急剧变化着的社会生活面前往往显得手足无措,也就不足为奇了。要改变这种状况,就要具体而非抽象、深刻而非表面、全面而非片面地研究哲学是以何种特有的方式反映时代本质、把握时代精神的。值得注意的是,在这个问题上,当前出现了两种似乎针锋相对的思想倾向:一方抱怨哲学离现实"太远",实用主义地要求哲学为现存的一切东西作"合理辩护";另一方则抱怨哲学离现实"太近",搞了许多本不属于哲学范围的问题,主张哲学要走向"纯学术",即关注哲学观念自身的更新与改造。透过两种观点表面上的对立,可以看出,在如何认识和处理哲学与时代发展的关系问题上,仍然有着相当大的误解甚或曲解,仍然有一个真理观、历史观和价值观的相互关系问题,诸如:哲学作为时代精神的精华与作为特定时代的良知有着怎样的内在关联?哲学面向现实,是否可以归结为哲学的世俗化进而归结为哲学的"商品化""市场化"?哲学为现实服务,是否等同于哲学为现存的一切作辩护和注解?如何看待当代西方思想家关于哲学"私人化""学院化""职业化"的主张?所谓

问题就是时代的声音

哲学只有远离现实生活，才能保持哲学自身特质的不致丧失，果真是哲学走出困境的"恰当选择"吗？强调哲学要摈弃"世俗生活"和外部世界，关注所谓"纯学术"问题，此种研究的意义、价值何在？如果不能保证意义与价值，又何以能保持哲学的自身特质的不致丧失？观念的更新、改造离开产生观念的前提和基础的环境和人自身的改变，又如何可能，如何成为人所理解和接受的东西？进一步地说，在哲学研究中，是否真的存在这类超历史、超时代、离开现实生活的"纯学术"问题？哲学与人民大众的生活实践的关系如何？

恩格斯在谈到德国古典哲学与近代德国社会发展的关系时曾经极为深刻地指出，当整个社会沉溺于肤浅的实务、弥漫着一种庸俗的追逐金钱和地位的习气的时候，德国工人阶级却可贵地保存了严肃的纯正的理论兴趣，成为德国古典哲学的继承人。每个时代总有属于它自己的问题。也许我们比任何一个时候更需要严肃的理论研究，需要伟大的哲学，以不断地将有中国特色的社会主义现代化建设这一伟大的探索性事业推向前进。而哲学要真正无愧于时代，就要敢于正视矛盾，不断强化哲学研究的问题意识，从人民群众无比广阔而深刻的实践探索中汲取教益。果真这样做了，可以预料的将是哲学研究的大繁荣与理论思维的大飞跃。

（原载《哲学研究》1994 年第 8 期）

小注：

此文系在刘奔老师指导下，我们共同完成的，以"本刊编辑部"名义发表，在哲学界引起广泛关注，继而引发了 20 世纪 90 年代中后期我国哲学研究的"问题意识"转向。

学风与价值观

——对教条主义的一种再反思

江泽民同志继 1997 年 5 月 19 日在中共中央党校发表重要讲话之后，在党的十五大报告中再次郑重向全党提出了端正学风的重要性。应该说，学风问题对于理论工作，具有特别重大而深远的意义。学风是理论工作的灵魂和生命，良好的学风是一切严肃、认真、创造性的科学研究区别于庸俗的文字游戏的重要标志。

在中国共产党历史上，从延安整风起，毛泽东同志就号召全党要树立马克思主义的优良学风，反对主观主义特别是教条主义。粉碎"四人帮"后，邓小平同志以伟大的马克思主义者的战略眼光和理论勇气，坚决冲破"两个凡是"的束缚，从端正学风和思想路线入手，引导全党重新确立了解放思想、实事求是的思想路线。从那时起，我们的各项事业，包括理论工作，都取得了前所未有的成绩。

然而，毋庸讳言，与党的要求、时代的发展、人民群众无比丰富而又不断变化着的实践相比，理论研究尚不能说已经尽如人意。其中的原因固然是多方面的，但不可否认，学风问题上的教条主义倾向是妨碍理论研究发挥其功能的一个重要因素。当然，学风上的问题不仅仅表现为教条主义倾向，如经验主义、实用主义等问题，也需要逐一研究解决。本文仅从学风与价值观的关系角度，提出一些看法，以期引出对克服教条主义、端正学风问题的更深入的反思和探讨。

人们习惯于将教条主义看作马克思主义的一个歪曲了的变种，看作附着在马克思主义名义下的一个怪胎。表面看来，这没有错。在我党历史上，打着"马克思主义"旗号的教条主义，最容易迷惑人，给革命和建设事业造成的危害也最大。但细究起来，这种认识还远远不够。单就思想文化领域来说，用另一种形式的教条主义批判打着"马克思主义"旗号的教条主义的情形近年来不也时常发生么？因此，为了在理论工作中真正确立起马克思主义的优良学风并使之发扬光大，有必要对教条主义的种种表现形式作一简略的剖析。

第一种，照抄照搬马克思主义经典作家的著作、语录和论断，把马克思主义与时代发展及它本身在实践中呈现出来的生动发展隔离开来，从本本出发肢解马克思主义，用对经典作家的只言片语的附会式理解来剪裁急剧变化着的社会生活。这种教条主义不是运用马克思主义的立场、观点和方法去分析历史和现实，从最顽强的事实出发，而是从对马克思主义著作中个别论断的教条式的、简单化理解出发，习惯于从经典作家的只言片语中寻求万古不变的公式和药方，其结果，不仅会对我国当前的社会发展阶段和世界发展态势作出错误的估计，而且严重窒息了马克思主义的生命力，损害马克思主义理论工作的声望，从而客观上助长了对马克思主义的怀疑、动摇乃至否定情绪。有些人正是由对马克思主义的教条化理解出发，一步步走向怀疑、否定马克思主义的。

第二种，照抄照搬古代思想家的著作、语录和学说，习惯于从古代"老祖宗"（孔孟或老庄）那里寻找"济世良药"和现代化的精神动力，把存在于古代先贤们的本本中的思想、学说同它所赖以产生并发挥作用的时代条件隔离开来；把观念形态的文化同实际地支配一定历史时期的社会生活并体现在当时人们的生产、交往等活动中的活文化隔离开来；不顾历史条件的具体变化，把古代圣贤们的思想视为具有所谓"永恒价值"的超时代、超历史的东西；用观念的历史叙述代替现实的历史叙述，把中华民族五千多年的文明史演绎成观念和范畴的更迭史，把弘扬祖国优秀传统文化看作不过是古代思想家的语录的重新汇编和再度包装。此种教条主义及作为其表现形态的"老八股""老教条"在五四时代曾经受到过激烈的批判。近年来，随着国际范围内"新文化保守主义"思潮的兴起，这种形态的教条主义在我国理论界似有骤然升温之势。不是已有"有识之士"提出，21世纪将是儒学"全面复兴""大放光芒"的世纪吗？仿佛中国古代传统文化特别是儒家文化才是医治西方工业化以来日趋严重的文明危机、道德沦丧的良药，当代全球性问题也只有从中汲取精神资源才能获得圆满解决。

第三种，照抄照搬外国模式、外国的经济、政治和社会思潮。毛泽东同志当年就曾严厉批评那种不顾中国的实际，盲目照抄照搬别国经验和模式的倾向，认为那些"言必称希腊"的人，不过是充当了"留声机"的作用。几十年过去了，那种迷信"洋教条"，及"留声机"式的学风是否就绝迹了呢？在理论探讨中，甚至在一些涉及改革开放和现代化建设事业重大现实问题的讨论中，不顾条件地照抄照搬某西方著名流派主张的现象不是罕见的。自从我们党提出以建立社会主义市场经济体制作为经济体制改革的目标方向以来，当代西方的经济学思潮、流派和观点被大量引进、介绍过来，极大地开拓了人们的理论视野。应该说，这样引进和介绍是完全必要的。但介绍和借鉴外国的东西应是为了深化对本国问题的研究，而不是要取代对本国问题的研究。某些西方社会思潮的拥护者和宣讲者正是从其所信奉的某些思潮出发为我国经济体制改革和经济发展战略开出了一个又一个令人眩目的药方。然而，这些国外经济思潮的拥护者和宣讲者却很少有人做过深入细致的调查和研究：我国目前是否具备或在多大程度上具备实现他们的主张的条件。仿佛中国已经有了成熟的市场经济，完全可以毫不费力地把国外的经验和模式移植过来。社会主义中国要赢得自身的发展优势，必须大胆地吸收包括西方发达国家在内的人类一切文明成果，但这同迷信"洋教条"有着本质的区别。正如邓小平同志所说："我们的现代化建设，必须从中国的实际出发。无论是革命还是建设，都要注意学习和借鉴外国经验。但是，照抄照搬别国经验、别国模式，从来不能得到成功。"①

上述种种教条主义有着相互补充、相辅相成的亲密关系。毛泽东同志在分析五四运动的巨大功绩和缺陷时深刻地指出，五四时期的"一班新人物"批判"老八股""老教条"，号召人民起来反对"老八股""老教条"，这是五四运动的一个极大的功绩，但那时的许多领导人物，还没有马克思主义的批判精神，他们使用的方法，一般地还是形式主义的方法，这种形式主义的方法发展到后来，就产生了"洋八股""洋教条"，而在我们党内，这种形式主义方法向"左"的发展，则产生了主观主义（教条主义是其主要表现形态）、宗派主义和党八股，即所谓"新八股""新教条"。② 可见，从方法论上看，诸种教条主义之间有共通之处；而从历史上看，它们同样有着千丝万缕的联系。如果说，照抄照搬马克思主义本本的教条主义曾经是对照抄照搬古代思想家们的著作和西方外来思潮的"老教条""洋教条"的一个反动，那么近年来"老教条""洋教条"的再度泛起则是对十年"文革"的灾难性岁月中盛行的打着"马克思主义"旗号的教条主义的另一个反动。

---

① 《邓小平文选》第 3 卷，人民出版社，1993，第 2 页。
② 参见《毛泽东选集》第 3 卷，人民出版社，1991，第 832~833 页。

思 想 的 散 叶

教条主义地照抄照搬马克思主义的书本、词句，不可能真正科学地对待中国古代传统思想和西方外来文化思潮，也不可能真正克服"老教条"和"洋教条"；同样，教条主义地照抄照搬古代"老祖宗"和西方外来文化思潮，往往导致以非科学的态度对待马克思主义，以为马克思主义不过是几本著作、语录的汇集，未见得有多么高明之处。历史经验反复表明：用一种形式的教条主义去反击另一种形式的教条主义，除了造成新的思想僵化和思想混乱之外，不会有什么别的效果。因此，当我们今天重提反对教条主义这个话题的时候，如果不把照抄照搬马克思主义的本本和照抄照搬中国古代思想家的著作和西方外来思潮等诸种教条主义一同克服，良好的学风仍然不可能真正确立并发扬光大起来。

人们常常把教条主义看作一种错误的思想认识方法，从认识论上揭示教条主义产生的根源，也为大家所关注并取得了不少理论成果。问题在于，从思维方法上说，恐怕没有人认为教条主义是个好东西，但为什么在理论工作中，在实际工作中，教条主义依然大有市场呢？原因之一，是把教条主义仅仅看作一种错误的认识方法，把端正学风仅仅看作思维方法的变革与匡正。由于认为是思维方法，就不给予认真对待，似乎只要方向正确，方法的运用是无关紧要的。因而，反对教条主义不得力，也就不足为怪了；进一步说，因为把端正学风、克服教条主义单纯看作思维方法的变革，就会忽视这种变革所要达到的目的，换言之，忽视理论工作本身的价值追求。

理论进步最深刻的源泉和动力来自社会实践。凡是把理论引到神秘主义方面去的神秘东西，都能在人的实践中以及对这种实践的理解中得到合理的解决。实践不仅是检验真理的唯一标准，而且是价值关系的确定者。实践的本质——环境的改变与人的自我改变的一致，决定了实践不仅是合规律性的活动，而且是合目的性的活动；不仅是人对外部环境的改造，而且是人对自身的改造——通过改造，人享有了实践成果，克服自身的既有局限性，达到了实践主体的再生和重塑；这不仅是求真的过程，而且是求善、求美的过程。总之，实践活动的本质决定了它总是在不断解决真理与价值、"实有"与"应有"、现实与理想的矛盾运动中开拓自身前进道路的。由实践活动的本质和目的所规定，理论活动的目的必然体现为对真理的追求与对价值的追求的结合。一定的价值追求总是以一定的认识为基础；而任何认识都不能完全摆脱价值观的制约，任何理论活动都不可能没有价值追求，问题只在于，这种价值追求是否科学，是否合理。是否有利于解决实践中的问题、促进社会进步而不是相反。按照马克思主义价值观和真理观相统一的原则，我们的一切价值追求都应以符合最广大人民群众的根本利益为指针；而判定什么是这种根本利益，又应以对社会历史发展阶段和客观规律的科学认识为根据，只有这种建立在科学认识基础上的价值追求，才能保证我们大公无私、毫无偏见、毫无顾忌地追求真理，"科学越是毫无顾忌和大公无私，它就越符合工人的利益和愿望"。①

诚然，理论思维是具有高度个性化的创造性活动，但一种思想、学说之能够形成并得以传播，进而对实际的社会历史进程发生影响，却不取决于它的私人性质，而更多地取决于它的公共性质、社会性质，取决于它满足社会发展的实际需要的程度。理论只有彻底，才能变成群众的自觉行动，而不致成为僵死的教条。而所谓彻底，就是要抓住事物的根本，不回避社会生活中客观存在的复杂而深刻的矛盾，不为

---

① 《马克思恩格斯文集》第 4 卷，人民出版社，2009，第 313 页。

思 想 的 散 叶

某种表面现象、假象所迷惑，不为某些时髦的东西所左右，有为真理
而献身的精神。同时，理论的彻底性，内在地要求理论必须是超越了
思想者个人私利的，内在地要求把对真理的追求与对价值的追求统一
起来，将价值追求真正建立在科学认识的基础之上。恩格斯在分析黑
格尔否定性辩证法的不彻底性时鲜明地指出过，黑格尔与他的同时代
人歌德一样，"拖着一根庸人的辫子"①。"庸人"习气使得黑格尔的辩证
法最终走向了自身的反面：形而上学。可见，单是某种狭隘的不合理
的价值观（当然还有其他因素）就使得原本内容极其丰富、深刻的理
论变成了僵死的教条，变成它自身的对立面。从理论、历史和现实的
层面上看，教条主义之能够产生并有一定的市场，除了思想认识方法
的局限以外，更重要的倒在于价值观上的局限。

在发展市场经济条件下，理论工作获得了难得的发展机遇，同时
也必然地面临新的挑战。商品交换的一些思想方式和行为方式会或多
或少地影响到理论工作中来，从而出现这样的情形也就不足为怪了：
一些人不甘于做艰苦细致、严肃认真的研究工作，而是热衷于通过各
种传媒炒作自己，仿佛一经炒作，便可"身价倍增"。身者名也，价者
利也。一个人为名利所驱使，不把他所信奉、宣传的东西凝固化、教
条化，那倒是不可思议的了。有谁说教条主义拒绝"变革"和"发展"
呢？它本身不也在不断地变换着"行头"，改换着门庭吗？由是观之，
学风问题绝不单纯是个思想方法问题，更是一个价值观的问题，学风
上的分野，从来都反映着不同的历史观、价值观的对立与斗争；坚持
马克思主义真理观与价值观相统一的原则，把追求真理与为最广大人
民群众谋利益有机地结合起来，"不以物喜，不以己悲"，防止学术研

---

① 《马克思恩格斯全集》第28卷，人民出版社，2018，第326页。

学风与价值观

究中的庸人习气，才能真正有效地克服教条主义。

坚持马克思主义真理观与价值观相统一的原则，克服教条主义、端正学风，必然会促进我们在理论工作中进一步解放思想，实事求是，理论联系实际。

建设有中国特色社会主义的伟大实践，提出了一系列亟待探索和解决的重大课题。从社会主义初级阶段的实际出发，"以我们正在做的事情为中心，着眼于马克思主义理论的运用，着眼于对实际问题的理论思考，着眼于新的实践和新的发展"①，积极探索、研究我国体制转变中的深层次矛盾和关键问题，并作出真正有说服力和指导意义的解答，这将是思想理论工作者对马克思主义的重大贡献，是对邓小平理论伟大旗帜的真正高举，是贯彻十五大精神的最好方式。毫无疑问，"这决不是改头换面地抄袭旧书本所能完成的工作，而是要费尽革命思想家心血的崇高的创造性的科学工作"。②

早在改革开放初期，邓小平同志就借用毛泽东在延安整风时期讲过的话，反复告诫我们："一个党，一个国家，一个民族，如果一切从本本出发，思想僵化，迷信盛行，那它就不能前进，它的生机就停止了，就要亡党亡国。"③而今，多少年过去了，重温这段话，每一个严肃的理论工作者难道不值得思之再思吗？

（原载《哲学研究》1997 年第 11 期）

---

① 《江泽民文选》第 2 卷，人民出版社，2006，第 304 页。
② 《邓小平文选》第 2 卷，人民出版社，1994，第 180 页。
③ 《邓小平文选》第 2 卷，人民出版社，1994，第 143 页。

思 想 的 散 叶

小注：

此文写于党的十五大闭幕不久，属于评论性文章。除剖析教条主义的三种主要表现形式及其在方法论上的"相通"性之外，鲜明提出了教条主义不仅是一种形而上学的思维方法，而且是一种极不科学极不合理的价值观，因而端正学风，决不应仅限于认识方法的改进，还应弘扬科学合理的价值观。时至今日，作者仍作如是观。

蔑视辩证法是要受到惩罚的

随着揭批"法轮功"斗争的日渐深入，这样一个问题不容回避地被提升出来：如此荒诞无稽的歪理邪说何以能在短时期内迅速"蹿红"，引得不少群众，甚至一些受过现代高等教育的知识分子、一些受党多年教育和培养的领导干部也趋之若鹜？换言之，是什么样的社会历史条件造成了像"法轮功"这样的邪教组织的滋生与蔓延？这个问题值得广大理论工作者深思。

在被恩格斯称为运用唯物史观科学地观察、分析和预测历史事变的"天才著作"的《路易·波拿巴的雾月十八日》一文中，马克思通过对 19 世纪中叶法国的社会历史条件的分析，无可辩驳地证明了当时法国的社会生活怎样"造成了一种局势和条件，使得一个平庸而可笑的人物有可能扮演了英雄的角色"。①马克思在这部著作中所阐发的思想给我们以有益的方法论启迪：社会生活中任何荒谬、反文明、反人类的东西之所以产生并得以蔓延，总有其现实的社会物质条件；因此，单单宣布一种思潮为错误，并不能真正克服这种思潮，必须恰如其分地揭示错误思潮所赖以产生并发挥作用的现实土壤，进而通过客观的社会物质力量铲除这种土壤。

经过 20 年的艰苦努力，我国改革已从单纯的政策性调整逐步进

---

① 《马克思恩格斯文集》第 2 卷，人民出版社，2009，第 466 页。

入到制度创新的攻坚阶段。现实表明，改革越是走向深入，改革所面临的难题就愈加复杂而艰巨，各种深层次的社会矛盾就愈益展现出来。如所周知，我国经济体制改革的基本目标是建立社会主义市场经济体制。但是，提出这样的改革目标，并不意味着我们在事实上已经掌握了在社会主义制度条件下发展市场经济的客观规律，现实的情形则是在社会生活的许多领域，我们既苦于市场经济的不发展，又苦于市场经济的发展。就前一方面而言，虽然经过 20 年的伟大实践，农村改革取得了举世瞩目的成就，但是，小生产的生产方式、小块土地对农民的束缚，农村社会交往关系中的家族制、宗法制和血缘关系、地域性联系对农民的限制，并未从根本上加以消除，在这里，人与自然关系的狭隘性质进一步影响到人与社会关系的狭隘性质，直接劳动仍然占很大比重。小生产的生产方式所造成的生产和交往的狭隘性，恰恰是封建迷信得以滋生、传播的土壤。值得注意的是，在不少地方，封建迷信的复活恰恰是借助于商品经济的力量而实现的。就后一方面而言，正如马克思所指出的，不可能存在有商品经济而无拜物教的社会。在西方，市场经济不断发展的过程，也是大量偶然的个人、片面的个人、物化的个人不断被制造出来的过程，在这里，对偶然性、盲目的力量的恐惧与崇拜，是一种普遍的社会意识。如果我们实事求是地看问题，就应承认，西方社会在发展市场经济过程中所出现的经济社会发展与人本身的发展的尖锐矛盾，偶然的、片面的、物化的个人与人的全面的发展的矛盾在我们的社会生活中同样会遭遇到。严肃、认真地对待这些社会矛盾，当然不是要取消改革，或者把改革的步伐停顿下来，恰恰相反，只有深化改革，坚定地把改革进行到底，打破和变革种种阻碍、束缚生产力发展——特别是人本身的发展这一最重要、最活跃的生产力因素——的社会关系，从而为最大多数的人民群众的创造能力、禀赋和活动的无限发展创建尽可能广泛的社会空间，把解决改革过程中出现的一系列深层次社会矛盾，进一步深化改革同铲除一切伪科学、迷信滋生的土壤结合起来，把理论的批判与实践的批判结合起来，如此，才能真正肃清"法轮功"等歪理邪说的影响。

中国历史上曾经数度发生过邪教盛行的情形，现代西方社会中也不断出现过形形色色的"现代邪教"，如美国的"人民圣殿教"、日本的"奥姆真理教"等。总结历史经验，可以看出，迷信、邪教的产生往往是同专制、愚民相生相随的，或者是对封建专制的惩罚，或者是对资本专制的惩罚。因此，消除迷信、铲除一切邪教势力，就必须把改革同广大人民群众的实际要求结合起来，不断扩大人民群众对改革的知情权和参与空间。改革，是时代发展的必然趋势，是人民的根本意愿；同时，由于改革牵涉到全体社会成员的利益，因而，改革，归根到底又是只有人民群众的积极主动、广泛参与才能顺利进行的事业。人民群众是改革的主体；使人民的生活质量不断得到提高，是改革的根本目的；人民群众的根本利益，是我们一切改革方针、政策、措施的出发点和归宿。近年来，一些部门和地方背离党中央的方针、路线、政策，背离党的群众路线，脱离群众，惧怕群众，不相信和依靠群众，把改革看作少数几个"能人"才有权过问和从事的活动，打着"改革"的旗号，行维护小集团和个人私利之实，对于广大干部和群众破除迷信、解放思想、独立思考，怀着恐惧的心理，这种做法以及由此形成的腐败行为势必降低人民群众参与改革的热情，加剧社会矛盾，从而客观上为法轮功这样的歪理邪说的传播、蔓延提供了条件。

为了克服"法轮功"等歪理邪说的社会影响，大家普遍感到，有必要在全社会普及现代科学知识，倡导科学精神，让科学的光芒照亮我们每一个人。问题在于，这里的"科学"决不应该被狭隘地理解为单指自然科学，而应同时包含哲学社会科学特别是作为科学世界观、历史观、价值观和方法论的辩证法。恩格斯在《自然辩证法》中饶有趣味地记述了他亲自观察当时的一个江湖术士"斯宾塞·霍尔先生"进行"催眠颅相学"表演的情形，并特别批判了当时一些著名的自然科学家如阿克弗勒德·拉塞尔·华莱士等人对这种"江湖骗术"的笃信和辩护。在这里，恩格斯提出了一个具有重大理论意义和实践意义的思想：经验主义和单纯的自然科学克服不了唯灵论和唯心主义，科学史上不乏这样的情形，一些非常出色的自然科学家却最终成了唯灵论和唯心主义的奴隶。"所以，经验主义者蔑视辩证法便受到惩罚：连某些最清醒的经验主义者也陷入最荒唐的迷信中，陷入现代唯灵论中去了。"

"蔑视辩证法是不能不受惩罚的"！[1]恩格斯多年前提出的著名论断在今天不是仍然有重大的警示作用吗？

（原载《哲学研究》1999 年第 9 期）

---

[1] 《马克思恩格斯选集》第 3 卷，人民出版社，2012，第 890 页。

共产党人的价值准则

在党的纲领中，明确提出"为人民服务"作为党的宗旨，作为共产党人一切言行的根本的价值目标、价值准则，这就使得共产党与其他一切阶级的政党区别开来。

马克思、恩格斯在《共产党宣言》中明确指出：共产党人"没有任何同整个无产阶级的利益不同的利益"。[1] 这就是说，除了无产阶级和广大劳动人民的根本利益之外，共产党人不谋求任何特殊的属于小集团或个人的私利。缺少这一条根本的价值准则，共产党就同那些专为小宗派利益着想的集团、政党没有什么区别了。

在中国共产党历史上，最明确、最集中、最坚决地提出"为人民服务"作为共产党人价值观的，是毛泽东同志。他的著名的《为人民服务》等一系列文献和思想曾经培养了一代代共产党人为人民的事业而奋斗、牺牲，曾经激励无数人民群众在党的坚强领导下，为争取民族独立和解放，为建设社会主义新中国而前赴后继。

毛泽东同志说，"共产党人的一切言论行动，必须以合乎最广大人民群众的最大利益，为最广大人民群众所拥护为最高标准"。[2] 他多次指出：为人民服务，是共产党和共产党领导的军队、政权的唯

① 《马克思恩格斯全集》第 28 卷，人民出版社，2018，第 431 页。
② 《毛泽东选集》第 3 卷，人民出版社，1991，第 1096 页。

一的最高宗旨。"我们这个队伍完全是为着解放人民的,是彻底地为人民的利益工作的。"①不仅如此,人民群众的实践特别是解放和发展人民的生产力的实践,还是检验党的政策等正确与否、好坏的根本标准。"中国一切政党的政策及其实践在中国人民中所表现的作用的好坏、大小,归根到底,看它对于中国人民的生产力的发展是否有帮助及其帮助之大小,看它是束缚生产力的,还是解放生产力的。"②

早在改革开放初期,邓小平同志就明确指出:"我们是社会主义国家,社会主义制度优越性的根本表现,就是能够允许社会生产力以旧社会所没有的速度迅速发展,使人民不断增长的物质文化生活需要能够逐步得到满足。……我们要想一想,我们给人民究竟做了多少事情呢?我们一定要根据现在的有利条件加速发展生产力,使人民的物质生活好一些,使人民的文化生活、精神面貌好一些。"③邓小平多次强调,在一个由共产党执政的社会主义国家,不集中力量发展社会生产力,不能尽快改善人民生活,不能说是符合社会主义本质,不能说是符合共产党人宗旨的。

江泽民同志在党的十五大报告中指出:"我们党来自人民,植根于人民,服务于人民。建设有中国特色社会主义全部工作的出发点和落脚点,就是全心全意为人民谋利益。共产党员要倾听群众呼声,关心群众疾苦,为群众办实事、办好事。"④

可见,在马克思列宁主义发展史上,在中国共产党发展史上,在中国共产党三代领导核心那里,把"为人民服务"作为共产党人最高

---

① 《毛泽东选集》第 3 卷,人民出版社,1991,第 1004 页。
② 《毛泽东选集》第 3 卷,人民出版社,1991,第 1079 页。
③ 《邓小平文选》第 2 卷,人民出版社,1994,第 128 页。
④ 《江泽民文选》第 2 卷,人民出版社,2006,第 45 页。

的价值准则，是明确而又坚定的。

总结历史经验，我们也应看到，要把为人民服务的宗旨真正落到实处并不是一件容易的事。

首先，为人民服务，必须把握从实践出发与从人民的根本利益出发的内在一致性，把革命热情与尊重客观规律结合起来，在对国情的科学认识和全面把握的基础上，制定正确的路线、方针、政策，以促进人民的根本利益的实现。

根据唯物史观，从实践出发与从人民的根本利益出发是一致的。实践，说到底是化理想为现实的客观物质活动，是人们实际地改变环境同时又改变人自身的创造性活动。斤斤于私利的活动构不成实践，构成实践活动主体的，归根到底是千百万人民群众。共产党人的一切言行，归根到底是为了人民的根本利益。而判定什么是这种根本利益，又必须以对社会历史规律和社会发展不同阶段的本质特征的科学认识作为依据，只有这样，"为人民服务"的价值追求才有切实可靠的根基，党才能制定出正确的路线、方针、政策。

以毛泽东同志为代表的中国共产党人，把马克思主义与中国革命的具体实际结合起来，在对中国近现代社会的基本性质、特征的科学认识基础上，创造性地提出了中国革命分两步走和以农村包围城市的革命战略、革命道路，紧紧依靠、发动广大群众，坚定地维护人民的根本利益，夺取了人民革命的完全胜利，建立了社会主义的新中国。正是在这一根本改变中国历史面貌的伟大进程中，广大人民群众从切身感受中，深信共产党和共产党领导的军队、政权，是实实在在、真真正正、彻彻底底地为人民谋利益、谋幸福的。但是，革命胜利后，党怎样领导人民建设社会主义，这是一个不同于革命的全新的历史课题。正是在这个问题上，党遭受了严重的失误和挫折。从 1958 年到

1978 年 20 年间，我国的社会生产力没有取得它本来应该取得的发展，人民生活改善甚微。

邓小平同志在总结历史经验时说，在中国，搞社会主义，就必须从中国的具体实际出发，建设有中国特色的社会主义。"不要离开现实和超越阶段采取一些'左'的办法，这样是搞不成社会主义的"。① 以往出现的像"大跃进""人民公社化"运动和"文化大革命"那样的"左"的错误，一个重要原因就在于对基本国情做了错误的估计，所制定的政策超越了社会主义初级阶段的实际。从社会主义初级阶段的具体实际出发，就应看到，底子薄、人口多、耕地少，是制约我们发展的重要因素。这样的基本国情决定了我们制定政策、从事任何工作都必须从中国的具体实际出发，这也是判定什么是人民的根本利益，怎样维护、实现人民的根本利益的依据；脱离这样的实际，我们的政策就会偏离正确的方向，也就会从根本上损害人民的根本利益，就会遭致失败。因此，如果说在革命的过程中，党的为人民服务的根本宗旨的实现，归根到底体现于党能够根据革命发展的实际，提出正确的行动纲领，团结和依靠人民为实现这个行动纲领而努力奋斗，那么在建设的过程中，党的为人民服务宗旨的实现，则体现于党能够根据不同于革命阶段的建设发展的实际，提出正确的行动纲领，充分调动人民群众的积极性、创造性，为实现这样一个行动纲领而奋斗。

强调一切从实际出发与从人民的愿望、要求和利益出发的内在一致性，就有一个如何把革命热情与尊重客观规律结合起来的问题。在社会主义建设时期，由伟大革命所激发的政治热情，当然对人民群众建设社会主义有巨大的推动作用。但是，搞建设毕竟有不同于革命和

---

① 《邓小平文选》第 2 卷，人民出版社，1994，第 312 页。

战争的特殊规律及其作用机制，除了人民群众的政治热情之外，还必须有科学技术、科学管理，特别是要让人民在建设中不断得到实际利益，从物质生活和精神生活的不断改善中切身感受到社会主义制度的优越性，感受到党的路线、方针、政策的正确，从而更加自觉地关心和支持社会主义建设，保持旺盛的积极性、创造性。从这个意义上说，不尊重客观规律，群众的热情也就不可能持久。

其次，为人民服务，就必须从历史进步与人民的根本利益的一致性出发，在科学把握历史发展客观趋势的基础上，准确地揭示现实社会的基本矛盾，正确地提出社会发展不同阶段上的历史任务，以明确党的依靠力量，调动最广大人民群众的积极性。

为人民服务，有一个前提，这就是必须正确地理解"人民"这个历史的范畴。毛泽东同志在《关于正确处理人民内部矛盾的问题》中提出了区分"人民"和"敌人"的两条基本标准，一条是质的标准，即依据现实社会发展阶段的主要历史任务和趋势，针对人们同这一历史任务和趋势的关系，划分人民和敌人。这一条标准可以叫作"历史进步"标准。另一条则是量的标准，即占人口百分之九十以上，由多种不同的阶级、阶层构成的最大多数，是人民，这条标准可以叫作"绝大多数"标准。在质上坚持"历史进步"标准，在量上坚持"最大多数"标准，并通过具体的历史分析、阶级分析和政策策略分析，使两个标准有机地结合起来，这是毛泽东"人民"观念的思想精髓。

当然，提出这样两条标准，并不意味着在实践中能始终如一、自觉、准确地贯彻这两条标准。邓小平同志在谈及毛泽东同志的失误时说，毛泽东同志是伟大的领袖，中国革命是在他的领导下取得成功的。然而，他有一个重大的缺点，就是忽视发展社会生产力。不是说他不想发展生产力，但方法不都是对头的，例如，搞"大跃进"、人民公社，就没有按照社会经济发展的客观规律办事。① 由于忽视发展社会生产力，或者，即使想发展生产力，但方法不都对头，使得我国的经济长期处于停滞状态，人民生活普遍地仍较为贫困。有鉴于此，邓小平同志明确提出，贫穷不是社会主义。不发展社会生产力，不提高人民生活水平，不能说是符合社会主义本质的，从而党的领导就不能说是正确、有力的，也就从根本上违背了人民的根本利益。在社会主义初级阶段，一切从中国的具体国情出发，集中力量发展社会生产力，把我国建设成为富强、民主、文明的社会主义现代化国家，是党在当前的历史任务，因为这代表了中国最广大人民群众的根本利益，代表了中国历史发展的总趋势。围绕这样一个根本任务和历史发展趋势，衡量党的各项工作成败、好坏的根本价值标准就是"三个有利于"标准。明确地提出"三个有利于"标准，把生产力标准、综合国力标准、人民的根本利益标准三者统一起来，从而把党的为人民服务的宗旨落实到发展社会生产力、提高人民生活水平上，这是邓小平同志对毛泽东"为人民服务"价值观的具有重大理论意义和实践意义的发展。在社会主义社会，生产力归根到底是人民的生产力，综合国力是人民国家的综合国力，而提高人民的物质文化生活水平，正是社会主义的根本目的。因此，"三个有利于"标准的精神实质在于，它将为人民服务的宗旨具体化为新时期的中心任务，具体化为党的各项工作的实际目标和价值标准，使党的"为人民服务"的宗旨成为具体的操作性极强而又不失其远大理想的原则。

强调在社会主义初级阶段，集中力量发展社会生产力作为党的根本任务，一个根本的根据在于对现阶段我国社会主要矛盾的科学认识。

---

① 参见《邓小平文选》第 3 卷，人民出版社，1993，第 116 页。

现实社会的主要矛盾，也就是实现最广大人民群众的现实利益和根本利益的任务之所在。离开了现实社会的主要矛盾，或者不能正确地抓住主要矛盾，也就意味着不能正确地认识人民和依靠人民；不能根据对社会主要矛盾的科学认识正确地提出党在不同社会发展阶段上的历史任务，也就不可能真正调动和发挥人民的积极性、创造性，其结果就会使人民的根本利益受损。鉴于此，党的十一届三中全会后，党郑重宣布，我国社会的主要矛盾是人民日益增长的物质文化需要同落后的社会生产之间的矛盾；阶级斗争虽然在一定范围内仍然存在，但阶级矛盾已不是我国社会的主要矛盾。根据对社会主要矛盾的科学判断，党提出了新时期的历史任务，实现了工作重点的战略转移。

强调集中力量发展社会生产力，就有一个如何看待知识分子的作用问题。因为现代生产力的发展有一个重要的趋势，这就是知识、科学、技术、文化在生产力发展中的地位和作用愈益增强，不尊重知识、不尊重人才，就不可能推动经济发展和社会全面进步。总结历史经验可以看出，如何看待知识分子的地位和作用问题，是划分"人民"与"敌人"的一个十分重要的问题。邓小平同志指出，科学技术不仅是生产力，而且是第一生产力；既然科学技术成为越来越重要的生产力，那么，从事科学技术工作的人就是劳动者，知识分子就是工人阶级的一部分。把知识分子看作"人民"的重要成员，看作工人阶级的一部分，从根本上解决了知识分子的地位归属问题。不仅如此，从历史发展趋势上看，知识分子，由于掌握现代科学技术文化知识，又常常是代表先进生产力的力量。因而，党就更应该充分信任、依靠他们，充分调动他们的积极性、创造性。这是邓小平在新时期对毛泽东"人民"观的重大发展。

强调集中力量发展社会生产力，通过发展经济提高人民生活水平，就必须通过改革冲破僵化、落后的经济体制，调动人民群众的积极性，解放人民的生产力。旧体制所以要冲破，从根本上说，也正是由于它已经成为限制人民群众的活动、禀赋和创造才能发挥的羁绊，已经成为人民的生产力进一步发展的障碍。因此，改革，是时代发展的必然趋势，是人民的根本意愿。同时，由于改革触及的是国家的经济、政治、教育、科技、文化等各方面的体制，牵涉到全体社会成员的利益，因而，改革，归根到底又是只有人民群众的积极主动、广泛参与才能顺利进行的事业。人民群众是改革的主体；使人民的生活水平不断得到提高，是改革的根本目的；人民群众的根本利益，是我们一切改革方针、政策、措施的出发点和归宿。正如邓小平同志所说："不坚持社会主义，不改革开放，不发展经济，不改善人民生活，只能是死路一条。基本路线要管一百年，动摇不得。只有坚持这条路线，人民才会相信你，拥护你。"①"人民，是看实践。人民一看，还是社会主义好，还是改革开放好，我们的事业就会万古长青！"②

最后，为人民服务，就必须不断根据时代条件和实践的新发展，从严治党，加强党的思想理论建设、作风建设和组织制度建设，保持党的纯洁性。

一个把为人民服务奉为最高宗旨的无产阶级政党，在处于革命时期和执政时期所面临的考验是很不相同的。早在新中国成立前夕，毛泽东同志就曾告诫全党："可能有这样一些共产党人，他们是不曾被拿枪的敌人征服过的，他们在这些敌人面前不愧英雄的称号；但是经不起人们用糖衣裹着的炮弹的攻击，他们在糖弹面前要打败仗。我们必须预防这种情况。夺取全国胜利，这只是万里长征走完了第一步。如

---

① 《邓小平文选》第 3 卷，人民出版社，1993，第 370~371 页。
② 《邓小平文选》第 3 卷，人民出版社，1993，第 381 页。

果这一步也值得骄傲，那是比较渺小的，更值得骄傲的还在后头。"① 为了纯洁党的队伍，保持党的为人民服务的本色，毛泽东同志做了大量的有益的探索，当然也有不少沉痛的教训。

早在改革开放之初，邓小平同志就多次指出，执政党的党风是关系党生死存亡的重大问题。在新的历史条件下，一定要坚持党的为人民服务的宗旨，继承党的优良传统，发扬党的优良作风。改革开放越是走向深入，越要从严治党。要反对干部队伍中的不正之风和特殊化，要反对腐败。腐败，不仅严重违背党的宗旨，败坏党的形象，而且是诱发道德信仰危机、加剧社会不稳定因素的温床，对党、国家和人民的事业危害极大。所以，邓小平同志强调，端正党风，是端正社会风气的关键。在整个改革开放中都要反对腐败。对干部和共产党员来说，廉政建设要作为大事来抓。共产党员尤其是领导干部要树立正确的世界观、人生观、价值观，严于律己，艰苦奋斗，全心全意为人民服务。怎样端正党风，反对腐败？邓小平同志指出，一靠思想教育，二靠民主法制，即制度建设，两相比较，制度建设更带有根本性、全局性、稳定性和长期性。因为现在党的情况，所处的社会环境与革命战争时期有很大的不同。历史经验表明，靠"以阶级斗争为纲""揪党内走资派"、大搞群众运动的方式不可能解决执政党的党风问题，而"无产阶级专政下的继续革命"，更不可能解决腐败问题。必须"坚持标本兼治，教育是基础，法制是保证，监督是关键。通过深化改革，不断铲除腐败现象滋生蔓延的土壤"。②

（原载《前线》1999 年第 2 期）

① 《毛泽东选集》第 4 卷，人民出版社，1991，第 1438 页。
② 《江泽民文选》第 2 卷，人民出版社，2006，第 46 页。

也许，举起一面旗帜并不重要

——读《哲学通论》《哲学研究方法论》和《回到马克思》所想到的

在 1998、1999 年出版的各类哲学著作中，就推进马克思主义哲学基本理论的研究而言，三本出自中国中青年马克思主义哲学工作者的学术专著的相继面世格外引人注目，这就是孙正聿的《哲学通论》（辽宁人民出版社 1998 年版）、欧阳康的《哲学研究方法论》（武汉大学出版社 1998 年版）和张一兵的《回到马克思》（江苏人民出版社 1999 年版）。前两部著作的共同特点在于将传统马克思主义哲学教科书体系中只是蜻蜓点水般地在"绪论"或"导言"中涉及的有关"元哲学"或"哲学学"即哲学观方面的问题单列出来予以专门的考察，并力图在总结全部哲学史有关这方面的思维成果的基础上，提出作者对马克思主义哲学视野中的哲学观的独特的理解。而后一本著作则响亮地提出"回到马克思"的口号，强调对马克思的原始文本进行历史考证性解读的重要性，特别是马克思的经济学语境中的哲学话语对理解马克思主义哲学的本质和内在精神的重大意义。由于这三本著作均不约而同地举起了个性化研究的旗帜，而且在一定程度上构成了对传统哲学教科书体系特别是通行的马克思主义哲学解读模式的挑战，因而，这三本著作在世纪末中国哲学界的"出笼"，可以算作一个"事件"。

也许，举起一面旗帜并不重要

《哲学通论》系国家教委（现教育部）"面向 21 世纪课题教材"，但与一般的哲学教材相比，无论在内容上还是在行文风格上都有很大的区别，而且是新中国成立后第一部系统论述"哲学本身"的"通论"性学术专著。该书以哲学史（主要是西方哲学史）和当代哲学为宏阔背景，以"激发理论兴趣，拓宽理论视野，撞击理论思维和提升理论境界"为出发点，以"哲学究竟是什么"为主线，创造性地提出并论述了哲学的自我理解、哲学的思维方式、哲学的生活基础、哲学的主要问题、哲学的派别冲突、哲学的历史演进以及哲学的修养与创造等七个方面的问题。该书最富独创性的内容在于提出"哲学的自我理解"并作了系统而深入的阐发。"哲学是对理论思维的前提批判"，这是全书一以贯之的主导思想。围绕这一思想，作者从诸多方面进行了阐发。（1）哲学是对智慧本身的持久而热烈的追求。哲学智慧不是既定的知识，不是现成的结论，不是实例的解说，不是枯燥的条文，而是追究生活和信念的前提，探寻经验常识的根据，反思历史进步的尺度，讯问真善美的标准。哲学智慧是反思的智慧、批判的智慧、变革的智慧。（2）哲学以其特有的方式关注人与世界的关系，作为人类把握世界的基本方式，它与常识、科学等人类把握世界的其他方式有着本质的区别。如果说常识的本质特性在于它的经验性，而哲学则是超经验的。从常识出发对待哲学，很容易产生对哲学的误解。就哲学与科学的关系而言，它既不是普遍性与特殊性的关系，也不是一种特殊性与另一种特殊性的关系，而是以"思维和存在的关系问题"为中介所构成的哲学对科学的反思关系。（3）从思维方式上说，哲学思维的首要特征在于它是一种"反思"，就是思维把"思维和存在的关系"作为"问题"来思考。据此，作者批评了传统哲学教科书对"哲学基本问题"的简单化、片面化理解：其一，把"思维"和"存在"的问题而不是

"思维和存在的关系问题"理解为哲学的基本问题；其二，把"思维和存在"的关系等同于"精神和物质"的关系；其三，进而把哲学基本问题归纳为精神和物质"谁为第一性"以及精神和物质"有无同一性"这样两个方面，即所谓本体论和认识论，从而把辩证法排斥于"思维和存在"的关系问题之外。（4）哲学反思本质上是批判性的。哲学的批判性反思的对象不只是作为思想内容的思想，而且包括构成思想的根据和原则，后者是思想形成和发展的前提，是哲学反思的真实对象，因而哲学反思具有"前提批判的性质"。通过上述分析，作者表达了这样一种信念：真正的哲学不是僵死的教条，而是思想解放的锐利武器。该书以其强烈的思辨色彩、鲜明的个性化表述风格在 90 年代末的哲学著作中独树一帜，并一举获得国家图书奖提名奖。

《哲学研究方法论》则从探讨"元哲学问题"入手，回溯哲学思维方式的系统发生，从方法论上反思马克思主义哲学的当代发展，探析深化分支哲学研究的基本思路，提出和探寻个性化的哲学研究道路。所谓"元哲学问题"，与《哲学通论》的理解基本一致，即"哲学究竟是什么"这样的问题，其内容大致包括哲学的性质、特点、功能等诸如此类。与《哲学通论》有所不同，本书作者提出了建构"哲学形态学"的思路与方法，强调哲学研究方法的探索与建构的重要性，并且更加明确地钟情于"个性化的哲学研究道路"。所谓哲学形态学，在作者看来，就是关于哲学形态问题的哲学学说，它以哲学形态为对象，探索哲学形态的系统发生、历史演进、内部构成、外部条件、现代特点等等，简单地说就是哲学反思自身形态的内在发生、外在条件、历史发展和现实结构的理论。哲学在不同历史发展阶段出现过不同的哲学形态，如本体论形态、认识论形态、主体论形态、实践论形态、人本论形态等，从马克思主义哲学立场出发，从系统性、辩证性、发展性、整体性的角度研究哲学形态的发生和发展历程，有助于揭示哲学自身的发展规律，探寻哲学在 21 世纪的发展走向。所谓哲学研究方法就是对哲学家的研究思路、活动方式、探索方法的总结和概括，它集中体现着哲学家的主体性。作者提出，哲学研究方法的科学更新是哲学改革的突破口，主张强化哲学家的主体意识，认为科学的批判精神、超越的前导精神和自由创造精神是哲学研究中主体精神的基本内容，也是哲学进步的重要主体性条件。所谓"个性化的哲学研究道路"，就是强调哲学既是一门高度抽象的理论化、体系化的学问，又是一种非常现实的个性化、体验化的实践；哲学对普遍、终极的东西的思考必须从个人的生活实践和亲身体验出发。

　　如果说《哲学通论》的作者长于对辩证法的研究，《哲学研究方法论》的作者长于对认识论特别是社会认识论的研究，那么，这两部专著的出版无疑表明了两位作者在保持其原有理论研究特色的前提下力图自我超越的新努力。但这两本书几乎都对历史观问题语焉不详，这不能不令人感到莫大的"遗憾"，或许，历史观问题未进入两位作者的思考视野，或许，虽然进入了思考语境但又感到难以有"新话"要说？

　　历史观由于关涉人自身活动的历史，因而，当然不能像关注自然过程那样自由，甚至不能像关注思维过程那样来得从容，这除了处处受到观念因素的缠绕之外，还要不时受到利益等现实的物质力量的袭击。一个明显的事实是，人们不可能在对自身历史的考察中真正做到把自身剥离出来。这样一来，对历史观的研究就天然地具有巨大的挑战性：这种研究是可能的和现实的吗？这种研究在何种意义上既葆有哲学的品格又具有科学的力量？

　　恩格斯在评价马克思的思想时说过一段尽人皆知的话：马克思一

生有两大发现，即唯物史观和剩余价值理论。其中，唯物史观即通常所说的"历史唯物主义"被认为是马克思最主要的哲学贡献。按照恩格斯的论述，在马克思的唯物史观诞生以前，一切哲学派别无一例外地在历史观上都是非科学的，都是唯心史观。唯心主义哲学家自不待说，即使是旧唯物主义者由于用非历史的观点看待人自身的活动，不能形成对伟大历史联系的合理看法，因而，在他们那里，"历史至多不过是一部供哲学家使用的例证和图解的汇集罢了"。①问题在于，如果我们承认唯物史观的创立是马克思最主要的哲学贡献，是哲学史上的革命性变革，那么，我们是否也相应地实现了自身的哲学观的根本转变或恰当定位来把握这种变革？从近代"知识论"哲学的维度出发来理解马克思的这一哲学贡献能否揭示出它的哲学意义？从现代西方哲学的学院化立场出发来理解马克思的哲学贡献能否把握住它的哲学意义？把马克思的哲学贡献"扩大"化为一个涵盖本体论、自然观、认识论、逻辑学和历史观等诸领域的宏大体系能否真正揭示出它的哲学意义？

历史观问题在元哲学视野中的"缺席"当然会削弱元哲学的思考力度。例如，《哲学通论》在谈到辩证法的本质时多次引用马克思在《资本论》第2版跋中的著名论断：辩证法在对现存事物的肯定理解中同时包含否定的理解，即对现存事物的必然灭亡的理解；辩证法对每一种既成的形式都是在不断的运动中，因而也是从它的暂时性方面去理解，辩证法不崇拜任何东西，按其本性来说，它是批判的和革命的。在作者看来，辩证法之作为辩证法，从根本上说，是因为辩证法的批判是对"思维和存在的关系问题"的批判性反思。②这样理解和界定辩

① 《马克思恩格斯全集》第28卷，人民出版社，2018，第337页。
② 参见孙正聿《哲学通论》，辽宁人民出版社，1998，第339页。

证法的批判本质没有错，但又是不够的，因为这种理解和解释很难说明马克思的辩证法与黑格尔的辩证法的一系列重大原则区别。这其中一个至关重要的环节在于，辩证法不仅仅是一种思维方法，同时又是一种价值观，辩证法在其合理和科学形态上，内在地要求以厚重的历史感和鲜明合理的价值观作为支撑，否则就很难解释为什么人们在理论上尽管掌握了辩证法的思维方法，但往往在实践中常常做出违反辩证法的事体了。马克思说，辩证法在其神秘形式上，成了近代德国的时髦东西，因为它似乎使现存事物显得光彩，但在其合理形态上，引起了资产阶级及其代言人的恼怒和恐慌。从历史观、价值观与真理观统一的角度来理解辩证法的本质，是否能够比单纯从思维方式出发获得更为丰厚的意义呢？

就《哲学研究方法论》一书而言，作者提出建构"哲学形态学"以实现对当前哲学研究困境的某种突破，但要真正达到这一目标，所谓"哲学形态学"的思路本身就要接受如下质疑：相比较传统的哲学研究套路如哲学家的个案研究、哲学思潮研究、哲学范畴研究、哲学的比较研究等，"哲学形态学"的优越性何在？它是否能够和在多大程度上担当起"当前哲学改革和发展的突破口"这样一副并不轻松的历史重担？进一步地说，"哲学形态学"是否隐匿着这样的危险：是否在事实上存在着矛盾和问题的地方回避了真正的矛盾和问题？而哲学，如果对时代所提出的一系列重大而紧迫的深层次矛盾和问题无动于衷，那么，时代当然有权向哲学质疑：我要你干什么？

《回到马克思》与前两部著作相比，虽然内容涉及传统马克思主义哲学史通常要关注的主题——"马克思的哲学变革是如何实现的？其革命性意义究竟何在？"但它明确地喊出"回到马克思"的口号，而且其副标题为"经济学语境中的哲学话语"，这已昭示出某种有别于传统马克思主义哲学教科书和哲学史著作的旨趣。该书的句式结构颇拗口，读来有沉重之感，但其意思还是十分明白的。在传统的哲学教科书解读模式中，马克思主义哲学的来源被认为主要是两个：费尔巴哈的唯物主义（所谓"基本内核"）和黑格尔的辩证法（所谓"合理内核"），作者认为这样来理解马克思的哲学变革是简单和片面的，客观上也造成了马克思主义哲学长期在低水平重复的困境中徘徊。该书在国内第一次真正基于《马克思恩格斯全集》历史考证第 2 版（MEGA2）摘录笔记和手稿的最新文献，在哲学研究领域首次从马克思经济学研究的完整内在历史语境出发，真实地呈现了马克思哲学话语深层的动态历史原像。作者的学术创新在于，首次运用全新的解读方法确认了青年马克思的人本学社会现象学，以及建立在扬弃古典经济学社会唯物主义基础上的广义历史唯物主义科学视域，特别是第一次指认出马克思在最后的经济学科学探索中所创立的历史现象学哲学批判话语。在作者看来，撇开马克思对古典经济学的批判性解读，不能深刻地把握马克思对当下的经济现实——资本主义社会经济生活的批判性研究，也就不可能真正理解马克思的哲学变革所赖以实现的前提、过程和意义。事实上，构成马克思的历史唯物主义理论前提或来源的并不是费尔巴哈等人所代表的旧唯物主义，这种旧唯物主义充其量只能是"自然唯物主义"，即在自然观上的唯物主义，它一旦进入社会历史领域，就连一点唯物主义的影子也没有了。而古典经济学家尽管在哲学世界观上相当复杂，但政治经济学的科学性和对研究对象——社会经济生活的尊重使得他们在对社会生活问题的看法上带有更多的唯物主义色彩，这种唯物主义与费尔巴哈式的自然唯物主义不同，作者冠以"社会唯物主义"的名称，此种"社会唯物主义"构成了历史唯物主义的重要理论来源，而在对古典经济学进行批判性解读的同时，展开对资本主义经济生活的动态的历史的批判性研究，则是历史唯物主义的进一步深化、丰富和发展的根本前提。

以我的"解读语境"（套用该书作者喜欢用的一个术语），《回到马克思》最为精彩和具有独创性的是对马克思《1857—1858 年经济学手稿》的解读。长期以来，马克思的这部著作主要是作为经济学文本被解读的，虽然也有一些哲学家不断地从这一文本中找到"三大社会形态"和"异化"概念。（由此说明在马克思成熟时期的思想中，"异化"并不是一个已经过时废弃的概念。）在该书作者看来，经济学家和哲学家恐怕都较少注意到，这一手稿实际在总体上就直接具有哲学和经济学二重性质，并且，这种双重性不是二元分立的，而恰恰是一体化的。马克思这里的经济学发现同时也是他历史唯物主义建构最重要也是最终的理论逻辑完成，这主要表现为马克思在狭义历史唯物主义和历史认识论之上的历史现象学的建构。所谓"狭义历史唯物主义"当然是相对"广义历史唯物主义"而言的。"广义历史唯物主义"是关于社会历史发展一般规律的理论，这主要体现在物质生活的生产与再生产是社会历史生存和发展的基础，一定的生产方式决定人类社会生活的本质，这是马克思在《德意志意识形态》中就已经确定的基本理论观点。而"狭义历史唯物主义"主要是马克思在"狭义的政治经济学"即对资本主义经济生活的研究过程中，针对经济社会形态生成与发展的特殊规律的理论，主要体现为经济关系成为社会生活主导性的方面，人物役于自己创造出来的物质力量。这是马克思在《1857—1858 年经济学手稿》中逐步形成的新见解。它大大丰富了马克思的历史唯物主义理论。所谓"历史现象学"，是马克思在《1857—1858 年经济学手稿》中形成的对资本主义社会经济生活中一系列真实的颠倒、"抽象成为统治"的批判性理论。资本主义经济现实的自然性（自在性）中客观发生的多重颠倒性和复杂性，诸如复杂的物、物相、外在关系、颠倒了的关系、物化关系等，从单纯的"感性直观"和从虚幻的观念出发都不可能真正认识清楚，这就需要非直观和非现成的批判性现象学，即去掉意识形态，发现经济现实的本真性。这种"历史现象学"不是黑格尔精神现象学面对的主观现象，因为它的前提是社会关系的客观颠倒，这种颠倒的消除不可能在观念中实现，而只能由物质变革来完成。"历史现象学"概念的提出是极富挑战性的。但也许受传统的哲学思维框架"毒害"太深，我对此仍然存有疑惑：为什么一定要以"历史现象学"（还有马克思早期的所谓"人本主义社会现象学"）而不是其他诸如"社会批判理论"这样的术语来指谓马克思在《1857—1858年经济学手稿》中的理论建构？"历史现象学"与胡塞尔的现象学的关系是怎样的？

早在90年代初，学术界就有人借用新儒家的术语，提出马克思主义哲学的"返本开新"问题，而《回到马克思》一书在90年代末的出版，无疑为马克思主义哲学的"返本"提出了一个未必人人都赞成但却极具启示意义的样板。当然，就推进马克思主义哲学研究的发展而言，"回到马克思"是必要的，因为马克思逝世后的100多年间，强加给马克思的各种误读、误解、曲解实在太多了。但任何口号总是有限度的，不同的人带着不同的哲学"偏见"去解读马克思，如何能保证"我"所解读出的"马克思"是真正的"马克思"？因为在实际的研究过程中，"偏见"几乎是很难避免的。当我们在"回到马克思"的旗帜下做着大量卓有成效的清扫路障工作的时候，如何能保证不致陷入新的"思想陷阱"？更重要的还在于，马克思主义哲学在新的历史条件下发展什么，怎样发展即所谓"开新"的问题，窃以为，这是更具挑战性的重大时代课题。该书作者在《前言》和《后记》中均表达了这样的研究志向，即在完成该书之后，转向"马克思如何走向当代"这样一个"让人激动的课题"。我们有充分的理由期待着作者在不远的将来为我们带来更加"激动人心"的作品。

最后，我想提出这样一个问题与三位著者共同研讨：即"哲学的个性化研究"的发展方向问题，通俗地说，"哲学的个性化研究"这面旗帜怎么举以及举多久？诚然，理论思维是高度个性化的创造性活动，对哲学的发展而言，"千人一面""众口一词"的"哲学"恰恰意味着哲学的衰亡。当代中国哲学研究曾经饱尝了"无个性化研究"的痛苦与悲怆，从这个角度上说，举起"个性化研究"的大旗，意义当然非同小可。但举起一面旗帜是一回事，在这面旗帜下，栽什么树，结什么果又是另外一回事。"哲学的个性化"是否就等同于"哲学的学院化"？"学院化的哲学研究"是否是当代马克思主义哲学恰当而有效的研究方式？如何把"个性化研究"与关注社会生活、时代课题和大众疾苦结合起来？"个性化研究"如何保证由其"私人性质"通达"公共性质"，进而对实际的社会历史进程发生影响？

经过20多年的探索，世纪之交，大家对哲学特别是马克思主义哲学基本上达成了一个共识：哲学不是知识。问题在于："知识"之后的哲学应该是什么和能够成为什么？

（原载《哲学研究》2000年第2期）

思 想 的 散 叶

小注：

　　写书评是件费力不讨好的事。"好话"（赞美之词）说多了读者不高兴；"不好的话"（批评之语）说多了，书的著者不高兴。而对于"广告"式的书评，大家都不喜欢，但又司空见惯。这篇书评所要评的书的三位著者，皆为师友，他们将自己呕心沥血完成的哲学专著寄送于我，却并未邀我写书评，但我读后有所启发和思考，也未与三位师友"通气"，即写成此文，除对三本著作的特色贡献有所评述外，亦对各自书中所表露的哲学旨趣和"缺憾"（在书评者看来）提出了批评，特别是对"哲学的个性化研究"取向提出了质疑。此文发表后，引起哲学界广泛关注，三位著者亦表欢迎，结尾提出的"哲学不是知识之后"的问题引起不少青年学者的热烈讨论："知识"之后的哲学应该是什么和能够成为什么？

永远的马克思

——答《中国青年报》记者问

怎样看待马克思主义的当代性

□我们原来一直以为马克思主义的影响只是在社会主义国家范围内，在迎接新千年之际，没想到马克思被西方人评选为千年最伟大的十大思想家之首。你怎么看这个现象？

■伟大的思想并不总是孤独的。马克思主义诞生后的一个半世纪里，人类社会发生了空前剧烈而深刻的变化。任何不抱偏见的人士都会承认：就对人类社会历史进程的影响、对人类文明的贡献而言，即使是在人类即将跨入 21 世纪的时候，马克思主义在世界范围内仍然是最具活力的思想之一。

□在你看来，马克思的思想之所以在当代仍然具有巨大的影响力主要是基于什么原因？

■概括地讲：他所提出的问题仍然时时困扰着即将走向 21 世纪的人类社会；他理解和解决问题的思考方式日益显示出极强的思想穿透力；他的思想具有丰富的开放性。

马克思有一句名言：每个时代总有属于它自己的问题，准确地把握并解决它，就会把思想、人类社会大大地向前推进一步。而所谓准确把握问题，就是在常人熟视无睹的地方，能够发现问题并揭示问题的实质，这是马克思高于同时代众多思想家的地方。譬如，他所着力揭示的关于资本的文明作用及其文化局限性问题、资本主义条件下人的物化问题、科学技术与社会发展的复杂关系问题，特别是经济社会发展与人本身发展的关系问题，时至今日仍是世界范围内思想家们所关注的时代难题。自然，要思考并解决这些问题，人们就不能不关注马克思对这些问题究竟说了什么。

马克思考察人类社会历史发展的理论方法也没有过时。譬如，在当前世界范围内关于全球化的讨论热潮中，有一个事实是大家都注意到的：经济全球化并没有消解掉马克思唯物史观的基本原理，马克思、恩格斯在《共产党宣言》中关于资本开拓了世界市场，从而造成各民族日益广泛而深刻的相互联系的名言是许多讨论全球化问题的学者（甚至包括那些并不赞成马克思主义的人士）经常加以引用的。国外一些学者甚至惊讶：马克思何以能够在 19 世纪中期就提出了对今天的时代仍然极其恰当的思想？全球化问题的讨论，使得国外学者仿佛发现了一个"新大陆"，这就是马克思的普遍交往思想和世界历史理论。遗憾的是，这些思想在我们以前对马克思主义特别是唯物史观的阐发研究中并没有引起足够的重视。

马克思的思想与一切旧学说不同，也有别于现代西方一些自命不凡的思潮，它从来都不主张自己已经结束了真理，它为后人不断地丰富它、发展它留下了无限广阔的空间。而马克思的思想也只有在它的后继者手中不断发展着，它的生命力才是持久的。

当然，我以为马克思的不朽还与他特有的人格魅力是密不可分的。

马克思的人格魅力

□你所谓"马克思的人格魅力"是指什么？

■马克思一生清苦，颠沛流离。从来没有一个人像他那样，活着的时候受到各国政府——无论是专制政府还是共和政府的驱逐，受到所谓"有教养的阶层和人士"的诽谤。他所挚爱的妻子燕妮的哥哥就是反动的普鲁士王国政府的大臣，正是这个政府签发了驱逐马克思夫妇的命令。伟大的思想家所遭受的这种磨难，并不是今天的我们所能想象的。

马克思在世时几乎与全欧洲所有杰出的思想家都打过交道，这其中当然有志同道合式的愉悦，但更多的则是论战和批判。马克思不能忍受思想的平庸、狭隘，他无情地批判过很多所谓的"大师"级人物，他的许多重要思想是在批判性论辩中形成和阐发的。但正如恩格斯所说："他可能有过许多敌人，但未必有一个私敌。"[①]这一点，也不是今天的我们所能完全做到的。在我们的学界，不是经常会有这样的情形吗？你一旦批评了某个人的观点，就被视为与他有什么"个人恩怨"。在这种"你好我好大家好"的氛围之下，还能有什么思想的活跃、理论的发展？

就人格魅力而言，我认为，鲁迅与马克思骨子里是相通的。他们都既不属于旧式文人和封建贵族式的"遗老遗少"，也令新派"绅士"、资产阶级痛恨或反感。所以，鲁迅晚年走近马克思，并不是偶然的。这既是鲁迅思想发展的必然逻辑，也是鲁迅的性格使然。

[①] 《马克思恩格斯选集》第3卷，人民出版社，1995，第778页。

"回到马克思"与"发展马克思"

□在目前一些高校的马克思主义政治课上，同学们已经不满足于传统的授课内容和方法。对马克思主义教学究竟怎么看？不少人认为那是"老教条"，"千古不变，一听就烦"，但为什么美国的经济学家海尔布罗纳就认为"不读马克思的书，就不能成为有洞察力的经济思想家"？存在主义大师海德格尔也曾认为：马克思的历史唯物主义是一座不可逾越的思想高峰。萨特在《辩证理性批判》中指出："马克思主义是当代文化的真正核心，是唯一不可超越的哲学。"在当代西方，马克思主义为何仍颇受重视？马克思主义的生命力究竟何在？

■你说的这种情形我也遇到过。我的一些朋友告诉我：读马克思自己写的书很"过瘾"，很有味道，但是读我们一些人写的解释马克思思想的教科书却枯燥乏味。这个现象值得反思。在当代西方，马克思的思想的确受到重视，但他们并没有非得搞一套教科书体系来教给学生，人们更重视读马克思的原著。

□看来"教师不愿讲，学生不愿学"只是马克思主义教学中的一个表面现象。

■是的。我们现行的马克思主义教科书体系基本上是从苏联那里来的。这个体系虽然在历史上起过一定的作用，但在当前已远远不能适应时代的要求。一方面，马克思的许多重要思想在这个体系中没有得到反映，而马克思的这些思想随着时间的推移日益显示出其"先锋性"和弥足珍贵；另一方面，它不能有效地回应当代社会实践向马克思主义提出的种种挑战。因此，我觉得，当代马克思主义的教学和研究面临着双重任务：一是"回到马克思"，通过深入研究马克思在政治经济学批判特别是对资本主义经济生活的分析批判，对重大历史事件的考察和科学社会主义理论探讨中的思想，真实地呈现马克思思想的全貌；二是"发展马克思"，通过深入研究当代社会实践、科学技术发展和思想文化发展中提出的一系列时代难题，说出一些新的道理来，推进马克思主义理论上的新发展。果真这样做了，我相信，"马克思主义具有强大生命力"也就不再仅仅是一句鼓舞人心的口号了。

（此文为《中国青年报》记者对作者的专访记录，载该报 2000 年 2 月 27 日第 3 版《思想者》专栏。）

马克思主义哲学研究的新进展

20 世纪 90 年代末中国的马克思主义哲学研究，除了继续前几年有关问题的讨论之外，在探讨重点、理论推进等方面又有了新的突破，从而昭示了中国马克思主义哲学在新世纪谋求新发展的某种可能性。

一 从真理观与价值观统一的高度把握实践标准

1998 年是"实践是检验真理的唯一标准"大讨论 20 周年。为了纪念这场被公认为中华人民共和国成立以来最重要的思想解放运动，从中央到地方先后召开了各种不同规模的理论讨论会、学术座谈会。在《哲学研究》编辑部于 1998 年 4 月 20 日召集的学术座谈会上，与会同志普遍认为，必须从真理观与价值观相统一的高度，从历史观的高度把握真理标准问题；20 年前关于真理标准问题的大讨论本身就已表明，围绕这一问题，不仅是不同真理观的较量，更是不同价值观的交锋，只不过在当时人们并未充分地意识到这一点罢了。"两个凡是"的观点正是和不合理乃至不正当的价值观联系在一起的，而只有科学的、从人民群众的根本利益出发的价值观才能不折不扣地坚持实践是检验真理的唯一标准。因此，思想路线不仅仅是思想认识上的问题，同时也是价值观问题，只有把价值观和真理观真正统一起来，才能彻底坚持解放思想、实事求是的思想路线。对错误路线的清算，单从认识方面总结是不够的，还要从价值观上认真探讨。这是一个十分重要的思想收获，其意义不仅在于深化了对真理标准问题的研究，而且对世纪之交中国的马克思主义哲学研究也将会发生不小的影响。大家感到，1978年那场全国范围内的真理标准的大讨论，其历史意义在于通过思想解放来扫除横亘在社会主义现代化征途上的思想和政治障碍，在这个意义上，讨论所解决的主要是政治问题；从学理上分析，正是这场讨论使人们有可能在把马克思主义当作指导思想的同时也作为科学研究的对象来对待，进而使人们认识到：不但经典作家的个别论述，就是马克思主义的基本原理，也是要随着实践的发展而不断发展的。但在当时，受研究视野和认识水平的限制，哲学界基本上把真理标准问题理解为认识论问题，从价值观进而从历史观视野研究真理标准问题未曾展开，虽然实质上，在当时的大讨论过程中，真理标准问题上的价值观分歧不仅是存在的，而且还是相当尖锐的。

有的学者指出，真理观与价值观应当统一起来，但在实际生活中二者常常不能统一。人们的实践需要真理性的认识，使自己的主观与客观相一致（实事求是）。但人们的行动首先是为了自己的利益。利益和需要决定人们的价值取向，从而使人在一定场合下有可能对真理视而不见，导致真理观与价值观的背离。20年后的今天，重新思考真理标准问题就应看到真正坚持实践是检验真理的唯一标准是很不容易的，其中一个重要的经验教训在于：必须坚持从实践出发与从人民的根本利益出发的内在一致性，把对真理的追求和对价值的追求结合起来，坚持真理观与价值观在唯物史观基础上的高度统一。

还有的学者结合社会主义运动的发展史阐发了坚持真理观与价值观的统一对于现实的社会主义建设的重大意义。邓小平理论的显著的重大特色就在于通过总结历史经验，在一系列重大理论和现实问题上恢复并深化了科学社会主义的本义。邓小平理论牢牢把握住了社会主义的两个客观必然性基础——一个是生产力发展的根本作用和趋势，一个是人民群众的根本利益和价值选择，从而把真理与价值的统一在动态实践的基础上推向了一个新的历史高度。既然实践是检验真理的唯一标准，那么实践本身应作何种理解才能真正达到应有的全面性、科学性和深刻性？有的学者认为，就马克思主义实践观与旧唯物主义认识论、唯心主义认识论的区别而言，马克思的实践概念不是泛指经验层面上的一般感性活动，而是指立足于"社会化的人类"，以人的自由而全面的发展为辐辏的历史活动。在这个意义上，认识论问题已被置于历史观统摄之下，并与价值观问题紧密相连。从实践观的这种定位出发，有学者进而对实践中的主客体关系进行了探讨，认为旧唯物主义认识论之所以忽略了人的主体能动性，原因就在于离开社会实践，把认识对象理解为纯粹的、本然的自在之物，使认识的真理性只能通过还原为经验直观，以寻找主客体之间的相似性，因而在学理上最终无法摆脱狭隘经验主义的困境。而走出这一困境的可能途径是从主客关系的相互确证出发，把进入实践领域的客体看作既是客观给定的，又是主观设定的。

二 马克思主义哲学研究的个性化尝试

在 1998、1999 年出版的各类哲学著作中，就推进马克思主义哲学基本理论的研究而言，三本出自中国年轻一代马克思主义哲学工作者的学术专著的相继面世格外引人注目，这就是孙正聿的《哲学通论》（辽宁人民出版社 1998 年版）、欧阳康的《哲学研究方法论》（武汉大学出版社 1998 年版）和张一兵的《回到马克思》（江苏人民出版社1999 年版）。前两部著作的共同特点在于将传统马克思主义哲学教科书体系中只是蜻蜓点水般地在"绪论"或"导言"中涉及的有关"元哲学"或"哲学学"即哲学观方面的问题单列出来予以专门的考察，并力图在总结全部哲学史有关这方面的思维成果的基础上，提出作者对马克思主义哲学视野中的哲学观的独特理解。而后一本著作则响亮地提出"回到马克思"的口号，强调对马克思的原始文本进行历史考证性解读的重要性，特别是马克思的经济学语境中的哲学话语对理解马克思主义哲学的本质和内在精神的重大意义。由于这三本著作均不约而同地举起了个性化研究的旗帜，而且在一定程度上构成了对传统哲学教科书体系特别是通行的马克思主义哲学解读模式的颠覆性挑战，因而，这三本著作在世纪末中国哲学界的"出笼"，应该可以算作一个"事件"。

《哲学通论》系国家教委（现教育部）"面向 21 世纪课程教材"，但显然与一般的哲学教材相比无论在内容上还是在行文风格上都有很大的区别，而且是新中国成立后第一部系统论述"哲学本身"的"通论"性学术专著。该书以哲学史（主要是西方哲学史）和当代哲学为宏阔背景，以"激发理论兴趣，拓宽理论视野，撞击理论思维和提升理论境界"为出发点，以"哲学究竟是什么"为主线，创造性地提出并论述了哲学的自我理解，哲学的思维方式，哲学的生活基础，哲学的主要问题，哲学的派别冲突，哲学的历史演进以及哲学的修养与创造等七个方面的问题。该书最富独创性的内容在于提出"哲学的自我理解"并作了系统而深入的阐发。"哲学是对理论思维的前提批判"，这是全书一以贯之的主导思想，围绕这一思想，作者从诸多方面进行了阐发。（1）哲学是对智慧本身的持久而热烈的追求。哲学智慧是反思的智慧，批判的智慧，变革的智慧。（2）哲学以其特有的方式关注人与世界的关系，作为人类把握世界的基本方式，它与常识、科学等人类把握世界其他方式有着本质的区别。（3）从思维方式上说，哲学思维的首要特征在于它是一种"反思"，哲学反思，就是思维把"思维和存在的关系"作为"问题"来思考。据此，作者批评了传统哲学教科书对"哲学基本问题"的简单化、片面化理解。（4）哲学反思本质上是批判性的。哲学的批判性反思的对象不只是作为思想内容的思想，而且包括构成思想的根据和原则，后者是思想形成和发展的前提，是哲学反思的真实对象，因而哲学反思具有"前提批判的性质"。通过上述分析，作者表达了这样一种信念：真正的哲学不是僵死的教条，而是思想解放的锐利武器。该书以其强烈的思辨色彩和鲜明的个人化表述风格在90年代末的哲学著作中独树一帜，并一举获得国家图书奖提名奖。

《哲学研究方法论》则从探讨"元哲学问题"入手，回溯哲学思维方式的系统发生，从方法论上反思马克思主义哲学的当代发展，探析深化分支哲学研究的基本思路，提出和探寻个性化的哲学研究道路。所谓"元哲学问题"，与《哲学通论》的理解基本一致，即"哲学究竟是什么"这样的问题，其内容大致包括：哲学的性质、特点、功能等诸如此类。与《哲学通论》有所不同，本书作者提出了建构"哲学形态学"的思路与方法，强调哲学研究方法的探索与建构的重要性，并且更加明确地钟情于"个性化的哲学研究道路"。所谓哲学形态学，在作者看来，就是关于哲学形态问题的哲学学说，它以哲学形态为对象，探索哲学形态的系统发生、历史演进、内部构成、外部条件、现代特点等，简单地说就是哲学反思自身形态的内在发生、外在条件、历史发展和现实结构的理论。哲学在不同历史发展阶段出现过不同的哲学形态，如本体论形态，认识论形态，主体论形态，实践论形态，人本论形态等，从马克思主义哲学立场出发，从系统性、辩证性、发展性、整体性的角度研究哲学形态的发生、发展历程，有助于揭示哲学自身的发展规律，探寻哲学在 21 世纪的发展走向。

如果说《哲学通论》的作者的"强项"在于对辩证法的研究，《哲学研究方法论》的作者的"强项"在于对认识论特别是社会认识论的研究，那么，这两部专著的出版无疑表明了两位作者在保持其原有理论研究"强项"的前提下新的思考和突破，但这两本书几乎都对历史观问题语焉不详，这不能不令人感到莫大的"遗憾"，或许，历史观问题未进入两位作者的思考视野，或许，虽曾进入了思考语境但又感到难以有"新话"要说？

《回到马克思》与前两部著作相比，虽然内容涉及传统马克思主义哲学史通常要关注的主题"马克思的哲学变革是如何实现的？其革命性意义究竟何在？"但它明确地喊出"回到马克思"的口号，而且其副标题为"经济学语境中的哲学话语"，这已昭示出某种有别于传统马克思主义哲学教科书和哲学史著作的旨趣。在传统的哲学教科书解读模式中，马克思主义哲学的来源被认为主要是两个：费尔巴哈的唯物主义（所谓"基本内核"）和黑格尔的辩证法（所谓"合理内核"），作者认为这样来理解马克思的哲学变革是简单和片面的，客观上也造成了马克思主义哲学研究长期在低水平重复的困境中徘徊。该书在国内第一次真正基于《马克思恩格斯全集》历史考证第 2 版（MEGA2）摘录笔记和手稿的最新文献，在哲学研究领域首次从马克思经济学研究的完整内在历史语境出发，真实地呈现了马克思哲学话语深层的动态历史原像。作者的学术创新在于，首次运用全新的解读方法确认了青年马克思的人本学社会现象学，以及建立在扬弃古典经济学社会唯物主义基础上的广义历史唯物主义科学视域,特别是第一次指认出马克思在最后的经济学科学探索中所创立的历史现象学哲学批判话语。在作者看来,撇开马克思对古典经济学的批判性解读,不能深刻地把握马克思对当下的经济现实——资本主义社会经济生活的批判性研究,也就不可能真正理解马克思的哲学变革所赖以实现的前提、过程和意义。事实上,构成马克思的历史唯物主义理论前提或来源的并不是费尔巴哈等人所代表的自然唯物主义。而古典经济学家尽管在哲学世界观上相当复杂,但政治经济学的科学性和对研究对象——社会经济生活的尊重使得他们在对社会生活问题的看法上带有更多的唯物主义色彩。这种唯物主义与费尔巴哈式的自然唯物主义不同,作者冠以"社会唯物主义"的名称,此种"社会唯物主义"构成了历史唯物主义的重要理论来源,而在对古典经济学进行批判性解读的同时,展开对资本主义经济生活的动态的历史的批判性研究,则是历史唯物主义的进一步深化、丰富和发展的根本前提。

早在90年代初,学术界就有人借用新儒家的术语,提出马克思主义哲学的"返本开新"问题,而《回到马克思》一书在90年代末的出版,无疑为马克思主义哲学的"返本"提供了一个未必人人都赞成但却极具启示意义的样板。

三 马克思主义哲学的当代意义

马克思主义哲学产生于19世纪中叶,即通常历史分期中所说的近代,但由于马克思主义哲学本身的不断开放性,特别是马克思主义哲学的实践特性,这就使它有别于那些学院式的封闭性的体系化哲学。即使是在人类告别20世纪,走向21世纪的时候,马克思主义哲学在世界范围内仍然是最具活力的思想或学说，问题在于，如何看待马克思主义哲学与近代西方哲学、现代西方哲学的关系，马克思主义哲学的当代意义何在？

有学者认为，马克思主义哲学产生后的一个半世纪的历程表明，伴随着马克思主义哲学在理论上的新发展，对马克思主义哲学的误读或曲解始终就没有停止过。最常见、最值得注意的是一些人往往按照近代哲学的思维方式来理解马克思主义哲学，从而不可避免地带有某种自然主义、纯粹理性主义和非人的色彩，而这些正是马克思所竭力批判和超越的近代哲学固有的倾向。马克思主义哲学虽然产生于近代，但由于它的革命性变革使它已经超越了近代西方哲学，而具有当代意义。从批判和超越以二元对立、基础主义、本质主义等为特征，并已陷入困境的近代哲学思维方式说；从建立一种以强调人的现实生活和实践以及人的自主能动性和创造性的特征，以适应现代社会的时代精神要求的新的哲学思维方式说，现代西方哲学和马克思主义哲学之间存在着重要的类似之处，具有某种程度的同质之处。当然，二者在社会阶级属性和理论形态上都有重要区别，它们在发展中都会遇到各种问题和挑战，都需要进行新的变更。但二者的问题和挑战的性质不同，进行变更的形式和内容也不同。

有学者则强调对马克思哲学与西方哲学的关系再反思的必要性，认为由于受传统见解的影响，理论界对马克思主义哲学与西方哲学的关系存在着严重的误解和误导，主要表现为：片面强调马克思哲学的科学性和逻辑性，从而在一定程度上忽略了马克思哲学与西方人文主义传统之间的关系；片面强调马克思哲学是对德国哲学遗产的继承，而忽视了马克思哲学对非德国哲学遗产等的继承关系；由于强调马克思哲学的独创性和伟大性，以至于把它与整个西方哲学简单对立起来。

产生上述误解的一个重要原因在于缺乏辩证的思维。马克思哲学既继承了整个西方哲学的遗产，又超越了西方中心主义，特别是欧洲中心主义的视野。就其本质而言，马克思哲学是从属于当代西方哲学传统的，但又吸收了近代西方哲学中许多合理的因素，马克思哲学既具有深厚的人文主义的基础，又体现出尊重客观规律的科学性。

还有学者认为，当第二国际的理论家们甚至普列汉诺夫不遗余力地推进着马克思哲学的"实证化"过程，即把马克思哲学定位为"知性科学"和"实证科学"（"经济决定论"是其鲜明口号）时，马克思哲学的当代意义是被遮蔽的；当罗素等人把共产主义解释为"宗教因素"的时候，马克思哲学的当代意义以类似的方式也是被遮蔽的。这就是说，在思想史上，一种长期占据统治地位的解释框架是把马克思的哲学放在近代知识论或知性科学的背景下来观照的。而马克思哲学的当代意义恰恰是在当代西方哲学背景下，借助于现实生活的当代意义的充分的自我肯定而获得了某种"重新发现"的估价：马克思对全部旧哲学的批判可以被归结为对黑格尔哲学的批判，而由于"黑格尔哲学"所意指的不是形而上学之一种，而是形而上学之一切，对它的批判，实质上就是对理性形而上学本身的批判。因此，在哲学范围内，马克思哲学的当代意义的发现势必要求它与当代的哲学形成最广泛的和不断深入的对话；要理解马克思哲学的真切含义，不能不读《存在与时间》等当代哲学著作，正像不能不读《精神现象学》一样。

（原载《哲学动态》2000 年第 4 期）

世纪之交我国哲学研究的基本态势

世纪之交，我国哲学研究出现了一些新变化和新特点，萌发出一些新的发展趋向，虽然尚未取得具有重大理论突破意义和对社会发展产生重大影响的新成果，但是，这些新变化又的确会对我国哲学在 21 世纪的发展产生深远的影响。

一　哲学研究的问题意识大大增强

科学研究是从问题出发的，能否正确地提出问题历来是能否正确地解决问题进而推动理论不断向前发展的关键。马克思说过：每个时代总有属于它自己的问题，而所谓问题，"**问题**却是公开的、无所顾忌的、支配一切个人的时代之声。问题是时代的格言，是表现时代自己内心状态的**最实际的**呼声"。[①]世纪之交，面对汹涌而来的一系列重大的时代课题，大家普遍感到，要彻底改变我们的理论研究、理论思维的不丰厚、不坚挺状况，必须着力强化哲学研究的问题意识。

强化哲学研究的问题意识，使大家达成一个基本共识：马克思主义哲学在理论上的发展、马克思主义哲学的强大生命力，从根本上说，取决于它把握、理解和解决时代重大课题的程度和水平。走向 21 世纪

① 《马克思恩格斯全集》第 1 卷，人民出版社，1995，第 203 页。

的马克思主义哲学必须紧紧抓住世纪之交乃至下个世纪人类社会实践中的重大现实问题，在对时代重大问题的敏锐反映、准确把握和科学解答中，开创马克思主义哲学的新境界。

强化哲学研究的问题意识，改变了过去很长一段时间内居支配地位的"解经注经"，将哲学当成某种"政策性注解"，从而使哲学变成"迁就眼前事变的工具"的治学方式。哲学诚然有论证、解释、宣传的功能。但哲学绝不能停留于此，如果哲学放弃对现实生活的批判、探索功能和任务，那么，哲学也就真的"无用"了。因此，真正充满活力的哲学，应该是批判探索与创新的有机统一。

强化哲学研究的问题意识，使大家感到哲学理论的建构方式必须发生转变，即改变那种从概念到概念、从范畴到范畴进行单纯的逻辑推演的体系化建构方式。许多学者认为，我国哲学研究长期在低水平重复中徘徊，哲学不景气，原因固然很多，但是哲学界长期以来痴迷于建构一个又一个的体系，而有意无意地回避了当代社会实践中复杂而深刻的矛盾和难题，不能说不是一个重要原因。新时期以来，我们单是对马克思主义哲学的体系化改革，就提出了多种方案和设想，但迄今尚无一种较为满意的方案。而在数以百计的"体系"面前，我们的哲学在理论上究竟有了多大的突破性进展呢？体系是问题研究的结果，而不是前提。

强化哲学研究的问题意识，使得正确处理现实问题研究与基础理论研究的关系显得格外重要。总结历史经验，大家感到，以对现实问题的研究带动和促进基础理论研究，以基础理论研究深化对现实问题的研究，应该是我国哲学在未来的新发展中所遵循的方法论原则。这一原则所要强调的是两个方面：在现实问题研究中避免简单化，强化其探索性，在基础理论研究中避免或克服学究化，强化其现实感；使二者真正实现动态互补，互相融合。当然，也许是对十年"文革"仍然心有余悸，还是有一些学者担心研究现实问题危险，或学术价值不大，而主张走学院化的发展道路。从世界范围内来看，哲学的学院化是个事实，但不是其发展方向。如此看来，强化哲学研究的问题意识，关键是将现实问题合理地转化为哲学问题。哲学作为被把握在思想中的时代，往往是以高度抽象化甚至思辨的形式存在的，但是，哲学绝不等同于单纯的思辨活动。从哲学史上看，即使是被公认为抽象、晦涩的康德哲学、黑格尔哲学也不是超越时代而独立发展的东西。康德、黑格尔哲学的魅力和价值在于以其特有的方式对那个时代提出的诸多现实课题进行了哲学上的加工、处理和解答。马克思当年曾经深刻地分析过康德、黑格尔等人的"普遍性"观念的实质，认为这种对普遍性的向往，不过表达了资本文明冲破狭隘地域性、民族性界限的客观要求，不过是"市民社会"的预感。[①]

二　主题转换：从认识论的主题转向历史观的主题

如果说以马克思主义哲学研究为核心的当代中国哲学 50~60 年代的基本主题是唯物论和辩证法，70 年代末期乃至 80 年代的基本主题是认识论，那么，进入 90 年代特别是中期以来，基本主题则发生了从认识论向历史观的转变。而世纪之交，这种主题转换的趋向已经越来越明显了。

造成这一主题转换的基本原因在于，首先，从根本上说，是由于改革实践的不断深化。改革之初，拨乱反正、思想解放的任务繁重而

---

① 参见《马克思恩格斯全集》第 3 卷，人民出版社，2002，第 95 页；《马克思恩格斯全集》第 30 卷，人民出版社，1995，第 22 页。

又艰巨。从认识论的层面上提出真理标准问题，批判"左"倾思潮的荒谬，为改革开放扫除思想障碍，这在当时是极其自然的，也是取得了巨大的成就的。但是，总结历史经验，并不意味着就一定消化了历史经验，事实表明，对历史经验的消化，绝不只是认识论的问题，归根到底是价值观、历史观的问题。特别是随着改革实践的不断深化，社会主义市场经济体制的逐步发育、确立和完善，自然经济向商品经济的转变，封闭半封闭社会向开放社会的转变，社会关系中家族式、宗法式、行政单位制关系逐渐被打破，身份制关系开始向契约制关系转变，大量深层次的社会矛盾逐步暴露出来，人们的利益关系结构发生了重大改变，这一切反映并作用于哲学思考和哲学理论形态中，必然地使对社会历史观问题的探讨上升为哲学界关注的基本主题。诸如马克思当年就曾揭示出随着商品经济的充分发展、资本文明的不断扩大、交往的普遍化，个人的狭隘地域性存在愈益被世界历史性的存在所代替这样一个发展趋势。而在当代中国，发展市场经济，实现现代化同样有个适应现代化的活动主体的塑造问题。本身尚处于狭隘的地域血缘宗法关系和地方性联系中的小商小贩，绝不是现代经济活动的主体，必须实现狭隘的地域性个人向世界历史性个人的转变。研究这一转变在我国目前实现的条件和机制，就是摆在哲学工作者面前的一个重大课题。再如，在西方，市场经济的发展、工业化的进程，是以牺牲多数个人即人本身全面而自由的发展为代价实现的，是以经济、社会发展与人本身的发展尖锐对抗的形式实现的：市场经济的飞速发展过程，也是大量物化的、片面的、偶然的个人不断被制造出来的过程。此种工业文明进程中的"文化危机"在西方被认为是不可能从根本上加以克服的。而在我国，发展市场经济，搞现代化，如何才能有效地克服或避免西方工业化以来日趋严重的"文明危机""文化困境"，从而真正走出一条有中国特色的现代化发展道路，这就势必牵涉到对历史发展普遍规律与各民族独特的历史发展道路的关系这样一个重大的历史观问题的深刻把握。显然，实践把这一问题向哲学家们提了出来，但哲学家对问题的思考和解答还不能说已令实践满意。

其次，这是新时期我国哲学发展的必然逻辑。新时期中国哲学的发展是以真理标准大讨论为开端的。1978年真理标准大讨论本身就已经表明，真理标准不仅仅是思维方式、认识论的问题，而且是个价值观的问题，而价值观的问题实质上是历史观的问题。但问题的这一方面性质在当时并未被充分意识到。在当时真理标准讨论的过程中，学术界就有学者提出这样的问题：实践是检验真理的唯一标准，那么，检验实践的标准是什么？对实践的检验标准必然地牵涉到对不同的实践主体的利益、需要和社会历史作用的理解，因而，与真理标准相比，带有更加明确的历史观性质。但是当时由于哲学界大多数人的关注重点在认识论方面，更由于历史观的研究尚处于停滞状态。因而，这一问题提出后，虽然有少数学者参与了讨论，但最终却不了了之。

然而，真理标准大讨论毕竟开启了新时期哲学研究的大门。以这场大讨论为契机，一些以前不曾想到的问题也提了出来，导致了哲学基础理论研究的拓宽和深化。特别明显地表现在这样几个方面。（1）深化了对马克思主义实践概念的理解。为了深刻地说明实践何以成为检验真理的唯一标准，哲学界近些年来展开了关于实践的要素、结构以及主体—客体关系等问题的研讨，从而认识到，实践中展开的主体—客体关系，不仅仅是认识关系，还是价值和评价关系。这些复杂关系不仅涉及人和自然界的关系，还涉及人与人之间的社会交往关系。这样，交往活动作为实践的不可分割的重要方面被提升起来。这也就意味着，实践不仅是认识论范畴，同时也是历史唯物论的基石。而实践的本质正在于环境的改变和人的自我改变的一致。对实践的本质的理解的深化还体现在：越来越多的研究者开始注意从历时态上分析实践的社会历史规定性，考察不同历史条件下人类实践的不同形式、性质和方式的变化及其规律性。这昭示了对实践范畴进行唯物史观考察的发展方向。（2）深化了对主体性问题的理解。起初，主体性问题是在认识论范围内被提出来并被作为马克思主义哲学同旧唯物主义哲学的重大区别而加以强调的。主体性问题研究的进一步深入，使大家感到，仅仅从认识论范围内，人的主体性问题仍然不能得到充分有效的说明；从历史上看，所谓人的主体性并非天然具有的，在不同历史阶段，人的主体性也会有不同的内涵和形式，况且，在相当长一段历史时期，如在资本主义社会中，人的主体性恰恰是被剥夺，是丧失了的，这就是众所周知的异化现象。因而，研究主体性问题就不能抽象地谈论（即仅仅在人与动物相区别这样一种意义上）人的主体性应该如何，更应该客观地揭示人的主体性在历史上是如何丧失的，如何克服这种"沦丧"状况等。从现实来看，只要制约人的主体性确立和得以发挥的条件存在并起作用，抽象地谈论人的主体性对于实际的人的状况的改善而言就只能是"隔靴搔痒"。主体性问题研究向历史观的深化，很自然地把解决经济社会发展和人本身的发展的矛盾从而实现二者的统一，这样一个当代唯物史观所面临的重大时代课题提了出来。（3）上述问题的探讨要求在哲学价值论问题上有所突破。虽然，与实践问题、主体性问题一样，价值问题最初也是作为认识论方面的问题（即作为真理的某种特性）提出来的。但进入90年代后，特别是近年来，越来越多的研究者认识到，价值论的研究必须突破传统认识论的视界，提到哲学历史观的高度。因为不同价值观的矛盾冲突归根到底反映了不同历史观的分野。唯物史观，只要不被僵化地理解，只能是马克思主义实践观、真理观和价值观的统一。深刻而准确地把握这种统一对于丰富建设有中国特色社会主义理论，推进马克思主义哲学在 21 世纪的新发展是至关重要的。

最后，这是与世界范围内哲学研究主题的当代转向相契合的。

现代西方哲学中，由于逻辑实证主义思潮、分析哲学运动的广泛影响，认识论中心主义一度仍然居于支配地位。与此相联系，哲学在现代西方哲学家那里，已很难具有近代康德、黑格尔甚至古代苏格拉底、柏拉图时期那种感召民众、启迪人类心智的力量，愈益成为学院化、私人化的"话语"，哲学成为高度专门化的一种职业，很难说这是哲学发展的荣光。

风靡当代西方的"后现代"文化思潮，近年来成为我国知识界的热门话题。应当承认，"后现代思潮"对现代西方哲学中"认识论中心主义"的批判，对支配现代西方哲学的认识论主题的解构是颇富挑战性和破坏性的。它实质上是以否定的甚至消极的方式重新提出了历史观的主题。无论是丹尼尔·贝尔的"后工业社会理论"，罗蒂的"后哲学文化"，还是福柯的"知识考古学"，利奥塔的"叙事危机"与"合法化危机"理论，其中所昭示于我们的哲学主题显然已经不是现代西方哲学中居支配地位的认识论、知识论问题，而是社会历史观的问题。

当然，"后现代"思潮由于其过于强烈的破坏色彩，重视解构，而轻视建构，提出了问题，而没有解决问题，近年来已渐衰弱，其地位已被一种新的思潮——"后殖民"思潮所取代。但它对认识论中心主义的批判遗产还是被继承下来了，譬如，1998 年 8 月，在美国波士顿举行的 20 世纪最后一次世界哲学大会上，与会的哲学家们普遍关注的是政治哲学、道德哲学、社会哲学等方面的问题，这也从一个侧面说明了当代西方哲学研究主题的新变化。

应当说明的是，当代中国哲学中从认识论向历史观的主题转向，一方面要求人们应该更准确、深入地把握马克思当年所实现的哲学革命的实质和主题；另一方面也要求历史观的研究必须有新的突破和发展，以弘扬马克思主义哲学的当代意义。因为很显然，所谓从认识论向历史观的主题转换，并不意味着简单回复到传统哲学教科书体系所设定的历史观的框架中去。

三　对传统哲学教科书体系的反思

在相当长一段岁月里，我国的马克思主义哲学教科书体系，基本上是从苏联那里移植过来的。而改革开放20余年来，我国哲学界的重大收获之一就是对这一体系的反思、批判与突破。世纪之交，这种反思、批判力度进一步加大了。很多学者呼吁并试图建构既有中国特色又符合时代发展潮流的马克思主义哲学新形态。

大家感到，传统的以苏联为代表的马克思主义哲学教科书体系存在如下缺陷。

首先，它很难说准确地反映了马克思主义创始人的思想发展实际。具体表现在以下几个方面。其一，本体论、辩证法、认识论和历史观的几大块分割大大削弱了马克思主义哲学的有机整体性和理论彻底性，特别是把唯物史观看作辩证唯物主义原理在社会历史领域中的推广和应用，更是有悖于马克思的思想发展历程。其二，对作为马克思主义整个思想体系有机组成部分的哲学与政治经济学、科学社会主义之间的内在联系揭示得很不充分，有意无意地将马克思主义哲学游离于马克思主义的整个思想体系之外，体现在对马克思主义哲学理论来源的理解上，仅仅注意到了费尔巴哈唯物主义（所谓"基本内核"）和黑格尔辩证法（所谓"合理内核"）的影响，而没有充分揭示马克思对古典经济学和空想社会主义学说的批判性解读，特别是马克思对资本主义社会经济生活的批判性考察以及对近代西方人文主义传统的批判继承在马克思主义哲学形成和发展中的影响。其三，一些内容特别是在"辩证唯物主义"部分中阐发的内容与旧唯物主义相比没有多少本质区别，而在"历史唯物主义"部分则存在不少简单化倾向，如将唯物史观看作"经济决定论"就很难说符合马克思主义哲学的本质精神。还有一些马克思主义创始人重要的思想没有充分地反映到这个体系中来，如马克思的普遍交往思想，关于经济社会发展与人本身发展的关系的思想，关于文化发展与文明矛盾的思想，关于价值问题的论述等，在这个体系中基本上付诸阙如。其四，在对马克思主义创始人的思想的理解和解释上，存在着较为浓厚的教条化倾向，马克思主义哲学所特有的批判、创造精神被削弱了。

其次，对体系的过度推崇以及严重的教条化倾向，大大削弱了马克思主义哲学的应有活力，使得这个被长期奉为马克思主义哲学权威解释系统的教科书体系及其所阐发的理论，在急剧变化的社会生活面前常常显得手足无措。受这种教科书体系所代表的思维方式的影响，人们习惯于采取解经注经的思考路径，惯于拿教科书所阐述的原理来裁定社会实践，来判定人们的活动和行为是否符合"马克思主义"。按照这种思维方式，马克思主义哲学在理论上的新发展变成只有少数杰出的领袖人物才有权或有能力染指的事情，多数人只负有宣传、解释和信从"原理"的使命。如此一来，马克思主义哲学特有的无限开放性、革命批判性大打折扣，马克思主义哲学在理论上随着当代社会实践的不断发展而发展丰富的可能性，在整个 20 世纪的社会主义阵营中没有取得它本来应该取得的巨大成果。

再次，未能充分反映、回答当代科技革命的新变化、新成果、新问题。马克思主义创始人十分重视自然科学研究和科学技术的发展。其之所以重视主要有两个方面的原因：其一，辩证的同时又是唯物主义的世界观，必须以对自然界的科学认识为其坚实的基础；其二，生产力的发展对社会进步起着决定性的作用，而在社会历史上，科学技术在生产力中的地位和作用越来越重要。正如恩格斯在马克思墓前的讲话中所说：在马克思看来，科学是一种在历史上起推动作用的、革命的力量。任何一门理论科学中的每一个新发现都使马克思感到衷心喜悦，而当他看到那种对工业、对一般历史发展立即产生革命性影响的发现的时候，他的喜悦就非同寻常了。应当说，马克思对人类文明特别是人类在发展科学技术方面的成果的吸取工作并不因为马克思主义已经创立而宣告中止。但是，也应该承认，在传统哲学教科书体系中，这样的吸取工作不能说做得是十分出色的。相反，人们看到的更多是"原理＋例证"这样的吸取方式，似乎现代科学技术的发展仅仅只是证实或者丰富了马克思主义哲学的基本原理，并未对马克思主义哲学在理论上提出什么新的问题或挑战，从而现代科学技术的发展并未对马克思主义在理论上的新发展贡献出什么积极成果，而马克思主义也未能对现代科学技术的新发展贡献什么智慧。这种把马克思主义哲学与现代科学技术的发展实际上隔离开来的做法势必制约马克思主义的进一步发展，大大削弱了马克思主义哲学对现代科学技术的发展所应具有的作用和影响。

复次，它游离于世界哲学的发展进程之外，使得马克思主义哲学的当代意义被严重遮蔽了。传统哲学教科书体系对马克思主义哲学的定位基本上停留于近代西方哲学的视野，将马克思主义哲学定位于一个知识论体系，这带来双重恶果：一方面，由于从近代知识论的哲学视野出发来解释马克思主义哲学，不可避免地存在着将马克思主义哲学实证化、知性化的倾向，马克思在哲学上所实现的革命性变革的真实意义事实上被遮蔽了，它与西方人文主义哲学传统、与非德国哲学传统的有机联系显得极其模糊；另一方面，由于用近代哲学的框架解释马克思主义哲学，它与现代西方哲学之间又被解释成绝对的水火不容，从而马克思主义哲学在当代哲学中的理论意义难以呈现出来。这就大大降低了马克思主义哲学与现代西方哲学进行批判性对话的机率和水平。

最后，实践表明，这个体系虽然曾经在历史上发挥过积极作用，但是在目前，在马克思主义哲学的研究、教学和宣传中，已经远远不能适应时代的新发展和人们对马克思主义哲学的应有期望。特别是在教学中，已经客观上造成了"教师不愿讲，学生不愿学"的尴尬境地，这当然不是每一个真诚的马克思主义者所愿意看到的。

马克思主义哲学必须有一个大的发展，这是现时代的大趋势，也是大家的共同愿望。但怎样发展，怎样建构马克思主义哲学的新形态？这个问题提出来了，但目前还很难说已经有了比较成熟的解决方案。无论如何，有关这方面的思考将是21世纪前期中国马克思主义哲学研究者关注的焦点，这是没有疑问的。

四 打破学科壁垒，切实加强不同学科之间的对话与交流

长期以来，受传统学科界限划分的影响，我国哲学研究存在着严重的自我封闭倾向，且不说与自然科学、社会科学和其他人文学科的交流少得可怜，即使是哲学内部各分支学科之间，马克思主义哲学

与西方哲学、中国传统哲学乃至美学、伦理学、逻辑学、科学技术哲学等领域之间也往往是"老死不相往来"。大家痛感,学科划分过细,壁垒重重,严重制约了我国当代哲学的发展。21世纪的中国哲学要真正有所作为,必须打破狭隘的学科界限,大力推进不同学科之间的比较、对话与合作,在跨学科交流中寻求哲学研究新的生长点。对21世纪哲学的发展来说,跨学科交流之所以重要,一方面,这符合当代科学发展的综合化趋势;另一方面,也是因为当代哲学所面对的问题是高度综合性的。很难将这些问题归入传统学科划分所界定的哪一门学科。

张世英认为,21世纪的中国哲学将继续发扬19世纪以来向西方召唤近代主体性哲学和主客思维方式的精神,因为这条道路是发展科学、发扬民主的必然。那种以提倡中国传统的天人合一来"拯救危机"的设想,是站不住脚的。因为它既缺乏科学,使人受制于自然;又缺乏民主,使人受制于封建统治者。然而,我们又不能亦步亦趋地走西方的老路,先花几百年的时间补完主客思维方式和主体性哲学之课,等其流弊完全暴露之后,再走西方现当代"后主体性的"哲学之路,我们应当批判地吸取中国传统的天人合一的思想之合理处,进而与西方的主客思维方式结合起来,这将是21世纪中国哲学发展的基本方向。①

刘放桐认为,中国哲学存在的条件及其本身状况都不同于西方,它当前存在的问题和今后的走向必有不同于西方的特点。然而,当代中国是面向世界的中国,中国的现代化运动与整个世界在一定程度上已融为一体。因此,当代中国哲学的发展变化与西方哲学也必然有不

---

① 张世英:《百年中国哲学之反思》,载北京市社会科学界联合会组织编写《学界专家论百年》,北京出版社,1999,第19~28页。

可分割的联系。除了对马克思主义哲学本身的研究之外，中国哲学研究还包含继承和发扬中国传统哲学，学习和借鉴国外哲学等方面，它们都以马克思主义哲学为指导，为丰富和发展马克思主义哲学服务，并与马克思主义哲学研究融为一体。马克思主义哲学虽然产生于近代西方，但由于它对近代西方哲学传统的根本变革，从而与现代西方哲学具有某种同质性。因此，在一定意义上可以说21世纪哲学的发展道路，将自觉或不自觉地通向与现实生活和实践紧密相连的道路，而这正是马克思为哲学所开辟的道路。①

赵敦华认为，所谓哲学危机实际上只是纯哲学的危机。从历史上看，纯哲学处于危机之际，正是各种文化思想极其活跃并相互碰撞之时。以往我们很少把纯哲学以外的但又对人类哲学发展有重大意义和影响的思想和资料写进哲学史，从而把哲学史研究的路子搞得很窄。有鉴于此，他提出了"大哲学"的观念并强调比较哲学的研究方法的重要性。在他看来，当代中国的哲学包括传统的中国哲学、马克思主义哲学和西方哲学；但是，我国哲学界马、中、西三足鼎立、以邻为壑的状态是不正常的。哲学史和哲学一般的界限应该打破。比较哲学的对象不应只限于哲学史，而应成为哲学一般的方法。未来的世界哲学既不是"西方底哲学"，也不是"中国底哲学"，而是比较哲学，因为"大哲学"不仅是西方哲学的出路，也是中国哲学的出路；"大哲学"之大，不仅是跨学科的，而且是跨文化的，消除了按照纯哲学的标准所设定的种种藩篱障碍。②

邓晓芒认为，改变当前的哲学困境，冲破沉闷的学术气氛，最迫

---

① 刘放桐:《当代哲学走向：马克思主义与现代西方哲学的比较研究》,《天津社会科学》1999 年第 6 期。

② 赵敦华:《"大哲学"的观念和比较哲学的方法》,《哲学动态》1999 年第 1 期。

切需要的是锻造一种新的理论方法，这就是立足于马克思主义并吸收现代西方哲学方法论的合理因素，建立一种马克思主义的现象学方法，以建构一门马克思主义的精神现象学。在他看来，将胡塞尔现象学方法吸收进马克思的实践唯物论中，以在一个更高的层次上指导中国学术的发展，将是 21 世纪最有前途的理论构想之一。所谓马克思主义的精神现象学就是历史唯物主义，这种现象学是立足于人的精神现象的全面丰富性，对整个自然界及其历史进行一种"本体论的证明"，即通过人的感性的实践活动，通过精神力量的创造性的"自由变更"来确证自己的自然性和客观物质性。①

尽管对中国哲学在 21 世纪的发展走向见仁见智，但有一点却是大家的共识：必须打破传统学科界限，在马克思主义哲学指导下，实现马克思主义哲学、中国传统哲学、西方哲学研究的交流与合作，这是当代中国哲学在 21 世纪的新发展的必由之路。

五 世纪之交，马克思主义理论工作者承担着庄严的历史责任

这是大家在回顾中国哲学 50 年乃至百年的奋斗历程，展望 21 世纪世界哲学的发展前景时所达成的最大共识。

走向 21 世纪的人类社会，正经历着一场广泛而深刻的变革。世界的发展、中国的发展都处于一个关键时期，相应地，马克思主义的发展也处于一个关键时期。马克思主义诞生后的一个半世纪的历史表明，每当社会发生重大变革，往往孕育着马克思主义在理论和实践上的新

① 邓晓芒：《文化哲学与哲学建构》，《哲学动态》1998 年第 9 期。

的发展的可能性。在新世纪正大踏步向我们走来的时代条件下，这种可能性无疑是大大地增强了。马克思主义在理论上和实践上新发展的可能性在多大程度上成为现实，将直接决定着马克思主义以何种姿态走向机遇与挑战并存的 21 世纪。

回顾 20 世纪百年的哲学与社会的激荡史，大家感到，马克思主义哲学在整个 20 世纪既有大发展的成功与喜悦，也饱尝了被曲解、误解甚至教条化对待的挫折与痛苦。站在 21 世纪的门槛上，面对当代社会实践的新变化，面对科学技术的新发展，面对世界范围内各种不同的思想文化包括哲学思潮的相互激荡，不可否认，马克思主义已有的研究和发展还不能和现实生活相适应，因而，发展马克思主义是每一个真诚的马克思主义者所应该担负起的崇高历史使命。

譬如，在当前世界范围内关于全球化问题的讨论热潮中，人们已注意到，经济全球化并没有消解掉马克思主义唯物史观的基本原理。马克思、恩格斯在《共产党宣言》中的下面这段话是许多讨论全球化现象的学者（甚至包括那些并不赞成马克思主义的人士）经常加以引用的："资产阶级，由于开拓了世界市场，使一切国家的生产和消费都成为世界性的了。……过去那种地方的和民族的自给自足和闭关自守状态，被各民族的各方面的互相往来和各方面的互相依赖所代替了。物质的生产是如此，精神的生产也是如此。"①国外一些学者如阿里夫·德里克甚至认为马克思在 19 世纪中期能够写下对我们这个时代的极其恰当的描述文字，对于他们那个时代而言是显得奇怪的。

其实，马克思在上述文字里所表述的思想在稍早一些的《德意志意识形态》中就清楚地阐发过。人们在惊讶于马克思的天才预见的同

---

① 《马克思恩格斯文集》第 2 卷，人民出版社，2009，第 35 页。

时，不免感到，一方面，马克思主义创始人的许多重要思想长期以来并未得到足够的注意，这是造成对马克思主义哲学某种简单化、庸俗化和片面化理解的重要原因，因而，当代马克思主义者有对马克思主义创始人的思想再认识再研究的必要；另一方面，当代社会生活出现了一些马克思当年所不曾预料到的新变化，毕竟提出了一些新的问题。新的变化、新的问题尤其需要当代马克思主义者解放思想、实事求是地加以研究，而不能简单复述经典作家的原有见解。

马克思主义哲学从一个半世纪以前只是少数先进的人们所遵循的世界观成为今天世界性的哲学思潮，是通过数代马克思主义者的艰苦努力才获得的；马克思主义哲学在 21 世纪的新发展同样要靠几代马克思主义者的扎实工作才能实现。在这方面，中国的马克思主义者任重而道远。这就是我们回顾当代中国哲学的发展历程，展望 21 世纪哲学发展前景所得出的基本结论。

（原载《江海学刊》2000 年第 4 期）

366

《共产党宣言》发表以来世界发生的主要变化 *

《共产党宣言》是马克思主义的奠基之作和科学社会主义的第一部纲领性文献。《共产党宣言》发表 150 多年来，世界发生了深刻的变化。揭示和分析这些变化，有助于我们更好地把握马克思主义与时俱进的理论品格，从而在新世纪更加自觉地、创造性地丰富和发展马克思主义。

一

1848 年《共产党宣言》发表时，工业革命在英国基本完成，法、德等主要欧洲国家和美国仍在进行，包括俄国在内的欧洲其他国家仍处在封建统治之下。在欧洲，先进的资本主义制度取代封建主义的斗争尚未完成。亚非拉广大地区仍处在封建时代或前封建时代，已经遭受或正面临殖民主义的侵略。

工业革命要求进一步扫清发展道路上的障碍，工业资产阶级是反封建的领导者。同时，生产社会化与生产资料的资本主义私人占有的

---

* 本文系与何秉孟等合作。

基本矛盾明显暴露。无产阶级经过 1831、1834 年的法国里昂起义和 1844 年德国起义，开始成为独立的政治力量。

《共产党宣言》发表以来 150 多年的世界历史，大体经历了三个阶段。

（一）1848 年至 20 世纪初，是自由资本主义迅猛发展，并向垄断资本主义即帝国主义过渡的阶段。此间，资产阶级在欧美确立了全面的政治统治地位；主要资本主义国家完成工业革命和工业化；世界资本主义市场经济体系确立；在第二次科技革命推动下，资本主义经济高速发展，向垄断资本主义过渡，并进入帝国主义阶段。资本主义向全球扩张，世界范围的殖民主义体系逐步形成。

在欧美主要资本主义国家，传统的农民阶级衰落，产业工人队伍壮大，无产阶级与资产阶级的矛盾上升为社会的主要阶级矛盾。1864 年第一国际创立，随后欧美各国纷纷建立工人阶级政党。1871 年世界上第一个无产阶级政权——巴黎公社诞生，社会主义运动从此蓬勃发展。

（二）20 世纪初至 50 年代，是战争和革命的年代，是资本主义陷入空前危机和开始进行改革调整的年代，也是社会主义事业蓬勃兴起的年代。

19 世纪末和 20 世纪初，垄断资本主义的出现加剧了资本主义发展不平衡，列强冲突不断。1914 年，第一次世界大战爆发。1917 年，俄国爆发十月革命，建立了第一个社会主义国家，开创了人类历史的新纪元。1929 年爆发世界性资本主义经济大危机，出现了德国法西斯专制和美国"新政"改革的两种道路。随后，德、意、日法西斯国家发动了第二次世界大战。至 20~30 年代，社会主义苏联的经济建设取得了巨大成就，成为仅次于美国的世界第二强国，为战胜法西斯作出了重大贡献。

（三）20 世纪 50 年代至今（21 世纪初，自注），是资本主义和社会主义由长期处于冷战对峙到经济上、政治上相互影响，有斗争、有合作的共处时期。其间，民族解放运动蓬勃发展，世界殖民体系彻底崩溃。

资本主义进行大调整，第三次科技革命突飞猛进，生产力迅猛发展。和平与发展成为当今时代的主题。社会主义国家陆续进行市场取向的改革；苏联解体，东欧剧变，冷战结束，社会主义事业遭受重大挫折。有中国特色的社会主义事业取得举世瞩目的成就。

二

《共产党宣言》发表以后，人类社会经历了三次科技革命。第一次以电磁学理论、电力技术为主要标志；第二次以原子能技术、电子计算机技术、空间技术等方面的重大突破为主要标志；第三次以信息网络技术革命为主要标志。这三次科技革命极大地推动了生产力发展，世界经济发生了重大变化。

首先，在国际分工的基础上形成了世界市场和世界经济体系。19 世纪中叶，欧美主要国家相继完成工业革命并确立了资本主义生产方式，由此开始了国际范围内的社会分工即国际分工。19 世纪 70年代开始形成世界市场，继而形成各经济体之间有着内在联系的世界经济体系。二战后，全球性跨国公司广泛兴起，至 20 世纪末已达 6 万多家，控制着世界生产的 40%，国际贸易的 50%~60%，国际技术贸易的 70%，对外直接投资的 90% 以上。国际分工从"世界城市"同"世界农村"分离与对立的分工阶段，发展到了工业分工阶段。跨国公司把许多国家纳入同一产品的生产过程当中，使国与国之间的分工体系正在向全球统一的分工体系转变，经济全球化趋势不可逆转。

其次，社会生产力迅猛发展，人类开始进入"消费社会"。1820~1992 年世界 GDP 增长近 40 倍，在世界总人口增长 4 倍的情况下，世界人均 GDP 增长 7 倍。制造新产品的创造力把人类的物质文明不断推向新的高度。在经济发达国家，汽车、家电、移动电话、个人电脑等大众消费品已经普及。

再次，世界经济隐含的风险在加大。自 1857 年发生第一次世界性经济危机以来，至第二次世界大战又发生了 10 次，战后重大和公认的危机有 4 次。过度的国家干预和大规模调控使危机出现变形（比如"滞胀"）。人们认识和把握危机的水平较前虽有所提高，但随着世界市场的大规模化、复杂化和地域分布的普遍化，世界市场和世界经济隐含的风险也在加大。

最后，制度化的国际经济合作已成潮流。第二次世界大战后，制度化的经济合作越来越成为不可逆转的潮流。目前，国际经济合作组织大约有 100 个，近 70% 是 20 世纪 90 年代以来新成立的。国际经济合作组织的出现使世界经济运行主体除企业和民族国家之外，又增加了一种超国家实体。无处不在的跨国公司、众多的国际经济合作组织和国际经济协调机制成为经济全球化的三大支柱。

三

在生产力发展的基础上，在革命和战争等多种因素作用下，世界政治和世界格局发生了重大变化。

《共产党宣言》发表以来世界发生的主要变化

首先，封建主义退出历史舞台，资本主义和社会主义的关系成为世界格局的核心，成为世界政治形势走向的主线。19世纪中叶，没落的欧洲封建势力逐步退出历史舞台，新生的资产阶级处于全面上升时期，无产阶级力量不断壮大，共产主义运动开始兴起。无产阶级和资产阶级的矛盾和斗争成为世界政治发展的决定性因素。1917年俄国十月革命后，社会主义的国家政权诞生。二战后，形成了社会主义和资本主义两大阵营，两种力量经过了多次的较量和竞争，两种制度的国家都有过辉煌，也都有过失误。事实证明，当今资本主义和社会主义的共同生存空间还相当广阔。

其次，帝国主义全球殖民体系从形成到瓦解，广大发展中国家在世界政治舞台上发挥越来越重要的作用。19世纪末20世纪初，列强瓜分世界完毕，帝国主义的全球殖民体系形成，它占世界土地面积的70%、人口的76%。处于"外围"的殖民地半殖民地国家深受处于"中心"的宗主国的剥削和掠夺，不断起来反抗。第二次世界大战后，民族解放运动再次掀起高潮，帝国主义殖民体系土崩瓦解。1945~1990年，随着100多个国家获得独立，广大发展中国家在世界政治舞台上发挥着越来越重要的作用。

再次，战争仍然是政治的继续，科技在战争中的作用越来越突出。19世纪中期，战争主要是为资本主义制度的建立与发展扫清道路。19世纪末20世纪初，战争成为帝国主义国家掠夺殖民地、瓜分世界和重新划分势力范围的工具。二战后，现代战争的诱因越来越复杂，科技在战争中的作用也越来越突出，海湾、科索沃以及阿富汗战争等便是明证。

复次，大国排序发生重大变化。1820年，在世界GDP总量中，法、英、美分别仅占5.4%、5.2%、1.8%，而中、印则分别占28.7%

和 16%。资本主义经济的发展和疯狂的殖民扩张迅速改变了原有的大国版图，逐步形成了资本主义大国俱乐部。在此后的一个半世纪，这个俱乐部的组成基本稳定，但在经济发展不平衡规律的作用下内部排序与组合则屡有变迁，经历了英国独领风骚—英、法、德、美群起称雄—美国成为西方的"救世主"—美、日、欧三足鼎立的轮换过程。其间，特别是从二战后到 20 世纪 90 年代初，美、苏两个超级大国争霸，一度主宰世界格局。今天，更大范围内的世界大国新一轮排序正在酝酿之中。

最后，逐渐形成了制度化的国际调节机构和机制。二战后大国关系（特别是不同制度的大国关系）和世界形势虽然时有阴晴，但总的趋势是对话在增加，合作在加强。这同战后逐步建立起来的国际协调机构和机制是分不开的。联合国、世贸组织、国际货币基金组织、世界银行等机构，在协调国际关系方面发挥着越来越重要的作用。

四

欧美国家工业革命的完成和资本主义制度的确立，使人类社会加速向工业社会过渡，从单一、封闭和凝固的社会向多样、开放和多变的社会转变，从而引发社会结构的全方位转型。

——农业人口大量减少。从 1870 年到 20 世纪 90 年代初，英国农业就业人口从 25% 降为 1.8%，美国从 43% 降为 2%，日本从 70% 降为 7.1%。在欧美发达国家，即使是现有的少量农业就业人口，也不同于传统意义上的农民：要么是农业工人，要么是农业经营者。

——出现新的"中间阶层"。1945 年前后，发达国家出现了一个新的"中间阶层"。这些人有文化修养、专业技能、社会声望和丰厚的收入，但又都是领取薪水的专职人员。他们在社会中的比重日益上升，70 年代大体占西方社会的 20%~25%，成为被称为"社会价值观和社会规范的定型力量"的"中间阶层"。与此相适应，知识分子的社会地位和社会功能向着社会结构的核心方向迅速发展。

——社会组织结构出现了多样化、多层次和民间化的趋势。最早出现于 19 世纪下半叶欧美国家，其集中表现是非政府组织、"非营利组织"的出现，如学会、人权组织、环保组织、社会服务组织等。20 世纪 70 年代"非营利组织"开始向全球推进。1996 年美国大约有 150 万个这类组织。

——社会保障制度的确立和完善。二战后，以"从摇篮到坟墓"为覆盖面的社会保障制度在欧美国家普遍确立，20 世纪 50 年代被称为福利国家的"黄金时期"。高福利、高消费使国家财政不堪重负。在改革浪潮中，这一制度正向"福利多元化"发展。对 141 个国家和地区的统计表明，近年来社会保障由政府和非政府组织共同管理的国家占 85% 以上。

——城市化。城市化是工业化造成的另一项重要社会结果。1850~1900 年，即使是发达国家，城市化也仅仅处于起步阶段，城市化水平从 11.4% 升至 26.1%，而发展中国家只有 6.5%。20 世纪上半叶全球城市化推进迅速，由 1900 年的 13.2% 升至 29%，发达国家为 52.5%。1975 年的全球城市化率为 38.4%，此时发达国家达到高峰并呈现逆城市化苗头。目前全球的城市化率大约为 50%。

《共产党宣言》问世 150 多年来，世界局势和人类社会发生了很大变化，但我们仍然处于由资本主义向社会主义过渡的时代。在未来相当长的历史时期内，我们仍将处于资本主义和社会主义斗争、合作、相互影响的共处时期。

由新技术革命推动的经济全球化，在世界范围内实现资源优化配置，有利于提高劳动生产率和社会生产力的发展，趋势不可逆转。但全球化是一把"双刃剑"，对属于发展中国家的社会主义中国来说，在积极主动地参与经济全球化过程的同时，如何确保经济安全，是我们在今后相当长的一个时期内面临的至关重要的问题。

21 世纪是机遇与挑战并存的世纪，我们要在以江泽民同志为核心的党中央的坚强领导下，坚持与时俱进，不断开拓创新，根据时代的发展变化，在实践中改革、发展和完善社会主义制度，再创社会主义的新辉煌，实现中华民族的伟大复兴。

（原载《求是》2002 年第 20 期）

小注：

此文系集体合作课题"《共产党宣言》发表 150 周年以来世界发生的主要变化"（该课题结项成书，由社会科学文献出版社 2004 年出版）的序言。此后，作者即到行政机关和地方工作，暂时告别学术界（直到 2016 年 6 月），此后十多年也未再以个人名义发表过作品。

理论是问题之树盛开的花朵

科学研究总是从问题开始的，科学地提出问题是科学地解决问题的根本前提。马克思说："一个时代所提出的问题，和任何在内容上是正当的因而也是合理的问题，有着共同的命运：主要的困难不是**答案**，而是**问题**。……世界史本身，除了通过提出新问题来解答和处理老问题之外，没有别的方法。……问题就是公开的、无畏的、左右一切个人的时代声音。**问题**就是时代的口号，是它表现自己精神状态的最**实际的**呼声。"①

理论创新、理论发展最深厚的源泉来自实践，但实践不可能自动地升华为理论，必然要通过问题这一媒介，反映实践的要求，推动理论创新、理论发展，进而指导实践的下一步发展。实践中不断涌现的"苦恼的疑问"是人类实践的特有魅力，也是理论创新、理论发展的奥秘所在。质言之，理论是问题之树盛开的花朵、结出的果实。

所谓科学地提出问题，其要旨有三。其一，是真问题，而不是假问题。学术界时常有这样的情形，一些研究在急剧变化的社会生活面前流于"无病呻吟"；一些争论看似"你来我往很热闹"，但仔细考量，却发现论辩双方所争的是子虚乌有的假问题、伪命题，这也是"学术泡沫"滋生的重要原因。其二，是有意义的真问题。杨贵妃的腰

---

① 《马克思恩格斯全集》第40卷，人民出版社，1982，第289~290页。

围多少？穿多大尺码的鞋子？这当然是真问题，但乐此不疲地研究此类问题的学术奇观，有何意义呢？自然，如果由此生发开来，进行比较研究，探究唐代宫廷女子与民间女子在审美趣味、审美观念上的差异和变迁，这种差异和变迁与社会变迁的关系如何，那就是另外一个问题了。其三，是有重大意义的真问题，即能够真切而深刻地代表时代声音，引领时代变革、社会发展、文明进步和理论创新的问题。

每个时代总有属于它自己的问题，准确地把握并作出深邃而有说服力的解答，必将使理论学术大大地向前推进一步，从而对时代变革、社会文明发展产生深远的影响。有鉴于此，本刊编辑部在广泛征求理论学术界专家学者意见建议的基础上，研究提出如下十一个跨学科选题，作为今年组稿发稿的重点方向予以公布。

21 世纪马克思主义的原创性贡献。习近平新时代中国特色社会主义思想是当代中国马克思主义、21 世纪马克思主义，是新时代中国共产党人创造性地发展马克思主义的标志性理论成果。近年来，理论界发表了不少研究阐释作品，但精品力作不多。不少文章著述讲"一脉相承"（这当然是十分必要的）有余，讲"与时俱进"（这同样是十分必要甚至更加重要的）不足；一些文章著述流于简单化、标签化、表面化；一些文章著述说理不透彻，文风不活泼，难以走入人民大众心灵。总体上看，马克思主义理论研究滞后于马克思主义中国化实际发展的问题还比较突出。目前，习近平总书记的思想和著作已经在世界上产生了广泛的影响力。国际上有一种看法，一种新版的马克思主义理论正在颠覆西方的传统理论。这就提出一系列问题：新版的马克思主义理论"新在何处"？如何对其思想样貌、理论形态和逻辑体系予以透彻的学理化表达？等等。多学科多维度、系统深入地研究阐发习近平新时代中国特色社会主义思想在马克思主义发展史、人类思想发展史上的原创性贡献，善于将政治话语转化为学术话语，书写研究阐发当代中国马克思主义、21世纪马克思主义的学术经典，党内党外、国内国外都有强烈的要求。对此，我国理论界担负着重大的历史责任。

中国共产党100年的理论与实践。今年是中国共产党成立100周年。中国共产党的100年，是为中国人民谋幸福、为中华民族谋复兴孜孜以求、不懈奋斗的100年；是饱经苦难的中国人民逐步实现从物质到精神上的全面主动、自己掌握自己的命运、创造自己的美好生活、改变中国历史进程的100年；是历经磨难的中华民族逐步实现从站起来、富起来到强起来的历史性飞跃，迎来伟大复兴的光明前景，谱写5000多年中华文明世纪新篇章的100年；是中国共产党人把马克思主义基本原理同中国具体实际相结合，创造性地坚持和发展马克思主义，创造性地坚持和发展中国特色社会主义，深刻地影响马克思主义、社会主义历史进程和前途命运的100年；是经济文化比较落后的东方大国摆脱任人宰割，独立自主地走向社会主义现代化强国，从几乎被时代所抛弃到大幅度赶上时代，深刻地影响人类历史进程的100年；也是党重视理论、领导哲学社会科学、繁荣中国学术，从根本上改写中国理论学术图谱和发展进程的100年。100年沧桑巨变，100年风华正茂，从哲学社会科学多学科多角度，学理化系统总结中国共产党100年来在理论和实践上的双重探索成果、历史经验，对于党更加自信、成熟、从容地走向新的100年，无疑是十分重要的。

中国特色哲学社会科学"三大体系"。加快构建中国特色哲学社会科学学科体系、学术体系、话语体系，是新时代我国哲学社会科学的崇高使命，是广大哲学社会科学工作者参与中华民族伟大复兴并为之贡献智慧的关键环节。目前，学科体系已基本形成，但仍需完善，而学术体系、话语体系建设更是任重道远。不容忽视的事实是：在学科体系方面，部分学科设置陈旧，同时代发展脱节，新兴学科、交叉学科薄弱，一些学科重复设置和"碎片化"，一些传统优势学科风光不再，一些"绝学"后继乏人，学科建设缺乏系统化顶层设计和整体制度保障；在学术体系方面，有学术缺思想、有数量缺质量、有专家缺大师、有"高原"缺"高峰"的状况尚未根本改观，具有原创性、思想穿透力的标志性成果不多，一些研究在理论观点、研究范式等方面跟在别国别人后面亦步亦趋；在话语体系方面，我国哲学社会科学在国际上的声音不大，特别是提炼标识性概念，打造易于为国际社会所理解和接受的新概念新范畴新表述，主动设置议题，引导国际学术界展开研究和讨论的能力水平不高，仍未摆脱"有理说不出、说了传不开"的尴尬。因此，加快构建中国特色哲学社会科学"三大体系"，既重要又紧迫，是具有战略意义的重大课题，是哲学社会科学各学科的基本建设。

大变局与战略全局。 当今世界正经历百年未有之大变局，这一大变局既非一时一事之变，也非一域一国之变，而是世界之变、时代之变、历史之变。大变局最突出的特征是"东升西降"，其核心变量和主要推动力是中国的持续快速发展，是中华民族伟大复兴战略全局的持续推进和不可逆转。大变局与战略全局是交互影响的，"两个大局"，一张卷子，向哲学社会科学提出了一系列重大课题。例如：大变局加速演变的成因和趋势是什么？所谓传统守成大国和新兴崛起大国的"修昔底德陷阱"是客观必然的、不可避免的，还是一种观念和话语的圈套？如何避免双方战略误判、化解重大风险？如何打破美国等西方国家对我国在战略上的围堵、遏制和打压，在规则博弈上的"规锁"，在思想理论文化上的"污名化"、分化和"西化"？如何在国际上更有效地讲好中国故事、中国共产党的故事、中国特色社会主义的故事，更好地传播中国思想、中国主张？如何准确把握中华民族伟大复兴的精神动力和文化支撑体系？未来五年乃至更长时期，可能迟滞或阻碍中华民族伟大复兴的风险挑战有哪些，如何应对和克服？等等。

全球化与价值冲突。在世界经济上行期，经济全球化的增长效应占主导，各方参与者受益，支持全球化的就会多一些；而在世界经济下行期，经济全球化的矛盾效应占主导，增长和分配、资本和劳动、公平和效率等矛盾日益凸显，反对全球化的就会多一些。特别是2008年美国次贷危机引发的国际金融危机以来，美国等西方国家作为曾经的经济全球化的主要推手日益力不从心，而中国则历史性地走上了前台。这样一来，美国等西方世界对经济全球化的态度变得暧昧并复杂起来，质疑、否定、反对经济全球化的声音在西方世界喧嚣并骚动不已，逆全球化思潮在西方舆论界和学术界获得了广泛的喝彩，特别是新冠肺炎疫情使得全球化与逆全球化的矛盾冲突达到前所未有的广度和深度。中国的疫情防控已取得重大战略成果，经济运行和社会生活全面恢复，并在2020年成为全球唯一恢复经济正增长的主要经济体，但在国际上疫情尚未得到有效控制。无论如何，新冠肺炎疫情全球大流行在人类发展史上都是一个重大事件，正在深刻地改变世界格局和人类社会生活。疫情终将过去，但世界从此不同。有一种看法，认为疫情对全球经济衰退造成的影响超过了以往任何一次大的经济危机。不仅如此，疫情还加剧了逆全球化的蔓延。病毒是全球化的，但病毒却似乎要把全球化杀死。这就给哲学社会科学提出了一系列重大课题。例如，在一些主要经济体纷纷提出制造业本地化、重塑产业链供应链的情况下，全球产业链供应链体系是行将崩溃还是被重塑？如何看待疫情冲击下民族主义、民粹主义、排外主义、保护主义在一些国家的泛起？如何认识疫情期间以及后疫情时期国家的职能，其变化趋势对全球化是否会造成决定性的逆转？如何认识疫情给人们的生产方式、生活方式、思维方式、行为模式和价值观念带来的深刻变化？等等。

中国式现代化与中国知识体系。世界上既不存在定于一尊的现代化模式，也不存在放之四海而皆准的现代化标准。中国式现代化走着一条与西方现代化迥异的道路，是史无前例的。中国式现代化是人口规模巨大、超过现有发达国家人口总和的现代化，是以人民为中心、逐步实现全体人民共同富裕的现代化，是物质文明、制度文明、精神文明相互促进协调发展的现代化，是人与自然和谐共生、经济社会发展与人本身发展相统一的现代化，是走和平发展道路、以互利合作共赢为国与国交往价值准则、以构建人类命运共同体为目标的现代化。中国式现代化的全面推进，不仅将彻底改写现代化的世界版图，而且会从根本上改写现代化的理论谱系，对"西方中心主义"现代化理论、概念、范畴、模式、标准（包括指标体系等），构成颠覆式的挑战和创新。但时至今日，后一个方面还停留于一种实践要求和愿景，远未获得理论上的成熟形态。换言之，我国理论学术界尚未构建起一套真正反映、概括中国式现代化发展进程及实践创新、制度创新的中国式现代化知识体系，充斥于研究著述中的仍然是西方的现代化理论、概念、范畴、模式、标准（指标体系等）——它们本是西方现代化道路、实践的学术表达和总结，用来分析中国式现代化道路、实践，则不可避免地陷入南辕北辙、"驴唇不对马嘴"的境地。立足中国大地，从历史观、价值观的高度，揭示唯物史观引领下中国式现代化的活泼创造与中国式现代化对唯物史观在 21 世纪的丰富发展这一新时代二重奏的独特意蕴；从理论范式、路径选择、指标体系等多角度、多层次，学理化地研究阐发中国式现代化的实践逻辑和理论逻辑，构建中国特色、中国风格、中国气派的 21 世纪马克思主义现代化理论体系和知识体系，将是我国理论学术界对唯物史观、人类思想史的重要贡献。

理论是问题之树盛开的花朵

新发展格局与高质量发展。中国即将进入全面建设社会主义现代化国家、向第二个百年奋斗目标进军的新发展阶段。构建以国内大循环为主体、国内国际双循环相互促进的新发展格局，是适应新发展阶段要求、塑造国际合作和竞争新优势的战略抉择，是对中国经济客观规律和发展趋势的自觉把握。构建新发展格局作为一种重大发展战略，是中国经济发展进入新阶段的必然选择，是掌握发展主动权、推动高质量发展的先手棋，不是被迫之举和权宜之计。构建新发展格局是开放的国内国际双循环，不是封闭的国内单循环。以国内大循环为主体，绝不是关起门来封闭运行，而是通过发挥内需潜力，使国内国际两个市场更好联通，以国内大循环吸引全球资源要素，更好利用两个市场两种资源，提高我国在全球配置资源的能力，更好争取开放发展中的战略主动。构建新发展格局是全国统一大市场基础上的国内大循环为主体，不是各地都搞自我小循环。"小而全"不是新发展格局，以"内循环"的名义搞地区封锁更不是新发展格局。构建新发展格局，是一种大战略、大格局、大境界、大变革，是更高水平的开放、更深层次的改革，是推动中国经济高质量发展难度更大的惊险一跃。这就给理论工作提出了一系列重大课题。例如：如何打破地区封锁，加快形成全国统一的要素市场体系？如何健全完善体制机制和政策体系，加快培育完整的内需体系？如何深化科技、教育和人才等体制机制改革，加快我国科技自立自强步伐？如何推动产业链供应链优化升级，实现从"制造业大国"向"制造业强国"转变？如何切实破解"三农"难题，扎实推进农业农村现代化？如何改革优化分配结构，发展壮大中等收入群体，激活有效需求，提高人民生活品质？如何统筹发展和安全，有效抵御公共安全等重大风险挑战？等等。

国家治理与全球治理。推进国家治理体系和治理能力现代化，是中国式现代化的重要内容，是中国特色制度文明建设的重要方面，其中蕴含着一系列重大理论和实践问题。例如：如何科学地总结中国历代在国家治理方面的经验教训，为推进国家治理体系和治理能力现代化提供有益借鉴？新时代如何更好地坚持和完善中国特色社会主义法治体系，如何推进法治国家、法治政府、法治社会一体建设？随着社会主要矛盾的深刻变化，随着我国逐步由中等收入国家进入高收入国家，如何全面准确认识人民大众对美好生活多方面立体化的需求变化，从而更加有效地提升国家治理、基层治理（乡村治理、社区治理）能力和水平？如何认识社会信息化、数字化对国家治理体系和治理能力所带来的新机遇、新挑战？如何更加有效安全地用数字技术治理经济社会，如何对数字技术本身进行有效治理，如何针对数字化社会推进整体的治理体系变革？如何认识新发展阶段我国社会结构演变的特征、趋势及其对社会治理的影响？如何从学理上概括总结中国城乡治理的路径、模式和经验？疫情常态化背景下，如何在保持社区活力基础上建立一套有效应对风险的社区治理体制？等等。推进国家治理体系和治理能力现代化又是与全球治理体系大变革紧密相关的。如何准确把握重要战略机遇期我国发展面临的机遇和挑战的新变化、新内涵？在和平与发展仍然是时代主题的大背景下，如何认识国际环境的不稳定性不确定性明显增加、全球治理体系加速调整变革及其对我国的影响？如何认识疫情对全球治理体系变革的冲击，世界金融、贸易体系和规则会发生怎样的变化，新的多边、双边合作机制和规则是否正加速孕育和形成？如何透视美国等西方国家正加速酝酿和主导的双边和多边、区域和全球的"规则变局"迷雾，有效反击打着"规则"旗号的保护主义、单边主义、霸权主义，推动构建以公平合理规则为基础的多边体系，深度参与全球治理体系大变革？伴随全球治理体系大调整，国际关系理论已经和将要出现怎样的变化，进而对全球治理体系变革产生何种影响？等等。这些都是我国哲学社会科学亟待解答的问题。

文明起源、文明互鉴与文化发展。文明与文化，既古老又前沿，是人文学科乃至社会科学常思常新的话题。在 21 世纪的今天，文明起源、文明互鉴与文化发展问题凸显出来，其缘由和意旨在于：其一，随着大量考古新发现，人们对文明的起源特别是中华文明的起源有了新的认识，进而从理论上对文明形成的标志有了新的思考。除了礼器礼制、文字、城邦（国家）之外，其他要件诸如农作物、建筑等"人化自然"能否以及在何种意义上具有文化价值而成为文明的符号标志？中华文明的起源是"一中心"还是"多中心"抑或"中心与边缘的互动交融"？在中华文明起源与演变问题上，如何有效反思并摆脱西方中心论的解释框架，构建起中国人自己的关于文明起源与演变的理论、范式和话语？此外，世界上四大古文明起源的比较研究，也是学界高度关注的课题。其二，20 世纪 90 年代，亨廷顿"文明冲突论"风靡一时，至今仍在国际学术界和舆论界拥有广泛的影响力。问题在于，文明的冲突，是文明发展的常态乃至规律性存在吗？纵观人类文明史，文明的对话、互鉴、融合，反而是更加普遍、更带有规律性特征的文明发展样式，只不过文明的对话、互鉴、融合往往与国家的承平治世相生相随、相互影响，"润物细无声"，不像文明的冲突那般激烈、震撼而引人注目罢了。冲突催生事件、苦难和死亡，对话、互鉴、融合则催生新的文明以及文明在更大广度、更深层次的发展。新时代中国学者的重大历史责任在于，在全球史与中国史相参照的视野下，深化对不同文明之间对话、互鉴、融合的历史研究和理论思考，创建诸如"文明对话论""文明互鉴论""文明融合论"，勇于参与世界范围的百家争鸣；系统地梳理中华文明 5000 多年的基因谱系、独特优势和对人类文明发展的重大影响，为从站起来、富起来到强起来的 14 亿中国人民坚定文化自信提供丰厚的文化滋养和学理支撑。其三，与新时代人民大众不断增长的美好生活需要特别是精神文化需要相比，"文化泡沫""文化快餐"的光怪陆离、花样百出与高品质文化产品的稀缺、深沉理性的文化思考的匮乏同样突出，失衡严重。新时代，人民对美好生活特别是美好精神文化生活的向往，总体上已经从"有没有"转向"好不好"，呈现多样化、多层次、多方面的特点。适应这种新变化新要求，文化生产、文化创造、文化研究应该在广度和深度上呈现怎样的拓展和深化？文化发展的"源"和"流"的关系、"活文化"与"死文化"的关系怎样？如何推动中华优秀传统文化的创造性转化和创新性发展？文学作为时代的"号角"，如何更好地书写时代经典？哲学作为"时代精神的精华"和"文明的活的灵魂"，如何深刻把握新的时代发展和文明进步？等等。

新一轮科技革命与哲学社会科学。新一轮科技革命（人工智能、大数据、云计算、区块链、物联网、新能源、新材料、生命科学、航空航天等）迅猛发展，深刻地改变了世界，向哲学社会科学各学科提出了一系列重大课题。例如，如何重新认识人与自然、人与社会、人与自身的关系？如何重新思考人类的世界图景，新科技革命是否以及在何种维度上对我们原有的世界观、方法论、认识论构成了颠覆性挑战？人与机器的关系是否发生根本性的变化，所谓"机器统治人"是一种科学幻想还是不可避免的历史过程？"机器共同体""机器社区""机器社会"是可能的吗？如何认识处理人 – 机共生的伦理问题、基因编辑技术带来的生命伦理问题？如何重新认识万物互联、网络世界和虚拟空间背景下主体与客体、主观与客观的关系，这种关系的新变化对唯物主义世界观构成了怎样的挑战，进而唯物主义在 21 世纪将会获得怎样的新形态？所谓"技术在价值上是中立的"技术观和技术理论还能否成立，如果不能，如何规约技术的价值方向有利于人的发展而不是相反？所谓"数字赤字""数字鸿沟""数字霸权"的实质是什么，如何理解其背后的利益关系、社会关系、法律关系和价值冲突？等等。

学术基本理论、基本问题、基本概念再反思。若干年来，反理性主义、后现代主义、解构主义、后殖民主义、"新批评"思潮、海外"中国学"等，在中国学术场上轮番登台、攻城拔寨，好不热闹！以致在当代中国学界，著述讲学，如果不引用一些当代西方学者的观点、论断、方法、命题、概念、范畴和话语，就羞于启齿和下笔，就显得很不"学术"、很不"新潮"、很不"前沿"。进一步地，西方诸种思潮所宣扬的某种观点、主张，在一些论者那里，成了不证自明的思想前提，成了天然的"学术有理""学术正确"。因为后现代主义主张"反本质主义""反逻各斯中心主义"，"本质"也就死亡，"逻各斯"也就失去了存在的根据；因为反理性主义、解构主义的流行，理性、理智就变得毫无意义，客观规律、确定性、决定论、结构等成为可疑的虚妄；因为海外"中国学"思潮的引入，中国学者对自己原有的关于中国文化、中国哲学、中国文学、中国历史的认知益发怀疑起来，失去了对自我认识的理论自信和学术自信。诸如此类，不一而足。然而，历史总是表现出惊人的相似和无情。每当社会大变革时代呼唤思想理论学术的创造性发展时，人们发现，思想理论学术自身要做的基础性工作，却是首先清理战场、打扫灰尘、拨开层层迷雾，从头出发，重新研究基本理论、基本问题、基本概念。中国学术要想在新时代有新作为新气象，非在这方面下苦功夫不可！这也是检验我国学术界能力和水平的基本功。

必须申明，提出上述重点选题并公布于众，绝不意味着这些选题提得精准和深刻，更不意味着排斥其他论题的文章，而是旨在抛砖引玉，交流思想，引起讨论，获得教益，期望理论学术界同道关心帮助我们，共同办好这份刊物。我们更乐于看到经过踏实研究、深思熟虑，具有原创性、思想穿透力的成果不断涌现，并愿为此提供发表的园地。

站在"两个一百年"的历史交汇点，展望中华民族伟大复兴的光明前景，思考中国学术的未来发展，我们深为一种庄严的历史责任感所激荡。一个大国的崛起，经济、科技等硬实力是重要标志，而理论学术等软实力同样是重要标志。中华民族伟大复兴，是经济、科技、文化包括理论学术等系统性、整体性的飞跃，在这一伟大历史进程中，如何推动中国学术日益走进世界学术舞台的中央而不致成为民族复兴的短板，是我国哲学社会科学界必须深而思之的重大课题。本刊愿以繁荣中国学术、发展中国理论、传播中国思想为己任，与广大理论工作者一道，奋进在亿万中国人民创造历史伟业的行列里。

（原载《中国社会科学》2021 年第 1 期）

小注：

此文为《中国社会科学》2021 年十一项跨学科重点选题所作的评论性说明。发布重点选题并作说明系该刊创刊以来的首次，以"本刊编辑部"名义发表后，在学术界引发强烈反响，打破了《中国社会科学》以往单纯按学科编发稿件的惯例，让作者和读者明了刊物的思路、风格和选题方向；倡导关注重大时代问题的跨学科研究，对国内众多哲学社会科学综合性刊物、对学术发展产生了示范和引领作用（参见《中国社会科学报》2022 年 1 月 28 日《中国社会科学》编委会 2021 年全体会议综述）。

马克思的忠实信徒

——纪念刘奔同志

在中国共产党成立 100 周年之际，我们怀着崇敬和思念，纪念中国共产党的优秀党员、著名的马克思主义哲学家刘奔同志，具有十分特别的意义。

刘奔老师离开我们已经 14 年了。对他的英年早逝，哲学界同仁俱感痛惜。我曾长期在他领导和指导下工作（1991 年至 2000 年），深受他的教诲和影响。他去世后，我极悲痛，但并未写过悼念的文字。总觉得，虽然作为一个自然存在，他已离我们而去；但作为一个文化存在，作为一个具有独特贡献和魅力的思想者，他仍然活在我们中间，用他锐利而深邃的目光注视着我们，鞭策着我们。这些年来，他的音容笑貌，时时浮现在眼前；对他的无尽思念，如汹涌的潮水，将我的心紧紧包裹，难以平复。

一定意义上说，刘奔老师是个"传奇"。他祖籍日本长野县下伊那郡清内路村。20 世纪 30~40 年代日本军国主义对中国的武装侵略战争，不仅给中国人民带来了巨大的灾难，也给日本人民留下了沉重的心灵创伤。而刘奔老师是战后留在中国的日本遗孤中唯一成为马克思主义哲学家的人（恕我孤陋寡闻，也许还有其他人）。他虽然是个日本人，但终其一生，都对中国和中国人民怀有浓烈的情感，是一个真正的知识分子，是中国人民的优秀儿子。

刘奔老师最可贵的品格，也是他留给我们最大的思想文化遗产，是对马克思主义的坚定信仰，而这种信仰的坚定又来自他对马克思主义理论的深入扎实研究，来自他理论思考的彻底性，来自他对党和人民的事业——在他那里，集中体现为他所钟爱并毕生献身于斯的哲学研究和编辑事业——的无限忠诚。马克思说过，"批判的武器当然不能代替武器的批判，物质力量只能用物质力量来摧毁；但是理论一经掌握群众，也会变成物质力量。理论只要说服人［ad hominem］，就能掌握群众；而理论只要彻底，就能说服人［ad hominem］。所谓彻底，就是抓住事物的根本"。[①]刘奔老师非常崇尚并自觉践行马克思的这段名言，他的哲学思考的突出特点是，对经典著作非常精通，能够娴熟地运用马克思主义理论和方法来研究现时代问题，并且总能在"人所共知"之处，提出一些不那么"人所共知"但又合乎马克思主义本质精神的、令人拍案称奇的思想和观点，为发展马克思主义哲学特别是历史唯物主义理论作出了独特的贡献。例如，他的《唯物史观不是超历史的"一般历史哲学"》一文，在我国哲学界比较早地（1987 年）集中阐发了马克思的普遍交往和世界历史理论，强调从"历史向世界历史的转变"，从各民族之间的相互作用和普遍交往，从世界基本矛盾和各民族社会内部特殊矛盾的相互制约的观点，来把握历史发展变化的规律性，进而令人信服地说明了社会主义革命首先在落后国家爆发的历史必然性，而中国恰恰是在历史向世界历史的转变中，在特定的世界历史中经历了资本主义的时代，即以作为资本的国际生存条件这种特殊方式经历了资本主义残酷的、非人道的历史进程，因而所谓中国没有经过

[①] 《马克思恩格斯全集》第 3 卷，人民出版社，2002，第 207 页。

资本主义阶段而走上社会主义道路是"主观幻想"或"选择失误"的论调是完全站不住脚的。再如,他的《时间是人类发展的空间》一文,突破了传统哲学在自然观层面上理解时—空问题的局限,在我国哲学界最早(1991 年)阐发了社会时—空特性,从社会实践首先是劳动活动的矛盾运动及其结构变化,从对象化与非对象化的相互作用和不断转化中,从活动的分化、交往的扩大、人的新的本质力量的形成等诸多环节,透彻地解析了时间结构与社会空间内在的相互作用,时间的空间化和空间的时间化以及历史决定之时—空特性,从而对马克思在《1861—1863 年经济学手稿》中提出的著名论断——"时间实际上是人的积极存在,它不仅是人的生命的尺度,而且是人的发展的空间"——作了系统而富有哲理性的发挥。他的《从"活的历史"研究中掌握活的马克思主义》一文,通过对马克思的"天才"著作《路易·波拿巴的雾月十八日》的时代背景特别是马克思敏锐观察复杂事变的方法论的深刻分析,强调今天把这部著作作为哲学经典重新学习研究的极端重要性,认为马克思在这部著作中充分体现的密切关注、冷静观察、潜心研究"当前活的历史"的巨大使命感和现实感,用以分析问题的科学态度、历史观和方法论,对于我们今天观察研究风云变幻的世界局势,仍然具有活的马克思主义的指导意义。

不特如此,刘奔老师还是当代中国哲学价值论研究的开拓者和代表人物之一。1982 年 9 月 18 日,他与李连科老师合作发表在《光明日报》上的《简论真理观和价值观的统一》,是国内最早探讨哲学价值论的文章之一,并在这一研究领域深耕不辍,特别是他积极倡导价值论研究应突破单纯认识论的框架,向哲学历史观的高度提升,尽管一开始并不被大家所接受,但经过后来的发展和研究的深化,逐渐成为哲学界的共识,这从一个侧面也反映出他的哲学思考的敏锐性和前瞻性。他执笔并发表在《哲学研究》1989 年第 1 期上的《实践与文化——"哲学与文化"研究提纲》一文（此文未收入《刘奔文集》）鲜明地从马克思主义实践观点出发，揭示了实践的对象化与非对象化的矛盾运动何以成为文化发生、发展的基础和根源，探讨了文化与自然、交往与文化、交往和语言符号、社会共同体与文化、文化的共同体形式的个性化、活动结构和文化变革、世界交往时代的文化问题等重要问题。文章认为，文化问题的实质是历史观问题，如果哲学研究以实践为媒介关心文化研究，而文化研究又能以实践为媒介关心哲学的发展，人们将发现，二者为对方所做的也正是它自身发展所不可缺少的。能够期待的这种时代二重奏的双重意义的丰收，将构成当代文化发展的有机内容。马克思主义的哲学文化观并无既成的系统形态的作品，在我看来，这篇文章是中国学者在这方面最具原创性的成果。

在刘奔老师那里，马克思主义作为指导思想和研究对象是有机统一的。因为坚定地信仰马克思主义，潜心钻研马克思主义并有自己独到的见解，他坚决反对将马克思主义简单化、公式化和庸俗化，并多次著文予以批判。他生前与我交谈时痛感，打着马克思主义旗号或在马克思主义阵营内部的对马克思主义的简单化、公式化和庸俗化理解，不仅严重损害了马克思主义的真理力量，造成了马克思主义哲学在整个 20 世纪未能获得应有的大发展，而且从方法论上看，与马克思主义的对手和敌人如布热津斯基等人用"大简化"来消解、攻击马克思主义，是殊途同归的。平心而论，刘奔老师并不是一个固执己见、故步自封的哲学家（这一点，后面还要谈到），但他也绝不是一个趋炎附势、思想摇来摆去的人，在坚持马克思主义的真理、服膺马克思主义理论的彻底性方面，他的思想风骨是很硬的。他为自己的文选《当代思潮反思录》题写的"跋"很能反映他对马克思主义哲学、哲学家的职责、性质的理解："哲学是最贴近人心的事业。……只要是朝秦暮楚、出尔反尔，说话不负责任，就不可能代表时代精神的精华。只有那些和老百姓心贴心的人，能够以哲学的方式反映最广大人民群众疾苦的人，才堪称真正的哲学家。"①"我感到自豪的是，丝毫没有那种号称什么'著名哲学家'的尴尬，无须因为貌似与时俱进而趋炎附势、趋时媚俗、见风使舵、摇来摆去，却要为自己'一贯正确'的形象工程而大伤脑筋。我的观点可能是错误的，而且可能一错到底，但我一旦意识到错误，就要公开做自我批评，完全无须把自己打扮得一贯正确。"②所以如此，是因为他将马克思主义、将哲学视为崇高神圣的事业，始终抱有圣徒般的虔诚与敬畏。当然，马克思主义不是宗教，哲学家也不是宗教徒。正因为哲学家"是自己的时代、自己的人民的产物，人民的最美好、最珍贵、最隐蔽的精髓都汇集在哲学思想里。……哲学不是在世界之外，就如同人脑虽然不在胃里，但也不在人体之外一样"。③"而为了真理和知识而热爱真理和知识的公众，是善于同那些愚昧无知、卑躬屈节、毫无操守和卖身求荣的文丐来较量判断力和德行的。"④

马克思主义是实践的科学、开放的理论，不是躲在书斋里的"学院派"哲学。要使马克思主义永葆生机与活力，就必然地要观照现实，研究现实问题。在刘奔老师看来，坚持和发展马克思主义，"只说空话是无济于事的"，逃避现实、回避问题"是最无原则、最有害的做法"。严格说来，刘奔不是一个体系化建构的哲学家，他也无意建构某

① 刘奔：《当代思潮反思录》，河北大学出版社，2005，"跋"。
② 刘奔：《当代思潮反思录》，河北大学出版社，2005，"跋"。
③ 《马克思恩格斯全集》第1卷，人民出版社，1995，第219~220页。
④ 《马克思恩格斯全集》第1卷，人民出版社，1995，第222页。

种哲学体系，尽管他对诸多问题、对哲学特别是马克思主义哲学并非没有自己系统且一以贯之的理论主张；而是始终对问题尤其是重大现实问题保持高度敏感且苦苦思索的智者。强烈的现实感和使命感、忧患意识和问题意识，在他的哲学思考中是格外突出的。他在主持《哲学研究》杂志（任副主编、常务副主编、执行主编）期间，提出了一个重要的方法论原则：以现实问题研究带动基础理论研究，以基础理论研究深化现实问题研究。为此，他撰写了大量评论性文章，这些文章大都以"本刊评论员""本刊编辑部"名义发表在《哲学研究》上，例如《将现实问题的研究提到哲学的层次上来》《科学地提出问题是解决问题的前提》《反思有益于前进》《哲学研究的使命感》《哲学研究的现实感和学术价值》等，以及在他指导下我们共同撰写的《问题就是时代的声音》。这些评论贯穿着这样一种主张：不能认为强调现实问题研究，就会损害哲学研究的学术价值。衡量理论研究的学术价值和水平，从根本上说在于某种研究成果对于理论自身的发展、变革和进步所具有的意义，而理论进步与否，则以是否满足发展着的社会实践的需要而定。因此，研究成果的学术价值和它的现实意义应该是一致的，不仅如此，还要看其是否具有启迪人心、激动人心、征服人心的力量。这种力量来源于思想的深刻性、逻辑的一贯性、对错误倾向的敏锐识别力及其批判的说服力。理论唯有彻底，才能说服人；所谓彻底，就是抓住事物的根本。这是远离社会生活、对实践缺乏深刻理解的研究者无法完成的。在他和陈筠泉、曹景元等老师的倡导下，有赖于理论学术界众多专家的踊跃响应和支持，《哲学研究》在20世纪80~90年代，开设了许多关注重大现实问题的专栏，如《改革开放中的历史观、价值观问题》《全球化与价值冲突》《市场经济与道德建设》《社会科学、科技进步与经济社会发展》等。不仅哲学界，而且科技界、文艺界、经济学界、社会学界等领域的学者，都在这份杂志上发表了大量有影响的文章。这也反映出《哲学研究》另一种办刊的理念：倡导跨学科交流，倡导自然科学与社会科学、哲学与其他社会科学、哲学内部各分支学科之间的联盟。

刘奔老师不仅倡导，而且自己也热烈而冷静地研究重大现实问题，写下了许多论文和评论性文章，其显著特色在于，总是将重大现实问题转化为理论研究、哲学思考的课题，进而作出充分说理的、有针对性的、透彻的回答。其中有两个关键环节或难点：一是转化，即把重大现实问题用理论研究、哲学思考特有的方式表达出来，学理化地呈现出来，显然，这不是单纯照镜子似地将现实问题简单加以复制就能完成的；二是深入思考，不隔靴搔痒，不流于表面，不人云亦云，但也不标新立异、赶时髦，"为赋新词强说愁"，为求新奇而胡言乱语。读他的文章，一方面是扑面而来的现实感，不枯燥晦涩；另一方面又会为其中鞭辟入里、透彻深刻的理论概括和分析所折服，不空洞浮夸。他为纪念毛泽东同志诞辰100周年而撰写的《解放思想就是实事求是》一文主张，不应将解放思想、实事求是分割开来，更不应将二者对立起来，所谓坚持实事求是就会成为思想解放障碍的观点，是对解放思想的极大误解。他引用邓小平同志的话"解放思想，就是使思想和实际相符合，使主观和客观相符合，就是实事求是"①，强调解放思想的根本在于端正思想路线，坚持实事求是必须注重规律性的探索，贯彻正确的思想路线必须坚持真理观和价值观的统一，在这一过程中，要警惕某些陈旧的观念以"思想解放"的名义冒充新观念来迷惑人心。他的《关于道德建设的若干问题》等文章，尖锐地批评了20世纪80~90

---

① 《邓小平文选》第2卷，人民出版社，1994，第346页。

年代思想舆论界颇为盛行的"改革代价必然论",认为把经济社会发展与道德进步、道德建设之间复杂的辩证关系看作简单的因果关系,既是对唯物史观的简单化曲解,也不利于我国改革开放的深入发展。他的《传统与现实生活》《把历史的内容还给历史》《文化的"源"与"流"》等文章,对文化研究包括传统文化研究中存在的用观念的历史叙述代替现实的历史叙述、用概念观念史或文献史来取代活的文化发展史的观念论文化史观,提出了严肃批评,强调文化发展的深刻源泉是充满矛盾的社会生活实践,传统是文化发展的"流"而不是"源";所谓传统,是文化发展中体现连续性、累积性、继承性的东西,是构成每一代人由以出发的前提的东西,实质上就是历史与现实之间的一种联系。

这些写于 20 世纪 80~90 年代的作品,不可避免地有着特定历史条件下的印记甚或局限,而它们的作者也从来没有将之看作高不可及的范本。但是,只要不带任何偏见,今天读来,我们仍然能强烈地感受到作者在对重大现实问题的研究中充盈着的深沉理论思考的独特魅力,这些论著并不因某些现实问题已经解决或消失或已显得不那么重要而失却其在今天的思想穿透力。这是刘奔作为一个马克思主义哲学家在我国当代哲学发展史上的突出贡献。

刘奔老师具有独特的人格魅力,正直、清新、朴实、高洁而又谦逊。他挚爱哲学特别是马克思主义哲学,将之作为自己的生命存在方式,如飞蛾扑火般地献身于斯,坚决鄙弃那种将哲学、马克思主义哲学当作升官发财的工具、装饰门面的彩旗的功利化做法。他挚爱我们的党、国家和人民,对人民大众怀有一颗炽热的赤子之心,始终秉持为人民做学问的理念。他淡泊名利,一生清苦,"不以物喜,不以己悲",具有中国优秀知识分子的大情怀。他为人正直诚恳,襟怀坦荡,既坚持原则又不盛气凌人。他钟爱自己所从事的哲学研究和编辑事业，钟爱他念兹在兹的《哲学研究》编辑部，甘于"为他人作嫁衣"。他曾说过，"哲学研究编辑部是我一生最好的学校和老师"。他对学术刊物编辑有特别的感悟并努力实践之：当一个合格的学术刊物的编辑，首先要能够独立地从事学术研究，不断提高学术水平；其次，要能够撰写学术评论。就前一个方面来说，要能够胜任学术刊物的编辑，必须有相当的学术训练和专业素养，努力成为学问家，但又不能陶醉于自身的研究兴趣而限制了学术视野和影响编辑工作。这样做的好处是兴趣广泛、视野开阔，弊端是很难有时间和精力专注于写出大部头的专著，很难成为特定意义上的专家。就后一个方面来说，《哲学研究》有个传统，特别重视评论。我们的老所长、老主编陈筠泉老师多次强调，评论是刊物的灵魂，就像社论是报纸的灵魂一样。《哲学研究》编辑部培养编辑人才，特别强调写评论的能力。刘奔老师在《哲学研究》编辑部工作的几十年间，在陈筠泉、曹景元老师的指导下，凭借其超乎寻常的勤奋、扎实深厚的理论素养以及特有的悟性，迅速成为写评论的能手大家。另一位写评论的大家曹景元老师曾不无惊叹地称赞他是"写作机器"。他为《哲学研究》撰写了大量评论，除了部分收入《刘奔文集》外，还有数量更为可观的编者按、述评等。这些评论都是编辑部交付的任务，都未署个人的名字，但又确实在哲学界产生了很大的影响，在我国当代哲学发展史和学术期刊史上留下了不可磨灭的印记。在长期的编辑实践中，他既尊重名家，更重视发现培养年轻作者，与他们交知心朋友。为使稿件修改得更加完善，达到发表水平，他经常给作者写信或上手修改，毫无保留地将自己的研究心得和盘托出供作者参考，并未有什么"知识产权"的考量，真正达到了诲人不倦、无私奉献的境界。现今活跃在我国哲学界的中生代著名学者（包括部分老学者），大都得到过他的指点和举荐。

在刘奔身上，集中体现了马克思主义哲学家和编辑家的高度统一，这是特别值得我们学习和敬仰的地方。

就我个人的学术成长而言，我曾有幸在《哲学研究》编辑部工作了十年，得到他的悉心指教和培养。那时我的每一篇习作，从会议综述、编者按、评论员文章、编辑部文章，到学术论文，都经过他指点、修改，有的还被他改得"体无完肤"。这里，我想特别说明一下我们两人合作的论文《实践·历史必然性·价值》的形成和发表情况。1993年9月2~4日，中日"唯物史观和价值观的统一"学术讨论会在中国社会科学院哲学研究所举行，中日双方各有7名代表提交了会议论文，刘奔老师提交的论文题目是《历史必然性和价值》，我提交的论文题目是《实践的辩证本质与价值的属人性质》。会后，这些论文陆续在《哲学研究》上发表。因为刘奔老师和我在哲学价值论上有着相同或相近的看法，他亲自动手将他的论文和我的论文合成一篇即《实践·历史必然性·价值》，准备在《哲学研究》发表。文章合成后，他征求我的意见，我对文章的观点完全赞成，但有两点坚决不同意。其一，他将我列为第一作者，排在他的名字前面。且不说刘奔老师当时已是名满学界的专家，而我还是名不见经传的青年学子，仅就文章本身而言，其中大部分观点是他的，我只贡献了很小的一部分内容，本着实事求是的原则，我的名字也不能列于他前面。其二，文章的第三部分是刘奔老师根据我提交的论文改写的。其中提到，当时哲学界比较流行的一种观点，是把哲学的价值概念视为类似于或相当于经济学上的"使用价值"，过于强调哲学的价值概念与经济学的"价值"范畴的区别，而看不到二者之间的联系。他在这一段话后特意加了一个括号，注明：本文作者之一刘奔也曾持有这种主张。对此，我也认为，他大可不必这样苛责自己。我找到他，表明我的态度，他表示理解但并不接受我的意见，相持不下，他动用了作为常务副主编的"特权"，文章就按后来大家看到的样子发表了。①这件事一方面表现出刘奔老师提携后学的高尚品格，另一方面也反映出他勇于自我批评的磊落境界。回顾这些年来自己所走过的路，我必须承认，如果说我在学术思想和文字上还有点滴进步，那是与刘奔老师的指导培养密不可分的，他的学识、学风、文风和人格给予我的影响是非常深刻的，也是我终生难忘的。

鲁迅先生曾经这样谈到他心目中的藤野先生："在我所认为我师的之中，他是最使我感激，给我鼓励的一个。""他的对于我的热心的希望，不倦的教诲，小而言之，是为中国……大而言之，是为学术……他的性格，在我的眼里和心里是伟大的，虽然他的姓名并不为许多人所知道。"②于我而言，刘奔老师就是这样一位可亲可敬的良师益友。

时间在飞逝，时代在前进。我常常想，假如刘奔老师还活着，他会怎样？他会更深切地寄希望于马克思主义哲学的发展并为之不知疲倦地思考、著述和编辑；他会更深切地寄希望于中国特色社会主义现代化的早日实现并为之不知疲倦地奋斗和奉献；他会更深切地寄希望于哲学能够在新时代发挥其应有的作用，在这一方面，我斗胆揣测，他对目前哲学界的现状应该是不那么满意的；他还会更深切地寄希望于年轻一代哲学工作者并为他们脱颖而出而不知疲倦地摇旗呐喊。对我个人来说，作为他曾经的学生和同事，自感他会更加不满意，无论是我的学术研究，还是学术编辑工作。正因如此，唯有永不懈怠，不断探索，以告慰他的英灵，不负他的期望。

（原载《中国社会科学报》2021 年 6 月 24 日）

① 载《哲学研究》1993 年第 11 期。
② 鲁迅:《朝花夕拾》，四川人民出版社，2017，第 65~66 页。

思 想 的 散 叶

小注:

此文系 2021 年 6 月 23 日在"面向时代的哲学:问题意识与思想创新——纪念刘奔先生诞辰 79 周年理论研讨会"上的主旨发言。

让思想绽放出美丽的花朵

在全体与会专家学者的共同努力下，由中国社会科学院主办的首届"学术中国"国际高峰论坛，圆满完成各项议程，取得了丰硕成果，即将落下帷幕。我谨代表论坛承办单位——中国社会科学杂志社，对各位专家学者的辛勤劳动，表示诚挚敬意和衷心感谢！

本届论坛的举办，有一个特殊的时代背景，这就是中国共产党成立 100 周年。百年来，中国人民在中国共产党领导下，创造了举世瞩目的实践奇迹。但理论学术上的奇迹还有待于我们去创造。自然，理论学术奇迹的创造非一日之功，而举办"学术中国"国际高峰论坛，是朝向这一目标的积极努力。

两天来，百余位中外著名学者聚焦"中国式现代化新道路"这一主题，从马克思主义理论、哲学、文学、历史学、经济学、社会学、法学、政治学、公共管理学、新闻传播学、国际关系学等多学科、多维度、多层次进行了深入研讨和对话。从刚才 5 个平行分论坛代表介绍的情况看，大家既交流了思想，又探讨了学术；既辨析了问题，又碰撞了智慧火花。通过本次论坛，我们再次领略了交流、对话、互鉴的无尽魅力。

这是一次思想的盛会。与会专家围绕论坛的主题，发表了许多原创性的思想、理论和观点，令人大开眼界，这是首届"学术中国"国际高峰论坛的最大亮点，大大增强了我们将论坛持续办好的信心和底气。思想是人类智慧的花朵，是文明的活的灵魂，是社会前行的灯塔。新时代，是一个需要思想也必定产生思想的时代，是一个需要理论也必定产生理论的时代。面对世界百年未有之大变局和中华民族伟大复兴进入不可逆转的历史进程，我们比以往任何时候都更加需要原创性的思想、理论，更加需要思想的迸发、理论的创新，而思想理论的发展，离不开沟通、交流、碰撞。西方一位哲人说过，两种物品相交换，仍然是两种物品，而两种思想相交换，则可以产生第三种思想。这是思想的伟大，更是思想交流的伟大。世界是丰富多彩的，人们对世界的认识不是单一的、刻板的。人类思想史反复启发我们，所谓终极真理是不存在的。一切追求真理的人们，都必然要重视沟通交流，通过沟通交流，取他人之长、补己之短，消除谬误，逐步接近或达到真理。真理从来不惧怕辩论，总是愈辩愈明。

"学术中国"国际高峰论坛，旨在搭建各国思想家沟通交流的平台，从而为思想理论的传播和发展增添助力。

这是一次学术的对话。百余位中外不同学科领域的著名学者，围绕共同的话题，展开跨学科的深度学术对话，这是本届论坛的显著特色，既彰显了学术的尊严，又彰显了对话的价值。思想不等于独白，学术不等于自嗨！俄罗斯思想家巴赫金说过："思想，是在两个或几个意识相遇的对话点上演出的生动的事件。""思想，就其本质来说是对话性的。"巴赫金的这一论断，道出了对话与思想的内在关联，道出了对话对于思想发展、学术进步的意义。如所周知，中国的佛学，最初是从印度传入的，但来到中国后，通过与儒家、道家等思想流派的对话交流，生根开花，其发展则已经呈现出有别于印度佛学的另一种风姿。当今世界，各国之间、各国思想家之间的联系愈益紧密。对于世

让思想绽放出美丽的花朵

界的和平与发展，大家有着共同的向往，也面临着共同的问题。解决这些共同问题，既需要各国政府和人民的合作，也需要各国思想家、学者的合作，而对话，则是合作的前提。对话，可以帮助人们消除误解，增进了解，共同发展。尊重对话、善于对话，不仅是一个民族精神上成熟的重要标志，也是学术繁荣发展的重要途径。

"学术中国"国际高峰论坛，旨在为中国学者与世界各国学者开展富有成果的学术对话搭建平台，从而促进世界范围的百家争鸣。

这是一次文明的互鉴。本次论坛，由于新冠肺炎疫情的影响，中国以外的学者基本上采取了线上的方式参与。来自不同国度、不同文明背景的学者，围绕共同的话题，以线上线下的方式研讨交流，这何尝不是不同文明的互学互鉴之旅呢？其意义显然已经超出了论坛本身。我们不认为，文明的冲突，是文明的常态乃至规律性存在。纵观人类文明史，文明的对话、互鉴、融合，反而是更加普遍、更带有规律性和引领性特征的文明发展样式，只不过文明的对话、互鉴、融合往往与社会的承平治世相生相随，相互影响，"润物细无声"，不像文明的冲突那般激烈、震撼而引人注目罢了。冲突催生事件、苦难和死亡，对话、互鉴、融合则催生新的文明以及文明在更大范围、更深层次的发展。历史上，人类曾经遭受过太多的劫难，而缺乏必要的交流与对话，乃至积怨日久，冲突频发，是造成这些劫难的一个重要原因。今天，有理性、有格局、有作为的思想家，所面临的历史责任，是深化对不同文明之间对话、互鉴、融合的理论研究和学理思考，创建诸如"文明对话论""文明互鉴论""文明融合论"。

"学术中国"国际高峰论坛，旨在为中华文明与世界各国文明的互学互鉴搭建平台，从而为中华文明的复兴和世界文明的发展尽绵薄之力。

思 想 的 散 叶

作为论坛的具体组织者，中国社会科学杂志社，有一个额外的收获：所有与会专家的发言，将分别在我们的刊物、报纸和网站上公开发表。我们真诚感谢专家们的信任和支持！论坛的谢幕，不是思想之旅、学术之旅、文明之旅的结束，而是新的起点和延续。

当然，由于首次举办，在论坛的组织和会务服务方面，肯定有不周之处，敬请大家多提宝贵意见，以便于今后再办时予以改进。

我们相处的时间虽然短暂，但由于对理论学术的挚爱，使得我们心灵的空间距离大大缩短了。"学术中国"国际高峰论坛又叫"百人论坛"，每年邀请哲学社会科学各学科领域的中外顶尖学者和著名专家共100位，围绕一个主题，持续举办。参加本届论坛的专家普遍对论坛给予高度评价，纷纷表示能够被邀请与会代表着一种荣誉，强烈要求论坛长期办下去，办出更高水平和持久影响力，这对我们是莫大的鼓励和鞭策。关于明年论坛的主题，从现在起向学术界同仁征集，欢迎大家贡献智慧。我们真诚期望，海内外学术界专家学者关心帮助并踊跃参与，让我们携手努力，将它打造成世界上有重要影响力的学术论坛品牌。

（原载《中国社会科学报》2021 年 10 月 18 日）

小注：

此文系 2021 年 10 月 15 日在首届"学术中国"国际高峰论坛闭幕式上的致辞。

百年大党的豪迈宣言

党的十九届六中全会通过的《中共中央关于党的百年奋斗重大成就和历史经验的决议》（以下简称《决议》）全景式勾勒了党的百年奋斗重大成就，系统总结了党的十八大以来党和国家事业取得的历史性成就、发生的历史性变革，重点总结了新时代以来党的原创性思想、变革性实践、突破性进展、标志性成果，深刻阐明了百年来党对中国人民、对中华民族、对马克思主义、对人类进步事业、对马克思主义政党建设所做的历史性贡献，科学概括了党百年奋斗积累的历史经验，战略擘画了新时代新征程党的奋斗纲领。

《决议》是马克思主义的纲领性文献，是新时代中国共产党人牢记初心使命、坚持和发展中国特色社会主义的政治宣言，是以史为鉴、开创未来，实现中华民族伟大复兴的行动指南。

第一，《决议》彰显了中国共产党高度的历史自信。

《决议》强调，党和人民百年奋斗，书写了中华民族几千年历史上最恢宏的史诗。党向人民、向历史交出了一份优异的百年成绩单，每一位共产党员都有足够的理由感到自豪。

一百年来，党领导人民浴血奋战、百折不挠，创造了新民主主义的伟大成就；自力更生、发愤图强，创造了社会主义革命和建设的伟大成就；解放思想、锐意进取，创造了改革开放和社会主义现代化建设的伟大成就；自信自强、守正创新，创造了新时代中国特色社会主义的伟大成就。中华民族彻底终结了任人宰割、饱受欺凌、积贫积弱的历史，迎来了从站起来、富起来到强起来的伟大飞跃。

一百年前，中国共产党诞生之时，只不过是有 50 多名党员的秘密组织。翻检当时的报章，关于党的报道少之又少，即使是少量的报道，也大都语焉不详或歪曲不实。党的主要创始人之一李大钊被奉系军阀张作霖残酷绞杀，另一位主要创始人陈独秀后来还犯了右倾机会主义错误。党的一大代表中，有的成为中国共产党和中国人民的伟大领袖（毛泽东），有的英勇牺牲（如邓恩铭），有的脱党（如李汉俊），有的投敌叛变革命（如张国焘），还有的当了汉奸（如周佛海）。那时，有多少人会预料到党一百年后会取得如此伟大的成就，成为世界上第一大执政党，成为拥有 9500 多万名党员、领导 14 亿多人民的世界最大政党，成为战胜无数艰难困苦、创造一个又一个人间奇迹、毫无暮气而是充盈着生机活力的最大政治领导力量呢?!

高度的历史自信，是一个政党、国家、民族兴旺发达的不竭动力，是一个政党、国家、民族永葆志气、骨气、底气的深厚底蕴。

第二，《决议》彰显了党对中国人民、对中华民族的使命担当和炽热情怀。

《决议》指出，党的百年奋斗从根本上改变了中国人民的前途命运，开辟了实现中华民族伟大复兴的正确道路。

人们时常谈论中国历史上的"贞观之治""康乾盛世"等等。但是，中国历史上的所谓"盛世"，并不属于普通百姓，广大劳动人民受剥削、受奴役、受压迫的局面在那些盛世并未改变，人民并未成为国家的主人，并未成为自己命运的主人。

中国共产党的诞生，之所以是中国历史上开天辟地的大事变，从根本上说，就是因为党是真正以为中国人民谋幸福、为中华民族谋复兴为初心使命的。1840年鸦片战争以后，为救亡图存，"中国人向西方学得很不少，但是行不通，理想总是不能实现"。各种救国主张、方案、主义、派别如走马灯似的在中国大地上登台、实验，诸如君主立宪派、资产阶级共和派、无政府主义、"科学救国"、"实业救国"、"教育救国"等等，不一而足。但"多次奋斗，包括辛亥革命那样全国规模的运动，都失败了。国家的情况一天一天坏，环境迫使人们活不下去。怀疑产生了，增长了，发展了"。①只是有了马克思主义武装起来的中国共产党的领导，中国人民的精神才由被动变为主动，中华民族伟大复兴，不再停留于一种口号，而是变成实实在在的全体人民共同奋斗的实践，并进入了不可逆转的历史进程。

第三，《决议》彰显了党在政治上、理论上的高度成熟。

《决议》的最大特色和亮点在于总结概括了新时代以来党的原创性思想、变革性实践、突破性进展、标志性成果。《决议》强调，党确立习近平同志党中央的核心、全党的核心地位，确立习近平新时代中国特色社会主义思想的指导地位，反映了全党全军全国各族人民共同心愿，对新时代党和国家事业发展，对推进中华民族伟大复兴历史进程具有决定性意义。

"两个确立"是《决议》的郑重宣示，是六中全会取得的最大政治成果。能否形成一个坚强的领导核心，形成一个科学有力的理论体系，是马克思主义政党在政治上、理论上成熟与否的根本标志。

从国际共产主义运动的历史经验教训来看，恩格斯1872年1月在致卡洛·特尔察吉的书信中，深刻总结了巴黎公社失败的教训，指出：

---

① 《毛泽东选集》第4卷，人民出版社，1991，第1470页。

"巴黎公社遭到灭亡，就是由于缺乏集中和权威。……如果有人对我说，权威和集中是两种在任何情况下都应当加以诅咒的东西，那么我就认为，说这种话的人，要么不知道什么叫革命，要么只不过是口头革命派。"①同年1月在致泰·库诺的书信中，恩格斯还尖锐地批判了俄国无政府主义和民粹主义创始人巴枯宁的错误观点及其对第一国际的消极影响。在巴枯宁看来，未来的理想社会中，首先是不存在任何权威，因为权威＝国家＝绝对的祸害，每一个人、每一个乡镇都是自治的。第一国际也应当照这个样子来建立，每一个支部都是自治的，每一个支部中的每一个人也是自治的。恩格斯深刻地指出："没有一个作出最后决定的意志，没有统一的领导，人们究竟怎样经营工厂，管理铁路，驾驶轮船"，"一个哪怕只由两个人组成的社会，如果每个人都不放弃一些自治权，又怎么可能存在"。②

从我们党新时代伟大斗争的实践经验来看，伟大时代必然需要并产生属于这个时代的领袖。我们这样一个有着14亿多人口的大国，必须有一个众望所归的领袖；我们这样一个有着9500万名党员的大党，必须有一个坚强有力的核心；我们这样一支党绝对领导下的人民军队，必须有一个雄韬伟略的统帅。习近平总书记就是伟大时代形成的领袖、核心、统帅。

党的十八大以来，习近平总书记应时代之变迁、领时代之先声、立时代之潮头，领航掌舵、战略擘画、系统攻坚，带领全党以自我革命推进社会革命，开创了中国特色社会主义新时代，推动党和国家事业取得历史性成就、发生历史性变革，展现出马克思主义政治家、思想家、战略家巨大的政治勇气和理论勇气、坚定的意志品质、深沉的

---

① 《马克思恩格斯文集》第10卷，人民出版社，2009，第375~376页。
② 《马克思恩格斯文集》第10卷，人民出版社，2009，第378页。

历史忧患、强烈的责任担当，赢得了全党全军全国各族人民的衷心拥护，赢得了国际社会的高度赞誉。

习近平总书记成为世界级的大党大国领袖，这是中国共产党的荣光，是中国人民的荣光，是中华民族的荣光。

《决议》强调，习近平同志对关系新时代党和国家事业发展的一系列重大理论和实践问题进行了深邃思考和科学判断，就新时代坚持和发展什么样的中国特色社会主义、怎样坚持和发展中国特色社会主义，建设什么样的社会主义现代化强国、怎样建设社会主义现代化强国，建设什么样的长期执政的马克思主义政党、怎样建设长期执政的马克思主义政党等重大时代课题，提出一系列原创性的治国理政新理念新思想新战略，是习近平新时代中国特色社会主义思想的主要创立者。《决议》中的"十个明确"，是对十九大报告"八个明确"的丰富和发展，是这一重要思想的最新概括和体系化集成。习近平新时代中国特色社会主义思想是当代中国马克思主义、21世纪马克思主义，是中华文化和中国精神的时代精华，实现了马克思主义中国化新的飞跃。

国际上有一种看法，一种新版的马克思主义理论正在颠覆西方的传统理论。《决议》向世界展示了新版马克思主义的最新样貌和权威阐发。

第四，《决议》彰显了马克思主义中国化的真理伟力。

马克思主义诞生170多年来，以其无与伦比的真理力量，深刻地改变了人类历史。而能否实现马克思主义基本原理同各国具体实际相结合、优秀传统文化相结合以及怎样实现这种结合，始终是摆在各国尤其是中国共产党人和马克思主义者面前的最大课题。而为了正确地、创造性地实现这种结合，就不能不在指导实践发展的同时，推动马克思主义在理论上的创新和发展。

思 想 的 散 叶

习近平总书记指出，马克思主义深刻地改变了中国，中国也极大地丰富了马克思主义。百年来，中国共产党人一以贯之、创造性地推进马克思主义中国化时代化，创立了毛泽东思想，实现了马克思主义中国化的第一次历史性飞跃；创立了邓小平理论，形成了"三个代表"重要思想，形成了科学发展观，形成中国特色社会主义理论体系，实现了马克思主义中国化新的飞跃；创立了习近平新时代中国特色社会主义思想，实现了马克思主义中国化新的飞跃。党的百年奋斗，以对马克思主义创造性的坚持和发展，深刻表明，中国共产党人无愧为马克思恩格斯列宁的伟大学生，无愧为马克思主义的忠实实践者、坚定捍卫者和杰出发展者。

多年来，存在一个对马克思主义的理解问题。按照这种理解，马克思主义是放之四海而皆准、可以到处套用的普遍真理、万能公式，各国共产党人和马克思主义者只需运用它即可。事实证明，这种理解既不符合马克思主义的本质精神，也不符合马克思主义 170 多年的发展历史，更不符合中国共产党的百年奋斗历史。19 世纪 70 年代末，法国一些号称"马克思主义者"的人，把马克思主义当作可以到处套用的万能公式，当作不研究历史更不研究现实问题的借口，马克思对此尖锐而讽刺地指出："我只知道我自己不是马克思主义者"，"我播下的是龙种，而收获的却是跳蚤。"① 马克思主义是科学真理，而不是宗教教义；是实践的科学，而不是"书斋"里的经院哲学；是不断发展的开放的活的理论，而不是封闭的僵死的教条；是行动的指南和研究的方法，而不是到处可以套用的万能公式。

马克思主义 170 多年的发展历史深刻表明，马克思主义当然有其

---

① 《马克思恩格斯文集》第 10 卷，人民出版社，2009，第 590 页。

普遍的世界性意义，但这种普遍性和世界意义恰恰是通过与各国具体实际的结合，即通过特殊性和具体的活生生的实践过程来实现的。马克思主义在世界范围内的巨大影响力和引领力，对马克思主义的坚持和发展，恰恰是通过各国共产党人和马克思主义者从理论到实践进行极为艰巨、极具挑战性的努力和创造来实现的。

中国共产党百年来的历史深刻表明，马克思主义必须随着实践发展而发展，必须中国化才能落地生根，本土化才能深入人心，必须坚持解放思想、实事求是、与时俱进、求真务实，坚持把马克思主义基本原理同中国具体实际相结合、同中华优秀传统文化相结合，不断推进马克思主义中国化时代化。而"两个结合"的过程，既是实践的探索和创造，也是理论的探索和创造，换言之，实现"两个结合"，就必然地要在许多重要的理论层面包括基本原理方面推动马克思主义的创新和发展，这也是马克思主义永葆生机与活力的奥秘所在，是马克思主义在 21 世纪继续展现强大生命力的奥秘所在，是马克思主义中国化时代化不断取得成功的奥秘所在。

第五，《决议》彰显了新时代中国共产党人的豪迈气象。

党百年来的伟大创造，对世界社会主义的发展具有重大意义，使世界范围内社会主义和资本主义两种意识形态、两种社会制度的历史演进及其较量自苏东剧变后发生了有利于社会主义的重大转变，这是世界百年未有之大变局"东升西降"的重要标志。人们不会忘记，当年苏联解体、苏共垮台，其中一个重要教训是，否定苏共的历史、否定党的领袖、否定党的理论成为一种时髦的潮流，消解掉了苏联党和国家的"魂"。人们也不会忘记，伴随着苏东剧变，国际上反马克思主义、反社会主义的论调甚嚣尘上，诸如社会主义"大失败论""崩溃论""历史终结论"等，不一而足。然而，在世界范围的惊涛骇浪中，中国共产党挺住了，社会主义中国站住了！社会主义不仅没有被送进历史的博物馆，而且益发生机勃勃起来，巍然屹立在世界的东方！这是具有深远世界意义的重大事变。

党百年来的伟大创造，对人类进步事业具有重大意义。党领导人民成功走出中国式现代化道路，创造了人类文明新形态，拓展了发展中国家走向现代化的途径。中国式现代化道路，打破了在现代化理论和实践上"西方中心主义"模式一统天下的神话，打破了西方现代化模式和资本主义文明充斥着的"资本"逻辑、"两极分化"逻辑、"物质主义"逻辑和"弱肉强食"的丛林法则，展现出反映人类历史发展趋势和代表人类文明光明前景的"人民"逻辑、"共同富裕"逻辑、"人的全面而自由的发展"逻辑和各国人民一律平等共同进步的正义法则。中国式现代化道路的成功开辟，中国共产党领导人民创造的人类文明新形态，向世界人民传递了这样的信念：这个世界不再是也不应该是弱肉强食、丛林法则横行的不公平不正义的世界。这是中国共产党、中国人民、中华民族对人类文明进步的重大贡献。

党百年来的伟大创造，对马克思主义政党建设具有重大意义。世界上有比我们党成立时间早的，也有曾经比我们党有世界影响力的，但像我们党这样历久弥坚而不断强大、风华正茂的百年大党是前所未有的。《决议》总结的党百年奋斗的十条历史经验，揭示了党和人民事业不断成功的根本保证，揭示了党始终立于不败之地的力量源泉，揭示了党始终掌握历史主动的根本原因，揭示了党永葆先进性和纯洁性、始终走在时代前列的根本途径，是中国共产党过去为什么能够成功、未来怎样才能继续成功的"密码"。

（原载《中国社会科学报》2021 年 12 月 9 日）

发展无愧于新时代的中国理论

中国特色社会主义新时代深入发展，中华民族伟大复兴进入不可逆转的历史进程。伴随着中国人民从站起来、富起来到强起来的坚实脚步，中国理论、中国学术、中国特色哲学社会科学是否也实现了从站起来、富起来（繁荣）到强起来的历史性飞跃？换言之，中国理论、中国学术、中国特色哲学社会科学在民族复兴进程中，理应而事实上承担何种角色、发挥何种作用、作出何种贡献？

毋庸讳言，对于这一时代之问、实践之问、人民之问，理论学术界恐怕不那么自信。而学术自信的不坚挺、不丰厚、不扎实，从根本上说，又源于对无比丰富、鲜活、具体而深刻的当代中国实践的隔膜或研究解读的不深入、不系统、不扎实。一个不争的令人尴尬的事实是，中国人民的社会变革实践已大大地向前发展，进入一个创造历史的新时代，而中国理论学术的实际状况和水平与新时代发展、中国实践相比，还很不适应、很不匹配。这在很大程度上既制约了中国理论学术、中国特色哲学社会科学对实践的引领力，也制约了中国理论学术、中国特色哲学社会科学的国际影响力。

"全部社会生活在本质上是**实践的**。凡是把理论引向神秘主义的神秘东西，都能在人的实践中以及对这种实践的理解中得到合理的解决。"① 马克思的这一著名论断，为我们观察中国理论学术的发展状况，提供了重要的方法论原则。

流行多年的一种看法，认为学术就要远离现实生活，离现实愈远，学术价值愈高，"为学术而学术"才是学术的正道、学者的本分，正所谓"思想淡出，学术繁荣"。问题在于，无思想的学术何谓？无理论的学术有何意义？学术繁荣、学术进步的源泉和评判标准是什么？从根本上说，衡量哲学社会科学研究的学术价值和水平，在于研究成果对于哲学社会科学自身的发展、繁荣和进步所具有的意义，而哲学社会科学进步与否、学术繁荣与否，则以是否满足以及在多大程度上满足不断发展的社会实践的需要为标准，并最终要由实践来检验其正确与否、价值大小。因此，哲学社会科学研究成果的学术价值和实践意义应该是内在统一的。此外，还要看其是否具有启迪人心、激动人心、征服人心、塑造人心的力量，这种力量来源于思想的原创性和深刻性、逻辑的贯通性和自洽性，来源于对实践之间的解剖力、把握力和解决力，对时代变革、文明进步和学术发展的引领力和塑造力。理论只有彻底，才能说服人；所谓彻底，就是抓住事物的根本，直抵实践的深处。那种远离社会实践、对实践缺乏深刻理解和把握的所谓"学术研究"，既不可能提出这样的任务，更不可能完成这样的任务，即便再热闹，喧嚣无比，不过是"茶杯里的繁华""茶杯里的风暴"，终究是小格局、小情调、小圈子里的狂欢，于实践、时代、人民无所助益。

应该看到，假"学术研究""学术价值""学术深刻"之名，某种观念论的研究范式在我国理论学术界仍颇为盛行：从文献到文献，从思想到思想，从概念到概念，"从观念中来到观念中去"，用理论论证

---

① 《马克思恩格斯文集》第 1 卷，人民出版社，2009，第 501 页。

检验理论，用观念的历史叙述代替现实的历史叙述；尽管身处中国实践的大背景并心安理得地享受中国人民实践创造的物质成果，却不是从活生生的中国实践出发来说明观念的东西，而是用某种既成的、超历史的甚至神化的观念来解释、评判当下的中国实践；一旦某种理论观念与中国实践不相符合，不是反思理论观念本身，而是指责中国实践"错了"，用概念、观念的花哨、玄虚来掩饰思想的苍白。此种研究范式的流行，是造成目前我国理论学术窘况的重要原因。如所周知，"实践是检验真理的唯一标准"大讨论，推动了全国范围的思想解放，拉开了改革开放的思想序幕。40多年后的今天，我国理论界是否仍然能够从中得到极其重要的思想启迪呢？

思想不等于独白，学术不等于自嗨。学术疏离时代，时代必然疏离学术；学术冷漠人民，人民必然冷漠学术；理论脱离实践，实践必然抛弃理论。新时代比以往任何时候都更加需要立足中国实践的中国理论、中国学术的大繁荣、大发展。

习近平同志指出："当代中国的伟大社会变革，不是简单延续我国历史文化的母版，不是简单套用马克思主义经典作家设想的模板，不是其他国家社会主义实践的再版，也不是国外现代化发展的翻版，不可能找到现成的教科书。我国哲学社会科学应该以我们正在做的事情为中心，从我国改革发展的实践中挖掘新材料、发现新问题、提出新观点、构建新理论"，"这是构建中国特色哲学社会科学的着力点、着重点。一切刻舟求剑、照猫画虎、生搬硬套、依样画葫芦的做法都是无济于事的"。[①]

中国实践是极其独特的，对于构建中国特色哲学社会科学、繁荣

---

① 习近平：《在哲学社会科学工作座谈会上的讲话》（2016年5月17日），《人民日报》2016年5月19日，第2版。

中国学术、发展中国理论具有本源性的意义。譬如，中国式现代化，就走着一条与西方现代化迥异、马克思主义经典作家未曾设想、其他社会主义国家未曾实践、中国历史上也未曾尝试的道路，是史无前例的。对此，从理论学术上如何概括、提炼和表达？已有学者指出："中国式现代化之所以需要自身的理论构建，是因为迄今为止各种关于现代化的理论，都很难准确概括、理解和解释中国式现代化的实际过程。我们需要一种超越西方现代化理论的视野，基于中国式现代化的发展经验，构建中国式现代化的话语体系、理论框架和解释逻辑。"[①]

"西方中心主义"的现代化理论体系之所以必须被超越，与所谓"民族主义情绪"无关，从根本上说，缘于中国式现代化道路本身并不是按照西方现代化理论体系所规定的路径走出来的。尽管费正清的"冲击—反应"说以及所谓"依附"理论、"晚外发"理论等都曾风靡一时，但面对中国式现代化道路的独特实践和独特经验，这些理论观点的解释却是牵强附会甚至南辕北辙的，硬要用它们来"强制阐释"，则不可避免地陷入"削足适履""杀头便冠"的荒谬境地，更遑论用以指导中国式现代化道路的具体实践了。

中国式现代化道路是否可以归结为西方国家（已经实现现代化的国家）的外部冲击和影响呢？1840年鸦片战争以后，中国逐步成为半殖民地半封建社会，为救亡图存，众多仁人志士向西方学习，提出过各种主张、方案，但都行不通，都归于失败。在历史向世界历史的深刻转变中，中国确实是被西方列强打开了国门，屈辱地被裹挟进了世界历史。但是，被动卷入是否能够真正走出一条现代化道路呢？不能！现代化往往意味着一个国家的工业化。从洋务运动开始，直到20世纪

---

① 李培林:《中国式现代化和新发展社会学》,《中国社会科学》2021年第12期。

初期，不断有人尝试"师夷长技以制夷""工业救国""实业救国"，但都没有成功。毛泽东指出："没有独立、自由、民主和统一，不可能建设真正大规模的工业。""一个不是贫弱的而是富强的中国，是和一个不是殖民地半殖民地的而是独立的，不是半封建的而是自由的、民主的，不是分裂的而是统一的中国，相联结的。在一个半殖民地的、半封建的、分裂的中国里，要想发展工业，建设国防，福利人民，求得国家的富强，多少年来多少人做过这种梦，但是一概幻灭了。……这种幼稚的梦的幻灭，正是中国富强的起点。"①

历史不能假设，但历史经验必须得到尊重。总结 1840 年以来中国人民的不屈奋斗史，总结百年来中国共产党领导人民的不懈奋斗史，人们可以得到多方面的启迪。试想，如果没有马克思主义的广泛传播，没有马克思主义武装起来的中国共产党的坚强领导，没有中国人民的伟大觉醒，而是亦步亦趋地跟随着西方世界，纳入西方现代化体系，中国的面貌会怎样？中国人民还能够站起来、富起来进而强起来吗？绝无可能！

1850 年，马克思恩格斯已经预见到美国将发展成为资本主义世界最大的经济强国，并认为欧洲唯有进行社会革命，才能避免成为美国的附庸。马克思主义创始人的这一预见所蕴含的方法论反而在中国大地上得到了科学的验证，中国人民正是在中国共产党领导下，进行了广泛而深刻的社会革命，彻底摆脱了任人宰割、被奴役、被压迫的依附地位，独立自主地开辟了中国式现代化道路，创造了人类文明新形态。曾经流传甚广的所谓"救亡压倒启蒙"说，实质上是一种精英主义和观念论史观。近代以来中国人民求得独立、解放（即所谓"救

---

① 《毛泽东选集》第 3 卷，人民出版社，1991，第 1080 页。

亡")和富强的奋斗历程,本身就是伟大的自我觉醒、思想解放、观念变革(即所谓"启蒙"),是从物质到精神全面由被动变为主动的深刻变革过程。回想一百多年前的中国,从思想理论界到舆论界,中国人民的精神状况是何等悲观、迷惘和"自我矮化",而今天,中国人民的精神已高度自信。

观察、研究、解读中国式现代化,就不能不格外关注小康社会。小康社会,完全是中国式的伟大创造,西方世界根本就不存在,西方也从未产生过小康社会理论,更谈不上"小康社会指标体系",因而,将西方现代化理论根据西方现代化实践概括出的所谓现代化指标体系,简单套用到中国,评价中国的小康社会和现代化发展水平,这本身就是驴唇不对马嘴的荒腔走板。试问,在西方世界,有哪一个国家和执政党,能够动员全社会力量,组织实施如此大规模的精准扶贫、精准脱贫攻坚行动,完成人类有史以来最大规模的减贫目标?有哪一个国家和执政党,能够做到"全面小康路上一个也不能少"?"两不愁三保障"在西方的现代化理论和指标体系中存在吗?

中国式现代化的独特性在于,它是人口规模庞大的现代化,比迄今为止所有实现现代化国家的人口总和还要大;它是社会主义的现代化,而目前已经实现现代化的国家和地区都是资本主义式的;它是以人民为中心的现代化,人民既是现代化实践的主体,又是现代化成果的共享者,它奉守"共同富裕",拒斥"两极分化";它坚持人与自然和谐共生、经济社会发展与人本身发展相统一,而西方现代化走先污染后治理的路数,先制造人与自然的对立冲突再来大谈环境治理,大量制造"片面的""偶然的""物化的""异化的"个人;它走和平发展道路,以平等互利合作共赢为国际关系价值准则,以构建人类命运共同体为目标,而西方现代化则以掠夺他国、零和博弈和强权政治为前提和目标。

中国式现代化道路，打破了在现代化理论和实践上"西方中心主义"模式一统天下的神话，颠覆了西方现代化模式和资本主义文明充斥着的"资本"逻辑、"两极分化"逻辑、"物质主义"逻辑、"异化"逻辑和"弱肉强食"的丛林法则，展现出反映人类历史发展趋势和代表人类文明新价值取向的"人民"逻辑、"共同富裕"逻辑、"人的全面而自由的发展"逻辑和各国人民一律平等共同进步的正义法则。中国式现代化道路的成功开辟，中国共产党领导人民创造的人类文明新形态，向世界人民传递了这样的价值理念：这个世界不再是也不应该是弱肉强食、丛林法则横行的不公平不正义的世界。

中国式现代化的深入推进，不仅将彻底改写现代化的世界版图，而且会从根本上改写现代化的理论谱系，对"西方中心主义"现代化理论、模式、概念、范畴、标准（包括指标体系等），构成颠覆性的挑战和创新。更深远的意义还在于，尽管马克思主义经典作家有过关于现代化的一些阐述，但唯物史观视域内的现代化理论终究尚未获得成熟的系统化的形态。立足中国实践，从历史观的高度，揭示中国式现代化的活泼创造与其对 21 世纪唯物史观的丰富发展这一新时代二重奏的独特意蕴，从思想形态、理论范式、路径选择、指标体系等多维度、多层次、学理化地研究阐发中国式现代化的实践逻辑、理论逻辑和历史逻辑，构建中国式现代化理论体系和知识体系，创造 21 世纪唯物史观的最新形态和"中国版本"，将是我国理论学术界对唯物史观、对人类文明进步的重大贡献。显然，这是靠照搬西方现代化理论、模式、概念、范畴、标准（包括指标体系等）根本不能胜任的。当然，反对照抄照搬绝不意味着拒绝学习借鉴西方文明包括其现代化理论学说的一切有益成果。

思 想 的 散 叶

中国实践是极其深刻的。理论学术要深入研究、解读进而引领如此丰富深刻的社会实践，就要把握好两个关键环节或难点：其一，**提炼**。即将实践问题、现实问题用理论研究、学术思考特有的方式表达出来，学理化地呈现出来，而不是简单照镜子似的移植过来。这里有一个对从实践中调查而来的第一手感性材料把握、甄别、提炼，去粗取精、去伪存真、由表及里的思维加工过程。关键在于提炼出对实践发展有意义或重大意义的真问题，并且不因为思维的加工而忽视或隔断与实践的有机联系，变成纯粹观念的呓语。马克思当年曾专门分析过 18 世纪以来近代哲学家、思想家们对所谓"普遍性"的追求背后所蕴含的时代内容，指出这种"普遍性符合于：（1）与等级相对的阶级；（2）竞争、世界交往等等；（3）统治阶级的人数众多；（4）**共同利益**的幻想，起初这种幻想是真实的；（5）意识形态家的欺骗与分工。"① 其二，**抓住根本**。理论研究必须彻底，抓住事物的根本，深入研究，深入思考，在"人所共知"之处，说出一番不那么"人所共知"但又有说服力的道理来，不隔靴搔痒，不流于表面，不人云亦云，但也不标新立异，"为赋新词强说愁"。

譬如，中国的社会主义市场经济实践，如何予以透彻的系统的学理化阐发？无论是用经典的马克思主义理论、其他国家社会主义实践的已有经验，还是西方的经济学理论，都解释不了。把计划经济等同于社会主义，把市场经济等同于资本主义，是几代马克思主义者的主张，不特如此，西方思想理论界和舆论界，同样不承认社会主义可以搞市场经济，因而长时间里这几乎成为东西方两大阵营根深蒂固的认识。一方面，尽管马克思主义创始人曾经说过，社会主义不是一成不

---

① 《马克思恩格斯文集》第 1 卷，人民出版社，2009，第 552 页。

418

变的，但在马克思主义阵营内部，在社会主义建设中，搞社会主义改革特别是把社会主义与市场经济有机有效地结合起来，在整个人类历史上都是破天荒的第一次。社会主义是否必须和能够实行计划经济？工业化大生产与生产资料的资本主义私人占有之间的矛盾的尖锐化，造成了生产的无政府状态、市场的盲目性、市场失灵等，这些都已有历史的事实。因而，马克思主义创始人提出计划经济作为社会主义特别是共产主义社会的生产组织方式，是十分自然的。但是，这样做的历史条件是：第一，社会主义、共产主义社会必须建立在继承资本主义所创造的高度发达的生产力成果基础之上，同时剔除了资本主义私有制对生产力进一步发展的桎梏和作为异己力量对人民的统治；第二，社会主义建设者具有掌握和充分发挥人们的多方面需求体系和创造力的机制，掌握和组织全社会所有系统（从企业到社区、学校、机关，从城市到乡村，从体力劳动到脑力劳动等各方面）的极其丰富强大的知识和能力，而且保证不犯错误。事实证明，至少在现实的社会主义社会的相当长历史时期内，这是不可能做到的，硬要实行那样的计划经济，只能使社会主义走向僵化、封闭和失败。从这个意义上说，中国走向社会主义市场经济，是对马克思主义理论和实践上一个极其重大的发展和创新。

另一方面，承认市场是资源配置最有效的手段，承认市场经济是迄今为止解放和发展社会生产力最有效的方式，难道就意味着必须像西方国家搞市场经济那样放弃社会主义的基本制度和原则?! 这是另一种形式的教条主义的表现。按照此种教条主义，中国改革开放必须走西方式市场经济发展道路，必须按照西方市场经济的制度和规则办事，也只有那样，才是真正的完全意义上的市场经济。中国 40 多年的改革实践表明，社会主义公有制完全应该而且能够与市场经济有机有效地结合，国有经济在改革中并未缩小而是不断发展壮大，而民营经济作为社会主义市场经济的重要组成部分，也展现出与西方私有经济不同的性质、角色与功能。

中国改革实践的深入发展，社会主义市场经济的深入发展，对西方经济学体系的众多理论、模式，构成了颠覆性的挑战和创新。例如，所谓"小政府、大市场""小政府、大社会"的理论和模式，在中国就根本行不通。又如，所谓"经济人"假设，就不能解释社会主义市场经济条件下中国企业的诸多行为（如广泛参与的生产性扶贫和治理等）。[①] 再如，资本在中国社会主义市场经济中的性质、角色与功能，就与西方社会大不相同：既充分发挥资本在累积、创造社会财富方面的积极作用，又限制资本由于疯狂追逐利润而不择手段的消极作用，反垄断、反无伦、反不正当竞争，防止其"野蛮生长""大而不能倒"，防止资本对公权力的渗透、控制和损害。这就需要从中国实践出发构建新时代的"资本论"。还如，对 21 世纪初期中国经济高速增长之谜，有诸多解读，其中，中国加入 WTO 被不少人解读为中国经济高速增长的主因，这也是国际学术界和舆论界所谓"中国在全球化中占尽便宜"论调的重要依据。然而，它是否经得住推敲？一个不容忽视的事实是，与中国同时或前后加入 WTO 的众多国家，并未取得中国这样的经济增长，这又如何解释？

中国改革开放已走过 40 多年的历程，但时至今日，我们尚未从学术上构建出能够深刻概括这一伟大实践并与之相匹配的具有世界影响的理论体系和知识体系。新时代的中国，亟需构建 21 世纪中国特色社会主义政治经济学，用以发展马克思主义的理论武库。

[①] 参见吕鹏、刘学《企业项目制与生产型治理的实践——基于两家企业扶贫案例的调研》，《中国社会科学》2021 年第 10 期。

发展无愧于新时代的中国理论

　　不特如此，中国改革开放同样提出了加快构建21世纪中国特色哲学的实践要求和理论任务。哲学作为时代精神的精华和文明的活的灵魂，如果不能敏锐而深刻地把握新的时代精神，不能系统而深刻地凝练新时代中国的社会发展和文明进步，不能满足人民大众对美好生活特别是美好精神生活的追求，将新时代中国人民"最精致、最珍贵和看不见的精髓都集中在哲学思想里"①，不能塑造和引领中华民族伟大复兴的精神谱系，那么"哲学的贫困"与"贫困的哲学"将始终是笼罩在我国哲学界头顶上的阴影，中国的哲学把握新时代、引领新时代，参与世界范围的百家争鸣，就是一句空话。

　　必须指出，中国实践不是盲目的、自发的、自在的，而是有着鲜明有力的指导思想的自觉自为的伟大实践。习近平新时代中国特色社会主义思想就是新时代中国实践的指导思想，是当代中国马克思主义、21世纪马克思主义，是中华文化和中国精神的时代精华，实现了马克思主义中国化新的飞跃。国际上有一种看法，一种新版的马克思主义理论正在颠覆西方的传统理论。系统而深入地研究阐发新版马克思主义理论所蕴含的深刻道理、学理和哲理，构建21世纪中国特色的"实践论"、"矛盾论"、辩证法、认识论和历史观，是新时代我国理论界特别是哲学界的重大责任。

　　中国实践是极其复杂而开放的系统。中国实践不是封闭的、孤立的，中国实践与世界变革的联系日趋紧密，中国实践的世界性影响愈益加深。世界百年未有之大变局加速演进，中华民族伟大复兴不可逆转，"两个大局"交互影响，两个题目，一张卷子，呈现出复杂的巨系统特征。但是，目前哲学社会科学各学科的过细划分以及由此带来的

---

　　① 《马克思恩格斯全集》第1卷，人民出版社，1956，第120页。

专门化、学院化、碎片化、技术化大大限制了中国理论学术对当代社会实践的整体把握和深入研究。实践提出的问题是极其复杂的、综合性的，越是重大问题，其综合性、战略性、系统性越强，而目前的学科专业划分，对这些重大问题要么觉得无关本学科，要么如"盲人摸象"无从把握，或者将问题肢解得支离破碎，从而既无法解读问题，更无法解决问题。

恩格斯曾经用充满激情的笔触，深刻地分析了15世纪下半叶开始的欧洲文艺复兴时期，认为这是人类以往从来没有经历过的一次最伟大的、进步的变革，是一个需要巨人而且产生了巨人的时代，那是一些在思维能力、激情和性格方面，在多才多艺和学识渊博方面的巨人。那时，几乎没有一个著名人物不曾作过长途旅行，不会说四五种语言，**不在好几个专业上放射出光芒**。列奥纳多·达·芬奇不仅是大画家，而且也是大数学家、力学家和工程师，他在物理学的各种不同分支中都有重要的发现。阿尔布雷希特·丢勒是画家、铜版雕刻家、建筑师，此外还发明了一种筑城学体系。马基雅弗利是政治家、历史编纂学家、诗人，同时又是第一个值得一提的近代军事著作家。路德不但清扫了教会这个奥吉亚斯的"牛圈"，而且也清扫了德国语言这个奥吉亚斯的"牛圈"，创造了现代德国散文，并且创作了成为16世纪《马赛曲》的充满胜利信心的赞美诗的词和曲。"那个时代的英雄们还没有成为分工的奴隶，而分工所产生的限制人的、使人片面化的影响，在他们的后继者那里我们是常常看到的。而尤其突出的是，他们几乎全都置身于时代运动中，在实际斗争中意气风发，站在这一方面或那一方面进行斗争，有人用舌和笔，有人用剑，有些人则两者并用。因此他们具有成为全面的人的那种性格上的丰富和力量。书斋里的学者是例外：他们不是二流或三流的人物，就是唯恐烧着自己手指的小心翼翼的庸人。"①后来，随着分工的高度专业化，学科过细划分的专门化，大量新事物、新问题靠传统学科无力解释的情形层出不穷，反而催生了众多新兴学科、交叉学科和新的理论、方法。例如，"在分子科学和原子科学的接触点上，双方都宣称无能为力，但是恰恰**在这里可望取得最大的成果**"。②

当代中国实践及与之相互影响、相互作用的这个世界，涌现了太多让传统学科感到"无能为力"的新事物和新问题，固守于传统的学科体系是无法构建起符合新时代中国实践需要的理论体系和知识体系的。

人们注意到，大数据和人工智能的飞速发展，一方面带来知识传播方式、学习方式的碎片化、即时化和个性化，另一方面又对传统的学科体系、学术体系、知识体系构成严峻挑战，从而预示着科学的高度专业化基础上的新的更高水平、更广维度上的综合化、整体化。

由此检视我国哲学社会科学学科体系、学术体系、话语体系的发展现状，尽管成绩斐然，但仍有明显的短板，特别是在学术体系方面。而学术体系的突出短板表现为缺乏原创性的具有鲜明中国特色、中国风格、中国气派而又代表新时代水平的思想、理论、观点和见解，缺乏有思想穿透力和世界影响力的标志性研究成果，缺乏传世之作、扛鼎之作。必须承认，学科体系、话语体系的建构能否成功，归根到底，取决于学术体系，学术体系是"三大体系"的核心。学科体系不是"跑马圈地""占山为王"，更不是"画地为牢"。话语体系不是自说自话，打造标识性概念必然蕴含着准确、贴切、深入人心的问题，而这，离不开学术体系的思想力、学术力和影响力。

---

① 《马克思恩格斯全集》第 26 卷，人民出版社，2014，第 466~467 页。
② 《马克思恩格斯全集》第 26 卷，人民出版社，2014，第 737 页。

思 想 的 散 叶

2021 年，我们隆重庆祝中国共产党成立一百周年。百年来，中国人民在中国共产党领导下，创造了举世瞩目的实践奇迹。而理论学术上的奇迹如何才能真正创造出来，与中国人民创造的实践奇迹相匹配并为世界所公认？这是我国哲学社会科学界必须深而思之的重大而紧迫的时代课题。

今天，中国人民已经可以自信地平视世界，而中国学术界是否能够并以怎样的学术自信来平视世界呢?!

（原载《中国社会科学》2022 年第 1 期）

图书在版编目（CIP）数据

思想的散叶：历史唯物主义专题探究 / 方军著 . --
北京：社会科学文献出版社，2022.4（2023.1 重印）
　ISBN 978-7-5201-9930-8

　Ⅰ. ①思…　Ⅱ. ①方…　Ⅲ. ①历史唯物主义－研究
Ⅳ. ① B03

　中国版本图书馆 CIP 数据核字（2022）第 049877 号

思想的散叶
——历史唯物主义专题探究

著　　者 / 方　军

出 版 人 / 王利民
组稿编辑 / 梁艳玲
责任编辑 / 刘同辉
责任印制 / 王京美

出　　版 / 社会科学文献出版社
　　　　　　地址：北京市北三环中路甲 29 号院华龙大厦　邮编：100029
　　　　　　网址：www.ssap.com.cn
发　　行 / 社会科学文献出版社（010）59367028
印　　装 / 三河市东方印刷有限公司

规　　格 / 开　本：787mm × 1092mm　1/16
　　　　　　印　张：27.25　字　数：336 千字
版　　次 / 2022 年 4 月第 1 版　2023 年 1 月第 2 次印刷
书　　号 / ISBN 978-7-5201-9930-8
定　　价 / 128.00 元

读者服务电话：4008918866